CAMBRIDGE ILLUSTRATED HISTORY BRITISH EMPIRE

剑桥插图大英帝国史

Edited by P. J. Marshall

[英] P. J. 马歇尔　主编

樊新志　译

史　鉴　校译

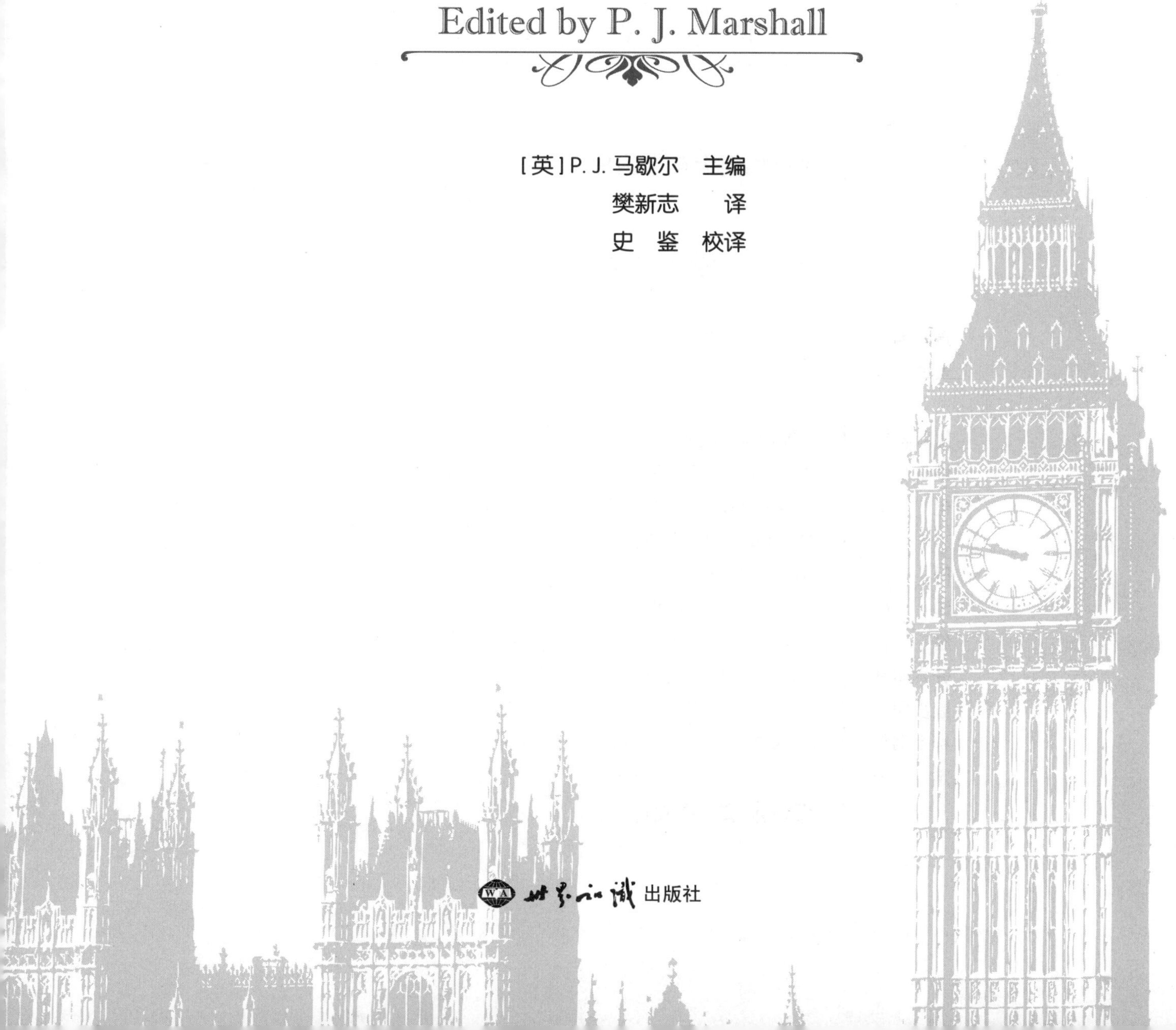

世界知识出版社

图字：01-2013-8625 号

图书在版编目（CIP）数据

剑桥插图大英帝国史 /（英）P. J. 马歇尔主编；樊新志译著 . —2 版（修订本）. —北京：世界知识出版社，2017.12

ISBN 978-7-5012-4680-9

Ⅰ . ①剑…　Ⅱ . ① P…　②樊…　Ⅲ . ①英国 – 历史　Ⅳ . ① K561.0

中国版本图书馆 CIP 数据核字（2014）第 109768 号

书　名	**剑桥插图大英帝国史**
作　者	[英] P. J. 马歇尔 / 主编
责任编辑	王瑞晴　蔡金娣
责任出版	王勇刚
出版发行	世界知识出版社
地址邮编	北京市东城区干面胡同 51 号（100010）
电　话	010-85112689（编辑部）
	010-65265923（发行部）
网　址	www.ishizhi.cn
印　刷	北京新华印刷有限公司
经　销	新华书店
开本印张	880×1230 毫米　1/16　25 印张
版次印次	2018 年 6 月第一版　2018 年 6 月第一次印刷
标准书号	ISBN 978-7-5012-4680-9
定　价	68.00 元

CAMBRIDGE ILLUSTRATED HISTORY BRITISH EMPIRE

剑桥插图大英帝国史

Edited by P. J. Marshall

目 录

第三编　帝国经历

序言

大英帝国塑造的世界

P. J. 马歇尔

在 19 世纪和 20 世纪的大部分时间里，英国人统治着一个幅员辽阔的帝国，它覆盖了北美洲的大部分、加勒比海广大地区、非洲撒哈拉沙漠以南大片土地、整个印度次大陆、澳大拉西亚、东南亚和太平洋地区，甚至曾一度控制着中东的大部分地区。大英帝国对现代世界的形成产生过巨大的影响。大多数欧洲以外的国家的诞生都归因于各个帝国，特别是大英帝国。英国人用征服的手段和分治条约为这些国家划定边界。在大英帝国内，大规模的人口流动决定了许多国家的民族构成。一旦土著居民被逐出家园，英国治下的英国人就有责任移居北美和澳大拉西亚，确保那里的社会具有非常明显的欧洲特征。英国人还是主要的奴隶贩子，他们把大约 1100 万非洲人贩运到美洲做奴隶。这些人中的绝大部分被英国人卖到了加勒比海地区的英属殖民地。目前这个地区的人口主要是那次强迫迁徙的结果。19 世纪中期，大量的印度人和中国人去英国统治的殖民地做苦力。他们的后代构成了圭亚那、特立尼达、斐济、毛里求斯、马来西亚和新加坡等许多国家的大部分人口。

英国人通过他们的帝国传播他们的制度、文化和语言。当今世界，无一国家不可以视为英国过去或现在的翻版。这些国家，在民族传统与外来影响相互作用的复杂过程中形成了自己的特点。而被一个帝国，尤其是被英国这样的帝国占领，则可能是最重要的外来影响。在大英帝国的历史中，英国对自己的价值观和制度都非常自信。英国对全世界的影响表现在对政体、宗教信仰、教育模式、市镇布局、文化品位、体育和消遣娱乐等不同方面。英语被称为当代社会一种全球性的语言，在一定程度上无疑是美国实力的反映。但是，美国作为一个英语国家，与其他国家一样，都是在大英帝国的影响下形成的。

大英帝国不仅改变了人，而且改变了他们生存的土地。新的耕作、采矿和制造方式意味着人们使用新的方法利用土地，改变资源。有时候环境变化迅猛异常，广阔的大草原变成了耕地，森林茂密的岛屿变成了甘蔗种植园。始于殖民时期的变化所产生的影响到了现代社会才变得明显起来，人们充分利用土地及其资源的压力越来越大。

当代世界贫富悬殊，帝国遗留下的影响是造成这种差别的一个因素，

1881 年，毛里求斯路易港街景。毛里求斯，印度洋的一个岛国，它的人民和文化是各个帝国以及它们对劳工需求的产物。法国人对毛里求斯的统治持续到 1810 年，他们从非洲引入奴隶种植甘蔗，并把法语留在了岛上。英国人则运来印度移民在种植园劳作，也留下了他们的语言。在这里，祖籍为非洲和印度的人们穿着各式各样的欧洲服装，混杂在该岛首府的大街上。

不过要把它解释清楚确非易事。脱离帝国的国家，有些富有，有些贫穷。这是否说明，无论英国人以前在这些国家有无作为，一些国家拥有土地、人口和资源等有利条件，因此其经济发展成为可能，而另外一些国家没有这些有利条件因而贫穷落后呢？抑或意味着英帝国统治的不同经历使诸如澳大利亚和加拿大的白人移民社区改善境况，而使亚洲人和非洲人贫困化？这些问题的答案比较复杂。像文化演变一样，经济变革也涉及一个相互作用的过程。殖民地经济是殖民地人民勤劳进取以及英国人干预的产物。

总的来说，大英帝国史研究的是英国人与其他民族之间的相互作用，而不是英国人对这些民族的“影响”。相互作用理论认为，英国人曾经统治的民族不仅仅是英国人给他们带来恩惠或不幸的“土著居民”。在殖民统治之前，亚洲、非洲、美洲和太平洋地区的人民已经创造了他们自己的历史。在英国统治下，他们仍在续写他们的历史，同时英国势力也参与其中。例如，奴隶制的历史是奴隶们怎样发展他们自己的文化、反抗他们的主人的历史，也是他们遭受压迫的历史。

大英帝国与英国人

在英国人通过他们的帝国改变别人的同时，他们自己也被改变着。这也是英国人对自己民族特征的看法，即他们是一个世界范围的帝国中心。对外移民，使英国人移居海外，在帝国的领地里形成新的社区，并从它的旧殖民地为英国本土的人口带来新的成分。英国是否因拥有一个帝国而获得财富和权力，或是它的发展因追求一些最终无法实现的梦想而受到遏制？帝国的傲慢是否仍然在英国文化中根深蒂固？这些问题对了解当代英国非常重要。

创建大英帝国的英国人是谁？苏格兰人与英格兰人肯定是积极的参与者，但是爱尔兰人是创造帝国的合作者还是帝国的第一批牺牲品？对这个复杂而有争议的问题，如何回答取决于你是什么样的爱尔兰人。总的来说，爱尔兰人民既是帝国的合作者，同时又是受其奴役的民族。他们的历史与帝国内其他被奴役民族的历史具有许多相同之处。大英帝国的历史对英爱关系至关重要。虽然本书探讨英伦三岛之外的统治，但是如果对爱尔兰了解不够就无法真正理解大英帝国的历史。

爱尔兰与大英帝国

1801年以前，爱尔兰有自己的议会，是个独立的王国。从那时起，到1922年，它是不列颠联合王国的一个组成部分，在英国的议会里有自己的代表。爱尔兰究竟应被视为英国的殖民地还是与不列颠其他部分一样被视为帝国中的一员，这是一个颇有争议的话题。

在1922年爱尔兰自由国家诞生之前，大多数爱尔兰人认为他们受英国人的控制。18世纪，爱尔兰的新教徒把这种不满情绪表现得最为强烈，他们反对伦敦控制爱尔兰政府。1801年，大不列颠与爱尔兰的合并引起爱尔兰大部分天主教徒的仇恨，他们希望能对这一合并进行重大修改，即使不能废除合并从而建立一个独立的爱尔兰国家，也要允许爱尔兰享有有效的自治。对他们来说，许多英国人似乎不把爱尔兰人看作他们平等的同胞而是劣等民族，英格兰人用许多贬义词来形容他们。但无论英格兰人对爱尔兰有何种看法，他们绝没有将爱尔兰视为殖民地，而是视为不列颠联合王国的一个组成部分。然而在许多重要的方面，爱尔兰不像联合王国其他部分那样治理，它有自己单独的、受英国政府支配的行政机构。特别是19世纪后期，爱尔兰的问题也成为帝国的问题。有些人认为，通过巩固和加强大英帝国可以抗衡英国在欧洲大陆的竞争对手，而对爱尔兰民族主义的让步则是帝国解体的第一步。然而，爱尔兰民族主义者原则上似乎并没有强烈要求大英帝国解体。在选择他们愿意与之患难与共的殖民地民族时，他们通常非常挑剔。他们痛恨阻挠他们实现自己抱负的帝国。因此，爱尔兰模糊不清的身份是大英帝国历史中一个主要的论题。在帝国的历史，爱尔兰人扮演着各种角色：移民、商人、行政官员，尤其是传教士、士兵和教师。但是，许多爱尔兰人把自己视为英国扩张最早的牺牲品。

这是刊登在1846年《笨拙周报》上的一幅漫画，表现的是“青年爱尔兰”激进民族主义运动的叛乱威胁。图中全副武装的人，有一张像猴子一样的面孔，体现了英国人对爱尔兰人的某些丑化行为。《笨拙周报》写道：“显然，一种介于大猩猩和黑人之间的动物就是爱尔兰野蛮人部落的一员。”

帝国的寿命

人们对大英帝国何时寿终正寝没有什么异议：随着20世纪60年代最后一轮重要的非殖民化运动的高涨，这个殖民帝国土崩瓦解，只剩下罗得西亚（津巴布韦）、香港和马尔维纳斯群岛处在英国的统治之下。但是大英帝国的历史始于何时呢？英国的海外帝国或许可以追溯到1497年约翰·卡伯特代表亨利七世宣布对纽芬兰岛拥有主权，或更合理地追溯到1607年英国人在北美洲弗吉尼亚詹姆斯河上设立第一个永久性定居点。本书从18世纪晚期开始探讨帝国的历史，具体来说就是1783年，这一年英国正式承认它失去了北美洲的大部分殖民地。虽然1783年前后英帝国的发展并没有中断，而且这场灾难的直接影响似乎非常有限，但是从长远的观点来看，随着北美殖民地的丧失，大英帝国的特性发生了深刻的变化，它不再是一个以白种人定居为主体的殖民帝国。虽然后来由英国移民在加拿大、澳大拉西亚和南非建立了新的殖民地，但是帝国在很大程度上成为一个统治非欧洲民族的制度。它的重心是在印度洋而不是在大西洋。

本书第一编“帝国的历史”叙述了大英帝国1783年－20世纪60年代的发展史。第二编是“帝国的生活”，编中各章专门讨论具体的主题：帝国内部的经济关系，帝国的政治生活，因帝国内部人口流动而产生的新群体和新民族，英国文化和思想的传播，帝国的城市和艺术等。选择这些主题的原因在于它们体现了大英帝国的基本活动，对评价帝国对当今世界之影响至关重要。

帝国的范围

在任何时候界定大英帝国的范围似乎都不是难事，包括本土以及帝国在本土外统治的领土。英国统治的法律基础差别很大，形式各异，但是轮廓非常清楚。最终权力属于英国君主和议会，被任命的总督行使这种权力。尽管在许多情况下他们要与当地的代表们分享权力，但是在王国政府军队的保护下必须实施英国的法律和行政制度。众所周知，英国的海外领土——从严格的法律意义上来说无论它是殖民地、自治领地、受保护国还是托管地——通常在地图上被涂成红色。一些英国没有法定权力统治的地区在地图上从未被涂成红色，不过这些地区有时候被划为英国的“非正式

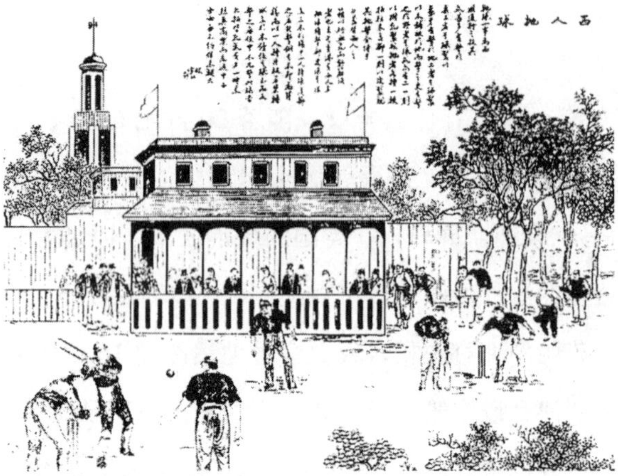

19 世纪 80 年代，在上海举行的一场板球比赛。英国的统治可以超越帝国的边界延伸到商业中心。一位中国画家捕捉到了这一点。1842 年，中国政府被迫允许外国人在某些港口从事贸易。上海市的一些地方被指定为外国人的定居点。在这里，英国人建立了他们的教堂、运动和娱乐场所，而中国居民实际上生活在外国人的统治之下。

帝国”。那些使用非正式大英帝国这一概念的人认为，英国的影响远远超出了英国统治的帝国疆界。他们指出，首先，英国的海军和其他军事力量部署在世界各地，使得英国能够对欧洲以外的弱小政府进行威胁恫吓，在 19 世纪尤为如此。其次，英国人在海外建立社区、英国贸易和投资的发展以及英国的观念、语言和文化的传播，使英国人能够对其他国家施加支配性的影响。有些外国政府如中国和伊朗，被迫向英国强权做出巨大让步，这样的例子俯拾皆是。还有一些国家——如 19 世纪末的阿根廷和智利——的大部分贸易由英国资本控制，并由英国人经手。在上海和布宜诺斯艾利斯，英国人的社区享有特权，拥有自己的机构和生活方式。总而言之，在本书讨论的英帝国时代的大部分时间里，英帝国在世界上对自己没有正式建立统治的某些地区，施加着强有力的影响。不过，影响不同于统治，无论英国施加的影响多么强大，外国政府在很大程度上仍然可以自行其是。在帝国内部，英国的控制或许并不那么严密，但归根结底，政府和最高权力掌握在英国人手里。本书主要探讨的是英国统治下的帝国。

本书无法做到包罗万象，详细论述大英帝国治下的所有国家。英国人对他们广大的帝国里的每一个殖民地并非给予同样的关注。由于印度巨大的人口、庞大的军队以及它对英国经济的重要性，它在英国人的心目中占有突出的地位。在本书讨论时期的开端，西印度群岛仍然是英帝国王冠上的一颗宝石。至少从 19 世纪中叶起，那些对帝国真正感兴趣的英国人把希望寄托在所谓“稳固的殖民地”上，即首先意图在澳大利亚、加拿大、新西兰和南非的白人社区的基础上建立一个“更大的不列颠”，然后实现英联邦的设想。虽然当代大多数英国人已经把这些想法抛到了九霄云外，但是我们没有理由不对它们进行充分的讨论。所以，本书的重点总的来说还是放在英国人过去所关注的问题上。大英帝国史的主题在英国人参与程度最深的地区论述得最为充分。有些地区在本书中很少被提及，但这并不意味着本书的作者没有意识到它们对帝国的经历很重要，非常值得研究，如热带非洲、太平洋地区、马耳他或塞浦路斯等殖民地。

关于帝国的争论

大英帝国的历史一向是人们争论的话题。对别人实行统治引发了道德问题，在本书讨论的整个时期里，英国人和被他们统治的人们为此争论得面红耳赤。虽然帝国已经解体，但是对这些问题人们仍然争论不休。

英国人和那些脱离大英帝国的民族通过他们对帝国的看法表明了自己的立场。1776年，美国《独立宣言》强烈谴责英国对北美殖民地“长期以来一系列不公正对待与伤害”，因而北美人民有权力和义务“摆脱这样的政府”。从那时起，殖民地民族主义对英国统治的历史提出了质疑，以证明自己的合法性。几乎所有的新国家都觉得有必要与帝国的过去决裂，对帝国历史的谴责在国家建设中仍然发挥作用。例如，人们可能认为，英国人1915年在意大利加里波利战役或1942年在新加坡的所作所为是对澳大利亚的出卖，对这两次事件的解释增强了澳大利亚人建立共和国的愿望。

印度独立后，印度总督寇松勋爵（1899–1905年在任）在加尔各答的塑像被拆除。从18世纪到1911年，殖民统治在加尔各答留下了许多印记，如欧洲风格的建筑、街名和纪念英国达官贵人的塑像。像其他许多前殖民地城市一样，加尔各答力图清除帝国留下的历史痕迹。

对许多英国人来说，在很长一个时期里，拥有一个帝国一直是他们的国民意识的重要内容。对幅员辽阔的大英帝国的自豪感，可追溯到18世纪中叶，并延续至第二次世界大战以后。虽然在20世纪50年代之前，几乎没有英国人完全否认与帝国的联系，但对帝国究竟体现什么样的价值观有很多争议。这些争议最终导致对英国自身价值观的争论。从18世纪起，对帝国行政管理持批评态度的人认为，这种管理违背了英国人对自由的信念。另一方面，对其他许多人来说，帝国体现了英国人的典型品质。人们常常认为这些品质是男子汉气概、英勇无畏和纪律性强，此外还包括自我牺牲精神和无私奉献。

在有关英国现状的争论中，帝国的历史仍然被反复提及。一些英国人认为，如果不对大英帝国殖民统治的压迫进行充分的批判就会助长当代的种族主义，阻碍一个真正的多元文化社会的发展。对另外一些人来说，对英帝国历史的批判触到了他们的痛处，他们坚持认为这一历史使英国与其他帝国强权区别开来。人们通常认为，这些帝国强权比英国的要自私得多。20 世纪 80 年代，据说英国首相玛格丽特·撒切尔曾让英联邦国家的首相或总理们好好想想，他们曾经受英国人统治是件多么幸运的事。

像本书作者这样的专业历史学家认识到，他们有义务阻止目前的各种偏见对历史的歪曲解释。但是不能断定他们是否完全公正、客观、不偏不倚地阐述了帝国的历史。这是一项难以想象的工程。帝国的历史肯定会引起激烈的争论。本书的每一位作者探讨这个问题都有他自己的观点，并给出了自己的解释。第二编里论文的编辑和作者，除了两位是美国人之外，其余都是英国人。然而听听不同的声音也是恰当的，因此在本书的最后一编“帝国经历”里，我们请一位澳大利亚人、一位印度人和一位尼日利亚人对大英帝国发表各自的意见。

第一编　帝国历史

第一章　18 世纪末的大英帝国

P.J. 马歇尔

本书从大英帝国最倒霉的时期之一开始叙述。到 1782 年，为帝国进行的一场战争行将失败。镇压英属北美 13 个殖民地反叛的种种企图没有成功；翌年，英国被迫承认新生的美利坚合众国独立。英王乔治三世认为，英国再也不可能从这次失败中恢复元气，将沦为“欧洲一个微不足道的国家”。他甚至想到了退位。但是英国在海外的扩张早已根深蒂固，即使遭到这么一场惨败，其势头也没有受到严重的削弱。在后来的 150 年里，英国仍是最为强大的欧洲国家。

帝国的其余部分不仅完好无损，而且继续发展壮大。西印度群岛的殖民地和后来变成现代加拿大的那些地区没有叛变。两三千万印度人已经生活在英国的统治之下，他们中的大多数人居住在非常富裕的省份孟加拉省。英国当时拥有欧洲最强大的海军：在和平时期如有突发事件，英国可以动用九十多艘舰只，并在新斯柯舍的哈利法克斯、在西印度群岛的牙买加和安提瓜以及在孟买建有海军基地。北美殖民地的丧失对英国的海外贸易没有造成什么破坏。英国仍然是主要的贸易集散地，许多非欧洲国家的产品，如烟草、茶叶、糖、丝或棉布从这里销往欧洲或其他地区。1783 年后的几年里，英国对新生美国的出口值大大超过了该地区殖民时期从英国进口的总和。英国仍然是把奴隶从非洲运到美洲的最大贩运者。

英国的观点

不列颠群岛的某些地区比另外一些地区更加积极地从事这种大规模的海外贸易。1783 年，伦敦扮演着重要角色，并在帝国的整个过程中一直发挥着这种作用。威斯敏斯特是帝国政府的所在地，政务的处理有时由政府的某些政府部门比较随意且不协调地进行。伦敦是海外贸易大公司总部的所在地，其中的东印度公司和哈德逊湾公司最为重要；它还拥有数量众多的金融机构和商业机构，这些机构为种植园主和海外贸易商的活动提供资

1810年，伦敦的西印度群岛码头。正如停泊的大量船只所示，西印度群岛仍然是英国进口商品的最主要来源：按当时价值计算，1810年英国从加勒比海进口了1000多万英镑的蔗糖和棉花。除了作为殖民贸易的一个主要港口外，伦敦还是为从事这种贸易的大部分机构提供资金的金融中心。

金并销售他们的产品。伦敦还是一个巨型港口，东印度公司的大型船只从这里启航，许多较小的商船从这里驶往世界各地。

西部海岸一连串的港口专门从事大西洋地区到西非、加勒比海和北美洲的贸易。布里斯托尔主要从事蔗糖贸易。利物浦是大部分奴隶贸易船的停泊港，并为日益发展的兰开夏郡纺织工业经营大量的原棉进口。在美国革命爆发之前，格拉斯哥是世界上最大的烟草出口地弗吉尼亚和马里兰殖民地的主要市场。独立战争以后，烟草贸易衰落，但是格拉斯哥仍然与西印度群岛保持着频繁的贸易往来。

英国各地的人们在帝国内寻找着新的机会。在美国革命爆发前的15年里，约5.5万名爱尔兰新教教徒、4万名苏格兰人以及3万名英格兰人移居北美洲。许多苏格兰人在印度文职部门担任高级职务或在西印度群岛成为种植园主。

海外帝国

18 世纪末，英国的海外利益集中在两个地区：大西洋地区和亚洲地区。这两个地区的情况截然不同。

大西洋地区

在大西洋的对岸，起初英国人只是一个闯入者，西班牙人以及一部分葡萄牙人早已捷足先登。西班牙人已经摧毁了南美洲和中美洲的土著美洲人帝国，引入了以采矿为基础的经济制度、欧洲农业和特别适合热带环境的新作物。17 世纪初，英国人确信只需在西班牙或葡萄牙的边缘地带发起挑战，他们在加勒比海的外围岛屿、北美无人争夺的海岸、新英格兰以及切萨皮克地区就能定居下来。

在北美洲，因疾病导致人口早已锐减的土著美洲人在英国殖民者的逼迫下流离失所，17 世纪，约 20 万人迁徙到新殖民地，其中大多数人在地里做奴仆劳作。17 世纪末，美洲白人人口迅速增长，每年的增长率大约为 3%。18 世纪，新的移民浪潮使人口增长更加迅猛，包括来自非洲的约 17.5 万名奴隶。18 世纪，英国统治的北美洲分成以马萨诸塞为中心的 13 个独立的殖民地。清教徒向往的新英格兰殖民地以及弗吉尼亚和马里兰的切萨皮克殖民地是 17 世纪初期的殖民中心，后来又建立了一些殖民地。这些地区最成功的要算宾夕法尼亚和南卡罗莱纳，这两个地区迅速发展，吸引了世界各地大批的移民，包括许多德国人和北爱尔兰人。前者，贵格会教徒不再占绝大多数；后者，是数量众多的非洲进口奴隶的目的地。这些殖民地在 18 世纪的自治程度越来越高，由当地人选举的议会与英国任命的总督争权夺利。18 世纪北美殖民地极大繁荣的主要原因是对大量土地的开发。从切萨皮克往南，人们种植烟草、稻谷和槐蓝属植物，通过英国出口。在北面，多余的肉品、粮食以及鱼和木材销往西印度群岛和南欧。美洲人用他们销售本地产品获得的资金购买大量英国制造的商品。

1755 年，北美洲的英国殖民地与北面和西面的法国殖民地爆发了新一轮战争。1763 年新的和平协议签订时，英国对它的殖民地缺乏有效的统治已显而易见。在一场艰苦卓绝的战争中，各个殖民地似乎都不愿意相互合作，更不用说与英军合作了。1763 年以后，一任又一任英国大臣力图实施贸易管制，为保卫大英帝国非常宝贵的财产——北美殖民地——提供资金。北美殖民地的人既不愿意接受贸易管制，更不承认英国议会有实施这种管制的权利。抗议和骚乱逐渐演变成武装反抗，而英国人企图动用军队对此进行镇压。1775 年，战争爆发。1778 年后，随着法国及英国的其他欧洲宿敌参战支持北美殖民地的人民，美国独立战争变成一场世界性的战争。虽然英国在北美部署了五万多军队，但是他们不能控制一个广大的地区来建立一个有效的“亲英”政权，以取代已经推翻英国统治的美国国会。被孤立的英军惨遭败绩，英国公众最后拒绝继续为一场明显无望取胜的战争支付费用。1783 年，这场战争以英国人的失败而告结束。

但是战败之后，英国人在大西洋地区的利益没有受到太大的损失。英国人很快就重新确立了对独立后美国的贸易支配权。此外，并不是北美所有的殖民地都摆脱了英国的统治。1760 年，英军迫使加拿大圣劳伦斯河沿岸的法国殖民地投降，建立新的英属魁北克殖民地。英军成功地捍卫了这个殖民地以及另一个较早的英国殖民地新斯科金免受美国人的侵犯，使它们保持在帝国的版图里。

英国的西印度群岛殖民地也保持在帝国的版图里。从 17 世纪中期起，英国殖民地岛屿开始专门种植甘蔗。甘蔗从巴巴多斯岛推广到背风群岛，后来又推广到牙买加岛。另外一些岛屿和地区，如 1763 年后的向风群岛、特立尼达和 19 世纪初名为圭亚那的地区，后来也被并入大英帝国。这些新

1781 年 10 月 19 日，英军在约克镇投降。康华利勋爵指挥的 7000 英军在弗吉尼亚海岸边上的约克镇被法国和反叛的美国军队包围。虽然英军主力仍然占领着纽约，但是约克镇的失败意味着英军不能再发动军事攻势，为美国独立进行的谈判即将举行。在古老帝国占据中心位置的东西永远丧失了。

兼并的地区大部分成为蔗糖生产地。

种植甘蔗的劳动力几乎全部由黑人奴隶构成。这些人通常是非洲统治者在战争或袭击中的被俘人员、违法乱纪被判罪或处置的人。英国商人从非洲西部海岸的商人和非洲统治者手中买下这些人。这一贩卖奴隶的漫长地带北起塞内加尔，南到安哥拉。18 世纪末，最大数量的奴隶来自现在叫尼日利亚的地区。18 世纪后期，奴隶大量出口。现在估计，在 18 世纪 80 年代，英国人从非洲运出了约 35 万名奴隶；18 世纪 90 年代运出 42 万名。无论这些奴隶原本在非洲的地位如何，一旦被英国商人买下，他们就成了可以转让的私有财产。

西印度群岛制糖经济在 18 世纪末仍然保持繁荣。美国革命导致了严重的混乱，但是在 1783 年之后出现了一个新的经济增长期，并一直持续到 19 世纪：越来越多的奴隶被进口，他们生产出更多的糖、棉花和咖啡。1783 年，西印度群岛仍然被视为帝国最有价值的财产，并在将来的许多年里继续如此。

亚洲地区

欧洲人的早期扩张对亚洲地区的影响远不及对大西洋地区那样强烈。没有大的征服或因像欧洲疾病的流行而导致人口锐减，也没有产生新的经济制度。在 16、17 世纪里，亚洲内陆帝国奥斯曼土耳其帝国、伊朗的萨法威德斯、莫卧儿印度帝国以及中国皇帝的势力正发展壮大。欧洲人在一些岛屿或亚洲帝国边缘上的沿海地区落脚，从这些地方他们可以揽走亚洲现有的一部分生意，并绕过非洲南端的好望角把货物运回欧洲。

英国人在亚洲的贸易始于 17 世纪初期。到 18 世纪中叶，东印度公司垄断了英国与亚洲的贸易，它从孟买、马德拉斯、加尔各答和广州的贸易点进口印度的棉布和丝绸以及中国的茶叶，生意做得非常红火。

然而，当时的印度开始发生重大的变化。英国人和法国人开始幕后操纵印度南部对立的各派，他们之间的争斗于 1760 年以英国人在万迪瓦什大获全胜而告终。在孟加拉，英国人于 1756 年向该省的统治者挑衅，诱使他们进攻英国人的定居点。1757 年，罗伯特 · 克莱杰率领一支远征军经过普拉西之战推翻了孟加拉的统治者，重新占领了加尔各答。1783 年，由于这些事件，英国人在东南沿海获得了决定性的政治影响力，成为孟加拉的实际统治者。

解释这种巨大变革发生的原因绝非易事。其原因是迅速工业化的英国现在可以大规模动用资源，拥有亚洲国家无法抵挡的国家力量和先进的军事技术，还是仅仅因为印度不幸被首先选来小试牛刀？或者它是这么一种情况：18 世纪被政治动乱弄得四分五裂的印度已病入膏肓，完全无力抵御任何外来威胁。这两种观点都有严重的缺陷。英国在武器和人力方面并不占优势：英国人在印度使用的大炮和火枪，印度人自己也同样使用；英国人还雇用了大量的印度士兵。18 世纪的印度也不是一个特别软弱可欺的欧洲侵略对象。随着印度莫卧儿王朝的覆灭，政治上的分崩离析已成定局，但是新的地方邦国也在兴起，其中有些邦国，如旁遮普锡克族人的邦国和印度西部以及中部的马拉地人邦国，将证明是英国人强劲的对手。强调英国人的强大或印度的衰落的笼统解释并不是非常令人信服。英国人的成功之处似乎在于他们能够根据自己的能力对印度进行渗透并接管一些新的邦国，而不是用赤裸裸的武力摧毁他们。

早期的英国统治非常具有印度特色。英国一旦成功地接管一个印度邦国，他们没有能力也不打算对其现行管理体制进行重大改革。孟加拉邦著名的英国总督沃伦·黑斯廷斯（1772–1785 年在任）的统治方式与他的印

中国乾隆皇帝

在 18 世纪末，尽管欧洲具有技术上和军事上的优势，亚洲的庞大帝国仍然与它保持着一定的距离。英国与中国的联系只限于在广州港的有限贸易。为了扩大与中国的交往，1793 年英国派遣由马戛尔尼勋爵率领的特别使团前往北京。在北京，他获准在辉煌的皇宫中朝见皇帝，但是没有获得任何特许权。这幅乾隆的肖像画由特别使团中随行的一位画家所作。他自己没有参加朝见，而是根据那些见到乾隆的人的草图绘制的。

度前任孟加拉的地方行政长官完全一样。使许多同时代的人惊愕的是，英国人成了“东方的暴君”。在北美和西印度群岛，白人在总督的领导下选举议会，实际上是实行自治，他们享受英国普通法赋予的大部分特权。但是在孟加拉邦，黑斯廷斯通过印度的中间人或英国的官员进行统治，他们负责收税，无须征得当地人的同意；他们还力图实施印度法律。虽然这种专制的殖民治理方式似乎与英国的自由传统背道而驰，然而随着英国的统治在亚洲和非洲扩展开来，这种方式可以在将来再次被采用，把英国人认为非常不适合进行自治的人们牢牢地控制住。但是孟加拉邦早期的治理方式很难带来丰厚的利润。按照 18 世纪的价值计算，孟加拉邦的税赋收入为 300 万英镑，其中大部分用于维持一支约 7 万名印度士兵和 1.5 万名英军士兵的军队。未来的英属印军诞生了。

一旦英国人在孟加拉以及南部地区夺得了政治上的控制权并获得了丰厚的经济回报，其他的印度邦国就面临着被渗透和控制的危险。虽然英国

黑斯廷斯画像

黑斯廷斯，1772–1785年任孟加拉的英国总督。同时代的一些人都很敬重他，因为他治理的英国在印度的新征服地区非常稳定，同时又抵挡住了法国和印度对这些地区的进攻。另外一些人认为他残酷无情、暴虐专横。事实上，他曾经被控在任期间犯有罪行而受到审判，后被宣告无罪。这幅由一位不知名的印度画家所做的肖像画反映了他与当时印度贵族的密切关系以及他对印度艺术和文化的浓厚兴趣。

政府的官方政策是限制英国人在印度的领土争夺，但是扩张的过程一经开始便变得一发不可收拾。

扩张的动力

在印度的领土扩张是18世纪末正在进行的更大规模英国扩张运动的一部分。它采取的形式多种多样：在印度，更多的邦国正被接管；与中国的贸易额大增；西印度群岛生产出更多的糖；更多的奴隶从非洲运出。1768–1779年间，詹姆斯·库克在太平洋进行了多次伟大的航行。在美国革命中，主要处于守势的英国陆海军在准备向法国、西班牙和荷兰的海外帝国发起进攻。英国的基督教徒也自动组成各种会社，使世界各地的异教徒皈依基督教。

探寻这些多种类型的扩张过程的背后意图没有多大意义。这些扩张活动的大部分不是由英国的大臣策划或指挥的。它们不可以被简单地分为一等帝国和二等帝国的行为。它们与工业革命的需要没有非常密切的联系，工业革命对英国社会的影响总的来说仍然有限。扩张很大程度上反映了英国社会许多阶层寻求贸易、掠夺、土地、升官发财和获取知识等机会的愿望。总而言之，英国人和他们的政府越来越相信英国能够统治世界，在这个世界里他们能找到各种各样的机会。扩张在不同时期有不同的动因并采取不同的形式，这将在本书讨论的大部分时期里继续进行。随着扩张的继续，一个更大的帝国将要崛起。

扩张和保护既得利益的决心使大英帝国历史保持了一种连续性。这种连续性至少从18世纪延续到了第二次世界大战。后面的三章始于人们传统上视为帝国历史转折点的时期：1783年英国在美国战败后作为一个“二等”帝国的兴起；大约从1870年起“新”帝国主义的诞生，以及随着第一次世界大战的结束长期衰落的开始。然而，作为转折点或新阶段的重要性，不应过分夸大。直至最后，英国人一直坚定不移，一如既往地履行帝国的责任。这三章都叙述了一个基本相同的故事。

第二章　1783-1870 年：日益扩张的帝国

P. J. 马歇尔

1870 年，罗素伯爵（前约翰·罗素勋爵及英国前首相）回顾了本书讨论的这个时期的帝国发展后写道：

> 曾经有一个时期，我们可能是作为英格兰、苏格兰和爱尔兰联合王国而单独采取行动。这个时期已经过去了。我们征服了加拿大并在这块土地上繁衍生息，我们占有了整个澳大利亚、塔斯马尼亚和新西兰。我们兼并了印度，使它处于王国政府的统治之下。我们不能后退。

事实上，对新地区的征服和殖民只是更大规模扩张方式的一部分。英国的贸易扩展到世界各地，基督教在不信奉基督教地区的传播主要是英国传教士努力的结果。英国制度和行为方式——从体育的集体比赛到代议政体——在帝国统治以外的地区被广为效仿。后来人们采用通过格林尼治天文台的经线为全世界的“本初子午线”，并根据格林尼治经线把全世界划为不同的时区，这些都是英国的优势地位对世界影响的标志。海军军官、印度士兵、移民、商人、传教士以及旅行者在帝国扩张的不同过程中扮演着推动者的角色。

来自英国的观点

在这个时期里，英国政府自身并没有追求扮演一个积极的或干涉的角色。它不愿意这么做，一部分原因与广阔的帝国各地交通的具体困难有关，在这个时期的大部分时间里，交通手段是远洋轮船；另一部分原因是人们对政府干涉缺乏支持。英国对帝国事务的管辖权分散在不同的部门。实际上，大约 1812 年，英国政府设立了一个殖民部主管殖民事务。该部由殖民大臣领导。虽然它吸引了一些非常能干的官员，但在 19 世纪的大部分时间里，由于条件的限制，殖民部没有发挥积极的作用；除了在像“奴隶制”

这样的几个重要问题外，它也没有非常主动地行使自己的权力。英国政府认为，它的主要作用是对海外的开发做出反应，而不是提出新的政策。印度一直是个特例，直到1858年，英国政府都没有对它实行直接统治。具体的行政管理交给东印度公司，该公司在重大的政策问题上接受一个政府部门的监督。印度和其他殖民地的行政机关对议会负责。熟知殖民地事务的议会议员一向只占极少数，而且议会一般来说不对殖民事务进行系统的监督。然而在某些问题上，如奴隶制英国政府却非常乐意行使自己的权力。

然而，对帝国缺乏强有力的集权控制并不一定说明英国的政治家们及广大公众对帝国不感兴趣。到18世纪末，人们普遍认为英国是一个幅员辽阔的“英帝国”的中心。尽管英国在美国遭到惨败以及它后来在治理和捍卫其殖民地时可能经历种种困难，人们却从来不认为退出帝国是一种严肃的主张。只有受到孤立的少数人主张放弃帝国；绝大多数人认为，帝国的失去将会导致可怕的后果。虽然人们并不清楚这些后果究竟是什么，但可以想象它们将使英国手中的财富和权力极大地减少，不能在世界上发挥重要作用并丧失国家威望和民族特点。虽然这些后果并非清晰可见，但是人们仍然能强烈地感受到。

经济上的必要性

18世纪，大英帝国已经成为一个内在联系紧密的贸易集团：殖民地必须把它们的大部分产品销往英国，然后购买英国制造的产品。在19世纪上半叶，由于人们对自由贸易优越性坚定不移的信念，这种贸易体系土崩瓦解。然而，殖民地继续与英国从事大部分贸易。加拿大的小麦和木材、澳大利亚的羊毛、印度的棉花、黄麻和茶叶，以及西印度群岛的蔗糖，都主要是为英国市场生产的。从英国的角度来看，印度正成为英国工业品的主要市场。1850—1870年期间，帝国提供了约20%的英国进口产品，而且是英国1/3出口产品的市场。

然而，与帝国的贸易只是英国与欧洲以外的世界日益增长的巨大贸易额的一部分。英国保持并极大地扩展了它在美国经济中的投资，并成功地在西班牙、葡萄牙、拉丁美洲的前殖民地、中东的奥斯曼帝国以及中国寻找着机会。欧洲以外的某个国家是否属于帝国似乎不是特别重要，因为它仍然与英国进行贸易。假如真是这样的话，那么赞成维持大英帝国严肃的经济论点还有必要存在吗？假如这些殖民地成为独立的国家后仍然与英国保持贸易关系，为什么英国要负担管理和保护殖民地的费用？

当时的人非常清楚这些论点，但是几乎没有人认为它们能在现实的世界里适用。赞成维持帝国的论点基于两个主要理由。在19世纪中期，一些独立的国家，如美国，允许英国比较自由地进入他们的市场，但是他们可以在任何时候对此加以限制——美国人从1861年就开始这样做了。有一种假设错误地认为，只要英国对澳大利亚或加拿大殖民地保持最低限度的帝国控制，它们就不会随意限制英国贸易的进入，因此它们的市场将总是保持开放。就印度而言，帝国控制的经济价值似乎更加清楚。英国人不遗余力地“打开”印度的大门，使其实行自由贸易。这意味着废除关税（如果让印度的统治者自行决定的话，他们可能征收关税），在交通运输方面进行大量投资，首先是在铁路方面，其次是在内河航运方面。到1870年，这些措施极大地促进了英国贸易的发展。如果没有殖民统治，情况会是这样的吗？同时代的人都很清楚被英国的炮舰打开大门的中国和日本对英国的商业渗透进行抵制的情况。英国与中国的贸易额根本无法与英国和印度的贸易额相比。甚至在自由贸易的时代，帝国也保持着经济活动的份额。

军事上的必要性

对18世纪的政治家来说，英国从帝国获取的财富与它作为陆海强国的地位之间的关系是显而易见的，因此他们主张对贸易实行管制以确保英

马德拉斯军队东印度炮兵部队第二连和第二连的军官和士兵们。从18世纪中期起，东印度公司为其三支独立的军队，即驻扎在孟加拉、孟买和马德拉斯的军队，招募印度士兵。到这个世纪末，英属印军总兵力约为20万人，比英国和平时期的兵力要大得多。该画作于1796年，这些炮兵戴着马德拉斯军队典型的包头巾。

1861年12月，运往加拿大的军队。直至19世纪后期，英国在它的北美殖民地保留着军队，以提防来自美国的攻击。在一次重大的危机中，增援部队不得不被派往大西洋对岸。这些军队正登上快速轮船“大东部”号。美国内战期间，美国南部联邦的代表乘坐一艘英国船只前往英国，被美国北部联邦军队扣押。这次增兵是对此事件做出的反应。

国最大限度地从掌控帝国中获益。政府的赋税收入——特别是政府有无能力以合理的利率向伦敦的金融机构借款来维持一支武装部队——在很大程度上依赖于殖民贸易带来的财富。到19世纪，这种情况似乎发生了很大的变化。英国极大发展的国内经济为税收和借贷提供了更广泛的基础。此外，在拿破仑战败后的数十年里，英国显然没有必要动用它所有的资源来打一场关乎国家生死存亡的全面战争。另一方面，保护殖民地消耗了英国大量的资源。只有印度是个例外。大量的士兵可以在印度招募（到19世纪20年代，有20多万现役印度士兵），约4万名英军驻扎在那里，费用由印度而不是英国的纳税人负担。为了保护帝国从红海到中国广大地区的利益，

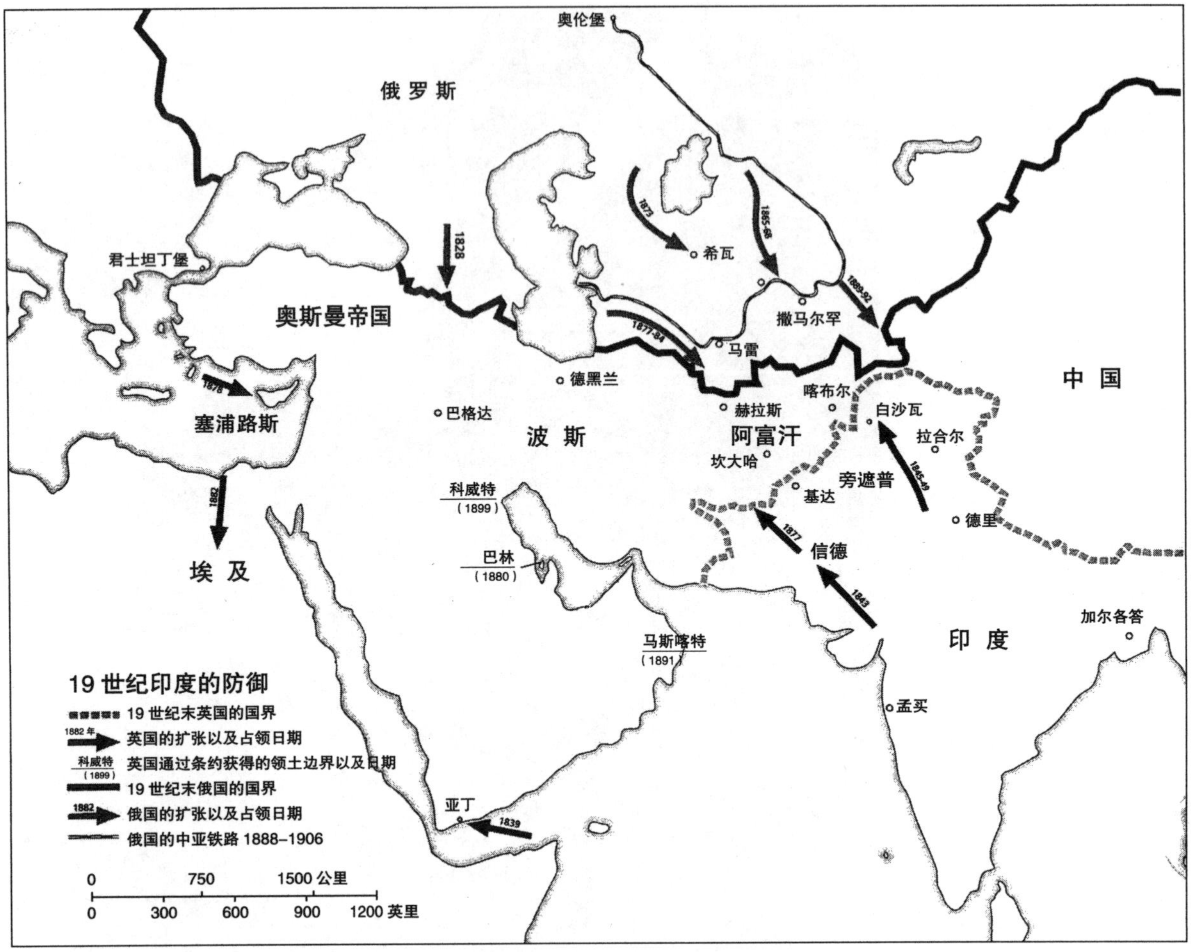

在19世纪，英国和俄国竞相在亚洲的广大地区扩张。它们之间的相互戒备促使他们这么做：俄国人想阻止英国对中亚的渗透，而英国人力图使俄国人尽量远离他们的印度殖民地。英国人的策略是，把印度的边界扩展到西北部的大山脉，并力图占有阿富汗、伊朗和奥斯曼帝国，使它们成为遏制俄国进一步扩张的缓冲区。为了建立稳定的缓冲区以及为增援印度的部队建立快捷的交通联系，英国人不得不进入波斯湾、塞浦路斯和埃及。

英属印军可以随时听候调遣。但是，其他的殖民地真的发生紧急情况时并不能完全保护自己，它们需要别人的保护。部署在从魁北克到悉尼等世界各地的英国军队，几乎不能得到一点经济上的回报。1848年，英国军队总兵力13万人中有近4万人部署在印度以外的殖民地。

在一个持久和平的世界里，人们或许把帝国视为一个可以任意处置的军事累赘；在一个永远笃信自由贸易的世界里，人们可以以同样的逻辑把帝国看作是一个可以任意处置的经济包袱。然而，当时很少有人认为，其他大国愿意永久和平地对待英国。假如英国放弃保护它的殖民地，这些殖民地将可能最终落入他人之手，造成非常危险的后果。英国必须捍卫它的帝国。

在19世纪的大部分时间里，欧洲大国并没有对英国的帝国财产构成严重的威胁。虽然英国人对法国人的意图感到有点恐惧，但是没有一个欧洲国家拥有足够强大的海军在海上挑战大英帝国。但是两个主要大国的领土正迅速扩大，它们的疆界离英国殖民地越来越近。第一个国家就是美国。到 19 世纪中叶，英国不得不非常认真地考虑美国支配西半球，当然也包括加拿大的能力。直至这个世纪后期，英国做好了保卫加拿大的充分准备，以防它遭到来自南面的攻击。但是后来证明无此必要。当争端发生时，两国可以通过外交途径来解决（例如，签订确定北纬 49° 线为加拿大与美国之间的边界线的协定）。英国集中精力把加拿大建成一个能够直接与美国打交道的自立的国家。对其他经由陆路对帝国构成的威胁，更难找到解决的办法。至少从 1828 年起，俄国扩张到了中亚和高加索地区，被视为对英国在印度地位的直接威胁。英国人担心的是，随着俄国在中亚地区的伊朗、阿富汗和奥斯曼帝国建立统治，它的影响将扩展到印度的边境。俄国人如果在印度煽动叛乱，英国的统治地位就会岌岌可危。为了防止这种威胁，英国试图在印度西北部建立安全的边境，并在中东、波斯湾以及阿富汗扩大自己的影响，以便形成一道保护印度的屏障。这就需要有时派遣武装部队越过印度边境。如 1838－1842 年英国出兵干涉阿富汗，企图在那里建立一个亲英的政权，却遭到了彻底的失败。后来，被称之为英俄在亚洲对抗的“大游戏”开始了。对英国人来说，保卫印度是一场游戏的赌注，这场游戏一直持续到 20 世纪。

道义上的必要性

如果仅仅把注意力集中在物质和军事扩张的动机上，如征服区域、移民人数以及贸易额，将会忽略掉英帝国经验的一个重要方面。帝国是一个载体，一个自信的民族通过它把自身的价值观和文化传播到世界各地。我们将在第七章对这个过程进行详细讨论，但这里应该说明的是，英国对于自己有能力影响世界并使之变得更美好的信心，在 19 世纪初期就可能达到了顶点，尽管后来帝国的宣传或许变得不太好听。英国移民带来并固守着他们的价值观。当英国行政者在这个时期力图统治其他民族时，他们并非没有注意到有必要适应当地的行为方式。但是，他们通常认为英国方式毫无疑问是人们行为方式的准则。相对而言，当时很少有竞争对手能树立一个与之不同的成功社会模式，使这种社会既能适应变化又非常稳定。英国模式当然适合出口到帝国内部和帝国以外的地区。

大多数英国公民认为，假如英国失去它的帝国，它将失去一个大国的

维多利亚女王像

1858年，印度处于英国政府的直接统治之下，维多利亚女王代表英国承诺："刺激印度的和平工业，发展和改善公用事业，为我们居住在此的所有臣民的利益而实施行政管理。他们的繁荣就是我们的力量；他们的满意就是我们的安全；他们的感激就是对我们最好的回报。"

地位：它将在物质上变得贫穷，军事上被削弱。同时，英国人在很大程度上也可能失去影响世界的能力，在他们自己的心目中变得渺小。英国移民的殖民地，被视为具有鲜明的英国特色的社会，它们应该保持英国的特点。因此，比如说，万一加拿大失去它的英国特色并被美国的共和主义所统治，这是英国人所不愿意看到的。格雷伯爵是一个对殖民地问题颇有研究的重要政治家，他在1853年写道：

> 我认为，英国殖民帝国应该保留。主要原因是，这个国家没有理由推脱它在建立这个帝国时所承担的责任；另一个原因是，这个国家的大部分实力和影响很大程度上在于它在世界不同地区拥有广大的殖民地。
>
> 在全球各地拥有数个稳定和忠实的盟国，当然极大增强了这个国家的实力：而独立国家之间的同盟关系，不可能像联合王国的殖民地，即大英帝国的各部分，统一起来的关系那样密切。人们也不应忘记，一个国家的实力不仅仅在于它所拥有的物质力量，而是在很大程度上依赖于舆论和道德影响力。从这个方面来说，假如英国失去它的殖民地，它受到削弱的程度将很难估计。

在英国统治非欧洲民族的地方，格雷认为："此刻英国政府的权力遵从上帝的旨意，成为在世界许多广大地区维护和平和秩序最强有力的工具，从而有助于在数百万人群中传播上帝的赐福与文明。"大多数同时代的人认为，英国顺从天意实施善举最突出的表现是，它率先废除了奴隶贸易和奴隶制度，并充分运用自己的实力给别国的奴隶贸易制造麻烦。印度，为英国的帝国角色成为世界的指路明灯提供了另一个用武之地。1858 年，东印度公司被英国政府的直接统治所代替时，人们充满信心地预见到，印度和英国将会拥有一个伟大崭新的未来。

帝国的扩张

英国人想当然地认为，他们在世界上发挥的基本上是一个和平的作用：英国保护着它已有的帝国，与此同时，在任何允许自由竞争的地方，它的贸易和文化也因其自身的优点而大行其道。英国的公民认为，英国只有在需要自卫时才诉诸武力。然而，1783—1870 年，英国在海外实施了几乎无间断的征服和暴力行为，这些都是确凿的事实，有案可查。

在这个时期，虽然在使用武力的问题上有些约束，但是这些约束可以轻易地被打破；对战争费用的担心是最有效的制约。在征服战争中以及建立新的行政机构时，发生的开支很大可能要落在英国纳税人头上的话，英国的财政部和下议院是反对的。例如，19 世纪初期，在南非好望角边境进行的几场战争就招致了非常激烈的抨击。英国人通常对被征服民族的权利、

《费希尔上尉在卡特河谷的范比优伦斯·霍克遭到马科马的卡菲尔人的猛攻》作者：托马斯·贝恩斯。在南非好望角殖民地东部边境，英国人与卡菲尔人的战争（1850-1852 年）是许多局部战争中的一次，这些战争扩大了维多利亚时代中期的帝国的疆域。科萨人抵御英国统治的扩张及白人的殖民地。为了征服他们，英国投入了 14 个营的兵力。

在征服战争中或在陆海军的军事行动中的人员伤亡毫不关心，如果丧生的人是非欧洲民族的话，他们更不在意。然而，也有一些团体基于人道主义和基督教理由，反对入侵战争，反对在明显的非正义的战争中夺人性命。许多人，如埃德蒙·伯克、托马斯·福埃尔·巴克斯顿和理查德·科布登，就在下议院提出过抗议。政府通常可以比较容易经受这些批评而不至于倒台。但是一场似乎毫无理由而又代价高昂无法速胜的海外战争，是政府尽力避免的令人尴尬的问题。

1793－1815 年法国革命和拿破仑战争期间，英国人一直忙于海外的征服。它们夺取了一些战略要地——好望角、毛里求斯和锡兰（斯里兰卡）——并使它们成为和平的殖民地。大批的英军被派往西印度群岛，试图攻击法国人统治的岛屿，并征服那里已经自由的奴隶，但是没有成功。在这之前，这些获得自由的奴隶举行了反对法国人统治的暴动，并控制了不久被称为海地的地方。然而特立尼达和圭亚那是分别从西班牙和葡萄牙手里夺取的。英国为这些战争付出了惊人的代价，1793－1801 年，约 8.9 万英军被派往西印度群岛，其中半数以上战死在那里。

这些战争结束后，大英帝国继续扩张。它的壮大在很大程度上是当地殖民者积极进取的结果：定居者的社区向新的地区扩展，地方守备部队对殖民地边境上桀骜不驯的部落进行惩罚，印度各地的总督动用他们的军事资源兼并有可能对英属印度的安全构成威胁的独立邦国。对于英国政府没有直接参与这些扩张活动的原因，有句警句说得似乎不无道理：“大英帝国的建立是英国政府无心插柳柳成荫。”然而这种看法是一种误解。英国政府或许真的很难约束未经授权的征服活动，但是它通常愿意接受未经授权的既成事实。除了在南非的少数例外，征服都得到了认可，积极发动战争的殖民地总督或印度总督很少受到申斥或撤职处分。无论官方的说法是什么，大多数的英国政治家显然默认帝国不可能保持在稳定的状态里：保护它肯定意味着允许它发展壮大。有人声称，英国只想在欧洲以外的地区采取守势，并保护它早已既得的利益免受其他掠夺者的侵害。这些说法与英帝国的大规模领土扩张是极不相称的。

势力扩张

英国的统治不仅限于领土上的兼并。19 世纪中期，英国拥有空前绝后

1861年，在日本的一位英国海军军官。这个由日本画家描绘的专横傲慢的形象明确无误地表现了英国人对日本旧秩序的威胁。1854年，日本拒绝外国人入境的做法被迫取消。当年在美国海军武力的威胁下，日本与西方列强签订了第一批条约。其他国家的战舰，包括英国的，在日本领海游弋。1863年，一些日本领主企图拒绝做出让步，遭到了外国海军的炮击。不久，英国人在日本的港口建立了商会。

的机会在全世界扩大它的影响力。作为世界上最大的热带产品市场和世界主要工业品供应地，英国可以按照自己的主张与较不发达的经济体建立联系。此外，由于英国皇家海军面临的法国和美国舰队的竞争非常有限，英国可以毫无顾忌地对那些拒绝按它的意愿进行贸易的国家使用武力。有限地使用武力可以支持经济统治。

大多数英国政治家对自由贸易的理念坚信不疑。1830–1865年，一直指导英国政策的帕默斯顿爵士称自由贸易是“一项伟大的、永恒不变的自然法则”。他认为“商业……一方面引导文明，另一方面引导和平，使人类更幸福、更聪明、更完美……这是上帝的安排……”。既然英国很有可能成为自由贸易协议的受益者，这种说法听上去有点讽刺意味。然而，帕默斯顿与他同时代的人并不觉得把英国的利益与人类的利益以及上帝的意志等同起来，颇具讽刺意味。帕默斯顿深信，英国是世界上一种行善的力量，为造福人类而偶尔使用暴力也是正当的。英国坚持不懈地寻求与欧洲其他国家、美国、拉丁美洲的共和国、亚洲和非洲的所有国家签订自由贸易协议。

在某些情况下，有的国家认为与英国进行自由贸易对它们有利，因此很愿意做出让步，并与英国签订自由贸易协议。但有的国家不愿意与英国进行贸易，英国就对它们施加外交压力，甚至动用武力。诉诸武力在中国沿海地区表现得最为突出，英国分别于1839–1842年以及1856–1860年对中国发动了两次鸦片战争。每次战争结束时中国都被迫签订条约，向西方进一步开放门户。1863 年，英国海军对日本港口鹿儿岛的炮击，迫使日本不得不对西方贸易做出让步。英国海军还在西非海岸特别活跃，力图镇压奴隶贸易，并迫使非洲国家的统治者签订条约禁止奴隶贸易，以及为其他形式的贸易提供便利。

通过暗中威胁，甚至有时公开威吓，力图迫使别国签订自由贸易协议的做法被称作“自由贸易帝国主义”。为了建立自由贸易，时不时要使用强有力的帝国主义政策是一回事，而这种政策能否成功地创建又是另外一回事。这个问题在前言中已经简要地讨论过。对从这个时期直到 1870 年的任何一个非正式帝国的范围，我们有充分的理由持谨慎的态度。非正式帝国意味着有效的统治。经济统治是一个比较模糊的概念，但是英国在这个时期是否有效地统治拉丁美洲、非洲和亚洲（英国只在印度建立了殖民统治）任一地区的经济，似乎很难说得清楚。通过英国的转口贸易量不可能大到那个程度。英国产品的市场非常有限，大多数非欧洲国家生产出口商品的能力也是如此。首先，这要求交通运输有很大的发展。能够使巨型轮船廉价快速运送大批货物的“运输革命”，直到 19 世纪 70 年代才完成。同样，欧洲以外地区的铁路的充分发展直到 19 世纪后期才实现。英国商人或许要寻找新的机会，但是在这个时期，欧洲以外的任何成规模的贸易只能在有限的沿海地区或在经济相对发达的国家（如美国）进行，但是对这样的国家行使武力威胁是行不通的。

英国海上霸权的实际作用有限。英国既没有财力也不愿意在全世界推行“炮舰外交”，或在全世界强制实行一种当时的人喜欢称作“英国强权之下的世界和平”的和平秩序的制度。例如，由于担心美国人反感，英国在西半球的行动受到一定的限制。英国商人不可能在碰到商业困难的任何时候都会得到英国战舰的主动帮助。然而，维多利亚时期的皇家海军遍及世界各地。在地中海地区，英国的势力非常强大。在更远的地区，如在亚丁、新加坡以及香港，英国建有海军基地。英国海军舰队游弋在印度洋、西印度群岛、南大西洋，以及太平洋。在波斯湾、中国海和非洲海岸附近，英国海军可以随心所欲，不受任何约束。在这些地区，英国可以动武或以武力相威胁，行使非正式的权力。即使如此，英国的海上霸权仍没有越过桑给巴尔、波斯湾沿海、中国港口及大河流以及尼日尔三角洲而到达内陆地区。

海外帝国

从 1783 年到 1870 年这一时期，英国的勃勃雄心，或者更确切地说，许多英国人的勃勃雄心是非常明确的。英国是一个不安于现状的国家。英国人要离开英伦三岛寻求商业机会，并在全世界传播他们的价值观。这些不安于现状的人很大一部分散布在大英帝国疆域之外的地区，但是留给人们的一个永久性的记忆就是一个扩张的帝国统治。如果说这个帝国在本质上一向具有英国的特征，那它在世界不同地区的表现形式却极为不同。

英国的移民殖民地

1783 年英国承认美国独立后，魁北克和新斯科舍构成了英国在北美大陆剩余的殖民地——英属北美殖民地——的核心。这些殖民地的人口因五万名“亲英分子”的到来而大增。这些人出于不同原因自愿离开反叛的殖民地，继续生活在英国的统治之下。迁徙到魁北克的亲英分子第一次给这个省带来了一个重要的非法国的人文环境。1791 年，魁北克说英语的地

1791–1867 年的英属北美和加拿大自治领。1840 年上、下两个加拿大的合并以及 1867 年四省联盟的成立使因北美 13 个殖民地反叛而分散在东北美洲的英国殖民地开始统一起来。这个新的加拿大自治领能够把两边的地区接纳进来，并使这个大陆从大西洋扩展到太平洋。

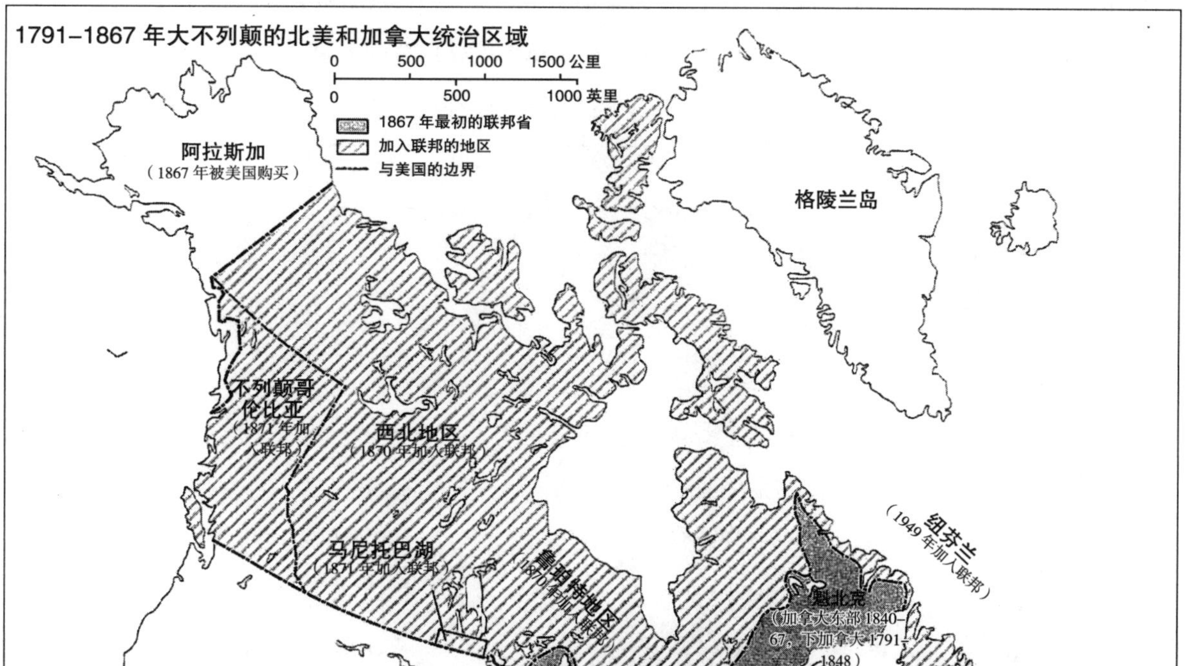

区成为上加拿大一个单独的省，现在的安大略省由此发展而来。在 1815 年欧洲战争结束后的 50 年里，100 多万英国移民进入这些省份，虽然其中半数以上最终迁徙到了美国。那些留在英属北美的人，大部分都在上加拿大定居下来。旧的魁北克省，即后来的下加拿大由说法语的人统治。虽然他们没有接收新的移民，但他们的人口自然增长率非常高。这些说法语的加拿大人具有很强的凝聚力，保持了他们的语言、罗马天主教信仰以及他们自己的一部分法律制度。但是，虽然法国人继续统治魁北克，但英国移民源源不断地涌入意味着到 19 世纪中期，说法语的加拿大人在英属北美已不再是一个强大的少数民族。

英属北美殖民地是统治制度的实验场所，这些制度被认为适合大英帝国内任何大的白人社区。总的来说，英国政策就是要确保由伦敦任命的总督对被视为非常重要的事务行使充分的帝国权力，而在其他方面让殖民者通过他们的立法会议或地方议会管理自己的事务，尽量减少干预。对白人移民殖民地的监督从来没有被要求过。19 世纪中叶，在加拿大殖民地以及后来在由白人统治的其他殖民地里，总督的大部分权力逐渐由代表立法会议大多数的部长们行使。这种体制后来被称为“责任政府”。在责任政府的领导下，英国殖民地几乎在一切方面实行内部自治，但仍然属于英帝国，并接受英国对它们与外国关系的控制权。回顾起来，责任政府是英国人最

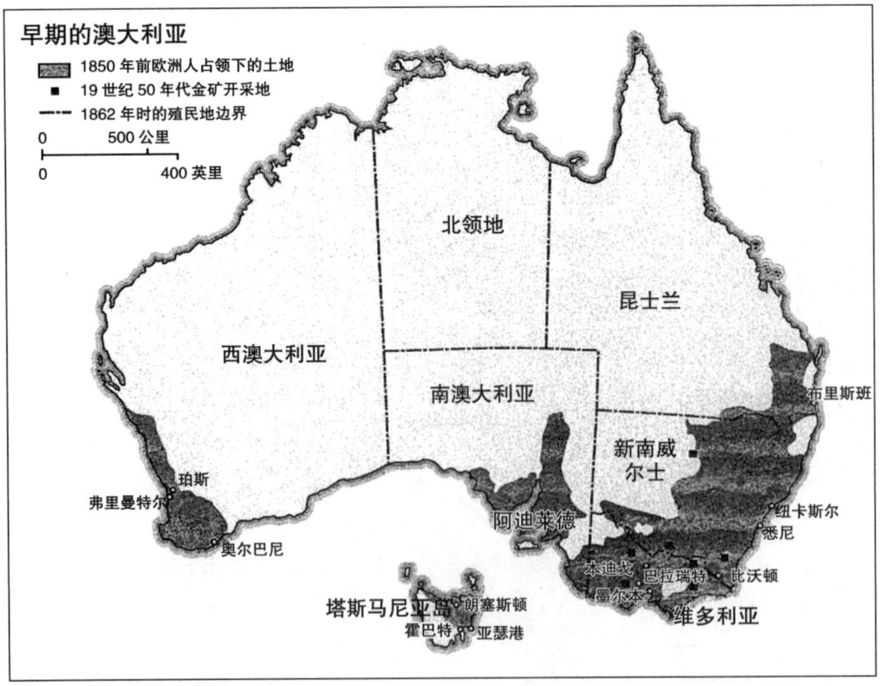

终颇感自豪的一种体制。这既赋予英国殖民地的居民管理自己事务的自由，又确保了与帝国的联系继续存在，并因此保留英国的特点。

责任政府首先在英属北美殖民地建立，但是来之不易。只要说法语的人在加拿大占多数，英国就不太情愿把真正的权力交给可能最后对英国不是忠心耿耿的地方领导机构（在1837年的反叛中，部分说法语的人甚至拿起了武器）。英国人的策略是，首先要尽力把英属北美各省联合起来，组成一个更大的整体。这个整体越大，说法语的人在这里面所占的比例就越小，就越有能力抵御加入南边那个大国的诱惑。一个繁荣、稳定、团结的加拿大不仅能够自立，而且还能与美国讨价还价。1840年，说英语的上加拿大与说法语的人占大多数的魁北克（或下加拿大）合并起来。显而易见，一个说法语的领导机构愿意与说英语的加拿大政治家合作，条件是魁北克在合并后保持它的宗教、语言和特点。1867年建立四省联盟的法案扩大了这种联合。加拿大的政治家们在英国政府的鼓励下耐心地策划了这次联盟，它把上下加拿大以及两个主要的沿海省份统一起来。法案做出了具体规定，新的加拿大将包括英国在西部声称拥有主权的所有领土，包括1871年太平洋沿岸的英属哥伦比亚的领土。

1788年，英国在世界的一个偏远地区建立了一个殖民地，过去任何欧洲人都没有在此进行过殖民活动。一支由11艘船组成的船队载着736名囚犯、一位总督和一些官员，在一支海军陆战队的护送下，绕过好望角，越过印度洋，经过漫长的海上航行，在澳大利亚的东部海岸建立了一个英国殖民地，后来该地区成为新南威尔士。这是欧洲人在澳大利亚建立的第一个殖民地，在当时欧洲人对这个地区几乎是一无所知。这支舰队的目的地曾经由詹姆斯·库克船长于1770年光临过。当年他在首次伟大的太平洋探险活动中，沿着澳大利亚海岸航行。库克船长对名为博坦尼湾最简短的访问表明，它或许是一个适合欧洲人居住的地方。17年后，英国政府据此主动采取行动，派出了这支船队。

这次行动虽不能说是鲁莽，但确实是惊天动地的大胆之举。虽然后来的事实证明，新南威尔士是欧洲移民繁荣昌盛的地方，但是英国政府当时并不是非常了解那里的条件究竟如何。新殖民地要克服刚开始碰到的困难而生存下来，只能凭很好的运气。那么为什么英国的大臣们要冒这样的风险？一个普遍的观点是，他们是在为帝国的利益下大赌注进行赌博。他们

囚犯之地——澳大利亚

在澳大利亚的整个历史中，人们对囚犯以及他们必须服从的制度有许多不同的解释。对一些后来的澳大利亚人来说，祖先曾是囚犯是一种耻辱。其他的则声称为有这样的祖先而感到自豪：这些囚犯声称他们是一个毫无人性制度的无辜受害者：或者说假如他们有罪的话，也只是他们情有可原的反抗行为。有些描述着重强调了囚犯们在澳大利亚受到的非人的残酷对待。用理查德·休斯的小说《死亡海岸》的话来说，英国犯人的流放地是“约瑟夫·斯大林的古拉格劳改营的先驱”。也有的历史学家坚持认为，绝大多数犯人都能在一定程度上支配自己的生活，而且“几乎就在他们到达澳大利亚的第一天起”，“建立一个自由社会的过程”在新南威尔士就已经开始了。

对犯人的研究表明，他们不应该被过分地浪漫化。他们是英国刑法制度的牺牲品，这个制度现在看来非常严厉，无法忍受；但是他们中的大多数人似乎是惯犯，根据当时的法律标准判得都不轻。大多数被流放的人通常是城市小偷，还有一些“政治”犯，包括爱尔兰人，但为数不多。

那些强调犯人社会大致是“正常的”人，以及那些强调犯人社会残酷性的人，各有各的道理。对大多数人来说，尤其是在新南威尔士，生活并不一定是无法忍受的。大多数人的刑期都得到了部分减免，服刑的人所干的许多活都有物质报酬。犯人干活可以悄悄地讨价还价。犯人结婚受到鼓励，新一代“乡村出生的”孩子营养良好，健康成长。然而，对新南威尔士的极少数人和塔斯马尼亚大部分人来说，当局对他们特别残暴，并严加惩罚。那些在澳大利亚被判为重新犯罪的人，很可能遭到无情的鞭打，被发配到条件非常恶劣的地方，如塔斯马尼亚的阿瑟港或诺福克岛。令人发指的惩罚有案可查，但是普通的犯人是一件非常有价值的商品，不会成为虐待的对象。新的殖民地是靠他们的劳动建立起来的。无数城市小偷用自身的忍耐力和聪明才智建立了一个新社会。

犯人查尔斯·马尔遭受鞭刑。在像塔斯曼海诺福克岛这样的流放地，管理犯人的制度最为残忍。1800年，该流放地由一个叫约瑟夫·福沃克斯上校的虐待狂军官负责管理。据说此人“相信鞭子而不相信《圣经》”。此画中的犯人被抽了250皮鞭，背部被打得“皮开肉绽”。

约1821年的悉尼风景画。风景画有一部分表明，欧洲人在新南威尔士沿海三十多年的殖民取得了很大的进步。悉尼已成为一个繁荣的港口，一些工业也开始起步，如面粉、木工、酿酒、制陶、皮革、羊毛纺织和制砖业等。图画左边表现的犯人劳动，对这些工业的发展非常重要。

认为，为了英国的利益，在太平洋的某个地方建立一个基地非常重要，而且利用这些囚犯是建立殖民地的最佳手段。毋庸置疑，英国的大臣们在某种程度上对太平洋的潜在价值感兴趣。但是，还没有发现有说服力的证据来支持以下理论：1788 年英国在澳大利亚殖民主要是为了商业和战略目的。传统的解释是，在新南威尔士殖民是要为囚犯提供一个定居点。这一解释似乎更有道理一些。流放是英国刑罚制度的一个重要组成部分。在过去，囚犯被流放到北美殖民地。但是独立战争后，美国不再是流放之地。尽管英国政府做了坚持不懈的努力，寻找替代性的流放之地，但最终未能找到。等待流放的犯人在英国越积越多，他们必须有地方可去，于是新南威尔士就成了他们可去的地方。虽然这种说法没有充分解释白人澳大利亚国家建立的原因，但是这似乎仍然是其主要的因素。

这是一幅极具浪漫色彩的版画。1840 年，一辆牛车翻越好望角东部的克拉多克山口。这次大迁徙使南非白人脱离了英国人在好望角殖民地（开普殖民地）的统治，到达北部的新地区。在这里他们建立了自己的国家。

新的殖民地一经建立，英国政府即开始向澳大利亚大量流放囚犯，1852 年，囚犯人数达到约 16 万人。这些囚犯是何许人，其境遇如何，他们建立了什么样的社会，都是人们激烈争论的话题。毫无疑问的是，他们是最早的两个澳大利亚殖民地新南威尔士和塔斯马尼亚得以建立的基础。

从第一支船队登陆起，不是囚犯的“自由”殖民者也来到了澳大利亚。澳大利亚提供了太平洋丰富的资源，特别是海豹、鲸鱼、囚犯劳役和大量的土地，随着在澳大利亚谋生的机遇出现，殖民者的人数逐渐增加。他们把零星居住在这片土地上的土著居民赶走。在第一个白人殖民地建立前夕，土著居民的人数约为 75 万人。（在这次殖民活动中，白人使用的暴力和土著居民的抵抗，比人们曾经设想要猛烈得多。）土地专门用来养羊，作为货物的羊毛，其价值与它的重量相比，足以支付远洋运输的费用。到 19 世纪 30 年代，澳大利亚成为英国纺织工业主要的羊毛供应地。

与横渡大西洋较短的航程相比，远涉重洋到澳大利亚的开销一直限制着英国的自由移民。但还是有许多人在航行资助计划的鼓励下前往澳大利亚，英国政府在一定程度上参与了这些计划，使没有囚犯的新殖民地能够建立起来。1826 年，西澳大利亚开始殖民。1834 年，议会通过法案批准西南澳大利亚的新殖民地。同年，塔斯马尼亚的殖民者渡过海峡，在现在的维多利亚占领土地。19 世纪 50 年代，金矿的发现使这次殖民的成功发生了根本性的变化，一批又一批的新移民拥入维多利亚和新南威尔士的采矿区。澳大利亚的白人人口，从 1851 年的 437665 人急剧上升到 1861 年的

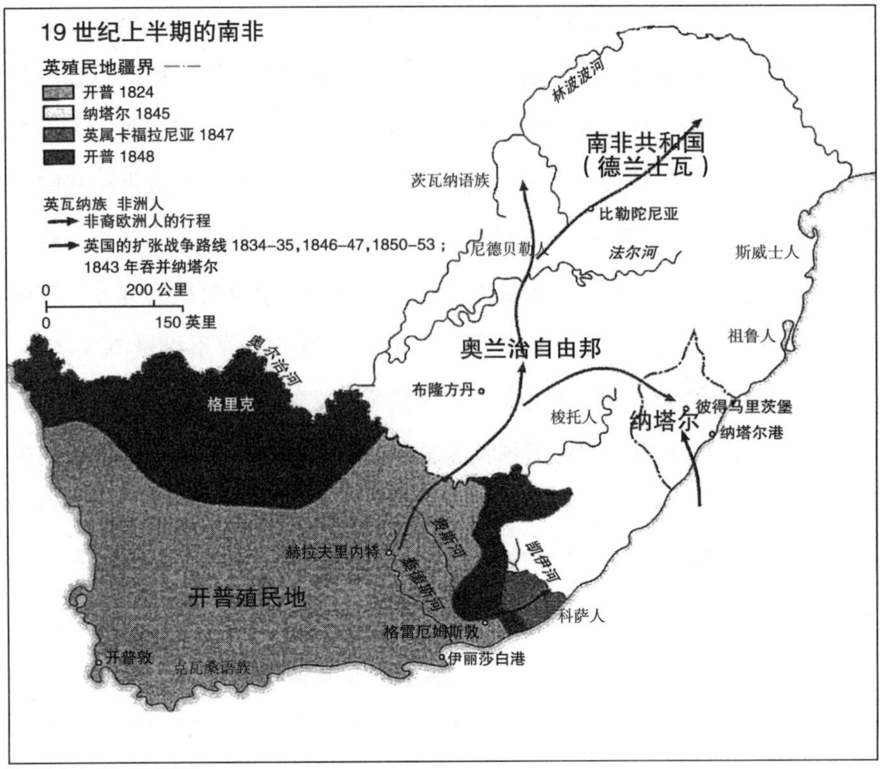

100 多万。

新南威尔士的一些白人渡海到达新西兰，把它当作航行太平洋和与毛利人贸易的基地。到 19 世纪 30 年代，伦敦许多想往海外运送移民的人逐渐开始对新西兰这块土地感兴趣。1840 年，英国政府出面干预，试图在新西兰强行建立一种新制度。新西兰被英国吞并，根据规定建立的白人殖民地被正式批准；而根据《怀坦吉条约》，毛利人的代表得到了一定的保证金。新的制度最终还得靠武力来实施。毛利人因失去土地和不能自治而奋起抵抗，结果证明他们是非常难以对付的战斗者。1845–1872 年，在与毛利人的战争和其他冲突中，英国军队被弄得精疲力竭，受到重创。战争以及大量的英国新移民因淘金热而持续不断地拥入新西兰，使毛利人成为总人口的少数民族。1870 年，新西兰白人数量为 25 万而毛利人却只有 5 万左右。

同样，在魁北克，1806 年英国人吞并好望角时，他们获得了新的欧洲臣民。这些人不是英国人的后裔而是南非白人（荷兰人等欧洲移民的后裔）。南非白人人口约为 3 万人，大部分从事农业（因而他们被称作布尔人），分散居住在重要的开普敦港以外的广大地区。除了南非白人以外，好望角还居住着土著民族科依科依人、荷兰人带来的奴隶以及混血民族。在荷兰人声称拥有主权的地区的边境上，有难以对付的非洲民族，特别是好望角东部边境的科萨人，他们反对欧洲殖民地进一步扩张。

19 世纪后期，由于发现了丰富的矿产，南非才被视为一个重要的经济财产，并开始吸引较多的英国移民。英国对这个高度复杂的社会的兴趣起初主要限于在极具战略意义的开普敦港周围维持稳定的秩序，该港是通往印度的中转站。然而，确保稳定并非易事。居住在乡村的南非白人随时都想迁徙，寻找新的放牧地。在英国人的统治下，他们觉得更有必要迁徙。一些人觉得英国人统治残酷，不能容忍，对他们的独特文化和制度，尤其是对他们的劳动力供应构成威胁。英国人最后在全帝国境内废除了奴隶制，而对其他劳动力形式实行强制管理。和 1837 年一些说法语的加拿大人那样进行反叛不同，一部分南非白人自动脱离英国人的管辖，长途跋涉离开好望角，进入北部显然未被人占领的地区。1836–1846 年，1.4 万名南非白人开始了这次大迁徙。他们的迁徙给英国人带来了新问题。当然，北部地

19 世纪 60 年代的塔斯马尼亚土著人。在欧洲殖民开始时期，塔斯马尼亚约有 4000–6000 土著人。几年的时间里，这些人中的大部分死于欧洲人带来的疾病，或在与白人的激烈冲突中丧生。侥幸活下来的人被驱赶到海岸附近的小岛，在那里他们也难逃厄运。在霍巴特附近的奥伊斯特湾拍照的这群人全部死亡，最后一个人死于 1876 年。

区并非空无一人，它为非洲民族所占有，因此他们与南非白人发生了激烈的冲突。除了很有可能向南蔓延进入英国领地的内陆战争外，又发生了英国人与东部边境的拉萨人的地方性战争。在一个很短时期里，英国人企图控制南非白人成立的奥兰治自由共和国和南非共和国（德兰士瓦）；此后他们对内陆地区暂时放任不管，让那些长途跋涉者自行其是。然而在离海岸较近的地区，卡菲尔人与科萨人发生了一系列的战争，纳塔尔被吞并。英国人为卷入这场战争付出了高昂的代价，却没有得到什么好处。

在好望角、澳大利亚殖民地和新西兰，英国人像在英属北美所做的那样，根据同样的原则建立了符合宪法的制度。帝国对重大事务保持着控制权；另一方面，白人社区实行最大限度的自治。像在加拿大一样，这些地区先建立经过选举的议会，最后产生殖民地政府，政府对这些议会负责。澳大利亚大多数殖民地、新西兰和好望角殖民地，分别于 1855 年、1856 年和 1876 年成立了责任政府。正如他们在英属北美所做的那样，英国人也关心并希望看到单个殖民地能够合并成更大、更加稳定的实体，有能力承担他们自己的防卫。然而，直到 1901 年，澳大利亚各殖民地才合并在一起。英国的旧殖民地好望角和纳尔与南非白人的奥兰治共和国和南非共和国的合并非常棘手，直到 19 世纪末，南非被战争所震撼后才得以解决。

1870 年，英国政治家们对加拿大、南非、澳大利亚和新西兰殖民地的发展和壮大表示一定程度的满意。这些殖民地保持在帝国的大家庭中，同时又发展了它们的地方自治。甚至说法语的加拿大人以及留在好望角的大多数南非白人都没有脱离帝国。至少维多利亚时代的英国人自封的开化使命在一定程度上实现了：英国人的价值观在“英国的”海外社区得以保存。就财富和权力而言，英国收获颇丰。19 世纪后期，澳大利亚、加拿大和新西兰白人人口的增长，使他们成为英国真正有价值的“坚定忠诚的盟友”(1853 年，格雷如是说)，是未来战争中高素质军事力量的来源。随着经济的发展和南非经济被黄金和钻石改变，这些殖民地作为英国贸易伙伴和英国投资场所的重要性极大地增加。

然而，英国人功劳簿上也有不光彩的地方。维多利亚时代英国人的开化使命中有一部分是保护易受侵害的非欧洲民族。总的来说，英国在正式成为“白人”殖民地的地方放弃了这一部分使命。英国舆论很少关注加拿大土著美洲人和澳大利亚土著居民的问题。然而，英国的人道主义者特别关注新西兰的毛利人、南非的科依科依人和非洲人。英国政府的态度在一定程度上反映了这种关注；但最终英国不愿意尽力为他们的利益行使权力，对占统治地位的白人社会的意愿进行干预，反而是为白人实现自己的意愿提供武力支持。例如，南非好望角东部的科萨人和新西兰的毛利人由于被英国军队打败而失去了他们的土地。那些希望以英国为弱者的保护者而自豪的人发现，对发生在西印度群岛的一切进行反思更具启示意义。

西印度群岛和西非

反奴隶制大纪念章

乔赛亚·韦奇伍德是有名的陶器制造者和反奴隶贸易运动的积极参加者。1787年他开始分送这种用碧玉制成的大纪念章，时逢议会对奴隶贸易进行第一次调查。没有想到，这种大纪念章特别受人欢迎。"难道我不是人，不是兄弟？"是反奴隶制的一句著名口号。

18世纪末，英国是西非奴隶最大的输出国，并实行世界上最大和最成功的奴隶种植园制度。由于法国在西印度群岛圣多明戈（海地）运营非常成功的企业被奴隶暴动所摧毁以及英国皇家海军在1793年战争爆发后能够摧毁敌国的奴隶贸易和蔗糖贸易，英属西印度群岛蔗糖、咖啡和棉花生产几乎没有竞争对手。特立尼达和现在的圭亚那等具有种植园农业极大发展潜力的地区被英国征服后成为大英帝国的一部分。然而，19世纪中期，西印度群岛的殖民地大多走向衰落阶段，其他地区的生产者正在占领大部分世界市场。

英属西印度群岛从繁荣走向衰落的年代以英国议会的两个重大决定为标志。1807年，英国先于它的所有主要竞争对手废除奴隶贸易；1833年，又是先于其他国家，它颁布命令在大英帝国全境废除奴隶制。这两个决定之间的关系以及英属西印度群岛的衰落是历史争论的激烈话题。常常有人认为，由于老旧种植园的过度开发和缺乏大量的新土地，英属西印度群岛的衰落不可避免。既然英属西印度群岛再也无力与像古巴这样的生产地进行竞争，英国人废除奴隶制度，完成人道主义使命，几乎不用付出多大的代价，产品完全可以满足英国人的需求。因此，英国在帝国境内废除奴隶贸易和奴隶制度，不是当时的人和后来许多历史学家普遍认为的高尚道德的伟大胜利，那只是一种比较开明的利己主义行为。《资本主义与奴隶制》一书的作者，已故的埃里克·威廉姆斯就持这种观点，他曾担任特立尼达总理，是一位著名的学者。

还有的历史学家坚持认为，英属西印度群岛的衰落是由奴隶贸易和英国奴隶制度的终结直接造成的。他们认为，假如英国能够保持非洲向西印度群岛提供劳动力，并根据奴隶制的要求对劳动力供应实行控制，西印度

威廉·威尔伯福斯像

这幅画描绘的是晚年的威尔伯福斯。他从1787年起在议会领导了反奴隶贸易的运动，直至这种贸易于1807年被废除为止。作为一名非常虔诚的基督徒，他还积极致力于许多其他事业，如在印度传播基督教。

群岛就不会失去与古巴或巴西的竞争力。这两个国家直到很晚以后仍然在进口和使用奴隶。因此，终结奴隶制的英国人道主义者摧毁了一个完全切实可行的制度。因而有人认为，废除奴隶制对英国的经济利益并没有好处，而是利他主义的胜利或愚蠢的行为。

那些认为奴隶制被废除是人道主义者的压力所致的人可以指出，英国反奴隶贸易的舆论确实非常成功。人道主义者赢得了广大群众的支持，无数的人在请愿书上签字。1787年运动开始时，曼彻斯特的一封请愿书吸引了11000人签名，其中约20%为城市居民。在1833年的最后一次运动中，150万人参加请愿活动。运动的领导者由非常虔诚的基督教男女组成，如威廉·威尔伯福斯和托马斯·克拉克森。奴隶制极大地伤害了他们的基督教正义感。很明显，虔诚的基督徒是运动的主要支持者。各种各样的舆论都汇聚起来，支持一个吸引激进主义者和保守主义者的事业。激进主义者希望摧毁西印度群岛种植园主寡头统治的特权，并维护人的权利，而保守主义者关心的是英国的名誉。

克里奥尔人：塞拉利昂的黑皮肤英国人？

1807年，英国废除奴隶贸易，皇家海军提高了和平时期的工作效率，追击奴隶船，释放船上的奴隶。在后来的半个世纪里，8.4万名"被解放的非洲人"被送到了塞拉利昂，逐渐地与原来的定居者融合在一起。这些人是通过新斯科舍运来的牙买加"逃亡黑奴"，以及在伦敦被集拢起来并于1787年在弗里敦定居的"贫穷的黑人"。建立这个殖民地的废奴主义者——性情严肃的英国福音会教徒——希望创造一类新型的黑皮英国人，这些人将成为"开化"西非的文化使者。像西印度群岛的奴隶一样，塞拉利昂的"克里奥尔人"在他们的英国黑人的外表下掩藏着一种非洲特性。甚至他们的名称——身份的标记——也来源于一种误解，因为欧洲人把一个可能是源于约鲁巴语的词理解为"克里奥尔"（该词源自西班牙语）。

弗里敦成为一个重要的商业中心。它还有几座基督教教堂。1827年，传教士创办了非洲最古老的大学之一——福拉湾学院，并继续在这个殖民地里开办学校。可以确定，一位叫詹姆·阿弗里卡纳斯·霍顿的克里奥尔人是第一位在英国爱丁堡的一所大学获得医学学位的非洲黑人。

然而在现实生活中，与非洲许多地区对克里奥尔文化的影响相比，英国的影响微乎其微，19世纪后期，通过兼并当地的山地部落，塞拉利昂的边界扩大，形成了一个约2.7万平方英里的受保护领地。与此同时，白人官员的数量增加；热带医药（尤其是奎宁）的使用意味着西非不再是"白人的坟墓"。这些白人公务员排挤克里奥尔人。1892年，克里奥尔人在47个政府职位里占18个；1912年，在92个职位里，他们只占15个，其中5个很快就要退休。教育不再得到鼓励；1902年，英国人决定，无论资质如何，白人医生理所当然地要比克里奥尔人医师地位高。英国人自鸣得意地认为，新兼并的山地部族不喜欢克里奥尔人，因此白人有必要做他们之间的调解人。在他们看来，克里奥尔人不可能或不愿意与当地的非洲人融合在一起，因而变得越来越孤立。按照"分而治之"的经典做法，塞拉利昂这块小殖民地——弗里敦周围的克里奥尔地区——与内陆的受保护领地分开治理，直至1961年独立前夕。这些前奴隶的后裔尽管有着部分欧化的生活方式，但不为欧洲人和非洲人所接受。他们不是黑皮肤的英国人，而是被谴责为扮演白人殖民者政治角色的黑人。

19世纪80年代的夏洛特学校。夏洛特是为从奴隶船上解放的"被解放的非洲人"而在塞拉利昂建立的村庄之一。这所学校建于1830年，是为非洲女孩提供西式教育最早的尝试。基督教传教士认为，女孩子应该接受教育，成为上过塞拉利昂中学或大学的丈夫的合格伴侣。

尽管公众舆论压力非常强大，但是根据1832年改革法前后代表制度规定，公众人数不能在下院变成票数，必须使英国的政治精英们相信，废除奴隶贸易不会对英国的国家利益造成不可挽回的损害。很难弄清楚，1807年为什么这些精英们能够被说服，反正这一年奴隶贸易被废除了。当时，世界蔗糖供应约60%来自英国的殖民地。然而，议员们似乎愿意相信，英国使用现有的奴隶劳动力可以继续成功地生产蔗糖。他们确实还相信，如果所有的国家停止奴隶贸易，如果能够永久性地完全禁止奴隶贸易，英国的领先优势可以保持到将来。后来发生的情况不是这么一回事。1815年英法战争结束后，除英国外许多国家又继续从事奴隶贸易，这些国家的殖民地成为英属西印度群岛的强劲对手，英国的殖民地开始陷入困境。19世纪20年代，世界蔗糖价格急剧下降，而成本增加。与此同时，奴隶的反抗变得越来越猛烈，最终发生了1833年牙买加的奴隶大暴动。在蔗糖价格下降和奴隶暴乱的背景下，爆发了最后一次席卷英国的大规模请愿运动，1833年，这次运动把大英帝国的奴隶制度送进了坟墓。

废除奴隶制的人道主义者和政治家们认为，英属西印度群岛的生活将一切如旧，奴隶们将以挣工资的形式继续在种植园里做工。在比较小的岛屿上，情况总的来说是这样。在比较大的地方，获得自由的奴隶不大愿意待在种植园里，他们迁徙到能够得到土地的地方，成为自给自足的耕种者。在特立尼达和圭亚那，种植园主们最后不得不依靠帝国的另一种移民形式来满足他们对劳动力的需求：19世纪40年代起，大量的印度人被哄骗签订契约，漂洋过海来到加勒比海地区做劳工。

尽管英国人或许对废除奴隶制感到自豪，但直到19世纪中期，英属加勒比海地区的状况总的来说不容乐观。许多种植园挣扎度日，但是英国人没有采取什么措施帮助它们。小块农田耕种者的社区常常变得贫穷。获得自由的奴隶还没有充分享有公民权和政治权利。牙买加的怨恨情绪终于在1865年英兰特湾的叛乱中爆发，叛乱遭到了严厉的镇压。

英国人道主义者认为，西印度群岛的奴隶制问题与西非问题具有非常密切的联系。英国废除奴隶制后，如果国际奴隶贸易还没有停止，英国显然应向非洲沿海派遣海岸巡逻舰队截击奴隶船以支持外交上的努力，说服非洲的统治者们放弃奴隶贸易。但是英国对西非的兴趣不仅仅局限于此。人道主义者认为，奴隶贸易的一大罪行是在非洲引发战争，造成严重破坏。

他们觉得，废除奴隶贸易将导致非洲的新生，这是某些英国人所乐于见到的。废奴积极分子相信，英国在非洲的新生过程中能够发挥积极的作用。贸易又一次被视为灵丹妙药，英国人设计了各种各样的项目传授非洲人新的技艺，这样可以把他们吸引到新的行业里。塞拉利昂的殖民者实施这些项目最为持久。1787 年起，英国人进行了一系列的尝试，在塞拉利昂的西非海岸建立来自英国或美洲的黑人社区。定居者种植新的作物，并被鼓励与邻近的非洲民族进行贸易。虽然对塞拉利昂寄予的希望大部分证明是毫无根据的，但一个永久性的英国殖民地确实牢固地建立起来了。塞拉利昂的弗里敦逐渐成为各种被解放奴隶的著名社区的所在地，这里的居民建立了教堂、学校和商业企业。然而，有人希望这样的社区所发挥的影响或许能改变整个西非，这未免太天真了。

戴安·辛格像

锡克族的旁遮普邦是英国扩张难以克服的障碍。1799－1837 年，兰季特·辛格统治着旁遮普邦。他建立了一支现代军队，并得到了由戴安·辛格直接领导的有效行政体制的支持。从 1818 年直至兰季特·辛格去世，戴安·辛格是该邦实际上的主政大臣。

印度

英国在 18 世纪中期对印度的征服已经开始，它的参与程度使它在帝国其他地方从事的事业相形见绌。对孟加拉的兼并给英国人带来了至少 2000 万新的臣民以及 300 万英镑的公共税收（按当时的价值计算）。用这些钱，他们得以组建一支庞大的新军队，并建立一个复杂的政府机构。通过征服而形成的扩张浪潮使他们不断兼并印度的邦国，获得了数百万臣民和资源的极大增长以及防务和行政费用的增加。1871 年，印度进行的第一次人口普查表明，至少有 2.36 亿印度人直接生活在英国的统治之下或生活在受英国条约保护的邦国里。当时英属印度政府的公共税收正接近英国本土的税收，而且它的军队要庞大得多。

英国统治下的印度边界实际上是在 19 世纪上半期确定的。这是几个阶段的战争和吞并的结果，东印度公司的边界有时向前推进得比较迅速，有时比较缓慢，但是很少有较长的和平间歇。这些战争很少是英国谋划或得到英国的批准。19 世纪 60 年代，电报得到有效使用前，英国与印度的通讯要花一个月时间（在 19 世纪初期，绕过好望角到达印度要花半年时间）。因此，战争的发动取决于在印度本土的人的主动性，首先取决于那些担任总督一职的人。一些总督毫不掩饰他们利用任何借口扩大英国统治的意图。威尔斯利侯爵（1798－1805 年在任）如此，哈斯廷斯（1813－1823 年在任）也是如此，而达尔豪西勋爵（1848－1856 年在任）也毫不例外。另

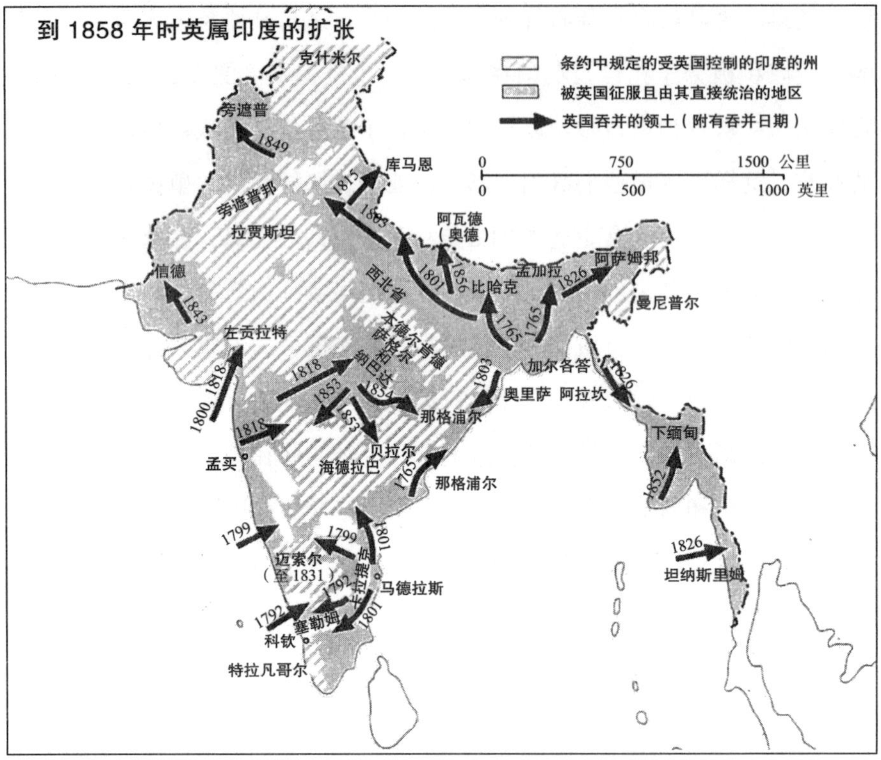

到 1858 年时英属印度的扩张

外一些人声称他们憎恶战争，其原因首先是战争影响印度政府的财政收入。然而几乎没有人能完全避免战争。尽管拥有巨大的军事力量，英属印度仍经常担忧它的安全，必须不惜任何代价使这些邦国内部保持稳定。正如英国人解释的那样，必须控制任何表现出要对英国人提出挑战或陷入混乱局面的印度邦国，以免它的影响蔓延到英属印度境内。对英国政策的官方解释常常把英国人描绘成不愿意进行干预以稳定他们边境的人，或除掉那些不令人满意的统治者。这样的叙述没有解释的是，英国人强烈反对或害怕的不稳定，往往是英国强迫建立军事同盟、强索财政捐助或强行入境进行商业活动造成的。名义上独立的邦国必须向英国人提供财政捐助，供养英国军队，或接受英国人的指导，以至邦国统治者的权威受到削弱，与英国人的合作破裂。所有征服战争中，代价最高的两次是 1845－1846 年和 1848－1849 年针对旁遮普邦的锡克人的战争，导致这两次战争的直接原因是兰季特 · 辛格创建的锡克旁遮普王国在英国的压力下破裂。

虽然各地情况千差万别，但为第一批被征服的省份制定的行政模式，这种模式随着一次次新的并吞完成之后还是扩大到整个印度。早期英属印度的中心任务是财政，即征税。由于印度存在着一个英国人可以马上利用的地方税收制度，因此与其他殖民地相比，印度变得特别有价值。在这些殖民地里，有的税收资源非常少，而有的征税要由欧洲人的代表会议投票决定。在印度，主要的税收来自于种地的农民；主要的英国地方行政长官被称作税务官，负责评估纳税水平和监督纳税。对税收的关注使英国人非常注意维护社会秩序和财产的稳定以及明确规定的土地权利关系。他们认为，农村的繁荣取决于此。英国人的行政管理大部分与法律和公正有关。英国的法学家编纂印度法律，英国的法官负责实施。

“我们的法官”是对19世纪中期英国行政中心或英国官员居住区的人物进行的一系列诙谐研究。这名法官在一本名叫《咖喱米饭》的书里再现过。据说这位法官“公务缠身”，天天与上诉、刑事案件、法令和供传阅的法院指示等打交道。司法工作是英国行政的一个主要部分。法官们在他们的法庭里通常有一大堆复杂未决的案件等待判决，依据的是经英国人的阐释而修改的印度法律制度。

收税、维护法律和秩序，以及主持案件的审理，是皇家管理机关历史上广为人知的英属印度政府的基本职能。这个政府后来又增加了其他复杂的职能：负责发展教育和公共工程，如兴修水利，改善交通运输，尤其是19世纪中期实施了一项宏大的铁路修建计划。按照当时的标准来看，英属印度政府可谓雄心勃勃，至少主观意图如此。它的雄心就是成为一个拥有极大权力的独裁政权，能够管理庞大的公共税收。在19世纪初期的英国，许多锐意革新的有识之士致力于研究英国怎样使用它的权力统治印度等问题。有人提出了激进的改革计划；有的人要求把印度变成一个基督教国家；还有的人敦促使用世俗的灵丹妙药，如按照让最大多数人获得最大幸福的

原则改革印度的法律。像维多利亚女王 1858 年公告表述的那样，贯穿这些争论始终的是对改善印度本身状况以及对英国利益的关注。19 世纪初期，驻印英国官员喜欢把自己视为一宗大地产的地主。他们的佃户——印度人民的繁荣，与英国这个地主的繁荣息息相关。印度人民物质生活的任何改善都将会给英国带来更多的税收收入并提高印度人民购买英国商品和供应英国市场的能力。

在印度政府里供职的是在帝国里颇具特色的英国职业官僚阶层。众所周知，印度文职部门薪俸优厚，吸引了一些有杰出能力的人才；不过，批评者视之为一个特权机构——主要关心维护其自身地位。从 1853 年起，印度的文职部门通过适当的学术科目考试公开竞争，招聘公务员。尽管有人声称担任公务员的人不分种族，一视同仁，但是，直到 20 世纪，高级别的公务员实际上都是白人。一大批低级别印度官员是夹在少数外国当权人物和印度广大群众中间的人。

描述一个政府声称要做的事，总是比评估这些事对其统治的人民的影响要容易。19 世纪的大部分时间里，英国没有使印度发生重大变化。总的来说，改革计划仍然是纸上谈兵。对印度人来说，帝国统治最重要的影响可能与英国行政机关发挥的基本功能有关。确定纳税水平以及怎样征收是任何社会重要问题。在英国人统治的初期，印度人很可能面临着非常沉重的税赋。除了征税以外，新政权与它的臣民很少有直接的接触。除了少数几个外，如禁止烧死寡妇，英国人不愿意用法律迫使社会发生变化，当然他们是否有能力这么做很令人怀疑。新的教育规划迄今为止只影响到城镇里很少一部分人。公共工程计划直到 19 世纪后期才大规模地实施。

要想解释 1857 年的大动乱，必须记住英国早期统治对印度社会的影响相对有限。这次反对英国统治的大起义，通常被称为印度兵变。总的来说，印度人并不是非要推翻一个残忍干涉他们的生活并强迫他们“现代化”的政府——这不是那种要他们服从的政府。但是印度士兵和印度北部广大地区的农村人口不信任他们的统治者，因而采取了不友好的态度。英属印度有很充分的理由关注它的安全。尽管新的统治者大肆谈论改善印度人的状况，然而一直没能采取一些积极并有吸引力的举措使印度人默认他们的统治。

英国统治印度所渴望达到的目的与它实际取得的成就之间的差距，是

1857年印度大起义

1857年，英国对印度北部人口密集的广大地区的统治崩溃了。为了恢复统治，英国人进行了殊死的战斗。然而，对这次大起义的解释大都很笼统，不能令人满意。许多印度人因为各种各样的原因拿起武器反抗英国人。另一方面，相当数量的人实际上为英国人而战，而大多数人显然保持服从。因此，原因必定集中在那些实际参加反叛的人的动机上。

孟加拉士兵是这次起义的核心人物。这些士兵是农民出身，主要从印度北部的某些地区招募而来。但是他们为自己的地位感到自豪，因为这比农业劳工的地位高得多。在孟加拉军队中服役主要是代代相传，因此经过多年以后就成了一种非常受尊敬和享有特权的职业。1857年，由于英国人制定了新的服役条例，许多士兵觉得他们的特权和地位受到了威胁。英国人发给他们的子弹上明显涂着宗教仪式上不洁净的动物油脂问题激起了反抗，这种反抗迅速蔓延到整个孟加拉军队。

1857年，印度士兵控制了印度北部大部分城市。一部分城市居民也加入到这些士兵中来；更为重要的是，许多农民纷纷响应。总的来说，农村暴动只限于军事起义的地区，但是即使在这些地区情况也千差万别，动机各有不同。在有些地方，心怀不满的地主和以前的统治者，由于在英国的统治下失去了他们显赫的地位，因此率领追随者参加起义，并担任了重要的领导职务。（那那－萨依布当时就是这样的人；英国人认为，屠杀坎普尔的英国俘虏以及妇女，他难辞其咎。）在被英国吞并仅一年的阿瓦德省，新的英国行政机关激起普遍的恐慌和怨恨，遭到人们的广泛反对，尤其是那些与起义士兵有家庭关系的农民。在英国统治时间比较长的地区，一些农民社区也发起暴动，尽管他们不一定是最贫穷的那些人。他们显然觉得英国人征税使他们不堪重负；或痛恨对立的农民社区获得的利益，如销售农作物或灌溉土地的新机会。

这次起义显然不是一场“现代的”或“民族主义的”起义。但是如果把它视为对正在现代化的英国统治一种“传统的”反应，也会使人产生误解，即使起义者别无选择只能邀请旧的权威人士，特别是莫卧儿帝国皇帝的旧部来取代英国人。但是，1857年，英国统治没有半点现代的东西，特别是在起义爆发的地区。英国人组建了一支军队，然后对它失去了信心；他们还干预印度的平衡。起义士兵给了那些觉得自己受到侵害的人还击的机会。

就人类的苦难而言，这次起义的代价是巨大的。两个著名的城市德里和勒克瑙，因战斗和英国人获胜后的洗劫而被荒废。在抗击英国人的农村，如阿瓦德的一些地区，许多村庄被焚毁；哗变的士兵以及他们的支持者常常被立即处死。英国的平民，包括妇女和儿童，以及印度军团中的英国军官被杀死。

阿拉大楼之围

阿拉大楼是印度东部比哈的一个区的行政大楼。69名英国和印度的守卫者在此坚守了8天，抗击着一支庞大的叛乱部队以及一名心怀不满的贵族支持者。

整个帝国1783—1870年时期的特点。这个时期的英国人信心十足，富于理想，但他们改变世界的能力有限。一个繁荣的加勒比海地区或者一个“新生的”西非（无论它可能曾经是什么）没有成为现实。欧洲殖民者可以被船运到新西兰，有人希望他们能与毛利人和平共处，而毛利人则向他们学习变得文明，但这些希望被战争击得粉碎。维多利亚时代帝国的特点是：一方面是崇高的理想，另一方面是暴力和对殖民地人民的剥夺。

第三章 1870–1918年：受到威胁的帝国

P.J. 马歇尔

1897年，恰逢维多利亚女王即位60周年的钻石大庆，全体英国人沉浸在欢乐之中，他们举行各种活动庆祝他们的帝国统治达到鼎盛时期。在伦敦举行的一场盛大游行把庆祝活动推向了高潮。简·詹姆斯在回忆录中曾描述过游行中帝国各地的部队令人难以忘怀。游行队伍中有来自新南威尔士的骑兵——报上说，这些身材魁梧的士兵平均身高为5英尺10.5英寸（约合1.79米），平均胸围为38英寸（约合0.96米）；有来自加拿大的轻骑兵，来自驻纳塔尔的皇家苏格兰龙骑兵卫队，来自比卡内尔的骆驼骑兵部队；有来自北婆罗洲割取敌人首级做战利品的迪雅克人，他们戴着鲜红色的筒帽，由上尉拉弗尔斯·弗林特指挥。印度帝国警察部队的17名军官是印度王公。来自香港的中国警察都戴着圆锥形的苦力帽。还有马来人、僧伽罗人以及来自尼日尔和黄金海岸的豪萨人。牙买加人穿着白色的高帮松紧鞋，华丽的刺绣夹克。英属圭亚那的警察戴着帽子，像法国的宪兵。塞浦路斯警察戴着极不合时宜的非斯帽，引来人群中的一片嘘声，以为他们是土耳其人。还有一位头戴白色头盔的英国军官率领着一支叮当作响的印度轻骑兵队。常被称为“新帝国主义”时期的19世纪末，英国人对帝国的狂热已经达到了如醉如痴的程度，上述活动便是绝佳的证明。在英国国内公众的生活中，直言不讳的少数人关于帝国对英国到底意味着什么有不同的看法。通过庆典游行活动、通俗报纸报道、音乐和历险故事，英国大众比以往任何时候都更加深切地体会到帝国的意义。在海外，英国正遇到来自其他强国的挑战，范围之广为18世纪以来所罕见。此前，非洲、东南亚以及太平洋岛屿皆无足轻重，现在英国却不得不拼命地争夺这些地区。

然而，对新帝国主义本质上而非表面上的新奇性必须实事求是地看待。虽然一些新的变化可以追溯到19世纪后期，但是这个时期的帝国历史大体上是按照以前既定的方针发展的。除了一两个重要的例外，国内指导英国政策的人没有预见到帝国会发生变化。像19世纪早期的先辈一样，他们认为帝国必须保持完好无损，并认为发展壮大是帝国保持完整的必然结果。正像他们的祖先在1759年庆祝魁北克被英军攻陷一样，1900年全体英国人民怀着同样的热情，以同样的精神——历经磨难后的巨大解脱，庆祝马菲金之围被解除。虽然英国人民对帝国充满了强烈的自豪感，但这并不是说英国人会赞同有关英国帝国命运的新思想，即便他们对这些新思想有所了解。

19世纪后期，大英帝国的领土扩张引人注目，在帝国以外，英国在世界各地的利益也显著增长。但是这些发展大体上都是遵循先前制定的方针取得的。英国与欧洲以外的国家，特别是与美国的贸易额极大增长，在海外的投资也明显增加。然而，英国与其帝国的贸易和它在帝国投资的绝大部分集中在帝国旧的、稳定的领地里，而不是新兼并的领地里。当时，帝国的各个地区几乎都发生了重大变化，白人移民殖民地作为享有自主权的独立实体继续发展；人口迅速增长，经济蓬勃发展。在印度，英国的控制更加牢固，社会和经济变化影响着人们，程度之深前所未有。

伦敦欢庆马菲金之围被解之夜。罗伯特·巴登·鲍威尔率领英军守卫着马菲金城。1900年5月18日，该城之围被解，消息传到伦敦，举国欢腾，人们尽情抒发心中的喜悦——在南非战争早期的岁月里，英国经受了太多的屈辱。欢庆场面反映了人们扬眉吐气的心情。在伦敦，“那些稳重的市民在各条大街上游行，高唱爱国歌曲，手舞足蹈，欢呼雀跃，喜不自胜”。

英国的观点

19 世纪后期令人瞩目的新鲜事是公众对帝国前途的激烈争论。当时，争论的核心是英国怎样处理与欧洲其他强国的关系。

来自海外的挑战

多年来英国在世界许多地区心安理得地为所欲为，但现在这种做法显然是行不通了。19 世纪 70 年代，英国对美国在西半球霸主地位的忧虑有所缓解；但是对沙俄在亚洲扩张领土的担心却变得更加强烈。1873 年，俄国人控制了中亚最后一个重要的独立可汗政权——卡瓦；1884 年，他们已牢牢地控制了阿富汗的边境地区，并正在修建一个铁路网。英国人担心，这个铁路网能为强大的俄军提供补给，使它容易在较近的距离里对印度发动进攻。

英国人一直认为，由于英国绝对的海上霸主地位，只有那些通过陆路攻击英国殖民地的强国才会对帝国构成真正的威胁。但是，19 世纪 80 年代，这种观点已经站不住脚了。与此同时，法、俄两国的海岸建筑使英国忧心忡忡。19 世纪末，德国开始了其第一个海上扩张计划，同时，日、意、美三国都逐步建立了装备着现代化战舰的舰队。1897 年，英国虽然大幅度扩充其海洋力量，但其他强国的战列舰数目还是

“如果你想继续独霸海上，那就赶快醒来吧！”这幅漫画反映了人们对英国海军实力的普遍关注。1894 年 12 月，海军协会成立，其目的是募集更多的经费来建造更多更精良的战舰，“宣传海上霸权对大英帝国至关重要，帝国的贸易、食品供应和生存有赖于此”。1914 年，该协会拥有 10 万名会员，《倍尔美尔街报》是其喉舌。

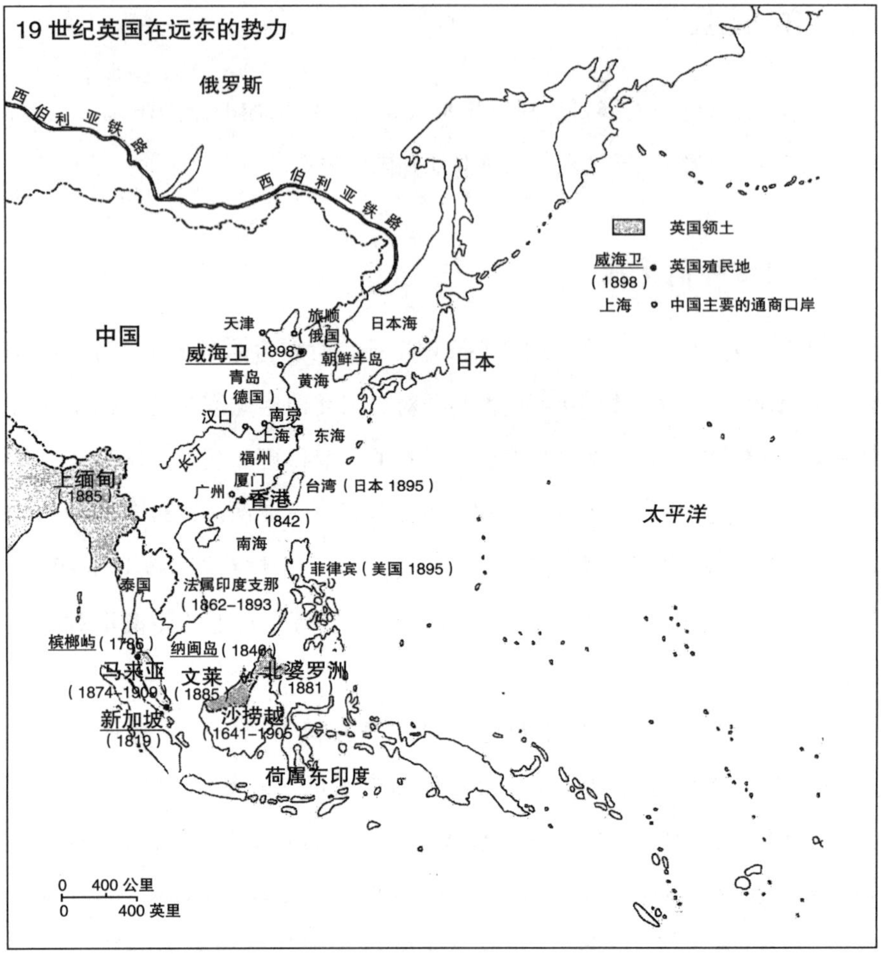

1875 年以前，英国在远东地区一直处于霸主地位。通过与中国签订条约而向外国人开放的通商口岸或通过其治下的租借地，如香港和新加坡，它控制了远东地区大部分国际贸易。然而，19 世纪 80 年代起，英国不得不面对欧洲列强的竞争：俄国向中国北方扩张领土，法国在印度支那新建立王国，德国的势为不断壮大。英国对法国人还以颜色，兼并缅甸和马来半岛，将泰国作为缓冲区。19 世纪 90 年代，为了维护其在华利益，英国像其他列强一样，试图从中国攫取更多的租借地。

超过了英国皇家海军，超出量从 62 到 96 艘不等。英国的海上霸权丧失殆尽。

在这种情况下，从 19 世纪 80 年代开始，各国列强开始千方百计地对那些英国从未遇到严酷竞争的地区进行渗透，特别是远东和非洲。在东南亚，19 世纪 60 年代，法国在印度支那（越南）建立据点，向中国南部和暹罗（泰国）扩张。法、德联手，共同寻求中国在贸易方面让步，并试图攫取沿海租借地。德国对太平洋地区提出主权要求，占领了新几内亚的一部分。英国实际上一直在商业和外交方面主宰中国与外部世界的关系，现在，俄国与德法联手对此表示反对。1891 年，俄国人开始修筑一条横贯西伯利亚的大铁路。他们声称满洲（中国东北）是他们的特殊势力范围，并像法、德一样，在中国沿海强占了一块土地。

1897 年，在撒哈拉沙漠以南的非洲，法国扩张政策变得愈加明显。19 世纪的最后 20 年里，以昔日非洲沿海的贸易殖民地为基地，法国向外扩张的势头不断增大。19 世纪末，其在热带非洲已然建立了一个幅员辽阔的海外帝国。1884—1885 年，德国人在非洲向英国提出挑战，英国最初占领的地区——西南非洲（纳米比亚）、坦噶尼喀（坦桑尼亚）、多哥和西非的喀麦隆，成为德国的殖民地。

来自欧洲的挑战

对许多英国人来说，法国人、德国人、俄国人在欧洲以外扮演着越来越活跃的角色是在欧洲本土上发生的各种愈来愈深刻变化的征兆。越来越多的德国商人销售德国商品，他们常常能得到遍及全世界的德国巡洋舰的支持。这种情形的出现仅仅是德国巨大变革的一种表现形式。法国在 1871 年的战争中失败，同年德国完成统一，都是这次变革最明显而又重要的证据。显然，德国统一之后，凭借其强大的工业能力和高效率的国家机器，有能力发动规模宏大的战争。18 天之内，100 多万德国士兵被动员起来，其中 46.2 万人已开入法国。法国战败，但它改革武装力量，试图恢复在欧洲和世界的地位。与德国相比，沙皇俄国全力进行的变革既不稳定也不彻底，但仍然给人以深刻印象。如果发生一场大规模欧洲战争的话，英国及其基本利益能否继续存在都成问题。拿破仑战败之后，发生这种战争的概率似乎微乎其微，但在当时这样的战争已不那么遥远。如果这样一场战争真的爆发的话，英国能与几个欧洲大国一比高低吗？

帝国的贡献

这个问题以多种方式被争论过，而且也有过多种答案。从本质上说，几乎所有的答案都认为军队的规模是最重要的，事实上，只有规模是不够的。赢得现代战争除了靠人力，还要靠高质量的武器装备。英国既需要把军队扩大到能够同欧洲大陆的军队相抗衡的水平，也需要经济资源和工业基础，以最高水准来武装军队，扩充海军，力求在军事方面超过任何可能的敌军联盟。对于在危险世界中如何生存下去的忧虑，导致了对英国生活诸多方面的争论：英国工业的效率、人民的健康、人民的教育水平究竟如何？对未来的忧虑也促使人们对大英帝国当时的状况进行彻底考察。如果合理地利用帝国，它将可能提供战争所需的人力及经济资源，那些经济资

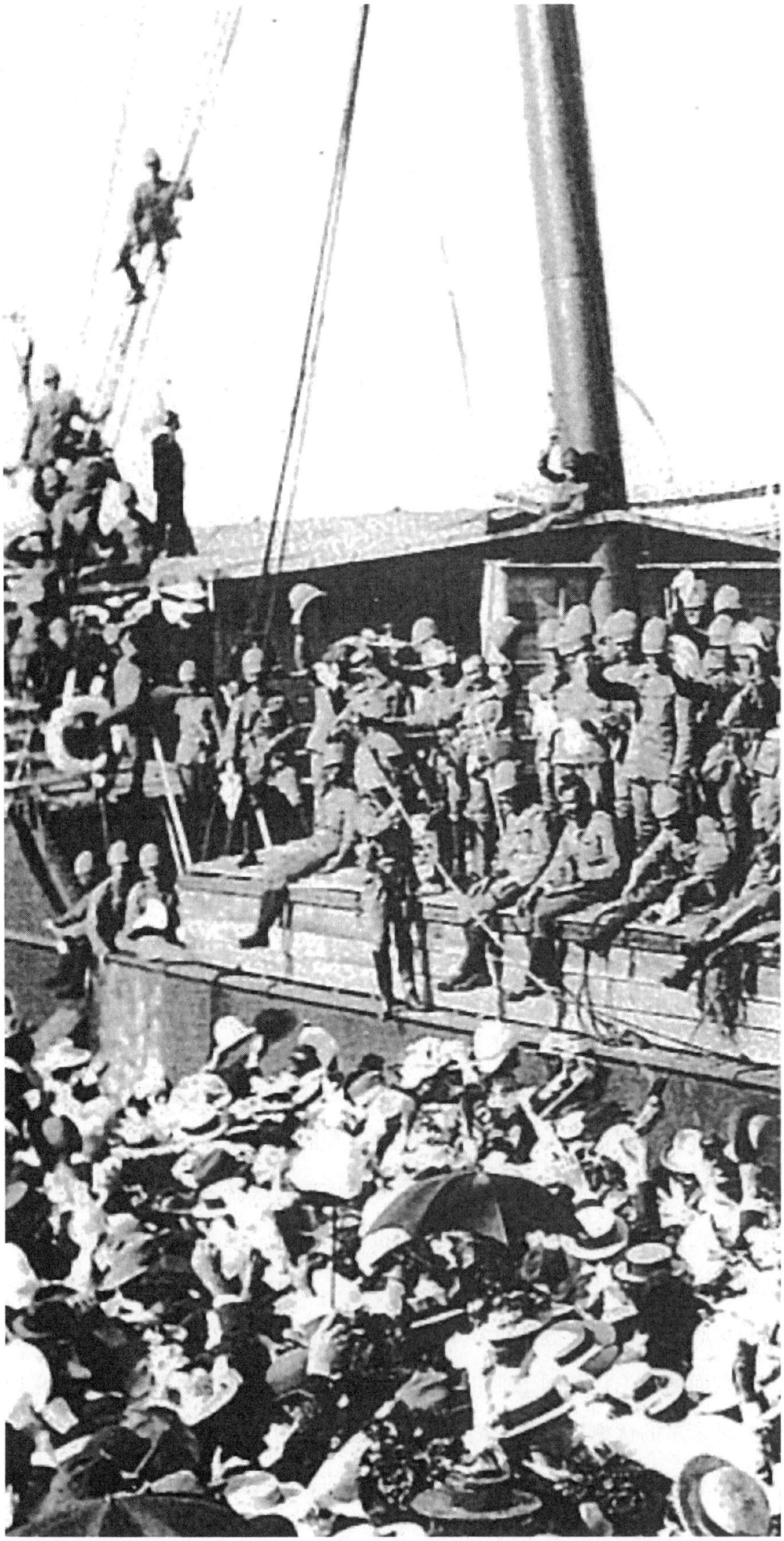

参加南非战争的澳大利亚志愿者。1.6万名澳大利亚军人在南非服役，他们是5.5万名殖民地士兵中的一部分。虽然澳大利亚的一些舆论对战争持反对意见，但是大批志愿者还是自告奋勇前去参战，特别是在战争初期英国战败后。英国极力赞扬了移民殖民地的这种贡献。

源可以使英国维持一流强国的地位，避免像西班牙、葡萄牙和荷兰等帝国主义国家那样沦为平庸之国。

印度是最明显的人力资源提供地。在印度以外的亚洲各地区及东非，印度的军队长期为帝国所用。1878年，印军进行了具有象征意义的调动，在英俄两国引起的巴尔干危机期间，印军被派往马耳他。此举的目的是要表明，印度的人力资源可以在欧洲发挥作用。英国的军事策划者也开始留意加拿大、澳大利亚及新西兰，将这些地区视为人力资源的来源。

19世纪60年代末，英国守备部队开始撤离时，各移民殖民地一直被视为军队的累赘，它们需要英国军队保证其安全。然而，1897年，殖民部大臣约瑟夫·张伯伦却期望“在我们后代的有生之年殖民地的人口翻一番”，并出现几个根据“互相支持原则及真正的帝国爱国主义原则”与英国患难与共的“伟大国家”。1899—1902年南非战争期间，“殖民地”军队有5.5万名士兵参战；移民殖民地也被督促向皇家海军捐献资金。

19世纪末期，即使欧洲的局势不发生风云变幻，也得重新评价帝国对英国的经济贡献。军事实力依赖于工业力量的新观点使得重新评价显得更有必要。经济发展正使英国同欧洲以外的世界的联系进一步加强。那些地区虽然不一定是帝国的统治范围，却为英国提供越来越多的食品和工业原材料。1914年，英国人的食品半数是进口的。19世纪末，市场上英国人所需的大部分小麦需要进口。帝国是小麦的主要供应商：1913年，英国进口的小麦近一半来自帝国各地。英国向欧洲各国在海外的殖民地（拉美及英国的移民殖民地）出口的份额，从1871—1875年的21.2%上升至1909—1913年的28.5%；向亚非市场出口的份额由31.65%上升至36.2%；对比之下，对欧洲的出口份额略有下降，对美国的出口份额则是直线下滑。

19世纪末的一系列新发明使得英国同欧洲以外国家的贸易增长成为可能。轮船和铁路的出现使得发往世界各地的商品成本降低。低廉的运费使得移民殖民地的农民比欧洲的农民有更多可以利用的优势，首先是他们有机会使用大量的廉价土地。全世界交通工具的广泛发展——南北美或澳大拉西亚的庞大铁路网，在很大程度上都是靠英国的经济支持的。1870—1914年期间，英国人把存款投资海外，规模之大实属前所未见。这笔投资中仅有一小部分（大约13%）用在了欧洲；一半以上用于南美和北美，16%用于澳大拉西亚，还有一小部分用在了南非以外的非洲或任何其他热带地区。简言之，英国把绝大部分资金都投在新近有白人定居的国家，不论它们是否是英国的殖民地。虽然仅有40%的总投资用于帝国各地，但这笔帝国投资在移民殖民地（澳大利亚、加拿大、新西兰、南非）高度集中的使用仍然极大地促进了这些地区的快速发展。即使将来它们可能发展得更快，但人们觉得这是得通过适当的英国政策才能实现。

帝国与英国的政治

帝国意义之争始于19世纪70年代，那时各党派的政治家们开始以一种新的方式表明对帝国的立场。在此之前，大家一致认为，帝国对英国的利益和国际地位至关紧要，帝国必须得到支持。19世纪70年代，保守党领袖本杰明·迪斯雷利断言，保守党是唯一支持帝国的政党，其对手自由党有关帝国问题的看法充满谬误，他们奉行的政策将有可能削弱帝国，并最终可能使帝国四分五裂。1872年，在水晶宫的一篇演说中，迪斯雷利询问其同胞："你们是乐意做一个富有舒适的英国人，受欧洲大陆种种原则的约束然后终其一生，还是愿意做一个伟大国家的、一个帝国的臣民？……"迪斯雷利无非是在阐明那些陈腐的且为各党派人士普遍接受的老生常谈。他所关心的并不是提出巩固或扩张帝国的新政策，而是要在国内赢得政治支持。保守党人力争使本党成为一个极力支持英国民族主义的政党，迪斯雷利相信对帝国的热情支持可能是一个民族主义纲领的有效部分：1867年的议会改革法案使得选民人数大增，而诉诸民族主义是赢得选票战略的一部分。

从迪斯雷利执政起，虽然其他各党也对帝国忠心耿耿，但保守党一直是帝国最坚定的支持者。迪斯雷利的接班人，保守党领袖索尔兹伯里勋爵（1886–1892年，1895–1902年任首相）是大英帝国的热心支持者。但是，对于索尔兹伯里、迪斯雷利和保守党的主体而言，他们的观点和那些自称为"帝国主义者"的观点明显不同。对于任何无限制的吞并政策或按全新的路线调整帝国以求组成某种白种"英国人"联盟的政策，索尔兹伯里都持怀疑态度。帝国的热心支持者们从未引起保守党注意，更不要说整个英国公众舆论了，他们仍旧是直言不讳的压力集团。

自19世纪70年代起，对帝国的态度成了激烈党争中的论题，然而那些使各党之间产生分歧的实际上也不是什么大问题。当迪斯雷利尽力将英国政治中的帝国问题同保守党联系在一起时，格莱斯顿也并不想使自由党

威廉·艾瓦特·格莱斯顿

1866–1893年间的大部分时间里，格莱斯顿一直担任自由党领袖，在19世纪后期有关帝国的辩论中，他扮演了重要的角色。他坚持"各国权利平等"，谴责帝国主义战争及征服。但其政府却支持扩张英国统治的一些重大活动，如1882年对埃及的占领。

同帝国断绝关系。在他看来，“对每个英国人而言，帝国情结可以说是与生俱来的”。他对英国的帝国角色提供了另外一种解释，以此来回答迪斯雷利。此后自由党人杜撰了两个将在辩论中具有长久生命力的词：迪斯雷利被控犯有“扩张主义”和“侵略主义”。两项指控均臆断保守党人已背离了过去传统的帝国政策，转而支持蛊惑人心的民族主义，炫耀英国的实力。据格莱斯顿称，英国真正的帝国政策是避免获取新殖民地，而在帝国内促进现有殖民地的发展并使其走向自治。

帝国主义者的计划

19世纪90年代，自称“帝国主义者”的那些人希望采取积极行动指导英国外贸进入特定的帝国贸易体系，他们正制定纲领对帝国予以彻底改革。他们认为，由于美国实行保护性关税以及许多欧洲国家的保护主义倾向，英国已被排挤出昔日拥有的一些市场。他们相信，19世纪中期的自由贸易世界已经是穷途末路，各大国都在执行自给自足政策，英国也必须这样做。英国应当凭借整个帝国而不是靠自身的力量来实现这个目标。帝国将为英国提供所需的食品及原材料。作为回报，英国必须要为帝国提供资金、移民及工业品。如果执行恰当的政策，大英帝国将成为经济上的超级大国，至少可与美国或德国相匹敌。现代世界中经济力量是军事力量的基础，所以大英帝国也将成为军事超级大国，无敌于天下。上述观点或形式略有变化的类似说法成了一些人的纲领，他们在19世纪末以称自己为“帝国主义者”为荣。米尔纳勋爵肯定是其中之一。他在1906年的一次演说中指出：

> 在各国相对较弱的时代，俄国和美国尚未发展壮大，德国的经济贸易也还没有因为其陆海军力量的发展而突飞猛进，当时的英国是一个举足轻重的国家。但是在庞大的帝国并立的现代世界里，由于自然条件的限制，英国凭借自身的力量不可能继续保持它以前一流强国的重要地位。但是根据人类的经验，一个更大的英帝国可以永远继续做这样的强国，而且作为这样的强国它将保证英帝国内部所有的国家的安全和繁荣。根据人类的经验，没有什么其他事物能够保证这些国家的安全和繁荣。

阿尔弗德·米尔纳

米尔纳是帝国的热心支持者，他全力投身于建立一个更强大、更紧密团结的帝国的事业。从1897年到1905年，他在南非担任高级专员，竭力挑起与南非白人各共和国之间的战争，并试图在战后创建新秩序。1916年，他加入战时内阁；1918-1921年任殖民部大臣。

米尔纳勋爵所说的“更大的英帝国”意味着“每个在英国出生的白人”都应“在帝国中的每个国家舒适地生活”。这种愿望在很大程度上反映了帝国主义思想。使得现代世界成为凶险之地的竞争，不仅是国家之间的竞争，而且是“民族”之间的竞争。根据当时庸俗的而又颇为流行的进化论，民族在斗争中逐步发展。不列颠民族深陷于同日耳曼人、斯拉夫人和其他民族之间的冲突，多个白人移民的殖民地已使不列颠人分散在世界各地：他们必须重新联合起来。英国将从同鲁德亚德·吉卜林所说的一些“较年轻的国家”的重新联合中获得好处。帝国的确是革新英国社会，使其更加适合未来伟大斗争的一种手段。生活在澳大利亚内地或是加拿大草原上的人，在各个方面都比生活在英国城市中的人具有更强的适应能力。

对于绝大多数帝国主义者而言，不列颠民族是仅由白人组成的民族，帝国中的其他民族均被视为白人的臣民。从他们拥有权利的角度而言，他们是帝国的公民，但他们不被视为能够控制自己命运的全权公民。在帝国的政治家兼小说家约翰·巴肯看来，大英帝国应该是“在一个君主统治之下流淌着同样血液的一系列自治民族之间更加紧密的有机联系。这些民族肯耗费部分精力去治理低等民族居住的广大地区。从它们与被统治民族的关系来看，它们是高贵民族；从它们相互之间的关系来看，他们是讲民主的民族”。

保守党执政时期（1895—1905 年），确切地说是“偏激的”帝国主义者决定政策时期。那时，杰出的政治家约瑟夫 · 张伯伦出任殖民部大臣，他对国家危机有深切感受。他相信，英国在工业和军事的竞争中已经输给了其他强国，并且国内也有诸多严重的社会问题。在他看来，帝国的发展是有效解决英国所有困难的途径。对英国来说，以被承认的帝国为基础的伟大工业复苏，不仅有更多的就业机会出现，而且帝国创造的财富将为那些雄心勃勃的社会改革计划提供资金，如提供社会养老金。这样，工人阶级对英国的忠诚将会得到保证。但同其他帝国主义者一样，张伯伦所关心的并非仅仅是物质方面，他认为通过帝国这一事业，英国人的道德品质将极大提高。他希望公众能够得到有关帝国知识的全面教育，从而能够肩负起帝国公民的伟大责任。

在英国和其他移民殖民地之间建立某种联盟的若干政策是张伯伦纲领的核心。他踌躇满志地打算在防务或贸易方面实现全面联合，这样可以使英国和各殖民地统一主权，创建联合委员会，甚至建立一个处理帝国事务的帝国议会。张伯伦深知，无论是英国的舆论还是各殖民地的舆论都不可能全力拥护他。他最终决定实施他认为政治上可行的一系列建议。他着手实行了 1903 年提出的关税改革计划。英国放弃了与其他各国进行自由贸易的承诺，而开始对外国进口商品征收关税；从各殖民地进口的商品则免除关税。比如，因美国的小麦进口时须缴纳关税，所以加拿大的小麦将在英国市场上占更大的份额。作为回报，各殖民地将降低对英国商品征收的关税。张伯伦相信这个计划的实施将使英国和各殖民地的经济携手向前发展，

约瑟夫 · 张伯伦

张伯伦是伯明翰一位成功的制造商。在其政治生涯前期，他是个激进的自由党人。1886 年，由于自由党对爱尔兰妥协退让，他与自由党分道扬镳转而加盟保守党。1895—1903 年，任保守党政府的殖民部大臣。1895 年，他开始相信：“英国尚未实现大英帝国真正代表的事业，或并未实现它在世界中应扮演的角色，或并未实现它能够完成的发展。”他打算尽力地使英国人了解到这一点。

但结果还不仅如此。对张伯伦来说，这是走向帝国统一的第一步。

张伯伦的兴趣并非仅仅局限于移民殖民地和印度，这对于一位重要的英国政治家而言是非同寻常的。他希望能够充分开发处于热带地区的殖民地，特别是在西非和西印度群岛的殖民地。他开始构想“殖民地发展”的概念，一个在英帝国历史上具有长久生命力的概念。在张伯伦看来，处于热带的殖民地，由于缺乏投资而贫瘠。依据商业原则，这些地区不会吸引正常投资，因为同其他移民殖民地相比，在这些地区赢得利润的前景较为渺茫。因此，政府需要扮演一种角色，要么提供资金，要么想办法刺激私人在一些项目上投资，如投资非洲的铁路和港口或通向西印度群岛的航线。

利用公众舆论

说服英国公众赞同帝国事业，是张伯伦帝国主义事业的关键部分，他把自己视为帝国的宣教者，并把他对一些问题的看法在向选民们发表的演讲中竭尽所能地表达出来。其他人也帮忙参与传播帝国价值观的活动。那个时期，各层次的帝国文化都弥漫着帝国的主题、形象和动机。各种各样适于年轻人的音乐、戏剧、小说、诗歌、文学以及各种展览和广告都充斥着帝国的思想。

总的来说，持续不断地向公众展示有关帝国的材料并非一场精心策划的宣传运动，并且肯定不是由某些帝国主义者的决策机构所指挥的。当作家和出版商以帝国作为他们的流行歌曲和儿童故事的背景时，他们大概已经做出了自己的商业决定。广告商关注自己的商品销售情况，而不关心宣传帝国主义思想。然而，期待公众购买附有帝国内涵的读物证明英

这两幅插图选自玛丽弗朗西斯·艾姆斯所著的《小爱国者入门》(1899年版)。从这个例子中我们可以看出，旨在逐渐灌输帝国价值与爱国主义价值观的儿童读物以非常年轻的读者为首要目标。

英国青年与帝国

1912 年发行的一本以女孩为对象的书告诉读者：

少男少女共学习，
要做帝国之藩篱。
英伦人民无所惧，
吾自强大不可移。

在 1912 年之前的 25 年中，人们以细致入微的努力，通过正统教育和少儿读物，教育孩子们要做“帝国的藩篱”，并劝他们加入各种俱乐部或联合会，如少年大队（成立于 1883 年）、男童子军（成立于 1908 年）和女童子军（成立于 1912 年）。

像 1899 年哈罗公学的 J.E. 威尔登一样，公学的校长们普遍认为他们的学生“注定要成为天底下最伟大的帝国的公民”，他们必须“对他们的国家和民族肩负的神圣使命坚信不疑”。各公立小学所用的历史书和地理书试图用生动的辞藻来描述帝国的建立，赞美帝国对英国的价值。一些学校欢欣鼓舞地庆祝 5 月 24 日的帝国日——那天正是维多利亚女王的生日。创刊于 1879 年的《男生报纸》，最终宣称读者超过百万。从 19 世纪 80 年代起，它所发表的作品带有强烈的帝国的色彩。《我国的男孩子们》存在时间不长，从标题就能看出它的内容。很多作家都以帝国为背景为孩子们写小说，G.A. 亨蒂恐怕是最出名的了。他著有一系列作品，如《随沃尔夫去加拿大》、《随基切纳去苏丹》、《随罗伯茨去比勒陀利亚》。年轻的军校学员被告知他们正在被训练成帝国的保卫者。男童子军的创建者是南非战争的英雄之一——罗伯特·贝登·鲍威尔。

不可否认，狂轰滥炸般向年轻人灌输有关帝国的知识，其影响难以估量。一个童子军队员必须学会如何射击、操练，如何在保卫帝国时履行自己的一份责任。但贝登·鲍威尔是个极复杂的帝国主义者，他不喜欢传统的军事训练，在随后的几版中，《男童子军活动》的国际主义色彩越来越浓。“记住，一名童子军不仅是他周围人的朋友，而且是‘全世界的朋友’，朋友之间是不会互相争斗的，如果我们漂洋过海，在异国他乡同我们的邻居交朋友，如果他们也同我们保持友谊，我们是不愿意同他们打斗的。”童子军活动，轻而易举地在多民族的英联邦传播开来。除去那些特别贫困的，余下的孩子都看过许多有关帝国的书报。孩子们对这些多种多样的材料，不可能形成统一的观点。

1924 年，在伦敦举行的帝国童子军大会上，罗伯特·贝登·鲍威尔同来自帝国各地的童子军在一起。

国人普遍被认定乐于接受帝国，并可能对间接涉及帝国的作品予以热情的回应。

然而，有人处心积虑地试图将这种公众热情转化成对某些政策的支持，以便通过帝国机构在帝国中创建白人公民的联盟，或实现英国的复兴。比如，鲁德亚德·吉卜林，这位技艺超群的艺术家而不是粗鲁的宣传者，全力支持这种帝国的前景，并打算让他的读者也了解这一点。少年大队或童子军之类的青年运动的发起者们，宣传了一些价值观。对帝国忠心耿耿通常在这些价值观中占有显著地位。许多私立学校的校长全力支持帝国主义。在公立学校中，有人尝试将有关帝国的“好的”材料列入课程，并设立了一些估计可能会在帝国流行开来的节日，如帝国日。

那些为了使人们更多了解帝国而奔走游说的激进分子们，通常是某些协会（如皇家殖民协会）的会员。某些富有但无政治影响力的个人（如米斯勋爵）几乎参加了所有的协会。然而，这些人当时并未形成“权势集团”，帝国的热心支持者们大多都是保守党人，而且，除了张伯伦之外都不是保守党主要委员会的成员，但他们却容易变得极端右倾。

帝国的危机

在英国，尽管辩论如火如荼，但这些关于帝国前途的辩论往往是对“可能是什么或应该是什么”的抽象讨论。在国内，人们所说所写与海外的实际情况并没有紧密的联系。然而，在19世纪即将结束的时候，出现了一场程度深、范围广的帝国危机，从实际意义上说，是当时英国执政者采纳的观点造成了这种结果。反过来，危机又对英国人及英国的舆论产生了重要影响。这场危机就是南非战争（1899–1902年）。

南非白人从好望角有组织地集体外迁之后，在英国的两个殖民地——好望角和纳塔尔与内陆的两个南非白人共和国，即奥兰治自由邦和德兰士瓦之间，大致形成了一个事实上的分界线。19世纪的后半期，这条分界线开始失去作用。对于南非白人的各共和国，英国也不再置之不理。1884年，德国在西南非洲海岸地区形成的势力范围使英国人感到恐慌，它害怕南非白人和德国结盟。1867年，金伯利发现钻石，使得内陆变得不稳定。1886年之后，由于德兰士瓦河边高地的大片金矿正被探明，内陆则更不稳定。德兰士瓦外面的公司（如塞西尔·罗兹联合金矿公司）对河边高地的

1899年10月－1900年2月，金伯利被围困时的塞西尔·罗兹。19世纪末，罗兹在南非事务中扮演重要角色，他由于金伯利的钻石和德兰士瓦的黄金而大发横财（战争爆发时他去金伯利保护他的利益）。1890－1896年，他任开普殖民地总理，试图通过詹姆森突袭（1895年12月）推翻德兰士瓦政府。他借助于自己1889年获得特许证的英属南非公司，建立了一块新殖民地——罗得西亚。罗兹逐渐把“为女王陛下的帝国开辟疆域”视为他的职业。

黄金进行开采。这些金矿诱使大批欧洲人（外侨）涌入南非白人各共和国，争夺非洲劳动力，使德兰士瓦政府开采更多的资源。事态的发展使得英国焦虑不安。如果不赶快将德兰士瓦纳入大英帝国，它就可能变得非常强大，完全脱离英国的控制，并最终使开普殖民地的南非白人归附于它。因此，英国政府试图切断德兰士瓦同欧洲列强的联系，并施压于它，使它向帝国妥协。英国政府还特地给那些外侨投票权，希望他们选出一个亲英国的政府。1895年，张伯伦甚至秘密支持詹姆森博士的计划，即通过武装政变推翻德兰士瓦共和国总统克留格尔的共和政权。詹姆森偷袭的失败，加深了南非白人对英国政府意图的猜疑，坚定了他们抵抗的决心。以张伯伦为首的各位大臣希望，不使用战争而让南非白人顺从，可他们并未做妥协的准备。对大臣们而言，这个问题事关英国的信誉。如果人们发现英国在南非这个对英国至关重要的地区不可以随心所欲，那么英国超级大国的地位将会受到严重的损害。虽然张伯伦希望尽可能避免战争，但他一直把同德兰士瓦的关系视为对英国保持在世界上强国地位决心的一种考验。因此

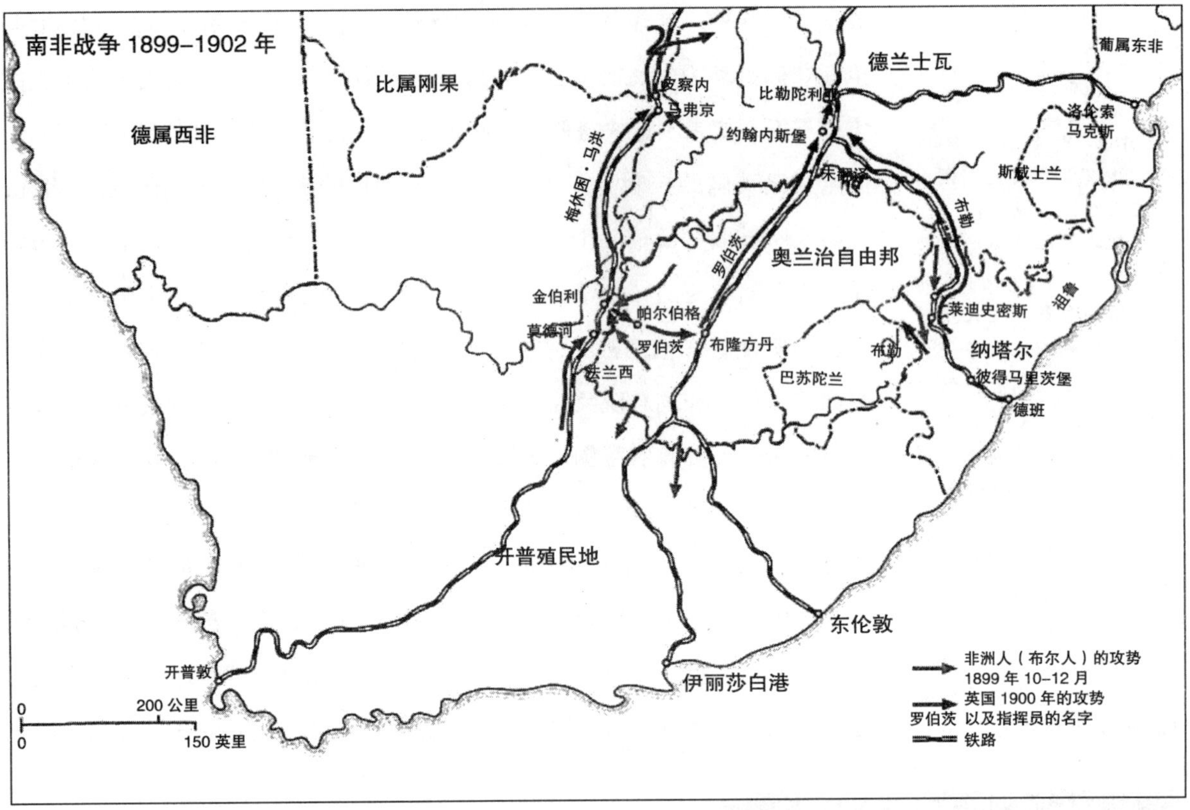

南非战争始于1899年，以南非白人进军英国殖民地和英国的一系列惨败为标志。1900年，大批英军在罗伯特勋爵的率领下战胜了南非白人，占领了他们的城镇。然而，战争并未就此结束，几支规模不大的南非白人突击队继续以游击战的形式进行积极抵抗。这使得英军高度紧张地全力应对，直到1902年。

他同他的阁员同事们毫无回旋的余地。谈判破裂，南非白人在英军得到增援之前发起先发制人的攻击。这场战争从 1899 年持续到 1902 年，南非白人在最初的战事中多次获胜，甚至到英国人已经处于优势地位的 1900 年之后，南非白人的抵抗仍然极难镇压下去。最终 40 万名帝国士兵卷入了这场耗费 2.5 亿英镑的战争，难怪在战争的后期英国舆论开始反对这场战争。

这是一场为保护塞西尔 · 罗兹等大矿主在德兰士瓦金矿的投资而进行的肮脏的帝国主义战争吗？罗兹当然想推翻德兰士瓦政府，但人们不能证明他以及与他志同道合的人具有任何真正的影响力，能够迫使英国政府大动干戈。黄金极大增强了克留格尔的势力，给南非的稳定造成了威胁，这使英国的大臣们大为震惊。这场危机很大程度上是由于他们的愚蠢造成的。他们认为只有全胜才能摆脱危机，如果可能的话，可采用和平方式；如有必要的话，可采用战争的方式。如果在德兰士瓦没有发现黄金，那无论如何也不会发生战争。但这并不能说战争是为了争夺对黄金的控制。

南非战争最初得到了英国人最普遍的支持，人们以极大的热情和盛大的活动来庆祝英军的胜利。1900 年大选中保守党政府大获全胜。在野的自由党领袖亨利·坎贝尔·班纳曼爵士批评那些导致战争的政策，但他坚持说："我从未说过一句亲南非白人的话。我一直反对乔（张伯伦），但从不支持克留格尔。"仅有少数人公开表示同情南非白人的事业。然而，在战争后期，几乎所有的自由党人都批评当时英军为镇压游击队的抵抗而采取的战争手段以及残酷对待南非白人，包括把南非白人中的平民百姓关押在"集中营"里。当1903年张伯伦提出关税改革计划时，自由党人对其计划予以猛烈抨击，认为它违反了自由贸易的原则，对穷人的生活水平构成威胁。自由党在1906年的大选中大获全胜，其中最主要的原因恐怕是人们对战争的失望以及进口食品征收关税的计划不得人心。

从1906年到1914年"一战"爆发前，几届政府都是由自由党执政。虽然自由党人摒弃了张伯伦的各项政策，并力图避免同南非白人或其他潜在的心怀不满的殖民地臣民的对抗，但他们对帝国的态度与前几届政府本质上是极为相似的。除了不像张伯伦那样热心支持帝国之外，大多数保守党人同绝大多数自由党人在帝国问题上的分歧并不是非常明显。历届自由党政府都全力维持帝国的存在。

然而，一些自由党左派不愿赞同大多数人对帝国的一致看法。少数自由党人公开反对南非战争，这些人在他们的政敌眼中成了"亲布尔派"。战争期间，一些持不同政见的自由党人和一些新工党运动的支持者们开始构想对这场战争和帝国其他扩张行为的解释。这种解释中含有一个被他们称作英国的"帝国主义"的基本概念。事实上，"帝国主义"是一本书的标题，此书由J.A.霍布森撰写，出版于1902年，极具影响力。在书中作者

南非战争中一座被毁的南非白人农场住宅。1900年英军成功击败布尔共和国军队的主力，占领了他们的城镇。然而战争并未就此结束，南非白人的骑兵突击队进行顽强的游击抵抗。英军为使他们不能从乡下获得给养便毁掉了他们的农场，把妇女儿童送进称作"集中营"的地方。最终约有11.6万名南非白人被送入了条件极为简陋的集中营。在那里极易染上疾病，2.8万人死去，其中大部分是孩子。集中营政策遭到强烈谴责，使得英国舆论转而反对战争。

对“帝国主义”这个概念详加阐述。英国投巨资于海外，霍布森对此深感震惊。他认为这反映了潜存于英国社会中的不公正：少数富人聚敛大量财富，然而老百姓依然贫困如故；这些富有的“资本主义者”在新殖民地里为他们的投资寻找有利可图的市场。他们的政治势力强大，能够左右英国的殖民政策；南非战争是他们的战争，因为战争是为确保少数资本主义者在南非占有的金矿资源不受破坏。大体上说，英国的帝国扩张是资本主义者的一个阴谋，“帝国主义”就是“资本主义”的观点具有长久的生命力。一些继承马克思主义的欧洲作家都持这种观点，最著名的当属列宁在1916年的著述。英国的左派也不例外，但他们这样做并不一定表明他们完全反对帝国。比如，新兴工党的大多数支持者认为，在防止资本主义者过分行为的同时，在帝国的各民族都为帝国的解体“做好准备”之前，帝国还仍应予以维持。

有关帝国辩论的最激烈阶段是从19世纪90年代到1906年。显然，到1906年，帝国主义者重建帝国及通过重建改革英国的纲领已经失败，至少在当时是这样。在帝国主义者的各项纲领中，关键的问题是在英国及自治的各移民殖民地之间创建关系更加密切的联盟。各殖民地的舆论并不一定要反对有关“更紧密的联盟”的构想，但英国准备提出的条件能否为各殖民地政府及人民所接受，则是另一回事。然而这个问题后来没有得到检验，因为1906年获得大选胜利的自由党后来没有提出任何类似的条件。但是，即使帝国不进行改革，它也不会解体。在1914年之后的战争岁月中，一个未经改革的帝国显示了它的活力与凝聚力。

海外帝国

虽然大英帝国在这个时期获得了大量殖民地，但根据重要性的标准来看，各移民殖民地和印度仍然是帝国至关重要的组成部分。

移民殖民地

1870—1918年，加拿大、澳大利亚及新西兰的白人社会取得了令人瞩目的发展。随着一批批移民的涌入，那里的人口迅速增长：1890—1900年，离开英国的人只有28%去了帝国各地；1901—1912年，离开英国的人有

63% 去了帝国各地，其中大部分去了加拿大。加拿大，特别是加拿大西部，吸引了大批欧洲大陆的移民前往那里的草原。1912 年，去澳大利亚的英国人首次多于去美国的英国人。在澳大利亚、加拿大和新西兰自告奋勇参加 1914 年第一次世界大战的人中，有很多人是新到的英国移民。拒绝亚洲移民入境使白人的统治地位得以加强，这就是实施“白种人的澳大利亚”政策的时期。亚洲移民进入英属哥伦比亚受到严格的限制。

蒙特利尔、多伦多、悉尼、墨尔本等城市已像维多利亚时代的城市一样得到了充分的发展，可以与英国本土的那些城市相媲美。1891 年，“令人惊奇的墨尔本”可征税估价仅次于伦敦和格拉斯哥，那里到处都有人定居。在加拿大，横贯大陆的铁路修建完毕，横跨草原的几个新省份成为小麦出口的产地，开始繁荣起来。英国的投资为城市和交通的发展发挥了重要的作用，同时英国的市场也促进了那里的农业和矿业的发展。1901 年，澳大利亚各殖民地效仿加拿大，成立了一个联盟。到 1914 年，澳大利亚、加拿大、新西兰三国人口之和相当于英国人口的三分之一，三国的国民财富（国民生产总值）之和大约相当于英国的 40%。显而易见，它们有可能成为英国的合作伙伴。

一旦英国征服了南非白人各共和国，南非便开始遵循一条已被其他白人移民殖民地开辟的道路。以南非为例，在为数众多的非洲人口中，白人当然只占一小部分。然而，随着白人自 19 世纪 30 年代起从开普殖民地向外扩张，各族人民已经被有计划有步骤地征服了。1879 年英军彻底击败了非洲军事力量中最为强大的祖鲁人，除了在开普的有限范围里（在那里非种族的选举权是有保留的），绝大多数非白种人被禁止参与创建南非的新政治秩序。

南非战争之后，当英国将征服的德兰士瓦共和国和奥兰治自由邦的管辖权还给南非当地的政治领袖时，这种新秩序开始成型。这一决定是自由党在 1906 年大选胜利后做出的。当时，这个决定被看作是勇敢且富于想象力的举措，但实际上没有哪届英国政府准备长期直接统治帝国内的白种人；而且通过大量移民把德兰士瓦变成英国人的而不是南非白人的德兰士瓦的企图显然没有成功。除了同南非白人达成妥协之外，英国别无选择。南非白人的新领袖，如路易斯 · 博塔和简 · 克里斯蒂安 · 斯穆茨显然愿意接受南非应继续处在英国控制范围之内，借此平息昔日英国对在开普战略利益

简·克里斯蒂安·斯穆茨

斯穆茨在克留格尔的德兰士瓦共和国任职，并全程参加了抵御英国的南非战争。战后，他把通过与大英帝国的和解来确保南非白人在南非的统治地位视为己任。在这方面总体上看他是成功的，虽然那些布尔民族主义者们不信任他，认为他太迁就英国，并最终在1948年迫使他离职。对英国而言，他是个伟大的帝国政治家。他被授予多项荣誉：1917年，他成为英国战时内阁成员；1941年，由于温斯顿·丘吉尔对他颇为敬重，他晋升为陆军元帅。

的担忧，但他们希望能够执掌统一的新南非大权。英国并不反对这种联邦，于是，1910年联邦成立。德兰士瓦共和国和奥兰治自由邦同开普和纳塔尔一道加入了南非联邦。借助这个联邦，南非的白种人得以在帝国内实行自治。这意味着，虽然有很多人，包括即将组成非洲国民大会的那些人进行游说，英国还是几乎放弃了所有在南非保护非洲人权利的权力。不管怎么说，那些权力已经很长时间没有有效地行使了。

1910年，新南非取得了同加拿大、澳大利亚和新西兰相同的地位。当时，企盼这些地区同英国形成某种正式联盟的希望却未能如愿。然而各殖民地都同英国携手合作，因为在经济上英国对它们极为重要。法、俄、德三国势力在全球的扩张令各殖民地感到不安，英国对此也有同感。尽管共同的利益未能促使正式联盟的形成，但它促成了各殖民地与英国的密切磋商。自1887年起，各移民殖民地的总理定期在伦敦举行会谈，讨论涉及共同利益的问题。1914年爆发的战争对同盟是一次考验，结果证明同盟并非徒有虚名。

印度

由于没有十分令人信服的证据，英国舆论还是想当然地认为：1857年的印度起义是一个极度保守的社会对考虑欠妥且强加于人的改革计划的过激反应。基于这种看法，小心谨慎成了19世纪后半期的显著特征。在这期间，印度社会看似没有受到干扰，复杂烦琐的仪式被设计出来，以便给印度王公和其他“传统的”显贵们在权力体系中找到一个位置。现实却是大不相同，19世纪晚期，英国统治对印度的影响较之1857年以前更深刻了。印度社会变化非常明显，迫使英国除了考虑印度的王公地主的意见之外，还要考虑其他印度人的意见。

庞大的铁路网的完工，廉价的航运及苏伊士运河的通航，使印度同世界贸易的联系越来越广泛。同加拿大、澳大利亚和新西兰的农民一样，许多印度农民为海外市场种植各种庄稼，如甘蔗、棉花、小麦、花生或黄麻。与此同时，铁路极度扩大了基本食品的国内市场。在市场条件下，热带地区的小农比移民殖民地殷实的农民更为脆弱。但19世纪后期印度商品在国际市场上的行情总是看涨，一些农民获利较为丰厚。他们能够获得额外的土地，在某些情况下，还能从政府主持改善的灌溉工程中获益。各省份的一些地区，如旁遮普，的确繁荣；乡下的大批穷人收入明显要差一些。19世纪末，由于干旱，庄稼歉收，大量人口死于饥荒。

进入20世纪的很多年里，尽管城镇有所变化，现代工业也有些零星发展，但印度仍然是高度乡村化。在印度西部，人们顶着兰开夏郡出口商品

印度麦索尔邦马哈拉尼的学校。这所具有开拓性的女子学校于1881年在麦索尔邦创建，起初只局限于“具有上层种姓的女孩”。学校的目的是，在从剑桥招聘来的校长的指导下，在妇女教育的合适科目方面，“在西式方法和东方观点之间找到一种可以接受的结合点”。1906年，该校的两名毕业生成了印度首批女性文学士。然而，应该从大环境中来看这所引人注目的学校：当时印度女孩几乎没有任何受教育的机会。据悉，1891年，在麦索尔邦只有3%的适龄女童真正受到教育。

的竞争，开采铁矿和煤矿，建立棉纺厂；印度西部仍然是兰开夏商品最重要的市场。

19 世纪早期，在殖民势力非常强大的印度城市中，新式的中小学和大学建立起来。19 世纪晚期，教育经费和设备迅速增加，英国行政机构予以鼓励并试图加以指导。但开设新式的中小学及大学的倡议大多是由印度人提出的。教育发展的结果极不平衡，这在一个等级森严的社会里无疑是不可避免的。少数人受教育的程度较高，印度的第一批大学于 1854 年获得批准。另一方面，要在乡村中普及初等教育被证明是不可能的。20 世纪初英国驻印度总督洛德 · 寇松勋爵认为，只有四分之一的印度乡村拥有自己的学校，而适龄男童的入学率只有五分之一，适龄女童的入学率则更微乎其微。然而，即使只是印度人口的小部分上学，实际数量却不少。当时数以百万计的印度人懂得印度的各种语言，其中一大批人具有足以胜任工作的英语知识。1882 年，15 万名学生在以英语为教学语言的中学读书。

获取财富以及教育的新机会使得一大批印度人与政府保持更加紧密的关系，其中一些人担任公职，但他们的职位通常都低于欧洲人。其他的印度人通过商业关系或职业，如法律或教育，同政府保持接触。英国人依靠有文化修养的知识阶层的服务来实现对印度的管理。但这些知识分子也形成了一种公众舆论，开始在报纸上及各俱乐部、各协会的会议上对政府品头论足。

1885 年印度国大党的成立是印度人政治意识不断增长的最明显的证据。起初，这不过是印度人讨论公共事务的年会，当然并未对英国统治提出革命性的挑战。然而，它的确对英国行政当局提出了批评，并且要求印度人在政府中发挥更重要的作用。英国的行政当局承认低估了印度国大党及其批评，他们越来越感到印度正在形成政治领导集团，该集团能够左右公众对于英国统治愈益不满的情绪。对于这一点，早有先兆。1905 年，英国决定将孟加拉省分为两个独立的省份。印度人民对此表示强烈愤慨，他们举行罢工，抵制英制商品。对很多孟加拉人而言，这无异于肢解他们的家园。在 1906 年大选中，获胜的自由党为了争取受过教育的印度人同英国合作，便批准了一项非常有限的改革计划。1909 年的各项改革允许印度代表成为各委员会的委员，这些委员有的为总督出谋划策，有的协助立法。这些代表有的是由英国人指定的，有的只在小范围内选出。1914 年之后，印度全力支持英国参加第一次世界大战，印度公众普遍对此表示接受，这证明了改革政策的合理性。然而，一战提高了人们的期望值，也给英国政府造成了一些问题，使得英国政府感到一旦战争结束，就必须重新考虑治理印度的方式。

对非洲和东南亚的瓜分

直到19世纪晚期，英国在林波波河以北的非洲和整个东南亚地区的利益仍然局限于西非沿海的一些飞地，如塞拉利昂、冈比亚或黄金海岸（加纳）的一系列要塞和马来半岛沿岸的新加坡岛、马六甲及槟榔屿；一些贸易网络深入内陆，如在尼日尔河流域。但英国势力仍极为有限。到1900年，英国人在亚非两洲已占有大片领土，在东非、中非、西亚建立了一系列殖民地并占领了埃及和苏丹；在东南亚，英国将其统治扩展到整个马来半岛，并征服了缅甸王国。

19世纪的最后25年，英国的领土扩张引人注目。传统上人们一直以两种观点来解说这种现象：一种观点认为英国的工业每况愈下，英国这样做是为了保证热带资源和市场的安全；另一种观点认为英国意在保护至关重要的战略利益。没有哪种解释能禁得起仔细推敲。依据大多数评判标准，在这些引人注目的土地瓜分中，英国承担的风险并不是很大。在一些地区，英国人进行了一些获利丰厚的交易，如在尼日尔的棕榈油生意，在马来国家的金属锡交易。如果这些贸易果真遭到严重威胁，从英国的观点看，它们当然值得保护；但它们却丝毫不能为英国大量吞并他国领土提供合理依据。埃及人口众多，经济复杂，又有包括英国在内的西方各公司的大量投资，是唯一充满经济风险的大国。控制埃及的战略重要性是显而易见的，而且这种重要性由于苏伊士运河的修建而增强。但在其他大多数地区进行投资需要人们足智多谋，那些地区极具战略意义，难逃被瓜分的命运。

比全面解释领土瓜分原因更重要的是承认在19世纪80—90年代之间情况发生了明显的变化。领土瓜分是一个不断加速的过程：19世纪80年代吞并的领土非常有限，到了90年代则是为所欲为了。

19世纪80年代，英国对其他列强咄咄逼人的行动予以回应。当法、德两国又对某些地区提出领土要求时，英国觉得不得不与它们针锋相对，对英国商人多年来一直从事贸易的地区提出主权要求。多数解释都认为，

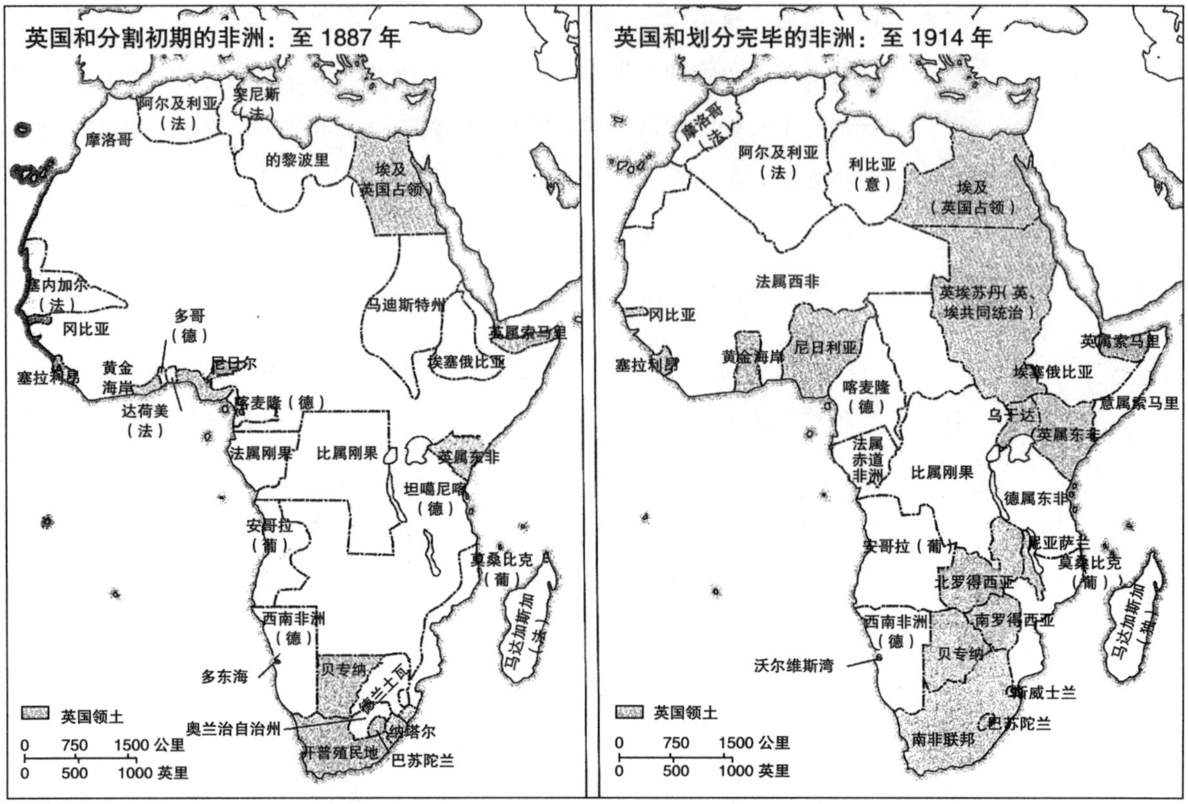

对非洲的瓜分始于 1879－1882 年之间法国的行动，包括：从塞内加尔到尼日尔河上游的探险，以及同一位非洲的统治者正式签署关于刚果的条约。1884 年，德国进行干预。一般说来，19 世纪 80 年代，英国的反应克制而且犹豫。英国提出了相应的领土要求，并参加了 1885 年的柏林会议。此次会议试图限制扩张，明确各国的领土要求。当英国对一个地区声称拥有主权时，非常喜欢利用私人机构，由英国政府颁发给这些公司特许状，赋予他们占领并管理这个地区的权力。1886 年，皇家尼日尔公司被授予特许状，代表英国对尼日尔行使主权。1888 年，英帝国东非公司接管了英国在东非的领土，这些领土是根据英国 1886 年同德国签订的协议分配给英国的。塞西尔·罗兹的英属南非公司，于 1889 年被授予特许状，占领未来的罗德西亚（津巴布韦），并将南非白人或其他欧洲人从这个地区驱逐出去。1881 年，一家公司被授予特许状管理英国声称拥有主权的北婆罗洲。在马来亚，从 1874 年起，随着一系列条约的签订，当地的统治者处于英国人的保护之下，英国的统治通过间接的手段也建立起来。

在埃及，英国进行了殖民干涉，它派遣大批皇家军队炮轰亚历山大（埃及北部港市），并于 1882 年入侵埃及。即便如此，英国人仍声称此次行动是出于防御目的，它狡辩说，在埃及新政权统治下，法律和制度形同虚设。埃军在特勒－开比尔战役中失利。埃及从未正式成为英国的殖民地，因为埃及是被英军强占，它的政府处于英国的严密监督之下。在虚幻的事实中，一个令人生畏而又野心勃勃的殖民统治体系得以建立，从其规模、资源及人员的素质来看，它仅次于印度的殖民政府。赫迪夫（1867—1914年间土耳其苏丹授予埃及执政者的称号）的各位部长们由一位英国总领事“指导”，长期以来总领事馆由令人生畏的伊夫林·巴林（即后来的克罗默勋爵）和一群顾问所掌管：英国的金融顾问指导埃及的金融系统；英国的工程师管理埃及的灌溉计划；司法顾问设计司法制度的改革；英国的督学监管埃及学校；英国总司令指挥埃及军队。一言以蔽之，英国的势力变得越来越令人感到不安：1883 年在埃及的英国官员共有 170 名，1906 年达到了 662 名。

占领埃及是引人注目的帝国扩张行动。格莱斯顿的自由党政府批准了该行动，这大大背离了它以前公开标榜的原则。英国政府对这次入侵的解释是：此次军事行动的目的是为了恢复秩序，随后创建一个稳定的政府；如果法国愿意的话，英国本会与法国携手完成这项工作。这次入侵发起之

1855 年，英国人拍卖从曼德勒（缅甸中部城市）的宫殿中掠夺的赃物。在分别结束于 1826 年和 1852 年的两场战争中，英军攻占并吞并了缅甸的一些沿海地区；但在始于 1885 年的第三次战争前，几代缅甸国王继续统治着缅甸北部。赛博国王被指责与法国结盟，阻挠英国贸易。于是，英军侵略其王国，占领其首都，并将赛博放逐。其宫殿中藏有欧洲珠宝、缅甸举行庆典时所用的器物及佛像。从中精选出的物品作为贡物献给英国王室，余下的便被拍卖了。

后，人们纷纷议论保卫苏伊士运河的话题。批评者指责英国给埃及政府大量贷款，并觉察到他们后来在南非看到的帝国主义行径。没有证据表明格莱斯顿干涉的确切目的是保护那些向埃及人放债的债券持有人。另一方面，正如没有黄金就不会发生南非战争一样，如果西方没有投巨资于埃及，如果西方干涉势力没有在埃及横行霸道激起埃及人的怨恨以致造成英国人大为恐慌，那么英国也不会入侵埃及。在整个世界都有欧洲人竞争的情况下，英国人并未准备对埃及坐视不管，有关埃及稳定的各种怀疑随着使用武力而烟消云散了。

19 世纪 80 年代，英国又一重大侵略行动是对缅甸的战争。英国早就从缅甸王国得到过土地，但在 1885 年，像其几届前任一样，印度总督频繁使用武力以征服这个桀骜不驯的邻居。法国对缅甸也显示出了些许兴趣。

19 世纪 80 年代，撇开埃及和缅甸不谈，总的说来英国是以一种克制的方式来扩张领土的，因为通常要避免同其他列强的对抗，所以并吞的领土有限。到了 90 年代，英国的政策越来越咄咄逼人。未来的殖民地——黄金海岸和尼日利亚的轮廓是由非洲各族人民的鲜血勾勒而成的。在尼日尔，法国的领土要求在一场剑拔弩张的危机中遭到断然抵制。1885 年，英军从苏丹撤出，然而戈登将军在撤退中殉职引发了公众的密切关注以及对政府的强烈不满，人们指责政府让他像基督教殉教者一样死去。

1896 年，索尔兹伯里勋爵政府决定必须征服苏丹。1898 年，在基切纳将军的率领下，一支精干的远征军由埃及向南出发，在苏丹的乌姆杜尔曼消灭了伊斯兰教马赫迪政权的军队。从此，如同在西非一样，英国再也不同法国在领土要求上相妥协了。1898 年，法国派遣一支人数不多的远征军经陆路从西非到一个叫作法绍达的村庄，试图确立他们对尼罗河上游的合法统治权。英国坚持要求法国撤军，如果法国拒绝的话，战争将是唯一的选择。法国审时度势，决定撤军。

在瓜分非洲的过程中，英国所扮演的角色经常被描述为活跃在海外的“新”英国帝国主义。至少就 19 世纪 80 年代而言，这种说法容易使人产生误解。那十年中，在埃及之外的地区，英国小心翼翼地徐徐向前推进，收获甚微。看起来只有戈登之死引起了人们的深切关注：然而接下来的十年，国内对帝国的态度同在非洲发生的事情之间的联系则是越来越紧密了。严肃的帝国主义者首先要关心的是把分散在世界各地的不列颠民族再联合起来，而不是征服非洲的土地。然而，1895 年上台的保守党政府却几乎不惜任何代价，尽全力确保英国在世界各地的重要地位。如果必要的话，英国必须使用武力来勇敢地迎接各种挑战。面对武力威胁，法国在尼日尔河和尼罗河的问题上屈服了，南非白人却没有屈服。就帝国的理想主义而言，接踵而来的耗资巨大而最终不得人心的南非战争是一个巨大的挫折。

19 世纪 90 年代对非洲的战争和战争威胁，以及那些重建帝国因而复兴英国本身的雄心勃勃的计划，都是大英帝国历史上令人瞩目的新发展。但是到 1914 年，大英帝国仍没有重建好，在除埃及之外的新取得的领土上，在创建有效率的政府以及发挥这些地区拥有的经济潜力方面，所做的工作微乎其微。事实上，1870—1914 年这个时期与 19 世纪较早时期之间的连续性比较，两个时期中的变化更引人注目。人们不应当过于牵强地理解 1897 年为庆祝维多利亚女王登基 60 周年而举行的盛大游行的深刻意义。

战争的考验

即使整合帝国的各项计划未见任何成效，1914—1918 年的战争却明白无误地证明了帝国的生机与力量。虽然英国自身在法国的堑壕战中最大限度地投入了人力与物力，但这场战争仍然具有非常重要的帝国特性。英国能够在欧洲大陆进行一场前所未有、规模巨大和旷日持久的战争，帝国做出了突出的贡献。1914 年，英国虽然能够代表整个帝国宣战，但是不能将其自治的殖民地或自治领的军队投入战场。印度和非洲的军队听从英国调遣之时，自治领的军队却正在浴血奋战。首先是因为这些人是自愿的，至少在战争后期实施征兵制度之前是这样；其次是因为各殖民地政府乐于向海外派兵，各支军队及各个政府都不畏惧退缩。在法国，来自各自治领及印度的军队在英国的战线上经常表现突出，作战英勇。帝国也为参战的英军提供重要的原材料，也是食品的主要供应者。德军的粮食供给最终难以为继，但英军——至少由于帝国的努力——却依旧保持着供给。

在欧洲以外的战场，帝国的贡献甚至更大，在那些地区大英帝国的军队普遍处于攻势，他们对德国的殖民地发起攻击，并最终使得德国的盟友土耳其的中东帝国解体。由澳大利亚人和新西兰人组成的一支非常庞大的军队发起了两大战役：其一，1915 年他们试图在加利波利登陆，从而击败土耳其并使其退出战争。这次不成功的战役带来了灾难性的后果。其二，1917−1918 年，他们试图从埃及发起进攻，从而将土耳人赶出巴勒斯坦和叙利亚。大批的印度人也参加了后一次战役，采取军事行动，对伊拉克的土耳其人的进攻是由英属印度军队单独进行的。

在战争中，战前的帝国主义者的部分纲领一步步地得以实施。1916 年，当自由党政府由保守党支配的联盟取代时，米尔纳和柯曾等强硬的战前帝国主义者都重新任职。而，新首相大卫·劳合·乔治在某种程度上也成了帝国事业的信徒。帝国原材料供应商在英国市场受到优待，有关帝国未来自给自足的各项计划也在商讨之中。人们甚至感觉到，帝国将逐步实行共同决策，帝国的狂热支持者可能将这解释为使帝国统一制度化的第一步。各殖民地的领导人希望，在英国的指挥官使用这些殖民地军队时，他们拥有某些发言权。为了对付各殖民地领导人施加的压力，1917 年，各自治领的总理连同被任命的印度代表，一同被邀请参加在伦敦的英国战时内阁。这个所谓的帝国战时内阁共举行了两次会议，但它从来没有发挥过实际的作用。各自治领政府从未准备将权力交给基本上由各自治领派人参加的英国战时内阁。然而，1914−1918 年的战争，是一场由大英帝国这个单一的大国进行的战争，这种说法显然是对现实恰如其分的反映。

《我的孩子们》这幅 1914 年的卡通画表明，英国人非常欢迎帝国对“一战”爆发的反应。澳大利亚迅速提供了一支两万人的军队，同时加拿大也提供了一个师。在战争过程中，澳加派兵数量迅猛增长。

帝国与第一次世界大战

1914 年，国王乔治五世代表帝国向英国的敌人宣战。许多南非白人不喜欢南非参加这场战争，为此还发生了一些武装抵抗。在战争初期，其他地区为数众多的人自告奋勇参战。将帝国军队投入战场的主要问题是训练并装备他们的能力有限，而不是新兵数量短缺。然而，自 1916 年起，征兵制度在各自治领及英国开始实施，结果引起了分歧。在澳大利亚，征兵制度遭到了一些舆论的反对，许多法裔加拿大人对此也提出了非常严厉的质疑。

澳大利亚、加拿大及新西兰的成年男性中，参加一战的人所占的比例较高。以新西兰为例，近 20% 的成年男性参战。他们参加了在法国和加利波利进行的一些最为惨烈的战役，为此他们赢得了人们崇高的敬意。印度军队的战绩则稀松平常，他们最初在美索不达米亚（伊拉克）的失败表明后勤补给方面严重匮乏。印度军团在法国损失惨重，而且由于害怕影响士气，一年之后他们就撤军了。

帝国不仅要征召在战斗中通常伤亡非常惨重的前线部队，而且还得征召为数众多的支前劳工及搬运工。在英国的租借地威海卫，9 万中国人被征召到法国充当劳工。南非的黑人及有色人没有直接参加战斗，但他们也被征召到法国工作。在攻克德国在东非的殖民地坦噶尼喀（坦桑尼亚）旷日持久的战争中，所需劳工的数量最大。英属东非征召了至少 100 万人，而且常常是强迫的。这些劳动力或许逃过了机关枪的射杀，但却不能逃脱疾病的魔爪，约有 10 万名劳工可能在东非丧命。

战争的间接后果是给那些非战斗人员造成了严重的伤害。世界大战也许不是流行病的真正起因。但在 1914–1918 年的战争中，数百万人流离失所，到处迁移，为 1918–1919 年的流感在巨大范围内肆虐提供了条件。最权威的统计表明，在印度 1700 万人死于流感，非洲总人口的 2% 左右可能因此丧命。

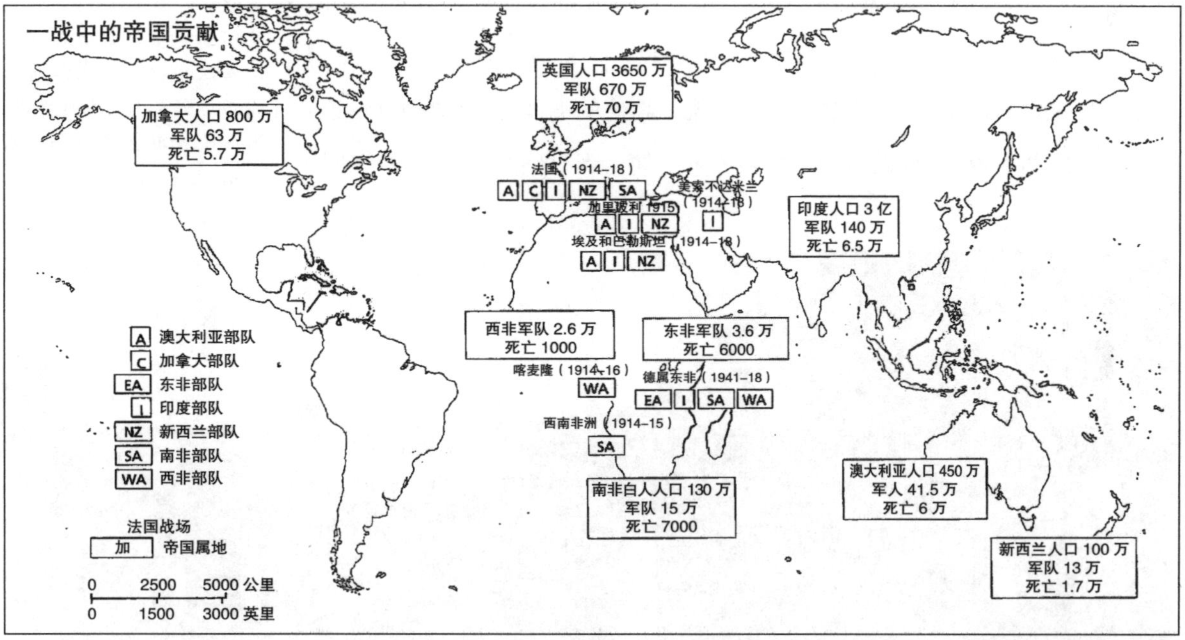

1916 年 7 月，印度士兵在索姆河（法国）。虽然 1914 年 10 月被派往法国的印度军团的主力于 1915 年调往中东，但仍有两个军驻守在西线。

第四章　1918 年 – 20 世纪 60 年代：风雨飘摇的帝国

像前一章一样，本章将首先描述一次游行。上次游行是 1897 年庆祝维多利亚女王即位 60 周年的钻石大典，叙述者是简 · 莫里斯；这次是 1919 年的胜利大游行，庆祝第一次世界大战的结束，叙述者是科雷里 · 巴尼特。像 1897 年一样，1919 年的游行队伍中有许多帝国军人。巴尼特在书中写道："……游行队伍中有戴着宽边毡帽的澳大利亚人和新西兰人、加拿大人、纽芬兰人；戴着包头巾、皮肤浅黑的印度人，以及代表帝国各个地区的小分队，这些地区在英国面临危机时团结起来支持英国。"

巴尼特对这次游行的描述没有简 · 莫里斯的详细，而且其表达的寓意也大不相同。简 · 莫里斯的书名是《英国强权之下的世界和平：一个帝国的鼎盛时期》，而巴尼特的书名是《英国统治地位的崩溃》。莫里斯评论道："人们对 19 世纪 90 年代的英国有许多夸耀之词，当时确实有许多值得夸耀

1919 年 7 月 19 日，在伦敦胜利游行中的廓尔喀士兵。在这次游行中，帝国军队的地位非常突出，它象征着帝国在第一次世界大战中自始至终给英国以支持。廓尔喀士兵来自尼泊尔，自从 1815 年以来就不断地被招募到英属印度军队中，他们因骁勇善战而受到人们的高度尊敬。第一次世界大战期间，有 55589 名廓尔喀士兵参战。

的地方。”巴尼特对“英国统治中主要的反常现象和弱点”了如指掌，他认为帝国就是这些反常现象和弱点最大的一个；到1939年直至第二次世界大战的爆发，帝国已经成为一个“巨大的包袱”。总而言之，莫里斯把19世纪后期说成是帝国辉煌的顶点，而巴尼特则把1918年到20世纪中期视为帝国的衰落和崩溃期。

那些从第一次世界大战看到了大英帝国不祥之兆的人是有先见之明的。上一代帝国主义者担心的事正在发生。国力比英国更加强盛的国家正有效地控制工业和军事影响力。美国已经脱颖而出，成为一个潜在的最重要的世界大国。德国因军事战败、俄国因十月革命被削弱，但充其量是暂时的。在英联邦自治领、印度和埃及，民族主义潮流在壮大。民族主义与强有力的大英帝国不可能并行不悖。英国的政治和社会变革使英国政府很难始终如一地履行对帝国的承诺。

然而，大英帝国直到第二次世界大战为止没有丧失任何领地。在二战中，帝国的所有地区一致对敌，就像帝国在1914—1918年的第一次世界大战中所做的那样。因此，如果把1918年到20世纪60年代这一时期描绘成日趋严重的衰落期，那就错了。潜在的弱点不可否认，但是潜在的弱点只有在某些特定的条件下才变成实实在在的弱点。当英国人民，或至少是他们的领导人失去了保持帝国的决心时，当英国表现出不能用武力或外交手段保护它的帝国时，或者说——通常更重要的是——当它除了用高压统治外不再能够获得足够的支持或忠诚时，那么帝国就会解体。

直至进入20世纪40年代，这样的条件并不存在。英国两大政党的政治领导人仍然承担对帝国的义务。显然直到那个时候为止，英国人民仍然愿意为维护一个帝国付出代价。直到日本人1942年发动攻击，大英帝国的弱点才公开暴露出来。在第二次世界大战中英国获得支持的程度说明，帝国中绝大多数民族的愿望在帝国的框架内仍然能够得到满足。对1919年的游行感到沮丧，和对1897年的游行感到兴奋自得，都大可不必。在这两种情况下，帝国都能运转如常。

帝国的意志

1919年，当时在伦敦观看帝国军队各代表队游行的人，一点也没有感觉到作为帝国力量核心的英国的前途有许多令人沮丧的不祥之兆。毫无疑

巴勒斯坦委任统治权

巴勒斯坦很久以前就是奥斯曼帝国叙利亚省的一部分了。在第一次世界大战的后期，土耳其人被英军赶出了巴勒斯坦。1917 年 10 月 31 日，在战争远未结束之时，英国人对巴勒斯坦的未来就做出了重大承诺。在以英国外交大臣贝尔福的名义发表的一份宣言中，英国政府声明“赞成在巴勒斯坦建立一个犹太民族的家园。同时，任何人都不得歧视巴勒斯坦现在的非犹太人社区的人权和宗教权利”。因此，英国殖民历史上最令人头疼和最不光彩的时期之一开始了。

1922 年，英国在一份文件中被正式授予巴勒斯坦委任统治权。这份文件赞同《贝尔福宣言》关于建立一个犹太民族家园的承诺，尽管在委托给英国统治的地区里，实际上只有约 6.7 万人（占总人口的 11%）是犹太人，其余绝大多数（约 60 万人）为阿拉伯人，他们大多是穆斯林。

开始，在伦敦制定巴勒斯坦政策的政治家们以及那些力图在巴勒斯坦实施委任统治的人，面临许多令人难以预料的事务和矛盾。“民族家园”指的是什么？将要建立的犹太民族家园与维护阿拉伯人的“人权和宗教权利”并行不悖吗？事情很快就变得很清楚，这些矛盾不可能解决。对巴勒斯坦，志在必得的犹太复国主义者想向这个地区进行大规模的犹太人移民，最终建立一个犹太国家。阿拉伯人既不希望犹太人移民，也不希望建立犹太国。双方都不愿意与英国人合作努力建立一个团结的巴勒斯坦。

英国人只得尽最大努力对巴勒斯坦实施统治。在 20 世纪 20 年代，由于犹太人移民的比例比不高，紧张局势基本上能得到控制。但是，到 1929 年，阿拉伯人与犹太人之间发生了激烈的冲突。20 世纪 30 年代，由于犹太人在欧洲遭受迫害而大量移民，整个中东的舆论都被动员起来捍卫巴勒斯坦阿拉伯人的权利。这个时候，犹太人已占这个地区总人口的近 30%，他们有自己的政府机构和军队——“哈伽纳”自卫军。1936 年，一次大规模的阿拉伯人反叛运动开始。

第二次世界大战使巴勒斯坦的局势变得更加令人担忧。英国政府认为，在战争时期不可以惹恼从印度到埃及等广大地区的阿拉伯人和穆新林。1939 年，英国政府不遗余力地严格限制犹太人的进一步移民。随着纳粹德国迫害犹太人的大屠杀越来越明显，犹太人尤其是美国的犹太人对英国的政策表现出强烈的不满。

1945 年，由工党政府接手的巴勒斯坦问题非常棘手。建立一个统一的巴勒斯坦原本是有可能的。然而，如果犹太人建立犹太国，阿拉伯人将被迫接受一个分治的巴勒斯坦。犹太人坚持认为，必须允许来自欧洲的难民进入巴勒斯坦。他们开始对英国人使用恐怖手段，因为这些英国人在一段时间里仍然决心在巴勒斯坦保持他们的地位，作为将来在中东的一个基地。在努力寻找解决这个问题办法的同时，英国人设法让美国参与其中。但是英国外交大臣厄内斯特·贝文深信，美国人将会充当犹太复国主义者的热情支持者。到 1947 年 2 月，他看到巴勒斯坦问题解决无望，只好放弃英国的承诺，把巴勒斯坦问题交给联合国。联合国的一个委员会制订了一个巴勒斯坦分治的计划，但英国人拒绝实施。到 1948 年 5 月，英军全部撤离巴勒斯坦，犹太人与阿拉伯人的战争不可避免。以色列国在犹太人的胜利中诞生。

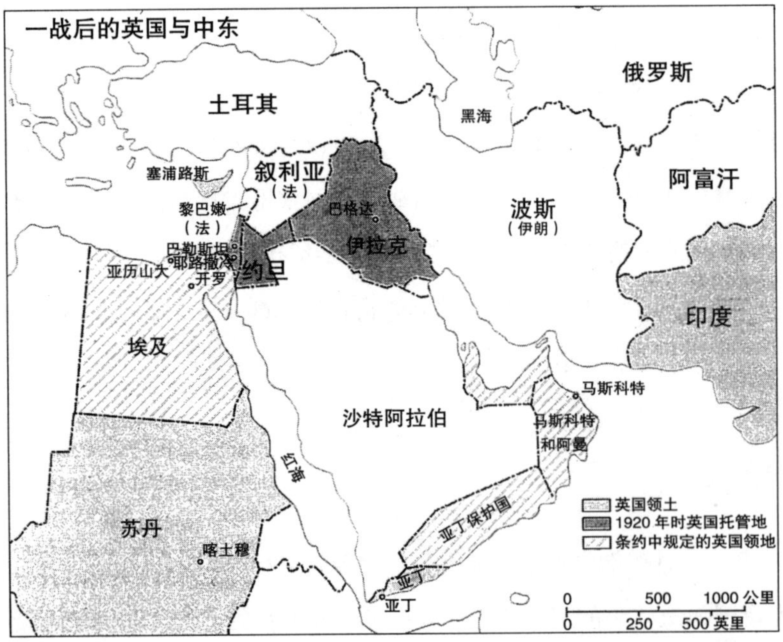

问，英国人民将继续履行对帝国的义务。刚刚结束的战争似乎令人信服地说明，帝国对作为大国的英国的地位做出了重大的贡献。

帝国主义的复兴

在第一次世界大战中，对帝国具有强烈责任感的政治家们又一次在英国执政，他们将在和平的头几年里发挥重要的影响。1917 年的帝国战时内阁似乎象征着战争时期帝国的团结。在 1919 年巴黎和会上，帝国又一次团结如一。英国代表团被称作大英帝国代表团：英联邦自治领的首相与英国内阁大臣一道为代表团的正式代表。英国首相劳合·乔治希望英联邦自治领与英国一道共同决策能够继续下去。1921 年他说：“唐宁街曾经控制帝国，今天帝国指挥唐宁街。”

T.E. 劳伦斯像

后来被称为“阿拉伯的劳伦斯”的他，在第一次世界大战期间加入驻埃及的英国军事情报机构。从 1916 年起，他与反叛土耳其统治的阿拉伯人并肩作战，衣食住行方方面面像个阿拉伯人，尽管他对阿拉伯人的背叛行为感到沮丧。劳伦斯在战后英国成为人们崇拜的英雄偶像。他曾写道，阿拉伯人“在战斗中并没有冒着生命危险来改换他们的主人，成为英国臣民或法国臣民，而是为了他们自己出风头”。

战争似乎使英国领土扩张的欲望死灰复燃。德国殖民地和土耳其省份的重新瓜分使英国得以满足这种愿望。到 1918 年，英军的主要任务是把土耳其人从巴勒斯坦、叙利亚、伊拉克和阿拉伯半岛驱逐出去。无论问题将来如何解决，英国决心尽可能牢固地保卫自己在中东的利益，当然它的传统利益主要还是坚持对印度的保卫。土耳其人必须被取而代之，但是谁将取代他们还不太清楚。一方面，英国为未来的阿拉伯国家做出了允诺。英国通过传奇人物“阿拉伯的 T.E. 劳伦斯”大肆鼓动土耳其统治之下的民族反叛，并暗示战后他们可以获得独立。另一方面，它又承诺与其盟国法国和俄国一道瓜分奥斯曼帝国的领土。实际上，英国还想直接控制这个地区。然而，1917 年发表的《贝尔福宣言》使问题变得更加复杂。在宣言中，英国保证犹太民族在巴勒斯坦建立他们自己的民族家园。此举的目的是为了赢得全世界的犹太人在战争中对同盟国的支持。

但是法国人没有被排挤出中东，他们控制了叙利亚。英国获利也不菲：巴勒斯坦（英国曾承诺在这里建立犹太人民族家园）、外约旦（即约旦）和伊拉克成为英国的委任统治地。英国还与伊朗签订承认它占统治地位的条约，以便在伊朗获得强有力的地位。随着中东的大部分地区处于英国的统治之下，对印度的保卫最终有了保证。外交大臣寇松勋爵领导了这次英国在中东的大规模扩张。这是对他当之无愧的回报。在 19 世纪末，他任英国驻印度总督，他竭力遏制沙皇俄国对这个地区的影响。1920 年的大英帝国比它在 1900 年时更加安全，远不是长期衰落的开端。

“委任统治权”一词表明欧洲人统治别人时在语言和情感方面的变化，虽然这种变化并不一定发生在实践中。第一次世界大战后，德国殖民地和土耳其行省换了新主人。德国以前的殖民地落到英国以及英联邦自治领的一些国家手中：太平洋的一些地区分给了澳大利亚和新西兰，而西南非洲（纳米比亚）委托给南非。从术语上来说，转让的是托管地而不是殖民地。那些拥有托管地的国家是英联邦的正式托管国，并有义务最大限度地提高被托管地区民族的物质和道德水平，促进社会进步。但是，对当时的人来说，托管地与殖民地的区别似乎并不重要。英国在领土上获得了大量的好处。

温和的帝国主义

旧式英国帝国主义的“夕阳无限好”时期没有延续多久。劳合·乔治、寇松和米尔纳的执政生涯实际上都在20世纪20年代初结束了。取代他们的人完全相信，保持英帝国统治者的地位很有必要；但他们不愿过分违背英国的承诺，不敢制订一些雄心勃勃的计划，如在外交政策上全帝国进行合作，担心世界其他大国通过关税把帝国贸易集团排除在外。

从20世纪20年代起，英国决策者对帝国政策开始达成大致的共识。这种共识延续到第二次世界大战后帝国的终结。保守党和工党（1918年，工党取代自由党成为执政党）的大多数人都认为：帝国必须得到维护，但是公开的高压统治应该保持在最低限度；建立帝国统一的正式架构的梦想，在20世纪中期已不可能实现。

这种共识在大英帝国的最后阶段被阐释得最清楚。帝国在两次大的非殖民化时期终于走到了它的尽头：从1947年至1948年，英国结束了在印度次大陆的统治，放弃了对巴勒斯坦的委任统治权；从1957年至20世纪60年代中期，英国在非洲和加勒比海地区的殖民地以及马来亚获得独立。第一个时期是工党执政，第二个时期是保守党执政。

两大政党都事先没有承诺要结束大英帝国。工党传统上对“帝国主义”持怀疑态度，并怀疑它与资本主义的联系。工党是一个以坚持公正对待殖民地民族而自豪的政党，其积极分子像过去的威尔伯福斯、巴克斯顿或科布登那样，比较强烈地抨击一些明显的不公正行为。然而，大多数激烈批评殖民统治的人往往强调，英国必须更有力地保护殖民地人民免受“剥削”之苦，而不是要求取消英国的保护。20世纪20年代，工党称殖民地自治的发展是一个理想目标；但直到 1943 年工党仍然觉得，大多数殖民地民族“实行自治为时尚早”。关于印度，工党内的一群人，包括克莱门特 · 艾德礼，确实对印度的立宪满怀热情，但对印度立即独立的认可是在第二次世界大战中所发生的一些大事的眼里下才实现的。1945 年后，工党政府承诺在非洲殖民地进行宪政改革，其最终目标是自治。但是对许多殖民地来说，这个目标仍然是遥不可及。

如果说工党不是一个赞同非殖民化的政党，那么保守党也不是坚定地反对所有的变革。温斯顿 · 丘吉尔却是个例外。在两次世界大战之间的这段时期里，他在保守党内是个离经叛道的人，后来在第二次世界大战中当之无愧地成为英国伟大的首相。在张伯伦看来，丘吉尔不是一个“偏激的帝国主义者”；他是一个自由贸易主义者，对英国与英联邦自治领导的平等伙伴关系不感兴趣。他坦率地认为英联邦自治领地可能与英国平起平坐；但是他非常厌恶可能削弱帝国因而降低英国世界地位的让步。“英国人被世界上仅次于德国人的最野蛮的人踢出印度所遭受的羞辱”深深地触动了他。他说这番话指的是印度人。大多数保守党人不接受这些观点。在两次世界大战之间的时期里，他们促使议会通过了两次重要的印度改革法案，使印度走向内部自治。虽然这些改革小心地保护了人们所认为的英国的重要利益，但是 1919 年和 1935 年的印度治理法案被视为英国的重大让步；而且 1935 年的法案遭到了丘吉尔的强烈反对，因为它削弱了帝国。20 世纪 20 年代，保守党的大臣们甚至认为，英国殖民地的目标是在未来某个不确定的时期里实行自治。一般说来，他们不反对 1945 年战后工党政府在印度和其他殖民地的政策。1951 年，当保守党重新执政时，常常遵循工党政府开创的先例。

支持帝国的观点

虽然在英国政治的主流中，保持帝国的决心基本上没有受到各种不同意见的影响，但它也不是不惜任何代价和无条件的。帝国应当保持，好处是实实在在的，但代价不能太高昂。

军事方面

帝国仍然是英国拥有军事强国地位的一个重要后盾，还是使英国承担

日本人煽动印度人推翻英国人的统治。1942年，日本人已经把英国人从马来亚和缅甸赶到印度的东部边境。像这样的传单被偷运进印度。传单上说："所有的英国殖民地都已觉醒。为什么印度人还要做奴隶？抓住这次机会，起来反抗吧！"有人让印度仆人看缅甸民族主义者痛打英国人。日本人的节节胜利对英国在印度的统治造成强烈的震撼。然而，英国人成功地保住了在印度的统治地位，对第二次世界大战的胜利做出了巨大的贡献。

太多的义务以致不能有效地对真正的威胁和重要的利益做出反应？1918年后的若干年里，类似这样的问题并不显得那么急迫。20世纪20年代，人们几乎感觉不到危险正在迫近。英国的两个潜在对手，是德国和俄国，德国因战败而受到严重削弱，而俄国共产党政权已经转向在国内巩固对自己社会的控制。法国形式上是英国的盟国。似乎没有必要使帝国同盟为欧洲未来的战争处于戒备状态。劳合·乔治或许真诚地接受帝国指挥英国政府的可能性，但是随着国际紧张局势的消除，这种可能性对其他的人没有什么吸引力。英国外交部不愿意在制订政策时非得经过英联邦自治领的同意。一旦英联邦自治领的战时武装部队被解散，他们给英国在紧急关头提供积极支持的能力非常有限，他们也不太愿意承担这样做的任何义务。在英国政策制订者看来，与他们进行磋商只是给他们提供一个拖延和反对的机会。英国应该自由地制订自己的外交政策，假如自由的代价是允许英联邦自治领具有同样的权利，至少是在20世纪30年代国际形势变得非常严重之前，这会被视为高昂的代价。

在两次世界大战之间的大部分时间里，英国防务政策的重点主要是帝

帝国与第二次世界大战

两次世界大战在性质上大不相同，因此帝国对战争胜利的贡献也不一样。第二次世界大战中使用的武器在技术上更加先进。这意味着，虽然对男女老少动员的规模比第一次世界大战大得多，但实际参加战斗的人数却并不多。工业能力以及那些在工业部门工作的人得到高度重视，而在军队中服役的许多人事实上主要从事设备的维护和后勤保障。

虽然高素质的战斗人员像过去一样急需，而且英国殖民地和英联邦又一次大量地提供了这些人员，但是，技术对战争的改变在一定程度上限制了帝国贡献的价值。除加拿大外，英国殖民地和英联邦国家缺乏一个大量生产武器装备的工业基地。整个英联邦使用的武器装备实际上近70%在英国本土制造，另外20%来自美国。如这幅地图所示，英联邦和殖民地提供的首先是人力，参加英军的人数超过参加自己军队的人数。例如，近40%的英国皇家空军人员由英联邦自治领或殖民地提供。

由于战斗人员比较少，因此战斗中的伤亡人数要比第一次世界大战时少得多，但是属于非战斗人员的平民受战争的间接影响非常大。由于日本占领东南亚盛产大米的地区，盟国不愿意用军用船只向印度运送食品以及因不适当的价格管制行为而导致粮食人为短缺，1943年孟加拉约100万人死于饥荒。

战争给澳大利亚带来了极大的痛苦。在战争期间和战后，许多澳大利亚人认为，英国要求澳大利亚派兵去中东，但是没有采取多少行动保卫东南亚，抗击日本人的进攻。日本取得几次重大胜利之后，澳大利亚向美国寻求帮助以保卫自己。

二战中帝国的贡献

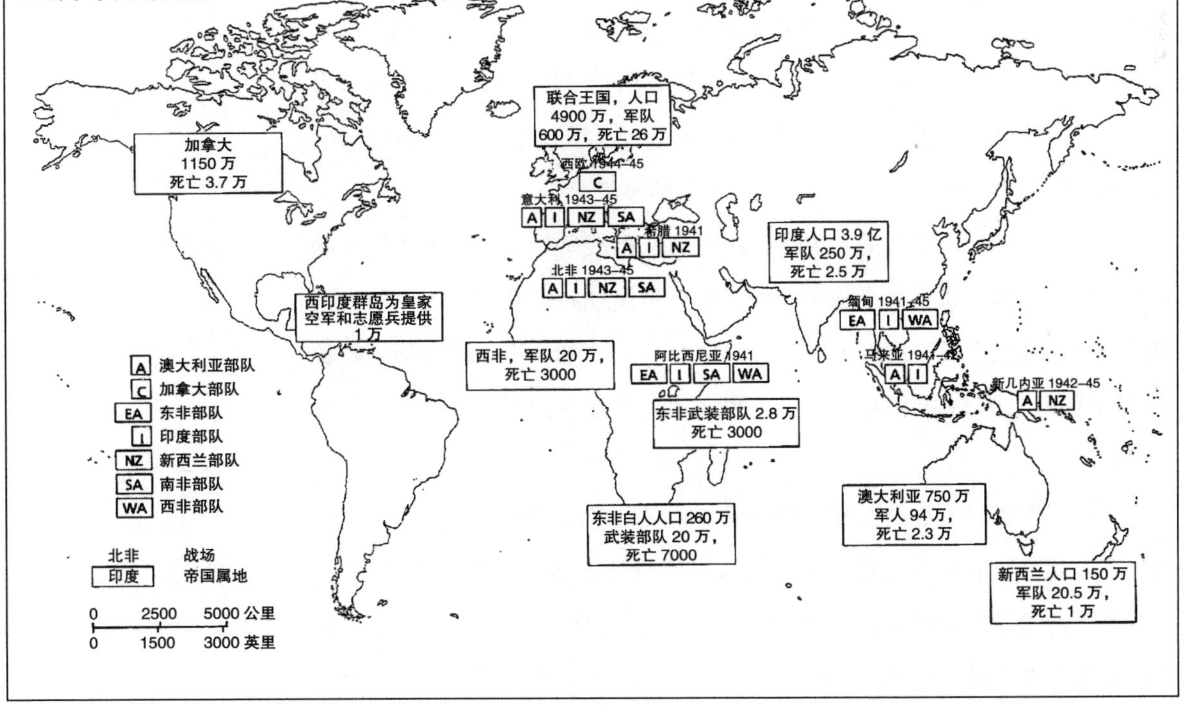

国的需要。英军继续扮演19世纪为帝国提供守备部队那样的角色，部署军队与其说是为了阻止外来入侵，还不如说是为了控制内部的不满。第一次世界大战刚刚结束，帝国在爱尔兰、埃及、伊拉克和巴勒斯坦新委任统治地以及印度均面临着动荡不安的局势。这就要求大量地使用现有资源，大规模地部署英军，并迫使英国的决策者们少承担一些义务，尤其是在中东承担的义务。即使这样，在1938年，英国在印度、中东以及远东驻扎的步兵营比在英国本土的还要多。

英属印军仍然被视为帝国非常重要的资产，虽然它的使用暂时受到一些限制。1923 年，英国人做出让步：没有印度政府的批准，印军不能部署在印度以外的地区；如果印军部署在印度以外的地区，费用将由英国负担。1938 年，英国政府同意负担削减后的印军实现现代化所需的费用，这支军队可以派到海外作战。尽管这给英国造成很大的经济负担，但是印度军队在第二次世界大战期间得到了充分的利用。

在 20 世纪 30 年代，随着国际局势又一次变得险恶，英国的政治领导人又一次向帝国寻求支持。每当与德国、意大利或日本发生危机的时候，英国都会与英联邦自治领交换看法。虽然在战争的开始阶段，英联邦自治领直接的军事贡献都不大，而且它们的建议不大受人重视，但是英国的大臣们不愿意看到英国在得到它们确定的支持后对敌开战。一个有分歧的帝国对英国舆论的影响显然被视为要考虑的重要因素。1939 年战争爆发时，除了爱尔兰（后来的爱尔兰共和国，该国从 1921 年起就是英联邦的一个自治领）外，英联邦的所有自治领都向英国的敌人宣战。像在 1914 年一样，印度和其他殖民地由于英国的缘故理所当然地参战。

1939—1945 年，帝国的人力最终对英国取得战争的胜利做出了巨大的贡献，这同在第一次世界大战中一样。来自殖民地和英联邦自治领的大批部队在欧洲战线上又一次浴血奋战：1944 年，一个加拿大军团参加了解放法国的战役；1944—1945 年，印度人和新西兰人在意大利英勇作战，打败了意大利。

在第一次世界大战的大部分时间里，大英帝国在欧洲以外的地区处于攻势；在第二次世界大战中，大英帝国只有拼死抵抗才能击退它的敌人。埃及时不时地遭到活动在利比亚境内的意大利人和德国人的进攻，后来这些敌人被主要由澳大利亚人、印度人、新西兰人和南非人组成的第八军赶出了北非。1941 年，日本对英国开战，英国人被打得走投无路。在一次著名的战役中，日本人席卷马来亚，在远东击沉英国舰队的主要舰只，迫使新加坡约 13 万帝国部队投降。日本人最终被阻止在缅甸和印度的边境以及新几内亚。美国使用原子弹后，美国海军的胜利使战争于 1945 年结束。英国、印度和澳大利亚军队慢慢地收复失地。

第二次世界大战的全球规模意味着帝国不再像在第一次世界大战中那

1956年的苏伊士

一名英军士兵给一个受伤的埃及人喂水。1954年，埃及领导人G. A. 纳赛尔开始推行似乎威胁到英国在中东地位的反殖民主义的政策。1956年，纳赛尔把苏伊士运河收归国有，危机爆发。英国首相安东尼·艾登认为这是对英国的挑战，必须诉诸武力。英国得到了法国和以色列的支持。以色列进攻埃及，英国参战，11月5日，英军在塞得港登陆。在国际普遍谴责和美国的巨大压力之下，这次军事行动被迫中止。

样，只是向英国提供参加欧洲战争的资源；在帝国自己需要的时候，它还要求英国提供资源。在面临艰难的选择时，英国的决策者们一方面非常重视埃及和中东的防卫，另一方面他们一如既往地优先考虑本国及欧洲的防卫。他们的理论是，先打败德国，然后集中力量对付日本。但是，在由日本首先发动进攻造成的极其严重的危机中，尽管英国的增援力量严重不足，但还是被迅速派往新加坡。从那以后，英国军队虽然没有用于保卫澳大利亚，却不得不用于保卫印度和印度洋。丘吉尔得意地认为："我们这么一个小岛担当起了保卫印度斯坦民族的责任，使他们免遭世界大战的恐怖和危险。"他赞扬了"印度军队崇高的英雄主义精神和良好的军事素质"，但是一想到印度要求英国为使用它的资源支付大笔费用时就感到愤愤不平。很少有历史学家同意丘吉尔对英印关系的看法，但是它说明第二次世界大战的经历甚至使丘吉尔开始意识到，从军事上来说大英帝国既可能是一种资产也可能是一个负担。

1945 年后，英国战略家中几乎没有人相信帝国能够对英国的军事力量做出巨大的贡献。英国迅速加入了北大西洋公约组织，并承诺持久地承担欧洲大陆的防务。在这个组织里，美国是高人一等和必不可少的合伙人。直至共产主义在 1989 年垮台，欧洲的防务是英国最为优先考虑的问题。欧洲以外的利益没有被放弃，但是在涉及资源的分配时，欧洲总是占优势。1947 年，英国人再也不能使用印巴冲突后的印度军队，即使他们负担使用费。从这年以后，英国可以调遣帝国部队承担欧洲以外的义务的可能性极大地降低。在 20 世纪 50 年代，英联邦军队在朝鲜和马来西亚并肩作战，廓尔喀士兵仍然是英军的一部分。但不可避免的是，如果英国希望看到自己的全球利益得到军事力量的支持，就必须自己提供这种军事力量。

1956 年，英国人孤注一掷入侵埃及，企图在中东巩固自己的地位。在这次侵埃战争中，他们的盟友是法国和以色列军队，而不是像过去那样是帝国的部队。只有澳大利亚和新西兰对这次冒险多少表示同情。通过在苏伊士运河地区进行一次重大的军事行动来收复欧洲以外失地的企图，是与 1945 年后英国政策的一贯趋势背道而驰的。英国仍然自视为一个世界大国，但是由于英国对欧洲承担的不可逃避的义务以及战后英国的经济状况，它已无力长期承担帝国的责任。1954 年，英国放弃在埃及的基地。1967 年，英国做出重大决定，取消“苏伊士以东”它所承担的所有义务。

经济方面

帝国对英国作为一个潜在的军事大国究竟能做多大的贡献直至第二次世界大战才受到严肃的质疑。从此以后，仅就军事而言，没有人真的怀疑帝国已经成为英国的负担。人们希望帝国可能对英国经济做出贡献，直到 20 世纪 50 年代后期，人们才普遍怀疑帝国对英国的经济前景是否具有重要意义。

有人希望，通过约瑟夫 · 张伯伦倡导的雄心勃勃的帝国发展和一体化计划，英国的经济或许会改变。但是，1918 年之后，这些计划没有得到多少支持。这些计划的依据是一些假定，即英国与帝国，尤其是英联邦自治领基本上是利益互补：英国制造工业品，帝国提供食品和初级产品。但是，加拿大、印度和澳大利亚工业化的发展说明这种假定是不符合实际的。

然而，在20世纪30年代经济困难的条件下以及第二次世界大战期间和以后，英国与帝国之间贸易额极大地增加。1909–1913年，英国出口产品的35%销往帝国，帝国26.9%的出口产品销往英国；1934–1938年，英国对帝国的出口比例增加到41.3%，进口增长到41.2%。由于印度自身工业在英属印度政府的保护下得到了发展，印度从英国的进口份额在逐渐下降，但是英联邦自治领的进口却显著增加。英国结束对世界范围自由贸易的长期承诺，使帝国内部的贸易大增。1931年，英国设立关税来对付严重的收支平衡危机。接着英联邦自治领和英国在渥太华展开谈判，决定相互降低多少关税以刺激帝国的贸易。结果是帝国内部的自由贸易程度大幅降低。各方通过谈判做了许多让步，但这些让步往往有利于英国进口英联邦自治领的农副产品，而不是有利于英国工业品对英联邦自治领的出口。帝国内部的经济活动通过建立英镑区来进一步协调：帝国的大部分地区和其他一些国家同意根据英镑来确定它们的货币发行量，并把它们的储备金放在由英国管理的英镑基金里。

战争再次使帝国在经济上对英国变得重要起来。第二次世界大战爆发后不久，英国与欧洲大陆的贸易中断，与远东的贸易也是如此。加拿大和非洲殖民地作为英国的供应国和地区，发挥着重要的作用。殖民地的农副产品销往美国，使英国能够有钱购买需要的美国食品、原材料和军火。第二次世界大战期间和以后，英国以一种较新的方式干预殖民地的经济生活：确定价格并力图通过政府投资增加生产。张伯伦的另外一个设想，即利用国家行为来“发展”殖民经济显然又开始大行其道。事实上，20世纪20年代，殖民地发展计划又一次被提出来。第一个重要的《殖民地发展法案》于1929年通过，其主要目的是为殖民地提供购买英国产品的资金以减轻英国的失业压力。1940年和1945年，通过了更多的慷慨法案，大笔英国纳税人的钱被投到殖民地的工程上。1945年以后，发展殖民地是工党政府认真关心的一件事，其动机是复杂的：从长远来看，英国的投资将为殖民地提供赖以最终实行自治的一个繁荣的经济；从短期来看，将使殖民地生产更多的商品销往美国挣得美元。根据英镑区的协定，英国将利用这些美元购买美国的产品。

20世纪30年代开始发展的帝国经济于20世纪50年代陷于停滞。世界贸易开始复苏，英国改变立场，赞成国际自由贸易。到1950年，殖民地和英联邦国家市场上一半以上的商品是英国货；而在20世纪60年代中期，英国产品约占三分之一。进口关税的优惠和英镑区被放弃。通过国家投资的大项目来竭力加快非洲发展的计划耗资巨大而收效甚微。发展热带地区贫困殖民地成为英国纳税人的巨大负担，对此人们不可能得到什么实实在在的回报。相反，与正在迅速发展的欧洲市场进行贸易，前景更加诱人。

就国家财富和权力而言，在第二次世界大战后正在兴起的世界里，殖民帝国和英联邦显然不能为英国提供所需要的安全与机会。英国必然寻求与美国和正在复苏的西欧建立更加亲密的关系。然而，在整个20世纪20、30年代里，英国的防务政策皆在保护帝国的利益，而帝国对英国福利的经济贡献一直呈上升趋势。事后来看，第二次世界大战表明，美国向英国提供的经济和军事援助要比帝国提供的大得多，英国借此才逃脱了战败的厄运。第二次世界大战说明，英国再也无力保卫一个世界范围的帝国。然而帝国齐心协力帮助英国战胜德国和日本所做的贡献不容怀疑。直到胜利的喜悦在新的战后世界里消失得无影无踪，维持帝国在军事和经济上得不偿失的考虑才开始削弱英国人保持帝国的决心。

道义方面

在英国，保持帝国的决心从来不是仅仅基于对财富和权力的利益考虑，英国人对帝国的自豪感也是这种决心的基础，这是英国民族特征的一个重要部分，表明英国在世界中发挥的作用。20世纪60年代，英国人对英国在帝国中发挥重要作用的自豪感行将消亡，不过人们只是后来才意识到这一点。在进入20世纪后的一个较长时期里，许多英国人在感情上支持帝国。在19世纪后期，有些人力图把英国民族的命运描述为帝国的命运，这个命运把所有不同信仰的人都团结起来，对其他民族实行统治。但是1918年之后，几乎没有人还持有这种看法。在某种程度上，19世纪中期的帝国理想又回归了。英国人往往认为，他们通过帝国给全世界带来了自由，让世界变得更美好。

对英国人来说，后来成立的英联邦似乎体现了这种自由。自1917年以来，“英联邦”一词一直被使用着。在那一年，南非领导人斯穆茨将军谈到一个“国家的共同体，我更喜欢称之为英联邦”。这个共同体由英联邦各自治领和英国构成，它的主要组织机构是各成员国首相共同参加的会议。这样的会议始于1887年，在1914年前已经成为制度定期召开，在第一次世界大战期间和战后继续这样做。给英联邦下定义，用“它不是什么”通常比“它是什么”要容易得多。当然它不是张伯伦和其他人在1914年之前所希望建立的那个联邦联盟体。各成员国的首相做出的决定没有约束力——他们提出建议，各成员国可以采纳也可以不采纳。1926年发表的《贝尔福宣言》对英联邦所下的定义最为模糊，宣言把它描述为：“一些自我治理的社区……在大英帝国内实行自治，地位平等，在内部和外部事务中决不听命于任何人，但团结一道效忠英国君主，并作为英联邦的自由联系成员。”许多英国人逐渐把英联邦视为英国美德非常突出的象征。英联邦的基础是对君主的效忠和英国的价值观，但是这种效忠是自愿的而不是强迫的。这种旧移民殖民地看法一致的象征，当然证明了通过英国移民传播英国价值观的维多利亚时代使命的成功。乐观主义者认为，南非白人和说法语的加拿大人也主动地接受了这些价值观，而且帝国的其他民族也将被纳入这个英联邦的大家庭中。

卢加德勋爵与尼日利亚的埃米尔们

弗雷德里克·卢加德的右边是索科托的苏丹，左边是卡诺的埃米尔。1934年，他们在英国访问，准备觐见国王乔治五世。索科托和卡诺是尼日利亚北部的两个邦，1903年卢加德用武力迫使这两个邦向他俯首称臣。他后来把这两个邦合并在一起，用一个被称作间接统治的仁慈的托管制来治理。根据间接统治原则，统治者的机构和部门保留不变，但处于英国驻扎专员的监督之下。图为卢加德带领他的客人参观伦敦动物园。

1947年，印度和巴基斯坦作为英联邦自治领和英联邦成员获得独立。不久，所有英国前殖民地也都加入了英联邦。理想主义的英国人欣喜地认为，英国白人种族的旧形象已经被拥有各种种族背景的新民族形象所代替，对君主的效忠和通过英联邦对英国自由和民主的价值观的身体力行把这个民族紧紧地团结在一起。有人假定，英联邦将发展成一个在全世界传播英国制度和价值观的工具。毫无疑问，这种看法过于天真，现实情况不是这么回事。英国君主在英联邦内仍然扮演着象征性的角色，但是从1949年起，英联邦越来越多的成员成为共和国。带着忌恨、偏见的英国观察家认为，英联邦的一些国家里实行军事统治的时期以及一党专制国家的出现，显然违背了英国的政治传统。

在20世纪50年代，作为独立国家获得英联邦正式成员资格已经被公认为一个发展方向，当时在英国殖民统治下的几乎所有的民族都朝这个方向迈进。然而，直到第二次世界大战和战后，有人认为英国的帝国使命不是使帝国的臣民做好准备，获得最终的自由，而是对他们实行一种几乎无限期的“托管统治”。托管统治这一用语类似于用来描述国际联盟的委任统治一语。20世纪的民族情绪要求对其他民族实行统治的国家必须明确表明，它的统治符合被统治者的利益。特别是在非洲，英国人为他们能更深刻地理解被统治者的利益而自豪。诸如尼日利亚北部的卢加德勋爵提出的间接统治的理论就体现了这种理解。“土著”民族将在英国人所说的当地的机构里得到保护，从容地适应现代世界的压力。与此同时，英国人充当乐善好施的指导者和保护者。至少在英国人看来，托管统治的原则赋予英国统治一个道德教育的目的，他们认为这个目的对他们是非常难得的。政治派别的左、右两派的舆论都支持托管统治的原则。第二次世界大战期间，美国人善意地认为，战后英国人应当把他们的殖民地交给国际机构管理。这些建议激起了英国各政治派别的愤慨，并遭到他们的反对。英国不能放弃以自己的方式治理自己的殖民地的任务。

然而，管理别的民族的任务不久便被迫放弃，一个原因是殖民地的民族主义者反对别人的托管统治并主张有权进行自治，另一个原因是反对民族主义者的这种主张似乎不能给英国带来多大的利益。但是，对许多英国人来说，托管统治的原则赋予保持帝国的决心一个道德教育的目的，这个目的有助于把帝国维持到第二次世界大战以后。对一代仍然对英联邦抱有幻想的人来说，他们聊以自慰地认为，开明的托管统治正在被据说是根据英国的理念建立的英联邦的成员国资格所取代。这样的看法有助于减轻许多英国人在最后失去帝国时所遭受的打击，并使他们能把准许别国独立视为英国人使命的圆满完成，而不是英国权力的崩溃。

帝国的外部压力

英国人非常成功地保卫了他们的殖民地免遭对手的侵犯。只有日本人在第二次世界大战期间成功地用武力攻占了大英帝国的领土，然而这些丢失的领土在 1945 年被收回。尽管如此，第二次世界大战仍然对帝国具有重大的影响。

在中东，战争的重负使英国无力维持对巴勒斯坦的委任统治。战争期间英国对埃及的严厉控制激起了人们对英国战后继续统治埃及的强烈反对。在远东，英国失去新加坡后再也不是一个处于支配地位的大国。是美国击败了日本，而且澳大利亚人未来在防卫上将依靠美国人而不是英国人。日本人的胜利向亚洲民族表明英国人是可以被战胜的，无怪乎许多英国前殖民地的人民与胜利者站在一起，特别是在缅甸，英国的有效统治再也没有恢复起来。

马来西亚共产党暴动期间，一名英国种植园主和他的护卫者。1948年，当地的共产党人开始进行恐怖主义活动，欧洲种植园主成为主要的目标。据估计，种植园主中的1/10被杀害。殖民政府做出反应，宣布进入紧急状态，并调动4万名士兵和7万名警察打击不足8000名的游击队。到20世纪中期，恐怖主义活动终于销声匿迹。

在印度，英国人不得不对付1942年发生的一次严重叛乱。暴乱被平息，印度继续为同盟国的事业做出重要的贡献。但是履行义务是要付出代价的。印度军队以及印度战时生产能力极大扩展，在更高级的政府部门和军队高层有更多印度人供职。1939年，军队中的印度军官为697名；1945年是13947名，其中一些是级别非常高的指挥官。这支军队现在是一支印度军队——再也不是一支听命于帝国的雇佣军。英国再次为未来做出承诺。为了说服印度的政治家支持战争，英国政府的使者斯塔福德·克里普斯许诺，战后印度人民可以自由地选择他们所希望的未来，包括完全独立。

战争的压力迫使英国人争取他们的盟友以及他们的帝国臣民的支持。美国舆论并不热心把保留和恢复殖民帝国包括在战争目的的议事日程中，因为这场战争显然是要解放受外国压迫的民族。罗斯福总统对这些观点也有同感：英国政府一直拒绝对准许独立做出明确的保证，或拒绝把它的殖民地置于国际监督之下。然而即使对丘吉尔来说，发表有关殖民地自治制度渐进演变的笼统声明也不失为明智之举。说服美国批评者的愿望意味着要做大量的工作，尽量以友善的方式呈现英国的殖民统治。说服美国的愿望为经济发展计划提供了额外的推动力。

英国与美国的同盟在战后继续存在下去。1945年后，随着大英帝国的分崩离析，人们通常会想当然地认为，在导致帝国崩溃的过程中美国人发挥了重要的作用，其目的是增强他们自己的世界霸权并鼓励英国人把精力

克莱门特·艾德礼

1935－1955 年，艾德礼任工党领袖；1945－1951 年任英国首相。他希望保持英国作为世界性大国的地位，但是认为直接的统治应尽可能地由影响来代替。因此他对英联邦非常热衷。他没有解散殖民帝国的计划，但对印度的独立却非常支持，并在 1947 年的权力交接中发挥了至关重要的作用。

集中在欧洲。有几件事情，如 1948 年巴勒斯坦委任统治的结束以及 1956 年侵入苏伊士地区，美国人确实施加了直接的压力，但是总的来说美国人并没有过多干预。随着与苏联冷战的开始，美国人认为，稳定而不是不可预料的变故对他们的利益最有利，维持大英帝国就是一种稳定。然而，不能认为美国人会无限期地默认大英帝国存在下去。意识到美国人所关注的问题可能增强了英国人避免与他们的臣民发生冲突或进行残酷镇压的意向。

正像 19 世纪后期一样，1945 年以后，俄国是大英帝国明显的敌人。英国认为，现在的危险与其说在于对帝国任何部分的入侵，还不如说在于殖民地共产党组织的颠覆活动。虽然警察采取行动可以制止这些活动，但是工党政府认为，通过改革消除人们的不满肯定也能够遏制共产主义。英国人认为，恩克鲁玛是一个非常固执的民族主义者，但出于对共产主义者可能渗透到黄金海岸（加纳）的担心，英国人还是与他进行合作。外部压力又一次增强了英国殖民政策中已经存在的改革倾向。

20 世纪的帝国遭受了两次世界大战的沉重打击，但是从短期来看帝国的恢复非常强劲。外部的敌人不敢轻举妄动，或像日本人那样被赶回了老家，但是使外部的敌人退避三舍的代价是增强了帝国内部变革的压力。

帝国的内部压力

由于英国人已经无心而且无力阻止他们的臣民建立独立国家，大英帝国最终分解成一系列独立的民族国家。是英国人保持帝国决心的丧失，还是帝国内部反对保持帝国的力量导致了帝国寿终正寝呢？更直率地说，是英国人被他们以前的臣民赶出了帝国，还是英国人自愿地跳出了帝国？对这样的问题，很难提供一个简单的答案。在某些情况下，英国人不太支持继续对帝国进行统治，因此他们的臣民比较容易说服他们离开帝国。在另一些情况中，英国人决不退却，勇敢地面对坚定的民族主义者的反对。然而总的趋势很清楚：1945 年之后，英国人保持帝国的决心不是非常坚定，难以促使他们进行一场旷日持久、无望取胜的拼死搏斗。保持帝国决心的削弱给民族主义者提供了机会，但是他们要抓住这个机会还得需要能力和决心。

英殖民帝国的衰亡始于第二次世界大战后不久，并持续到 20 世纪 80 年代。英国的两大政党工党和保守党都与它的崩溃有很大的关系。工党在 20 世纪 40 年代后期非殖民化浪潮中执政。非殖民化的国家包括印度、巴基斯坦、巴勒斯坦和缅甸。第二次非殖民化浪潮发生于 20 世纪 50 年代后期到 60 年代初期，非殖民化的国家有加纳、尼日利亚、肯尼亚、赞比亚、马来西亚、牙买加和特立尼达等。这个时期英国由保守党执政。

英联邦自治领

1918 年，英国人放弃控制加拿大、澳大利亚、新西兰以及南非的过程已经提前结束。在不同时期准许成立责任政府意味着这四个国家已经实行了内部自治。根据英国大臣和议会的建议，英国君主还保留了一些权力，但是这些权力实际上从未使用过。对这四个国家地位的一个主要限制是，

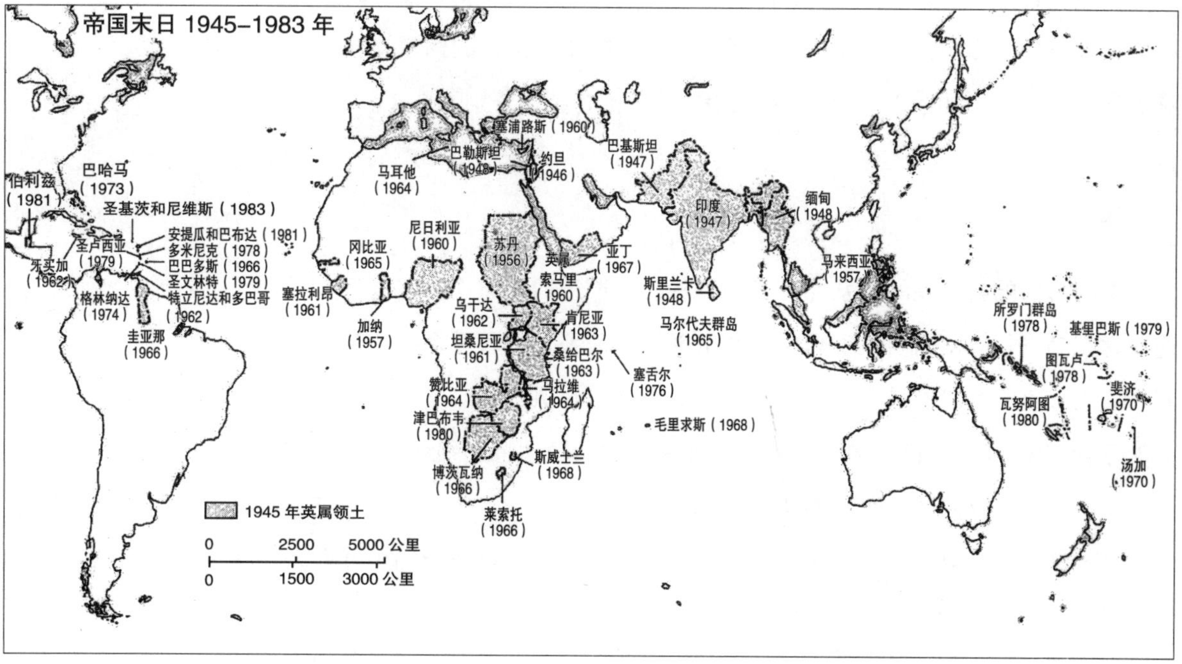

它们没有国际地位。1914 年，联邦自治领没有自己的外交关系。在国际事务方面，它们听命于英国，英国代表它们进行谈判、签订条约，并承担战争或和平的义务。

1918 年，这些自治领地逐渐意识到自己的民族特征。它们的人口构成比较复杂，其中包括南非白人和说法语的加拿大人。战争的经历极大地促进了民族的融合和民族感的形成。例如，加拿大人和澳大利亚人在加利波利或维来里奇等一些著名的战役中发挥主导作用。这种情感不一定是反英国的。正如 1915 年一位加拿大历史学家所说："普通的加拿大人从来没有想过，如果他的国家达到了民族国家的水平，他不能继续做一个加拿大人和英国人。"自治领的民族主义也不一定是反帝国的。帝国或英联邦的成员资格使各个自治领在世界中发挥它们不可能独立发挥的作用，但是它们仍然坚持要求英国明确承认它们在帝国或联邦的框架里的自治。

英国给予这种承认没有什么困难。在一系列的变革中，1926 年发表的《贝尔福宣言》和 1931 年英国议会颁布的《威斯敏斯特条例》最为重要，英国对自治领内部事务的支配权正式被取消，自治领获得了独立平等的主权国地位。1939 年，它们按照自己的意愿对敌宣战。然而，自治领与英国的关系要比法律上的地位问题复杂得多。英联邦不仅仅是自由平等成员国的联盟，它也反映了自治领与英国保持密切联系的需要，尤其是在 20 世纪 20 年代和 30 年代大衰退的经济困难条件下以及在 1939 年前的几年里国际局势日趋恶化的情况下。这次大衰退对澳大利亚、加拿大和新西兰的经济产生了破坏性的影响。德国和日本在战胜英国后将统治世界的前景被视为对所有英联邦自治领的可怕威胁。在战争中除了支持英国外别无选择。

印度

英国与旧的自治领的关系经历了一个漫长而渐进的调整期，因为双方逐渐意识到它们既不需要也不想保持非常密切的关系。英印关系中的问题更加突出。直至第二次世界大战英国一直决心坚定地保持在印度的帝国统治，尽管 1918 年英国已经遭受到来自印度民族主义运动特别强劲的压力，该运动在未来的岁月里变得更加强大。

早在第一次世界大战爆发之前，印度民族主义已不再是一场拥护者有限和目的有限的运动。印度国民大会党从 1906 年起就致力于印度的自治，它支持印度参加1914年的第一次世界大战，但是在战争期间重申坚持印度尽快实行自治的立场。为了获得大众对战争的广泛支持，英国政府希望避免与印度发生公开的冲突。因此，英国含糊地做出了在将来进行宪法改革的不明确的承诺。

印度国大党还朝着群众性运动的方向发展。在印度这样一个多元化的社会里建立一个团结的政治团体绝非易事，但是印度国大党正成为各个社会阶层声讨英国人的中心。随着第一次世界大战的结束，一位新领导人登台亮相了。这位领导人既能扩大人民大众对印度民族主义的支持，又能把各种各样的需要和计划融合起来形成一个统一的整体。

1919年的阿姆利则城

由甘地领导的以非暴力手段反抗英国统治的第一次伟大运动发生于1919年。然而，在旁遮普邦的阿姆利则城发生了暴力事件，一些欧洲人被杀，一位名叫马西娅·谢伍德的女医生遭到痛打。英国指挥官戴尔将军对此采取了最严厉的报复手段。一场非法集会被不分青红皂白的扫射所驱散，许多人当场死亡。随后当局发布命令，所有印度人通过谢伍德医生遭受攻击的那条小巷都必须（如图所示）爬着过去。

这位新领导人就是甘地。即使没有甘地，英属印度政府也会面临战后印度的激烈动荡。甘地所做的就是给不满的人们指明方向。全印度的人响应甘地要求采取非暴力行动，即罢工、抗议游行并拒绝与政府进行合作。政府并没有让步，并发生了暴力事件。特别是在旁遮普邦，当地的军事指挥官戴尔将军命令士兵在阿姆利则城胡乱开枪射击，造成380人死亡。印度广大群众支持甘地第一次非暴力抵抗运动的浪潮从1919年延续到1922年，其规模特别巨大。毫无疑问，印度民族主义运动已经成为一支深得民心的力量。

英国禁止印度民族主义运动的策略在甘地发起对英国的挑战之前就已经制订。策略鼓励印度舆论与英属印度政权合作，而不是反对它。这就需要把政府的某些部门交由被选举出来的印度人管理，印度人应当获准负责许多国内事务。无论人们后来怎么说，把某些部门的权力交给印度人当时没有被看作是一次为独立做准备的教育。这不在可预见的未来的议事日程上。这样做的目的是建立一种合作关系：英国人对他们认为是至关重要的问题保持控制权，尤其是外交政策、军队和安全；而其他许多事务转交给印度的代表。正如英国人所说，他们希望这些人将“负责任地”为印度的利益而工作。这个政策的第一部分在1919年的一个法案中出台。在民族主义者的进一步压力下，1929年，英国人更加明确地表明了他们的意图：印度将在未来某个时候获得“自治领的地位”。这就是说印度将得到加拿大和澳大利亚已经享有的地位。1935年，另外一个重要的印度改革法案向印度提供了一些东西，但与自治领的地位相距甚远。印度的省份几乎完全实行自治，并开始为中央的部长们划定责任地区。然而，英国的重大利益仍然处于英国驻印总督的直接控制之下。经过激烈的争论，印度国大党的领导人同意在法案的框架内工作；国大党在大多数省份里建立了政府。英国打算让 1935 年的法案实施相当长的一段时间。1939 年第二次世界大战爆发前夕，大多数的英国政策的制订者想当然地认为，英国在印度完全有效的存在将再延续 20 或 30 年。

战争把这些愿望打得粉碎。英国在没有征得印度正式同意的情况下使印度卷入了战争，因此印度国大党的部长拒绝在这样的条件下担任职务。1942 年，克里普斯出使印度，提出让印度的政治家们参加战争的指挥中心，并承诺战后印度可以独立。国大党认为日本人肯定会赢得战争的胜利，因而不仅拒绝了这些条件，而且还进行公开的反对，包括在印度北部发动了一次大叛乱。在以后的几年里，英国当局成功地镇压了国大党和印度民族主义的主要团体。英国对印度的统治没有受到影响。印度对盟国取得战争的胜利做出了巨大的贡献。

然而，国大党成员不是唯一的反对英国统治的民族主义者。由穆罕默德·阿里·真纳领导的伊斯兰教联盟声称为伊斯兰教信徒谋利益。直至第二次世界大战爆发，伊斯兰教联盟的纲领与国大党的纲领大同小异，但强调保护伊斯兰教信徒的权利和利益。1940 年，伊斯兰教联盟提出了印度独立后将建立一个单独的伊斯兰教国家的笼统主张。战争期间，伊斯兰教联盟成功地加强了对伊斯兰教舆论的控制。英国人清楚地认识到，战后的任何安排必须得到伊斯兰教联盟和国大党的认可。

这样的安排必须在战争结束后马上开始进行。虽然英国人成功地镇压了 1942 年的叛乱，但是随着军队、警察和行政机构高度印度化，英国人再也经受不起另外一次叛乱。即使不发生叛乱，伊斯兰教联盟与国大党关于未来的互相冲突的主张也会导致印度教徒与伊斯兰教互相残杀的暴力事件。这种暴力行为很有可能将会蔓延开来，印度将变得失控，力图继续统治印度对英国没有多大好处。

因此，英国的驻印总督和英国政府开始与印度政治家们一轮又一轮地谈判。真纳统治着伊斯兰教联盟并要求分治，而尼赫鲁领导的国大党力图保持一个统一的印度，英国人希望在不实行分治的条件下满足伊斯兰教徒的要求并能与未来的印度保持某些联系；如有可能，包括继续与印度军队保持联系。这些条件没有被接受。艾德礼领导的工党政府坚决主张必须在

1946 年的穆罕默德·阿里·真纳

虽然真纳是巴基斯坦国家的缔造者，但他的大半生都是在为印度获得独立而奋斗，而不是为了建立一个独立的伊斯兰教的巴基斯坦国。他曾多次要求英国人和印度国大党保证穆斯林教徒在一个统一的印度有正当权利，但是没有成功，因此他才于 1947 年接受了“印巴分治”。

一定的时间内达成协议。他任命路易斯·蒙巴顿勋爵为印度最后一任总督。蒙巴顿勋爵是英王室成员，是第二次世界大战时杰出的指挥官。他受命尽可能达成最有利的协议：印度被分割成两部分。两个新国家印度和巴基斯坦于1947年8月诞生，但都保留在英联邦内。

直至第二次世界大战前，英国仍然想当然地认为，印度将继续与英国保持联系，至少在外交政策和防卫上。为了保持这种联系，英国做了一些让步。当然这些让步是在民族主义的压力下被迫做出的。但是到1939年，民族主义在一定程度上得到了遏制。战争创造了民族主义蓬勃发展的条件。印度的独立使大英帝国失去一个重要的组成部分。但是并不能由此认为，其他殖民地也会自动获得独立地位，非洲政治变革有其自身的发展规律。

非洲

英国与西非海岸的关系可以追溯到奴隶贸易时期。在某些与英国人接触时间悠久的地方，如塞拉利昂的弗里敦、拉各斯和阿克拉，非洲人商业社区迅速发展起来，其成员信奉基督教，受过良好的教育，许多人通晓英语。到19世纪末，这些人受英国人之托负责治理西非沿岸的一小块地区。但是当英国人参与欧洲瓜分非洲的行动，把他们的统治扩展到内陆的大片地区时，新地区的管辖权经常委托给那些传统的非洲领导人——酋长或其他显贵要人。在东非和中非的一些地区，欧洲殖民者受到鼓励，这些殖民者必然为自己提出政治权力的要求。因此到1918年，出现了两种不完善的非洲殖民地模式：一种是由“传统的”地方统治者统治的殖民地，常被称为间接统治的殖民地；另一种是白人移民的殖民地，在它的议会里有欧洲人的一些代表，它的行政机构由英国官员领导。埃米尔或酋长们对西非的大部分地区行使管辖权，正如乌干达、坦噶尼喀（坦桑尼亚）、尼亚萨兰（马拉维）和北罗得西亚部分地区的埃米尔或酋长所做的那样。欧洲殖民者逐渐控制了南罗得西亚（赞比亚），并力图控制肯尼亚。在两种类型的殖民地里，都没有所谓的非洲民族主义活动的空间。

从20世纪20年代起，西非海岸地区的舆论开始抗议人民大众没有政治权利。在肯尼亚，殖民者的权力最先受到了印度移民而不是非洲人的挑战。然而，殖民地非洲的重大政治改革直到第二次世界大战结束才发生。到这个时候，间接统治和酋长们的管辖开始显得有点过时。战争为非洲人

1953-1980年的中非黑人与白人

19世纪末，英国主要通过塞西尔·罗兹个人的勃勃野心吞并了中非的大片地区。这个地区被划分成三个殖民地：南、北罗得西亚和尼亚萨兰。大批欧洲殖民者迁入南罗得西亚，夺走非洲人的土地，从事农业和采矿。数量较少的白人在北罗得西亚永久定居，这个殖民地已成为世界主要的产铜区。尼亚萨兰的非洲人数量多，一般很贫穷。在南罗得西亚，白人能够掌握政治权力并于1923年赢得了有效的内部自治。北罗德西亚受殖民当局统治，由英国官员治理。

在规划第二次世界大战后的未来时，英国政策的制订者很想把这三块殖民地统一起来，因为有人担心，南、北罗得西亚可能与南非结成联盟，休戚与共。1948年，南非已经选举产生了南非白人统治的国民党政府。发展铜矿业需要一个稳定的政权。还有人希望，南罗得西亚的财富可以用于北罗得西亚，特别是尼亚萨兰。建立联邦的建议基于这样一种理念：白人和黑人可以结成“伙伴关系”一起工作。这在20世纪50年代的非洲是一个非常时髦的观念。

尽管遭到北罗得西亚和尼亚萨兰的非洲人的反对，中非联邦还是于1953年诞生了。这两个殖民地的非洲人担心伙伴关系意味着白人统治。在1953年以后的几年里，由于在北罗得西亚的肯尼恩·孔代与尼亚萨兰的黑斯廷斯·班达的领导下形成了一个有力的非洲人领导集团，反对的规模明显扩大。1959年，尼亚萨兰发生一场危机。非洲人日益高涨的抗议活动遭到镇压，班达被拘禁。假如中非联邦只有通过镇压才能存在，哈罗德·麦克米伦政府开始怀疑它是否应该保持下去。英国政府最后决定让尼亚萨兰和北罗得西亚的非洲人自行其是。他们义无反顾地选择了独立，1964年，两个殖民地获得独立，新成立的国家分别为马拉维和赞比亚。

南罗得西亚的前途有待决定。它的白人也要求独立。英国政府的答复是，只有在现有的宪法得到修改而赋予非洲人在罗得西亚议会中更大的代表权之后，罗得西亚才能获得独立。罗得西亚阵线党的白人政治家们拒绝这一条件。1965年，他们决定通过《单方独立宣言》，自主宣布独立。哈罗德·威尔逊的英国工党政府打算用武力对付白人反叛。英国对新罗得西亚实行制裁；与此同时，英国人与罗得西亚总理伊恩·史密斯时不时地举行谈判。与其说是国际制造，还不如说是20世纪60年代罗得西亚黑人在其非洲的邻国发动的游击战争推翻了白人统治的罗得西亚。史密斯政权最终承认多数统治的原则，权力移交由非洲人组成的政府。1980年，新生的津巴布韦共和国成立。

中非联邦的结束。1964年1月1日，尼亚萨兰（不久更名为马拉维）布兰太尔的非洲人举行模拟葬礼，庆祝中非联邦的结束。在这次庆祝集会上，马拉维第一任总理黑斯廷斯·班达发表了演说。

肯尼亚的一支叛军：一名妇女在一名英国女官员的陪同下在嫌犯中寻找杀害其丈夫的凶手。参加叛军的大部分是因土地严重短缺、失业、贫穷而饱受折磨的吉库尤人。从1952年肯尼亚政府宣布进入紧急状态，到1956年平息叛乱，共有11000名叛军被消灭，81000名叛军被拘留。正如插图描绘：这支叛军暴力的受害者大部分是另外的吉库尤人。

在海外获得经验（西非和东非师团曾在缅甸作战），也为在国内找到新工作创造了许多新的机会。有些人变得富有，而有些人觉得政府对一些作物如可可粉的定价欺骗了他们，这使得他们不能从战时的高价中受益。

战后，英国政府起初提出逐步改革，为更多的非洲人提供参与地方事务的机会。工党政治家的理想主义以及各个殖民地发生的紧迫问题，极大地促进了变革。1948年，阿克拉和黄金海岸发生的骚乱对殖民体系构成了严重的挑战。为了防止更多骚乱的发生，英国政府认为，宪政改革必须迅速进行。此举的受益者是一个强有力的民族主义政党的领导人克瓦米·恩克鲁玛，该党在这个国家的大部分地区都能赢得选举。由于得到了英国人的积极鼓励，恩克鲁玛使黄金海岸于1957年获得独立，定国名为加纳。之后，其他的非洲殖民地相继独立，没有遇到多少困难。它们拥有维护独立所需的大多数条件：他们的经济相当发达，教育普及，不受欧洲白人少数民族问题的困扰。

香港——英国的华人城邦

作为鸦片战争战利品的一部分，英国成为香港的统治者。1839 年中国人在广州黄埔港查扣鸦片，鸦片战争开始。英国利用这次战争获得了更多的对华贸易特权。某些后来称之为条约港的中国港口被迫向国际贸易开放，一个人烟稀少的岛屿——香港，被割让给英国。1860 年，经过与中国进行的第二次战争，英国强占了香港岛对面的地区。1898 年，中国大陆一块更大的土地即新界租借给英国，租借期为 99 年，使得英国控制的土地的面积达到约 400 平方英里。

直到 20 世纪中期，香港的生活以贸易为主。在这块殖民地的初期，鸦片是贸易的主要商品，香港也成了英国产品出口到中国的一个重要的中转站。与中国进行贸易最著名的英国公司——贾丁马西森公司，在英国最初统治香港时就在那里经营，汇丰香港上海银行成立于 1864 年。中国商人自己做生意或为欧洲的公司充当买办或经纪人。香港的商业成功吸引着越来越多的中国移民，他们当中有劳工、工匠、艺人、店主和店员，人口从 1841 年的 1.5 万增长到 1941 年的 170 万。

1941 年，日本攻占香港并进行严厉的统治，直至 1945 年。然而，战后香港以惊人的速度恢复，逃离中国大陆的新移民浪潮改变了香港。香港的经济发展引人瞩目：它成为重要的制成品出口商和主要的金融中心。

在这个殖民地的整个历史里，其政府一直处于英国的严密控制之下。虽然英国官员征求华人社会领导人的意见，但是他们拥有绝对的权威。1984 年，英国人同意在 1997 年新界租约到期时移交权力给中华人民共和国政府。

1848 年的香港

1842 年英国人吞并香港时，该岛居民主要为农民，约 5000 人。如该图所示，在短短的几年里，它成为一个繁荣的港口，建有政府大楼和商人的住房。大批来自大陆的中国人也开始迁居于此。

东非和中非的殖民地提出了难题。除了南罗得西亚和肯尼亚这两个欧洲人地位牢固的地区外，其他殖民地都非常贫穷。然而在这两个地区，非洲民族主义活动日趋活跃。在中非，英国政府于 1953 年促使北罗得西亚和尼亚萨兰与南罗得西亚成立中非联邦。成立这个中非联邦的目的是阻止吸收南、北罗得西亚白人人口和利用南罗得西亚的财富来发展另外两个更穷的殖民地。在几年的时间里，非洲舆论拒绝接受南罗得西亚白人的统治，并要求取消中非联邦。20 世纪 50 年代初期肯尼亚的茅茅起义说明，以殖民者特权和殖民官员管理为基础的政权是何等的脆弱。由于牵涉到白人的利益，在政治上非常难于做出任何向非洲人让步的决定。然而，20 世纪 60 年代初期，由哈罗德 · 麦克米伦领导的保守党政府做出了这样的决定，中非联邦解体，北罗得西亚成为新的非洲国家赞比亚，而尼亚萨兰成为马拉维，肯尼亚获得独立，由非洲人组成的政府统治。

一些殖民问题仍然很突出。南罗得西亚是最明显的例子，直到1980年，在这个地区，非洲人的统治才建立起来。在这以后，马尔维纳斯群岛和香港问题仍然悬而未解。然而，在麦克米伦执政期间，殖民地纷纷独立的浪潮标志着不列颠帝国的实际结束。英国保持帝国的决心荡然无存，它不得不考虑以下问题：殖民地是否只会要钱惹麻烦，英国进入欧洲大家庭是否必须清除一切障碍？目前一般的评价是，当时没有一个总计划来清偿最后的非洲帝国。每件事都是根据是非曲直来考虑，但是从20世纪60年代的潮流来看，每件事情都一无是处。英国不再想支持殖民者或统治贫穷的非洲地区，英国方面保持帝国的意志烟消云散。但是非洲民族主义者也发挥了他们应有的作用，他们不能战胜英国，但是他们能制造麻烦，而且几乎任何麻烦对20世纪60年代的大英帝国来说都难以承受。

帝国的消亡

大英帝国实际上消亡于20世纪60年代。历史学家的后见之明揭示了衰落的轨迹，它可以追溯到第一次世界大战或更早的时期。回顾起来，英国的军事和经济能力越来越弱，无法维持一个广阔的世界性帝国，这样做也不符合英国的最高利益。除了劳民伤财支持一个无法解决自身问题的帝国外，英国没有什么真正的办法来挽救已经衰落的地位，这样做也使它难以寻求与美国或欧洲建立更加紧密的关系。即使英国不重视发展自己的利益，帝国内的民族主义压力最终将迫使它这样做。第二次世界大战后发生的一切只是一部戏剧的最后一幕，其后果早已可以预见。

然而，英国人民当时并没有认识到问题的严重性，他们继续相信帝国。这使得英国在世界上能够扮演独一无二的角色。英国从它的帝国吸取力量，能够在两次世界大战中免遭灭顶之灾，而英国的许多对手却遭到严重的破坏。20世纪的帝国管理充满了许多潜在的困难和危险，但这也不是什么新鲜事。像在19世纪所做的那样，英国人的治国之术能够通过巧妙的调整和妥协化解危机，渡过难关；只是在第二次世界大战后，英国碰到了根本无法解决的困难时才寻求尽可能体面地放弃对帝国的承诺。这么说并不完全是高傲自大，大英帝国具有非凡的耐久性。

第二编　帝国生活

第五章　殖民地是更穷还是更富？

戴维·菲尔德豪斯

人们对帝国有两种相互对立的解释：其一，它是一种相互自立的联盟；其二，它是一种能使资本主义对殖民地进行最大限度剥削的工具。现代关于帝国对殖民地经济影响争论的焦点是：它给殖民地带来了“发展”还是造成了“落后”？帝国主义者坚持认为，帝国以符合殖民地需要的最佳方式促进了殖民地的发展；反帝国主义者声称，帝国使殖民地变得“贫穷落后”，外国资本主义不仅阻碍发展，而且实际上限制了第三世界国家内在的发展能力，使它们的经济比西方大国把它们纳入正在演变的世界经济之前更糟。下面引用的两段话概括了上述争论：

所有被称为世界上不发达的国家都受到别的国家的剥削；现在世界关注的这种不发达状况是资本主义、帝国主义和殖民主义剥削的产物。亚洲和非洲国家在被资本主义大国直接或间接地统治之前一直在独立地发展，此后剥削加重，接着就是剩余产品出口，这些国家的自然资源所产生的红利被剥夺殆尽。

事实上，非洲殖民帝国是世界历史上传播文化传统最有效的工具之一。帝国统治使得大量的人力物力资本转移到非洲。非洲的大部分地区不仅仅得益于私有和公共部门在砖和砂浆方面的巨大投资，而且得益于大量的专业技能向非洲转移。由私人资助的传教团体以及类似的组织所做的努力在文明史上谱写了重要的一章。……西方列强给非洲带去新的经济、医疗、社会和管理方式，这些东西在非洲大陆的历史中发挥了决定性的作用。

这两种对立的观点，大英帝国的历史证实了哪一种？

帝国是怎样运转的？

在本书涉及的这一时期，大英帝国的体制以非常不同的方式运转。然而，帝国的经济管理可以分成三个主要阶段。

商业主义的结束（1800－1850 年）

18 世纪末，大英帝国对经济仍然像 17 世纪《航海条例》通过后那样进行管理。英国与殖民地的所有贸易都得由英国或殖民地拥有和操纵的轮船来运输。外国船只不能进入殖民地的港口。殖民地的所有进出口货物（除少数特许的免除外）必须首先经由英国港口，即使这些货物来自或运往一个欧洲国家。此外，英国产品进入一个殖民地所缴关税要比外国产品低；同样殖民地出口英国的一些产品也享受关税优惠。

这种体系的基础是人们广泛认可的两个前提条件。第一个前提条件是：没有一个欧洲国家对另一国拥有巨大的技术优势，因此，取得技术优势乃至政治优势的唯一途径是独占殖民地市场和原材料来源；第二个前提条件是：世界贸易和财富的总量是有限的，如果一个国家想变得更富，就必须以牺牲其竞争对手为代价。

到 19 世纪初期，这两个前提条件逐渐消失了。英国工业革命说明，人们的生产能力要比原来想象的大得多，一个国家可以通过提高工业或农业效率来获得优势地位。与此同时，亚当 · 斯密在他颇具影响的《国富论》一书中指出，在大多数情形下财富可以无限定地扩大。

为了适应这种新思维，从 19 世纪 20 年代初期起，英国政策发生了变化。英国人需要一个出口其产品的世界市场，并准备向外国开放他们自

在加拿大某港口满载木材的船只

英属北美的木材工业是在帝国自给自足的商业主义政策指导下繁荣发达的一个明显的例子。俄罗斯以及波罗的海的周边国家是英国进口木材的传统供应国。但是在拿破仑于 1807 年企图封锁波罗的海之后，英国对所有其他进口的木材征收高额关税，以鼓励殖民地向它提供木材。尽管顺河漂流而下要走 600 英里的距离才能到达到港口，然后再装船横渡广阔的大西洋，但英属北美的木材在英国占有了很大的市场份额，直至英国于 1846 年大幅度地降低对外国木材的关税。

己及殖民地的市场。起初他们这样做是根据对等原则，后来不附加任何条件。此外，1846 年之后，他们在英国及其殖民地取消了优惠关税。

自由贸易时期（1850–1932 年）

19 世纪 50 年代，虽然已经实行自治的殖民地，如加拿大，开始保护它们的一些新产业免受所有进口产品的损害——包括来自愤愤不平的英国的产品，英国仍拥有一个自由贸易的帝国。加拿大拒绝承担英国人视为它自身防务开支的合理份额更加剧了英国的愤怒。1862 年 6 月的《泰晤士报》对此作了独到的描述：

英国舆论非常坚定地认为，在母国与其殖民地的关系问题上，殖民地总是比其母国处于更为有利的地位。……我们甚至不能……为我们的产品获得比较公平的待遇。这些殖民地为了增加收入，对我们的产品征收其价值 25% 的关税，但是却不愿意把这些收入用于我们的甚或它们的防务。在这种关系中没有什么互惠而言。

直至 1932 年（第一次世界大战期间除外），英国及其统治的帝国仍然严格坚持自由贸易。从理论上来说，这对属于帝国一部分的殖民地来说在经济上无关紧要。自由贸易的热心支持者坚持认为，在这种制度之下不可能存在

1900 年前后的澳大利亚运送羊毛的大车

由于澳大利亚羊毛品质优良、价格低廉，而且产量大，所以能够在自由贸易的时代里生意兴隆。澳大利亚成为英国主要的羊毛供应来源，无须特别保护。这些大马车正把羊毛运到火车站，准备销往世界各地的市场。

货币——帝国的工具？

直至20世纪初，大英帝国各个地区几乎都有自己的地方货币：英国和非美洲自治殖民地使用金本铸制的英镑；印度、锡兰（斯里兰卡）、英属东非和其他印度洋区使用银卢比；马来亚使用银圆：非洲地区混合使用传统的交换媒介，如青铜手镯和珠宝、贝壳。结果证明，种类繁多的货币不利于帝国贸易，特别是在英镑和黄金对银圆的价值随着银价变动的时候。这就意味英国殖民地的商人永远不能准确地预测到他们出口的回报是多少，以及他们得为进口支付多少。因此，1912年从西非开始，1920年到东非，1927年到印度，英国人建立了英镑兑换标准。所有殖民地的货币通过不同的方式按固定汇率与英镑当时的价值联系在一起。非洲殖民地保持英制单位的地方货币，可按面值进行兑换。使用银卢比和银圆的殖民地继续使用它们的铸币，但是铸币的价值根据英镑固定下来。这种体制一直延续到殖民地的独立。毫无疑问，这种做法促进了贸易的发展。但是一些殖民地利益集团认为这样对它们不利。在西非，有人抱怨说，伦敦的货币委员会坚持（用黄金或证券）百分之百地支付殖民地的货币，造成了通货紧缩。印度商人坚持认为，卢比与英镑的汇率太高，使印度产品在国际上缺乏竞争力，特别是与日本的产品竞争时。独立后，所有的前英国殖民地采用了他们自己的货币，而不是像大多数前法国殖民地那样继续把他们本地的法郎与法国法郎联系在一起。

1873年广州的钱商在检验银圆。由于中国使用铜钱和银圆，这一复杂的货币制度阻碍了外国与19世纪中国的贸易。

剥削。出口农产品专业化的提高不仅对农民，而且对英国的消费者也有利。

然而，即使在自由贸易的条件下，英国在自己的殖民地里仍要保持特别大的贸易和投资份额。这主要是由于贸易的组织方式所致。殖民地政府理所当然采购官方进口货物（包括非常昂贵的铁路设备），原因是这样做比较简单，而且它们觉得这是他们的职责；贸易公司主要与英国打交道；共同的语言以及共同的或特定的帝国货币的使用，极大地增强了这种双向贸易联系。

保护主义的回归（1932-1960 年）

随着 1932 年渥太华会议的召开，保护主义重新风行一时。各自治领要求英国为它们的温带食品出口提供优惠市场，以此换取它们对英国出口产品的优惠待遇。在这种压力之下，同时为了回应处境困难的英国制造商和农场主提出的要求，英国终于放弃了自由贸易。英国实行了普遍关税制（事实上食品和原材料除外），它可能覆盖了所有的进口商品。来自帝国殖民地的进口产品享受优待（降低税率）或配额（确保它们的产品在英国市场的份额）。各自治领表示赞同，这样它们能够增加在英国市场的产品销售。那些附属地别无选择，被迫给予从英国进口的产品，而不是外国产品以优待；只有黄金海岸（加纳）和尼日利亚由于受国际条约的保护没有这样做。这种做法是单方面的：除了糖、烟草和一两种其他商品外，殖民地对英国的出口产品没有获得任何优势，因为英国进口这些产品不征收关税。此外，从 1934 年起，英国强行限制殖民地从外国进口某些产品（明显的例子是棉纺织品）。此举的目的主要是针对日本：日本通过日元贬值使它的产品比危机四伏的英国制造商的产品便宜得多。不可避免的是，殖民地的消费者只得购买更加昂贵的英国产品，为他们购买的商品花更多的钱。不过，帝国内部进行贸易的比例极大地增加了：1930-1950 年，英国从其殖民地进口的产品从 26% 上升到 44%，而英国向其殖民地的出口额从 40% 上升至 52%。

这些变化毫无疑问改变了利益均衡，对许多（虽然不是所有的）非自治殖民地不利。1939 年起，这种情况变得更糟。第二次世界大战期间，英国粮食部对殖民地出口的大部分商品强制实行统购。这就意味着殖民地不得不按固定的价格把它的全部农产品卖给英国，而价格被有意定得很低，以便最大限度地降低英国的支出。此外，殖民地从这种贸易中获得的收益

1916年在黄金海岸（加纳）的塞康第，装载着乘客的小艇正被放下。这张照片说明了人们在缺乏港口设施时大规模发展沿海贸易所面临的困难。在黄金海岸沿岸，人员和货物不得不越过汹涌的波涛上船或登岸。直到第一次世界大战后，塔科拉迪修建了一个新港口。

的一部分在伦敦以余销账项的形式被冻结，因为英国不能提供殖民地想用这笔钱购买的产品。这种制度一直延续到20世纪50年代初期，英国终于履行了自己的义务，慢慢解除了对这些账项的冻结。采用这些方式，大英帝国的经济在1932年以后的20年里比以前任何时候对殖民地更具剥削性。殖民地定量进口商品的后果造成短缺（特别是纺织品等消费品的短缺）及通货膨胀。这成为一个潜在的政治因素，尤其是在1945年至20世纪50年代初期的西非。

这种形式的帝国经济在20世纪50年代初期逐渐衰落，并随着殖民地的独立而消失。1948年后，帝国的优惠条件逐渐失去了意义，因为根据关贸总协定，英国的承诺是减少现有的优惠条件和控制并不再提出新的优惠条件和控制。英联邦新独立的国家无意与英国保持特殊的经济关系，旧帝国经济机制所遗留下来的只是那些早已建立的交往、语言和商业组织而产生的东西。英国成了孤家寡人，没有特殊的伙伴。这种情况理所当然地使得英国在20世纪60年代第一次提出申请，并最终在1973年成功地加入了欧洲经济共同体。

帝国的基础设施

为了发挥被指派的帝国功能，充当原材料供应者和英国出口产品的购买者，殖民地需要足够的基础设施。起初，基础设施严重缺乏。除印度以外，其他殖民地可能没有运输长距离贸易货物的远洋船队。它们缺乏深水港和港口设施来接纳蒸汽时代越来越大的货轮。总的来说，它们的内陆交通也很落后。除了有可以航行的河流的地区外（如印度北部的河流、冈比亚河、尼日尔河下游地区以及圣劳伦斯河），内陆运输主要靠人挑肩扛、驮畜和牛车。由于路途一般非常遥远，在没有河流可资利用的地方，发展大规模的进出口贸易只能靠建造铁路。一旦运货汽车投入使用，就要修筑全天候的道路。

要建立这样的交通系统，不仅那些生活艰难又四分五裂的前殖民地小国无法做到，早期的白人移民地区也是如此。印度和锡兰（斯里兰卡）的当地伟大统治者曾经修建并维持着道路、河流和运河系统，但是这些系统在英国人占领这两个国家时早已年久失修。因此，帝国统治在政治上把广大地区统一起来，使得修建现代交通设施把内陆与沿海港口连接起来成为可能。此外，英国能够提供这些系统所需要的资金和技术。

轮船与航运业

大英帝国是一个海洋帝国，交通是它的生命线。19 世纪初，距离遥远是贸易和统治的大敌。在比较原始的大型帆船年代，东印度公司的大轮船驶往加尔各答甚至要花六个月的时间；考虑到季风条件，来回行程需要大约两年。时间因素，加上这类船只有限的装载能力，严重地影响了英国与亚洲的联系，不过对英国与美洲殖民地的联系的影响要小一些。从商业上来说，运输大量的散装商品是不可能的，而且无利可图。印度的另一个问题是，进入印度北部的主要通道是恒河；然而，逆流航行进入内陆实际上是不可能的，因此内陆贸易特别落后。

印度还面临着严重的距离问题，但是同样的问题也制约了英国与美洲和西非的贸易及联系。19 世纪中叶，英国研制出汽船和电报解决了这些问题。19 世纪末，从伦敦出发的轮船六个星期就可到达帝国的任何地区，用电报数秒钟内就可以与所有的殖民地取得联系。

1837—1843 年，英国人建造了第一批真正的铁壳远洋轮船。1843 年，伊桑巴德·布鲁内尔制造的轮船“大不列颠”号首次下水。这是当时最大的轮船，有一个钢船体，螺旋桨取代效率较低的明轮。但是它的蒸汽发动机的效率仍然比较低——蒸汽船在初期消耗大量的煤，因此其运载货物的能力非常低。19 世纪 50 年代，英国组合式蒸汽发动机的研制成功把远洋蒸汽发动机的效率提高了一倍多，使用蒸汽轮船与远东的贸易变得经济。1869 年苏伊士运河的开通以及 19 世纪 70 年代三级膨胀发动机的研制成功，完成了航运革命。与此同时，帆船到达了最高效的状态，在没有时间限制的情况下，仍然能争得散装货物的运输——如谷物。在帝国或世界的每个地方，大宗货物的运输都比较便宜：即使把太平洋岛屿上的鸟粪运到英国帮助农民与北美草原上的农民展开竞争也是划算的。

汽船对英国有效开发内陆地区也至关重要。到 19 世纪 30 年代初期，印度的明轮船在恒河上运营，并在加尔各答的贸易中发挥重要作用，19 世纪 50 年代，被铁路取而代之。汽船对进入西非甚至更为重要。在 15 世纪后半期，欧洲首次对西非的海岸线进行了调查。此后的几百年里，疾病和落后的交通阻碍了人们的进一步调查活动。进入西非和中非显而易见的途

苏伊士运河

开凿一条通过苏伊士地峡的运河，其好处显而易见。亚洲与欧洲的贸易有两条线路可供选择：一条是经由红海或波斯湾的陆路，另一条是绕过好望角的海路。陆路成本高，并且需要把大宗货物拆散由骆驼等运输。绕道好望角的海路漫长而缓慢：从伦敦经由好望角到孟买是 10667 英里，而通过运河距离缩短到 6274 英里。苏伊士运河一旦开通，航行时间将缩短一半。

法国对运河的建造非常热衷——从技术上来说这并非难事，因为它不需要建船闸。至少从 18 世纪末起，拿破仑就认为法国舰队可以通过运河进入印度洋，进而挑战英国对这个地区的统治。英国正是出于这个原因，一直对建造运河持反对立场。埃及的执政者（赫迪夫）对此也不热衷。1854 年，埃及的新统治者穆罕默德·赛义德授予法国工程师兼领事费迪南·雷赛布开凿运河的特许权。雷赛布积极地培养英国人对运河的兴趣，特别是对那些航运公司以及那些与印度做生意的人。英国政府的立场松动了。1859 年，雷赛布组建苏伊士运河公司，虽然发行的股票绝大部分被法国人认购；但是埃及执政者获得 40% 的股份，条件是提供劳动力。1869 年，苏伊士运河终于开通。1870 年，486 艘轮船通过运河，总吨位为 436609 吨，其中 66.25% 为英国运输船只。1910 年，总吨位上升到 16581898 吨，其中 62.86% 为英国船只。与此同时，1875 年，英国首相本杰明·迪斯累利以 39 万英镑购买了破产的埃及执政者在这个公司的股份，以此表明他的国家对这条运河非常感兴趣。1882 年，英国占领埃及，为防止运河被敌对势力控制提供了军事上的保障。1956 年，苏伊士运河战争爆发，英国对运河的保护一直是英国对外政策的一个要点。

法国战舰通过新开通的苏伊士运河。

径是尼日尔河和刚果河。然而，刚果河在现在的金沙萨和马塔迪之间的河口附近为瀑布所阻，不能通航。1898 年，修建了一条绕瀑布而过的铁路才使得刚果河具有商业航行的价值。除了妨碍航行的沙洲外，尼日尔河对汽船没有构成上述困难。1833–1834 年，麦格雷格 · 莱尔德成功地驾驶汽船沿尼日尔河逆流而上，到达它与贝努埃河的汇流处。但是，由于死于疟疾的人非常多，直到 19 世纪 50 年代预防药奎宁投入使用，尼日尔河才被用作一条重要的贸易通道。19 世纪 70 年代，几家英国公司派遣蒸汽商船沿尼日尔河逆流而上；1879 年，由乔治 · 戈尔迪 · 陶布曼（即后来的乔治 · 陶布曼爵士）组织其中四家公司成立非洲联合公司；1886 年，该公司成为特许的皇家尼日尔公司，使英国获得了对尼日利亚北部有效的控制。

因此，汽船缩短了大洋之间以及大陆河流上的距离。同样它将进入缅甸的伊洛瓦底江和前英帝国以外的地区，深入中国的内陆以及沿湄公河进入东南亚。作为帝国的一种象征，伟大的蒸汽时代（后来又出现了蒸汽轮机和内燃机）一直延续到效率更高的替代产品取代蒸汽机为止。

直至 20 世纪末，远洋汽船仍然是主要的散装货物运载工具；但是作为客运船，它逐渐被飞机所取代，1950 年以后飞机最终赢得胜利。与其他欧洲国家一样，英国很快看到了航空对帝国的重要性。1924 年，帝国航空公司成立，在政府的资助下，它为英国和其海外帝国提供联系。1937 年，它的航线延伸到香港；此外，它计划开辟一条到南非好望角的航线。

铁路

铁路是大英帝国大部分地区经济发展的主要动力。如同汽船一样，行驶蒸汽机车的铁路是 19 世纪初英国的又一大发明，蒸汽机也成为英国大宗出口商品之一，托马斯 · 布拉西等铁路企业家把它带到世界各地。布拉西先是在英国和欧洲修建铁路，后来转向海外。加拿大长达 1100 英里的大干线铁路就是他参与修建的。19 世纪 60 年代，他在欧洲、印度、澳大利亚和南非工作。公有铁路由各地政府出资修建，通常在伦敦发行债券筹集资金；而私有铁路通常由设在伦敦的公司筹措资金，这些公司依靠一条效率高的铁路来获得利润。这两种铁路的混合形式就是由私人修建并管理的铁路，殖民地政府保证他们获得投资成本一定百分比的利润。

铁路之所以重要是因为它征服了距离，使殖民地的散装商品贸易的发展成为可能。没有铁路，加拿大大草原的开发就要付出高昂的代价。从 19 世纪 90 年代起，加拿大的谷物开始充斥英国市场。铁路把内陆地区与孟买和加尔各答的纺织厂联结起来，把大米和小麦运到港口销往海外市场。铁路对澳大利亚的开发至关重要，它极大地降低了羊毛和小麦的运输成本。同样，铁路在新西兰举足轻重；在南非从好望角地区向内陆的发展过程中，它也发挥了关键的作用。

此外，铁路具有重要的政治意义。一些历史学家甚至论及“铁路帝国主义”，意指出资修建铁路的能力在很大程度上使帝国力量能对诸如加拿大这样的自治殖民地进行控制。在加拿大、澳大利亚、新西兰和南非等移民殖民地，铁路是当地最大的单一投资项目。它也是贫穷殖民地政治家获得政治资助的最大来源。从英国借款修建铁路，无论是国有还是私有，都会使资金流入这些殖民地，使当地的政治家能够提供就业机会，使他们的支持者获得承包合同或分包合同变得富有。铁路还增加了那些先前毫无使用价值的土地的价值。总而言之，在 19 世纪后期，铁路是这些移民殖民地取得经济和政治成功的关键。

但是，由于修建铁路的技术和资金都来自英国，各殖民地必须付出代价。这意味着它们要效忠英国并保持经济的稳定，还意味着必须接受帝国政府发号施令。加拿大就是一个典型的例子。要完成殖民地间的铁路以及动工修建加拿大太平洋铁路，就需要英国政府提供资金保证。如果加拿大要把它的东部与西部联结起来，并把美国拒之门外，这些铁路必不可少。

1893 年锡兰（斯里兰卡），哈普塔莱铁路上的临时桥。19 世纪后期，锡兰成为主要的茶叶出口国。新种植园的开辟需要适当的交通工具把茶叶运到港口，这就是铁路。这条铁路通向茶叶主产区之一——乌瓦。

而英国政府极力拒绝提供保证，以促使加拿大政府采取有利于英国的政策，特别是防务政策。英国政府还鼓励殖民地的联邦成为加拿大自治领。虽然这些帝国主义压力手段作用有限，但是肯定有助于使加拿大受制于英国。

在诸如印度这样的非自治殖民地里，铁路发挥的“帝国”作用最为明显，同时也最具争论性。这种区别的原因是，在移民殖民地里修建铁路是因为自治的殖民者需要铁路，并愿意为此投资；其他殖民地的居民虽然也得出资，但他们没选择权：应该修建何种铁路系统以及应用于何种目的，概由帝国当局决定。

在印度，由于一些既得利益者对不情愿修建铁路的东印度公司共同施压，1850 年开始修建铁路。这些既得利益者有：铁路企业家和工程师；兰开夏郡棉纺工业，它想以印度棉代替美国棉，并想用铁路而不是牛车把印度棉运到港口，这样原棉的质量会更好；太平洋与东方运输航线，它会因货运增加而获益；英国的理想主义者，他们想把西方的思想和宗教传播到印度的内地；银行家们，他们看到了修建铁路蕴藏的获利商机。

印度铁路系统对印度的经济产生了巨大的影响。铁路催生了为印度经济发展提供基础的制造业，并首次为经济一体化创造了条件。此外，铁路对印度社会产生了巨大影响，使人们能够大规模的迁徙。具有讽刺意味的是，铁路使民族主义运动的领导人行动变得自由，从而推动了民族主义运动的发展。

大约在 1900 年，乌干达铁路上的斜坡。修这条铁路的目的主要是为政治服务：它把乌干达与蒙巴沙海港连接起来，以保持英国在乌干达的势力。这个场面说明修建殖民铁路经常需要复杂的工程技术及投入大量的人力。图中劳工正在修筑一个通向肯尼亚裂谷陡峭山脊的斜坡。修建这条铁路的劳工共 32000 人，他们都来自印度。

但是修建铁路还有更重要的目的和作用：铁路把港口和印度北部连接在一起，使英国能够用一支较小的但机动性越来越强的部队控制半个大陆。最初的铁路使部队的调动更加快捷，为镇压1857年的印度大起义做出了贡献。此后，政府加快了铁路的建设，至少部分原因是出于战略上的考虑。要不然何必修建一条径直通向开伯尔山口的铁路？当时印度与阿富汗几乎没有任何贸易往来。

至少部分原因是为战略目的而修建铁路的不只是印度这一个英国的殖民地。19世纪90年代动工修建的蒙巴沙－乌干达铁路，其主要目的是使英国人能够预先阻止法国蓄谋对苏丹东部提出领土要求。为了使这条铁路产生效益，英国政府鼓励英国人在后来被称之为肯尼亚的怀特高地殖民。这个地区位于为欧洲移民者保留的内罗毕的附近。修建好望角至贝专纳

帝国航空公司

第一次世界大战证明了，有动力装置的航空飞行在维持帝国通信方面的潜力，特别是在快速传递邮件。1924年，在政府的资助下，帝国航空公司成立。伦敦到印度的第一次定期航班，伦敦到开普敦的每周一次的航班，以及伦敦到澳大利亚的邮政航班，分别于1929年、1931年和1835年开通帝国非洲航空公司。

非洲帝国航空公司

(博茨瓦纳)的铁路，其主要目的是使代表英国利益的塞西尔·罗兹从侧翼包抄南非白人的德兰士瓦共和国以及阻止德国人可能涌入中非：罗兹打算将他的铁路沿着山系的山脊延伸，希望它最后到达尼罗河，以此确保英国对整个中、东非的统治。但是德国对坦噶尼喀（坦桑尼亚）的占领使修建从好望角到开罗的铁路的梦想没有实现，这条铁路一直没有完工。西非内陆修建的与主要港口成直角的干线铁路主要有两种作用：把生产商品的内陆地区与大海连接起来；此外，能够使军队快速地调运到动乱地区。

公路不是帝国关注的主要问题，其主要原因是先有蒸汽机后有内燃机；由于各殖民地政府已把大量的资金投在铁路上，假如把货物改由公路运输，它们必然遭受损失。20 世纪 20 年代，各殖民地政府才开始重视公路建设。20 世纪中叶，热带非洲的大多数英国殖民地拥有的仍然是达不到全天候标准的公路系统。

河流与运河

英国人可谓是世界上优秀的河流改造者和运河建造者。他们在海外取得的第一个重要成就就是改善了加拿大境内的圣劳斯河五大湖的航道系统。此项工作始于 18 世纪后半期，其目的是使船只能够进入安大略湖。1840 年，加拿大两大部分实行联盟，1867 年建立联邦之后，运河加深了。同时，为克服伊利湖与安大略湖之间的落差，人们修建了韦兰运河。这些都是殖民地政府应尽的义务，但所需的大部分资金以及技术力量都是由英国提供的。

印度是英国人建造运河的范例。当然，英国人不是印度建造运河的始作俑者，以前的统治者已经建造了许多运河和贮水池；但到 18 世纪后半叶，由于政治局势的不稳定，其中许多已经年久失修。作为莫卧儿政权的继承者，英国人至少在道义上有责任维修现存的水利设施。除此之外，他们的主要动机是增加粮食生产、抵消雨季降水不足造成的影响，以此避免政治问题的产生。

随着英国对印度的统治得到巩固，正式修建运河的工作始于 1800 年之后不久，并一直延续到英国人统治的结束。最初，东印度公司修复旧的运河，但是从 19 世纪 30 年代后半期起，该公司以及 1858 年后代替该公司的帝国政府开始大规模地修建新的运河。它们取得的最伟大的成就是在旁遮普和印度北部，利用印度河、恒河及其支流的季节性洪水和不充足或不确定的降水，灌溉面积广阔的荒漠和土地。1942 年，印度的灌溉面积已达到 5700 万英亩，其中 3200 万英亩由政府修建的水利工程灌溉，其余的由大量私人修建的水井、贮水池和水渠浇灌。

这是一个巨大的成就，然而后来遭到了印度和巴基斯坦的批评，称这些水利设施远远不够，为什么不多修建一些？事实上，在英国殖民统治时期有三个主要因素限制了后殖民时期的水利建设。

首先是资金问题。除了 19 世纪五六十年代的短暂时期，是私人公司而不是国家修建新运河，但没有取得什么成就。殖民地政府很难为工程建设提供资金。由于英属印度政府不允许在伦敦筹集修建运河的资金，所需费用只得从公共工程部有限的预算中拨付。这就限制了工程的规模，同时还意味着运河的修建要向使用运河河水的印度农民收费。除非有赢利的可能，人们是不会修建运河的。只有独立以后，印度和巴基斯坦政府没有了约束，

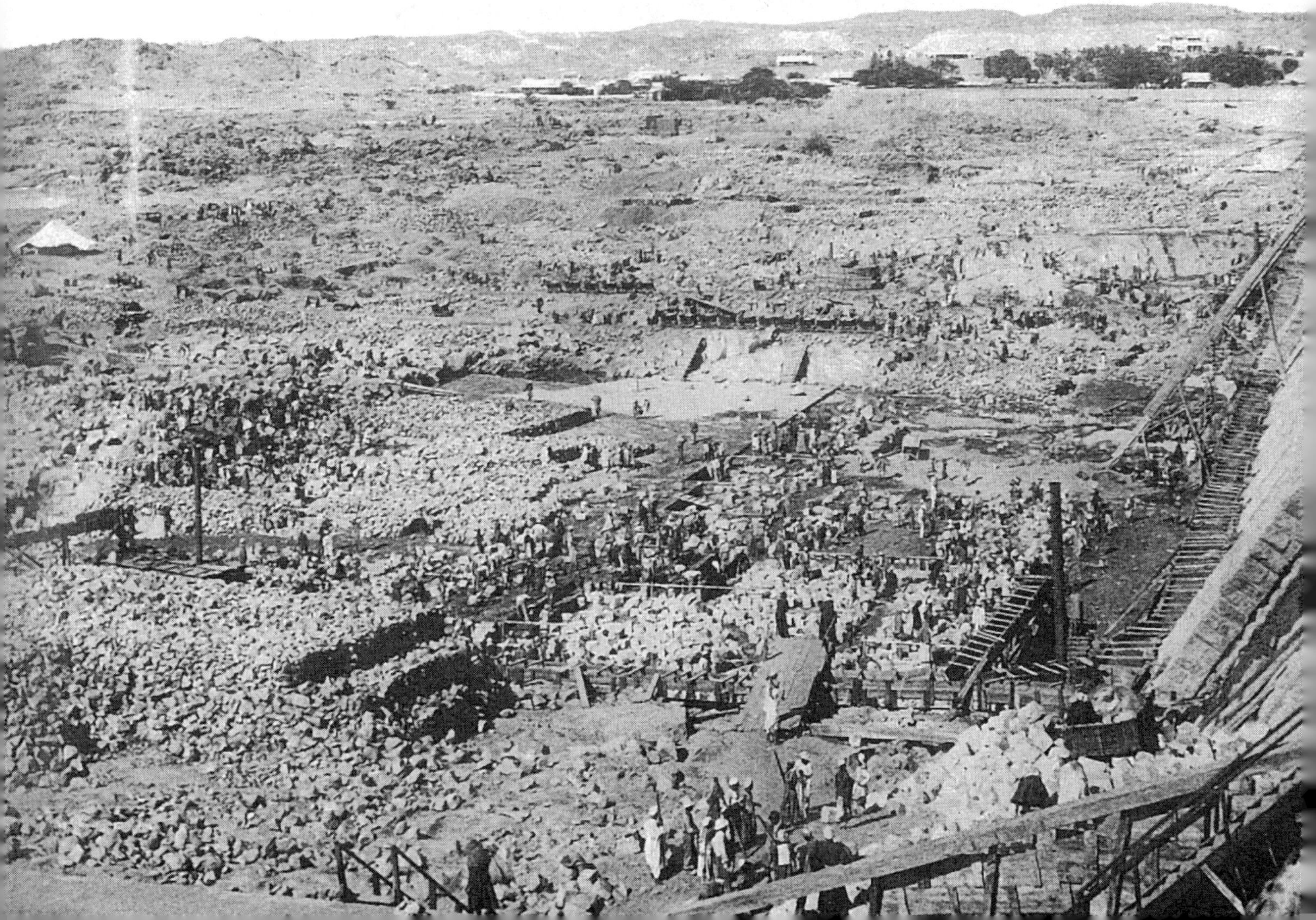

1902–1906 年修建中的阿斯旺大坝

1882 年，英国人占领埃及之后，把在印度修建水利设施时获得的经验教训用来解决尼罗河的问题。阿斯旺大坝形成了一个大水库，夏天拦蓄洪水，过后放水使农民能够一年种植两茬或三茬庄稼。

环境与帝国

大英帝国不仅改变了人们的生活，而且改变了他们家园的面貌。直至最近，大多数英国人仍然相信，这些变化总的来说是有益的。有人认为，通过这些变化，热带地区或北美和澳大拉西亚温带草原的潜在资源得到了开发。在热带地区，英国人、英国技术和英国资本使得曾经是荒原或充其量被非洲或亚洲农民错误使用的土地变得丰饶，因此当地人民能够过上更加健康富裕的生活。

许多人现在对这种乐观的说法持有异议。有人声称，在英国人到来之前，非欧洲民族与他们的环境和谐相处；英国人的闯入破坏了这种和谐，使他们的生活以及他们赖以生存的土地恶化。普遍的贫困、流行病和高死亡率而不是新机会和寿命延长，被视为殖民时期的典型特征。

不能简单地说在英国人的统治下环境恶化了。认为在欧洲人到来之前人们与大自然和谐相处的看法可能适合了当代西方社会的渴求，但很可能没有什么历史根据。由人为因素和流行病导致的环境变化在各个时期都存在。然而，某些变化通常可以归因于欧洲人的统治，尤其是英国人的殖民统治。更多的耕地被开垦出来，而以前的耕地的利用通常变得更加集约化。人们种植新的作物，引进新的牲畜：翻耕土地的方法发生了极大的变化，指导土地使用的原则也改变了。有些人认为，非欧洲民族没有私有财产的概念，这个概念是英国人强加于他们的，这种看法过于粗浅。但是英国人不太赞同土地集体所有的观念或者与土地所有权完全无关的土地使用权的观念。他们认为，只有财产安全才会有效地发展和改善。例如，在新西兰早期的英国总督曾鼓励毛利人对部族的土地要求个人所有权，他们可以把这些土地卖给欧洲人或者自己进行精耕细作。英国殖民法的一般倾向是确立个人所有者对土地财产拥有明确的权利。

运河灌溉导致印度北部盐碱化。正如这幅照片所示，尽管运河在改善水的供应方面带来了种种好处，但也使土地无法耕种。白色的块状表明，20 世纪 30 年代修建的运河由于周围排水不畅而造成水浸，使得盐分上升到地表，耕地变成不毛之地。

这些变化的最终结果是把被视为不丰饶的林地、牧地和狩猎用地变成界线分明的个人拥有的财产，不管它们是巨大的庄园、大的农场还是农民的一块块土地。于是，这些土地确实可以用来创造更大的经济效益，像旁遮普邦新灌溉的土地能够养活更多的人口，或像加拿大的大草原为遥远国度的民众提供粮食。但是很显然，森林乱砍滥伐或草原过度放牧会导致环境恶化。

英国殖民当局意识到环境恶化的危险。他们开始关注西印度群岛，因为集约化的甘蔗种植改变了像巴巴多斯这类岛屿的外表。到19世纪中叶，英属印度政府采取步骤保护因面临种地需要和铁路对燃料以及枕木需要而迅速消失的森林。20世纪30年代，人们开始对中非和东非的“干旱尘暴区”的状况表示担忧。后来人们执行了诸如修筑梯田的措施来力图保护表土。但是，无论殖民当局的意图是多么良好，他们制订的不允许人们接近森林或力图强迫他们改变耕作方式的规定，常常招致极大的怨恨甚至抵触。

1907年，工人们在克什米尔林区砍伐树木做铁路枕木。印度铁路对木材的需求给印度的森林造成了极大的破坏。

新西兰岛的森林遭到乱砍滥伐。放牧羊群和淘洗矿石对土壤造成了严重的侵蚀。

才能够把大量的资金用于兴修水利，其效益是按照增加的粮食生产而不是收取的费用来衡量。

英国人面临的第二个主要问题是知识匮乏。在近代，世界上任何地区都没有人进行过如此大规模的水利建设活动，没有现成的技术可资利用。因此，英国人只得边干边学积累经验。勘测并规划运河、水坝和桥梁的人大多是军官，他们很少或根本没有经过专业培训，但其中不乏有人游历甚广，了解意大利人和其他人怎么解决具体的问题。然而，尽管犯过许多代价高昂的错误，但“水力学的基本原理和灌溉工程的实践经验据说就是产生于印度伟大的水利工程”。

制约印度运河修建的第三个，或许也是最令人吃惊的问题是，在蒸汽动力时代，工程建设在印度几乎全靠人力和畜力进行。这样做虽然使工程进展缓慢，但也不无道理：建造水坝和其他工程的基本技术可以回溯到数百年前，并一直依赖人力。由于印度廉价的劳动力——如果使用囚犯可以不花一分钱——运河的大部分都是劳工用鹤嘴锄来开挖，泥土用驴车或牛车运走。1849 年旁遮普邦被征服后，上巴里多阿布运河的工程主要由以前的锡克族士兵完成，他们的报酬是得到几块水浇地。20 世纪 20 年代后，现代的西方建造和运输方法才被采用，人们使用推土机、自卸货车、平土机和钢筋混凝土。因此从技术上来说，印度修建运河系统的历史非常悠久。英国人所增加的主要是一个统一和具有权威的国家权力。这种国家权力发挥了它的作用，因为它看到了干旱和饥荒对其统治构成的危险。虽说印度修建的水利工程有限，但它是对大英帝国所取得的最伟大成就的认定。

基础设施——回报与代价

英国人取得的成就可谓巨大，但人们不禁要问两个问题：谁是这些技术投入的主要的、潜在的受益者——是帝国政权及其公民还是殖民地的臣民？谁承担所需的费用？

对第一个问题争论颇多。帝国的建立者和统治者一向坚持认为，提供基础设施主要是造福于殖民地的民族。与此相反，民族主义者通常声称建造这些设施主要对下列人有利：英国士兵（他们需要战略通道）、出口商（他们想更好地进入内陆市场）、制造商（他们想把原材料廉价地运到港口）

以及旅居海外的矿主和种植园园主等。

这个问题特别复杂，很可能永远得不到解答。但是对第二个问题来说——谁承担这些设施所需的费用，答案可能是明确的。至少到 1929 年和 1940 年的《殖民发展法案》的通过以及之后，该法案为这些发展提供了非常有限的贷款和资助。殖民地基础设施的所有投资都是由私人投资公司——大多是英国公司或个人提供资金，或由殖民地政府的公共投资提供资金。如果是前者，投资者理当获得利润。就铁路来说，殖民地政府通常保证承包商从他们的投资中获取最低限度的利润，以此鼓励他们投资。就公共投资而言，所需资金通常在伦敦金融市场发售政府债券筹得。利息及资金的偿还只得靠殖民地的税收。不管用哪一种办法，一个殖民地只能量力而行，通过收取设施（如水或铁路）使用费或通过征税来进行基础设施的建设。因此，贫穷的殖民地里公共设施就很少，而富裕的殖民地（特别是那些移民殖民地）兴建的公共设施则相对较多。

不过，即使无法断定谁从基础设施中获益最多，其成就本身也是毋庸置疑的。20 世纪，所有的英国殖民地至少都拥有了把他们的经济与帝国以及更广泛的世界联系在一起所必需的基础设施。

农业

19 世纪，英国已成为工业占支配地位的社会，它希望其殖民地为它的产品提供市场，并为它的人口提供粮食和工业所需的原材料。当时英国的人口增长正在超过国内农业生产的能力。

然而，英国与其殖民地的这种关系并非是人为造成的。实际上，至少在开始阶段，大多数殖民地的经济本来就是农业经济而非工业经济。唯一例外就是印度，它的工业处于前资本主义阶段，长期以来无法与来自英国的现代工业产品竞争。此外，一个以农业为主的社会肯定需要海外市场。19 世纪和 20 世纪上半期，英国实际上是世界上能够提供这种市场，尤其是温带食品和某些工业原料的唯一国家。因此，如果帝国与殖民地的任何一方没有人为的限制，这种关系对双方都可能是有利的。

不过，温带移民殖民地的农业类型与热带附属殖民地有根本的不同，而在各个殖民地内部，其生产方式又有很大的差别。

移民殖民地的农业

移居移民殖民地的英国人旨在构建一种与他们原有的生活方式几乎一模一样的生活方式，或喜欢保持英国的生活方式。与他们在英国的生活最重要的区别是他们可以用相对非常低的价格获得大片土地。这意味着只要其他因素，如土壤、降水有利于农业生产，移民们可以付很少或不付租金或抵押金就能经营大的农场。19 世纪初期，他们的两个主要问题是，一要为产品在海外找到能够赢利的销售市场，二是缺乏内部交通设施。铁路的修建逐步解决了第二个问题，它是农业赢利的关键，提高了土地的价值。通过在不同时间试种不同的作物，农产品的市场也打开了。

在加拿大，长期以来的出口产品主要是鱼、木材和海狸毛皮。19 世纪 70 年代之后，加拿大太平洋铁路向西延伸进入大草原，小麦才成为主要的农作物，此外还有偏远西部的牛肉和东部品种繁多的水果。从那时起直至 20 世纪 50 年代世界小麦生产迅速发展之初，英国市场对加拿大经济至关重要。作为殖民地，加拿大第一个要求在英国国内保护殖民地的粮食市场，为此召开了 1894 年的渥太华会议，作为回报，加拿大许诺给英国产品提供优惠的进口关税。英国人在当时直至 20 世纪初对此要求拒绝做出让步，直到 1932 年的渥太华会议他们才让步。加拿大的小麦和其他农产品获得了有保证的进口配额。虽然加拿大西部有些大牧牛场，但它的东部和大草原的农场为典型的家庭农场。按照欧洲的标准来看，这些农场的规模都不小。

1900 年前后，艾伯塔省小麦收割的情景。开垦加拿大草原的主要目的是种植小麦出口，特别是向英国出口。对小麦需求的高涨从 19 世纪 90 年代后期一直延续到第一次世界大战期间。1901 年，600 万英亩的草原耕地被开垦出来；1916 年，开垦耕地总面积达 3400 万英亩。

汤姆·罗伯茨所做的《剪羊毛》。剪羊毛的人成群结队到一个个农场剪羊毛。一名熟练工人一天可以剪70到80头羊；19世纪90年代随着机械剪子的引进，他可以剪80头羊。

20世纪中叶，在大草原三个主要的省——曼尼托巴、萨斯喀彻温和艾伯塔，农场的平均规模分别为420英亩、680英亩和645英亩。农场的耕地面积大、生长季节短以及劳动力缺乏，使得机械化水平非常高。的确，农业机械工业是加拿大（主要在安大略省）最早发展的重要工业之一。

在澳大利亚，直到19世纪后半期较大的蒸汽轮船和快速帆船研制出来后，远离市场和海上运输费用高昂才不再是主要考虑的问题。在其非常早的时期，新南威尔士除了鲸油外很难找到一种产品来交换进口商品。后来证明，羊毛拯救了澳大利亚的经济，很大程度上提高了受条件限制的土地利用水平。据说美利奴羊是由约翰·麦克阿瑟于19世纪初引进的，从此这种羊在澳大利亚的内陆地区大量繁殖开来。羊毛有三种特殊的优点：储藏过程中不会变质；相对它的价值而言，因它的体积而产生的运费比较少；当时英国和欧洲的羊毛纺织工业在迅猛发展，西班牙和德国萨克森的羊毛供不应求。可以毫不夸张地说，澳大利亚的经济是在羊背上发展起来的。

但是羊和有限的降水严重地限制了可能的移民类型。羊需要很大的牧场，然而从19世纪30年代起，澳大利亚的官方政策是不授予大块土地赠予权并向所有的可终身保有的土地收取“足够的”费用——其目的是建立集中而非分散的移民点。澳大利亚牧场主巧妙地运用“以优厚条件从政府处取得放牧权”和“定点”两种办法绕过了这种政策。具体的做法是先获得大牧羊场的短期租赁权，然后购买牧场中能够提供水源的关键部分。由于当时土地可能少得移民者无法运用19世纪50年代通过的立法使他们能够选择可终身保有的地产，只要羊毛的利润可观，大的牧场常常被马上买下来，因此这样的牧场就成了澳大利亚田园生活的象征。到这个世纪的后半期，大多数取得放牧权的人买下了他们的牧场并用篱笆围起来，然后修建灌溉系统以减少对无法预测的降水的依赖。1891年，羊毛出口价值1.17亿万英镑，占所有出口产品价值的一半以上。到1893年，据说澳大利亚有1.06亿头羊。

羊毛不是澳大利亚唯一的主要农产品。在新南威尔士、维多利亚和南澳大利亚较肥沃的地区，小麦成为重要的出口作物。在南澳大利亚，酿酒工业得到了发展。在放牧地区的四周有大型的肉类加工厂。19世纪80年代，这些加工厂除了为当地提供牛肉外，主要还生产油脂和牛皮。但是随着冷冻船的问世，冷冻的牛肉、羊肉和羔羊肉成为主要出口产品，这些产品几乎全都销往英国。另外一种主要的作物是甘蔗，产于雨水充沛的太平洋沿岸地带的昆士兰，主要是为国内消费。

新西兰起初是步澳大利亚的后尘。19世纪50年代起，羊毛是新西兰主要出口产品，大部分产于南岛以及北岛的霍克斯湾地区。19世纪80年代冷冻船问世在北岛的这些地区开辟了新的发展潜力，因为这些地区属亚热带气候，雨量充沛，一年中有11个月可以种草。这就促进了乳品业的快速发展，生产大量的黄油和奶酪，比英国生产的要便宜得多。英国的农民有半年不得不依赖干草或精饲料。乳制品加上羔羊肉成为新西兰出口经济的支柱，为它赢得了英国农田的名声，然而这也意味当英国于1973年加入欧洲经济共同体时，新西兰面临着一个为其产品寻找市场的严重问题，因此它转向日本寻找市场。

这三个自治殖民地的农业至少有两个共同之处。首先，除了昆士兰早期的甘蔗种植是个例外（它依赖南太平洋岛屿半奴隶性质的波利尼西亚劳动力，这种做法1900年后被禁止），所有的农活都由欧洲的劳动力来做。这意味着农场是家庭经营，有时使用一些流动散工，特别是剪羊毛的工人。其次，主要是农业的利润（相对短暂的黄金增加只对农业起了一些推动作用）为基础建设的巨大投资提供资金，如铁路、公路、城市设施和住房。

每个殖民地都在伦敦市场大举借贷，因为利息大大低于殖民地的贷款利息，但是没有人在借贷时敢于超过其偿债能力（虽然澳大利亚和新西兰在皮产品价格低时或发生自然灾害时接近无力偿债的边缘）。从这个意义来说，这些殖民地表明，尽管它们明显地依赖英国，但出口作物的专业化能提供一条致富的路子。

温带农业地区的南非则是另外一种情况。那里有许多白人移民农民，但是从荷兰人 17 世纪中叶开始在此定居时起，农场主就依靠非洲黑人为他们提供劳动力。的确，尤其是在德兰士瓦，许多白人地主与其说是自己耕种，还不如说把他们自己的土地以收益分成的形式租给非洲农民。非洲人提供种子、耕畜、设备以及人力，可以分到一半的收成。这些租地农民与澳大利亚的放牧人不同。直至农业机械工具的改进，可能是从 20 世纪 30 年代起，白人地主才普遍地收回他们的土地自己耕种。甚至在这个时候，他们仍然依赖黑人劳动力做农工而不是耕作合伙人。

从很早的时候起，南非就是重要的葡萄酒（此酒主要产自开普敦附近）和羊毛出口地。澳大利亚的羊早先就来自南非。在纳塔尔还有一个相当规模的蔗糖工业，不过那里的劳动力由印度的契约移民提供。像柑橘一样，玉米是主要的粮食作物和重要的出口产品。但是南非与其他殖民地的第二个主要区别是，在为基础设施投资和经济发展提供资金方面，农业从未发挥过主导作用，钻石和黄金充当了这一角色。早在 1901 年至 1905 年，黄金和钻石分别占南非出口产品价值的 50.5% 和 24%；而粮食和饮料（主要是葡萄酒）仅占 0.2%；19 世纪 70 年代初期占出口产品总额 69% 的羊毛此时只占出口总额的 18%。正是钻石和黄金为南非的经济发展提供了资金。如农业一样，黄金主要依赖廉价的黑人劳动力。

热带农场

温带殖民地种植或生产的作物在英国或欧洲也能种植，但是由于土壤、空间和气候等因素，在这些殖民地里从事农业成本更低而效率更高。与此相反，热带主要出产英国不能有效种植的作物，因为这些东西要求更多的热量和降水。由于大多数热带生产者把经济作物当成其赖以生存的农业副业来种植，他们通常接受中间商或出口商提供的价格——假如产量增加，价格下降他们的收入仍会减少。假如这些商品，尤其是糖、可可粉、咖啡、花生、干椰子仁和油棕产品，供大于求，价格可能不得不降到很低。由于世界上对这些东西的消费在短、中期内实际上是不变的，供求关系稍有变化就会对价格产生巨大影响，这种情况反而又极大地影响生产者的收益。

一个典型的自耕农农场由一块土地构成，一个家庭不用使用什么机械设备就能耕种，但有时也可能在农忙时节请外来的劳力来帮忙。假如他们对耕种的土地拥有所有权或稳定租赁期，如果有利可图，自耕农可以选择种植商品作物；如果无利可图，就退出市场种植自己消费的作物。但是由于土地有限又无机械设备的帮助——在热带非洲大部分地区甚至连牲畜、水牛和犁都没有——总的来说，自耕农农业不能为自耕农自己或他的社会提供很多的剩余产品。

直到20世纪初期，英国官员都没有力图保护非洲或亚洲的自耕农而阻止南非白人农场主或南亚和东南亚的种植园主强行购买他们的土地。因此，大约到1900年，南非最好的土地大部分为欧洲人购得，尽管他们常常依靠非洲农民为他们耕种。在肯尼亚也是如此。一旦知道在怀特高地只有大规模的欧洲型农业能够使铁路为其支付成本，英国政府便毫不犹豫地鼓励白人移民者强行购买土地，即使这种做法要大规模地驱逐马赛人和其他部族的人。同样，直到20世纪的头几年，在英国新近吞并的西非部分地区，种植园主仍在强行购买土地。

但是后来政策发生了变化，尤其是在西非。英国当局开始禁止把非洲

1927年帝国贸易委员会的布告。该委员会成立于1926年，其目的是让英国公众更好地了解帝国的经济利益。尽管这张公告对非洲人的描绘过时而陈旧，却特别乐观地表现了热带非洲的潜力及其作为市场和原材料来源的自耕农农业。

人的土地卖给欧洲人，一部分原因是那里的农民愿意并能够生产贸易商需要的出口作物；另一部分原因是贸易商担心大型种植园公司对他们的贸易产生影响（因为这些公司会出口他们自己的作物并进口货物卖给他们的工人），而且他们还害怕发生政治动乱。20 世纪 20 年代，殖民部的官员普遍认为西非是个自耕农农业地区。此后欧洲人再也没有强行购买农业用地，英属西非仍然是一个自耕农生产者的社会。

这种政策变化造成了深远影响。一方面，它保护了农村社会结构，在西非避免了在南非、中非和东非因出现大规模的欧洲农业而产生的白人与黑人之间的社会对立。另一方面，它也使西非在诸如棕榈油的商品生产方面与苏门答腊和马来亚不能进行成功的竞争。后者的种植园由于土壤和气候条件更加有利，产量更高而成本较低。这并没有影响所有的作物，例如黄金海岸和尼日利亚生产的可可粉能够成功地与对手的同类产品进行竞争，其部分原因是那里的生产规模要比通常的自耕农农场大得多；花生的生产也没有受到严重的影响。

最终对西非自耕农生产者造成最严重障碍的却是第二次世界大战期间及其以后成立的贸易委员会。这些委员会规定国家强行收购出口作物，以低于市场价格的固定价格支付自耕农生产者。因差价产生的利润旨在用来当市场疲软、产品过剩时提供补贴。20 世纪 60 年代，生产者一般只得到他们作物价值的一半或一半还少的收入，这就对他们的生产意愿造成了严重的遏制性影响。加纳受到的影响最严重，它失去了世界可可粉主要出口地的地位。在所有建立了贸易委员会的前英国殖民地里，也发生了类似的情况。

种植园农业

代替自耕农生产的一种选择是种植园。如果组织得当，种植园从理论上来说是一种比自耕农农业效率更高的生产方式。但是它有两个主要的局限性。首先，种植园需要大量的劳动力，而且由于种植园工作的性质以及人们对这种曾经以奴隶制为基础的制度根深蒂固的成见，这就可能很难招募和留住种植园工人。其次，种植园投资巨大：当市场不景气时，种植园（不像自耕农）不得不继续按计划生产，否则它就会急剧地衰败。鉴于商品市场的不稳定性，这是一个需要认真考虑的问题。

从17世纪起，种植园，尤其是甘蔗、烟草和棉花种植园，在英属北美和西印度群岛的殖民地得到了发展。1807年之前，英国进口奴隶并强迫他们劳动，但在同年奴隶贸易被废除，1833年奴隶制在整个大英帝国成为非法。为解决劳动力缺乏问题，英国的种植园主们又恢复了契约劳工制度。根据这个制度，男女劳工只要同意为种植园工作几年时间，就可以得到他们长途旅程的费用。从19世纪30年代到1917年（印度于1917年禁止招募契约劳工），40多万印度“苦力”被带到英属西印度群岛，大多数到了英属圭亚那、特立尼达和牙买加。在那里他们必须履行契约工作一段时间，通常固定为五年。他们还大批地被运到毛里求斯、斐济和南非的纳塔尔。

契约劳工大多数来自印度，但有时也来自中国和太平洋岛屿，他们成为大英帝国其他地区许多种植园的基本劳力，因为当地的劳工不愿意去种植园劳作或当地无法提供必需的劳动力。在英国殖民地里，不同地区的种植园种植不同的作物：肯尼亚和坦噶尼喀种植剑麻，锡兰和肯尼亚种植咖啡和茶，印度种植茶，毛里求斯和纳塔尔种植甘蔗，马来亚和北婆罗洲种植橡胶和生产棕榈油，所罗门群岛种植椰子用以生产干椰子仁，斐济种植甘蔗，澳大利亚的昆士兰种植甘蔗。

种植园在不同程度上促进了上述地区的经济发展。另一方面，契约劳工制度的残忍性以及契约劳工通常拼死拼活地劳作而得到的工资非常低微，一直使种植园的形象不佳。

旱灾与饥荒

19世纪后半期，印度发生了一连串灾难性的粮食歉收，不仅造成了饥荒而且引发了瘟疫。上述情况虽说是局部性的，但死亡人数却很大。仅举已知的一些死亡率最严重的饥荒为例：1837−1838年，在西北部省份、旁遮普和拉贾斯坦，死亡人数约为80万；1860−1861年，在上述地区，死亡人数约为200万；1866−1867年，在其他地区，死亡人数近100万；1876−1878年，在印度广大地区，死亡人数为430万。此外，1877−1878年，在西北部省份和克什米尔地区还有120万人死亡；最为严重的是在1896−1897年，一场影响到印度大部分地区的饥荒中，500多万人被饿死。1899−1900年，据说有100多万人死亡。由于这次饥荒与上次饥荒相隔仅

印度的饥荒。19世纪末，连年干旱使庄稼颗粒无收，市场上的粮食价格上涨，大批穷人忍饥挨饿。

两年时间，因而食物短缺，生活状况极度恶化。此后，因饥荒而死人较多的一年是1943年，当时印度正处于特殊的战争时期。

在前殖民的社会里，粮食短缺和饥荒常常使大量的人死亡，尽管农民组织的相互帮助对渡过难关很有作用。但是，帝国通过集中统治把一些大的地区统一和联系起来，在诸如铁路和电报通讯等技术革新成果的帮助下，能够减轻旱灾和其他灾害（如非洲的蝗灾）的影响。自然灾害只有在殖民国家不重视或不负责任的情况下才导致饥荒。

但印度最需要饥荒救济，而且英国人最终也承认组织救济工作是国家的职责。但直至1858年东印度公司时期的结束，除了慈善机构的一些救济工作和捐助外，没有任何协调一致的克服旱灾的政策。英国政府从东印度公司接管统治权之后，有关当局对后来发生的每次饥荒都进行了认真的调查。1867年的饥荒救济委员会制订了总原则：公共工程既被视为一种短期的救济形式，又被视为改善运输的手段。前者使受雇于这些工程的印度人能够买到粮食，因为那时饥荒的主要原因是粮食价格高而不是买不到；后者能够把粮食迅速地运到受饥荒影响的地区。必须兴修水利把降雨量少造成的后果降到最低限度。鉴于前两年发生的严重饥荒，1878－1880 年的饥荒救济委员会建议印度各省级政府建立明确的程序规则，即饥荒救济规则。1881 年，一种针对未来紧急情况的饥荒救济保险基金建立，每年有约 100 万英镑缴付给该基金。

20 世纪初期，这些不同的对策开始发挥作用。例如，在孟买管区，那些因干旱而无法获得收入的农民可以在“救济工程”中就业，这样他们就有钱购买粮食；村里的官员负责向那些无法找到工作的村民发放“无偿的救济”；农场主和其他私人雇主可获得贷款以便招工，提供就业机会；农场主还可以得到贷款，以便饥荒过后恢复生产。

这些救济措施的实施、粮食生产的增加、铁路快速运输粮食能力的提高，以及政府对饥荒袭击的警觉等产生了效果：在 1899 年至 1900 年这次大饥荒后，这一问题好像已经解决。因此，1943 年发生于印度东北部，特别是孟加拉的大饥荒使人们大为震惊。战时的通讯问题、大量的难民从缅甸潮水般涌入孟加拉以及大批军队驻扎此地都是造成饥荒的明显原因。但是印度人指责英国当局没有做出充分的反应。

20 世纪，英国人承担了在帝国其他地区预防饥荒的义务。例如在东非，1919 年的旱灾和蝗灾导致了大规模的饥荒；但是在 20 世纪 30 年代初，连续几年的降水稀少并没有造成大量人员死亡，其原因是这时的饥荒救济已经组织得井井有条。1914 年，如果政府没有安排从印度进口大量的粮食，降水稀少和苏丹境内尼罗河水量不足可能会导致大规模的饥荒。

尽管预防性和救济性的措施变得越来越得力，但对英国统治持批评意见的人，特别是印度人仍然坚持认为，殖民统治是实际上导致饥荒产生的原因。据说大多数人非常贫困，完全受粮食供应波动的摆布。这种摆布因政府鼓励种植出口的经济作物而不是赖以生存的粮食，变得更加严重。假如（也很有这种可能）总体上来说印度社会没有因英国统治变得更加贫困，英国人仍然不会采取措施改善大多数印度人的命运：无论何时发生干旱和歉收，许多人仍将会朝不保夕，处境艰难。

采矿业

从欧洲人扩张伊始，大多数殖民者的最大愿望是发现珍贵金属，“一夜暴富”。对一种新经济来说，黄金尤其能够为铁路、港口和公路等基础设施建设提供支付手段。金矿的发现总是引起移民激增，并促使人们长期定居。少数殖民地运气不错，而大多数殖民地则运气欠佳。除了在尼日利亚、黄金海岸和塞拉利昂分别发现锡、黄金和钻石外，在英属西非几乎没有发现什么具有开采价值的矿藏。除了坦噶尼喀和肯尼亚的一些金矿外，东非也缺乏理想的矿藏——这些金矿的开采成本很高，因而只有当金价相对很高时（如 20 世纪 30 年代）才有利可图。英属非洲的主要矿藏发现于中非和南非：北罗得西亚（赞比亚）的铜、南罗得西亚（津巴布韦）的煤和黄金、南非的钻石和黄金。

1886 年，在南非威特沃特斯兰德发现的金矿，是大英帝国在 19 世纪发现的重要金矿之一，它是最重要的，并且是唯一一个直至今日仍然是黄金主要生产地。

第一次发现金矿是在澳大利亚。一名从加利福尼亚 1849 年开工的采金地离开的矿工于 1851 年在新南威尔士的巴瑟斯特附近发现了金矿。这次发现引发了第一次淘金热。同年，在距新建立的殖民地维多利亚的首府墨尔本约 60 英里的巴勒拉特和本迪戈发现了储量更丰富的金矿。在后来 15 年里，维多利亚出产的黄金价值为 1.24 亿英镑，占世界总产量的三分之一；新南威尔士为 2400 万英镑。

澳大利亚的第一次淘金热异乎寻常，因为矿石比较容易开采，不需要深层作业和大量的资金投入。这是个人掘金者开矿绝好的例子，他们来自世界各地，其中许多是康沃尔郡的人——当地的锡矿资源正日渐枯竭。这些矿山输送了成千上万的移民到澳大利亚，其中许多人在 19 世纪 60 年代维多利亚金矿资源开始枯竭后留了下来。这些工人以及他们开采金矿创造的财富为 19 世纪 60 年代前维多利亚制造业的初期发展做出了重要的贡献。

后来又出现过一波发现金矿的浪潮。19 世纪 80 年代，在昆士兰和以前萧条的西澳大利亚的卡尔古利发现了金矿，不过后来证明昆士兰的金矿没有什么重要价值。卡尔古利的金矿要求较深的开采，有人成立公司吸引并利用英国的资本。在这之前，英国的资本已被吸引到澳大利亚其他采矿企业，如新南威尔士的布罗肯 · 希尔控股有限公司。该公司起初开采白银，

南非的金矿开采

1886年，一个名叫乔治·里哈森的探矿者在约翰内斯堡附近偶然发现一块含金的岩石，继而找到了威特沃特斯兰德金矿矿脉，这很可能是19世纪最重要的矿藏发现。虽然地表附近就有矿床并吸引了大批的小探矿者蜂拥而来进行露天开采，但是矿脉的主要部分位于地下的深层。矿石必须先开采出来运到地面进行粉碎，含有黄金的细小颗粒经过过滤，然后用当时新的氰化处理法把黄金分离出来。这种办法成本高昂。起初，大量的地方资本来自在金伯利钻石矿山获得的利润。这些矿山从1869年起就在开采，并成立了一个垄断组织——钻石辛迪加。该辛迪加受塞西尔·罗兹和沃纳·拜特控制，由罗兹的得比尔斯联合矿业公司和拜特的公司合并而成。自从这些公司买下其他矿主的全部股份以来，J.B.罗宾逊和巴尼·巴纳托等拥有大量资金的人，开始在这个后来不久被称之为威特沃特斯兰德的地区开采金矿。不久又有一些人加入进来，其中包括罗兹和拜特。所有那些拥有开采权的人，开始在英国和欧洲大陆的证券市场上发行股票。结果是，19世纪90年代初南非金矿股票的涨幅可谓前所未有：欧洲成千上万的小投资者购买股票以期一搏，却常常是无利可图。威特沃特斯兰德拥有南非最大的集体资本投资，在世界上也是屈指可数：到1900年投资总额约为6000万英镑：到1910年超过1亿英镑。到1902年，有120家公司参与其中，分成9个集团，他们中的大多数都通过矿业联合会紧密合作经营。劳动力由约1.25万名白人工人和约10万非洲黑人组成。前者中的许多人来自金伯利或较早时期其他采矿蓬勃发展的地区，后者通常是从偏远农村招募来的契约劳工。他们受到严密的控制，居住在与外界隔绝的矿工院里，在合同到期时被迫回家以削减生产时被人视为潜在的危险失业人群。矿主和白人工人与德兰士瓦的南非白人政府之间的摩擦导致了1899年至1902年的南非战争。然而，认为英国发动这场战争的主要目的是确保黄金生产继续在大英帝国内进行的观点，很可能是错误的。

1896年约翰内斯堡金矿的“卡塔尔矿工”。

1852年维多利亚本迪戈的“狂热的淘金者”。在19世纪50年代澳大利亚的淘金热期间，只有非常小的土地被分配给个体淘金者。一个标准地块“与城市里一间中等的卧室或饭厅一般大小”。采矿者在他的土地上用镐和铲挖2到6英尺深，然后转移到另外一块地上。采矿全得碰运气，每个人成功的机会大致相等。

但后来从事一系列其他矿藏的开采，甚至还涉足造船业。布罗肯·希尔控股有限公司成为南半球最大的资本中心之一。

紧随澳大利亚之后的是新西兰。19 世纪 60 年代，人们在南岛的西海岸发现了金矿，成群结队的掘金者从加利福尼亚和澳大利亚来到这里。开采的模式与澳大利亚的一样：小块的掘金地合并成大的公司，露天淘洗由采掘代替，资本来自英国。新西兰的采金时代没有延续很长时间，但是它发生于经济发展的关键时期和使新西兰元气大伤的毛利人战争末期，它使政府有信心从伦敦筹募贷款为铁路建设提供资金。

大英帝国最后一次著名的金矿发现是在加拿大最北部的育空河，而开采的时间也最短。1897 年，在克朗代克河周围的河谷地区发现金矿，约 10 万男人和妇女，其中大部分为美国人，来此实现他们的发财梦，但很少有人如愿以偿。那些的确发了财的人都是经历过 1849 年加利福尼亚淘金热的人。大多数人没有到过典型的淘金热城市道森城，他们都是一些没有经验的新手，没有携带加拿大骑警所要求的一年给养，对沿奇尔库特通道艰难跋涉望而却步。这次淘金只持续了两年，道森城与其他淘金热时的大多数采矿城一样成为被废弃的城市。

除去南非的金矿开采，从长远来看，和这些金矿开采活动相比，印度采煤业的发展对经济的发展可能更为重要。自从 18 世纪后半期以来，英国人就知道加尔各答北部的拉尼甘杰有一个巨型煤田，但直到 1855 年东印度铁路的修筑把煤田与加尔各答联结起来，采煤才变得有利可图。1867 年，地质学家发现了冈瓦纳岩系——世界上储量最大的煤矿之一。印度的煤质量比较差，但是容易开采而且劳动力成本非常低廉。拉尼甘杰的煤由加尔各答的公司在英国管理人员的指导下进行经营，大多利用英国筹集的资本。煤炭成为印度工业化初期阶段的基础：它为加尔各答的黄麻工厂和孟买的棉纺厂提供了燃料。来自贾里亚煤田质量较好的煤以及新发现的铁矿石使贾姆谢普尔诞生了印度第一家大规模的现代化钢铁企业。

工业

在独立前，英国各殖民地的工业化非常有限。从 19 世纪 90 年代起，殖民地的民族主义者就一直抱怨英国人不鼓励在英国本土以外的地区发展制造业。印度人更加不客气地称，英国人把自由贸易强加于人，并使印度人无法保护他们刚刚起步的现代工业免受英国货的冲击，使曾经比英国本土更为先进的制造业经济“非工业化”。甚至还有人认为，19 世纪后半期英国的制造商和资本家相互勾结，图谋阻止英国人在印度的某些工业特别是钢铁工业里进行投资。因为这些工业可能与英国的那些工业展开竞争。殖民地的民族主义者认为，现代工业对经济发展至关重要；他们还认为，大英帝国不容许殖民地保护他们的工业直至这些工业能够独立自主地发展，从而阻碍了殖民地经济的发展。

诚然，至少从 19 世纪中期到 20 世纪 20 年代，英国的既定政策是在所有那些英国人实施有效统治的殖民地里坚持门户开放和非保护主义，但是这并不包括自治的殖民地和后来的自治领。一旦这些殖民地实行责任政体——从 19 世纪 50 年代起情况大多是这样——它们就拥有了立法上的自由权来保护它们想要保护的日益成长的工业。1859 年，加拿大政府对那些在加拿大也能生产的制造品强征一系列进口关税。其中大部分制造品来自英国，另外当时英国自掏腰包派出大量的军队来保护加拿大免受美国可能的攻击，这种做法引起了英国人的强烈反对。强烈反对无济于事，加拿大人否认新的关税是明显的保护主义，并声称他们是在对自己的财政预算负责，因此在适宜的情况下有权增加收入。英国人从那以后再没有提出反对

印度政府开办的纺织印染厂中一台正在工作的印染机。20 世纪初，英属印度建立了一个小的工业部门：总人口 2.85 亿中有 50 万人从事制造业。政府的直接作用限于图中这样的开创型工厂，目的是鼓励使用新技术。

意见。

加拿大的胜利导致了大多数自治殖民地都采取了保护主义的关税——只要这样做经济上对它们有利。这种情况的发生在经济衰退时期尤为典型，这时城镇大量失业的人群急需找到工作。例如，在19世纪60年代的维多利亚、19世纪90年代初的新西兰，制造商会向政府寻求保护，并通常能够得到对某一特定产品的保护。可以预见的后果就是造成一些企业成本比较高，经济效率低下，这些企业主提供利润。这些产业也给农民增加了负担，因为它们的出口产品价格由国际市场行情所左右，但是它们不得不以高于国际市场的价格购买许多进口商品。一定程度上，正是由于这个原因，新南威尔士拒绝对本地工业给予保护，直至它1901年与实行保护主义的维多利亚加入联邦为止。

英国无力使这些移民殖民地走上真正的经济发展之路，但英国的确有能力阻止其他附属殖民地反对自由贸易。英国制造商把这些殖民地视为重要的市场，他们强烈反对保护主义或任何其他人为的刺激殖民地工业发展

1912年前后贸易商在尼日利亚的仓库。尼日利亚南部的航运水系使英国货能够在内陆地区流通。如图所示，它还使当地的顾客对纺织品和其他进口的制造产品有了选择的余地。当地的纺织品很难与英国产品进行竞争。

健康与疾病

通过大英帝国，世界上大部分地区都采用了西方的医疗技术。参加殖民地医疗服务的人士取得了突出的成就。另一方面，大英帝国也传播疾病，导致高死亡率。作为死亡动因的帝国或生命保护者，这二者之间的平衡直至第一次世界大战后才发生根本性的变化：帝国有利于生命的保护。

非欧洲民族与欧洲人带来的疾病首次接触，造成了灾难性的后果。英国人深入世界上以前与世隔绝的地区，使当地的人口急剧下降，新西兰和澳大利亚在19世纪尤为明显。相比之下，在印度和非洲，殖民地统治显然使当地原有的疾病变得更为严重。殖民统治极大地增加了人口的流动性，因而也增加了疾病传染的范围。殖民统治还导致环境恶化，使人们拥挤地居住在城市的贫民窟里或人口密集的乡村。在这些地方，人们很容易染上疾病。一些灌溉系统造成的一个人们没有料到的后果是疟疾、流感和肺结核肆虐横行。1865年到1949年，印度有2300万人死于霍乱，约1200万患病者死于1896年发生的大流行病。19世纪末，伴随着欧洲人对非洲大部分地区的征服而来的是大流行病。昏睡病像疟疾一样蔓延。牛瘟使牛群数量锐减。第一次世界大战开始后，非洲也受到了流感大暴发的严重影响。印度的死亡率在20世纪20年代才开始下降，而非洲则要晚得多。

在殖民地区，早期改善健康的努力，主要是为了使欧洲人在热带地区活下来。19世纪30年代和40年代，加尔各答的霍乱流行病终于使政府制定污水处理和使用过滤自来水的计划。自来水主要供该城欧洲人居住区使用。非洲和印度城市的贫民窟和棚户区仍然享受不到有效的健康保障。奎宁的使用是19世纪热带医学最重大的进步。虽然疟疾的病因直至很晚才弄清楚，但是到19世纪20年代人们就已经发现，从金鸡纳树皮（金鸡纳树只产于安第斯山脉）提取的奎宁生物碱能够抵御疟疾的侵袭。19世纪40年代中期，西非的一些欧洲人开始定期服用奎宁。19世纪末，印度和印度尼西亚也能提供金鸡纳树皮，西

1896年，孟买的瘟疫预防行动。英国当局通过严格的消毒计划，力图在印度西部防止一次大的瘟疫流行。如图所示，人们强行进入住宅，贫穷的住户常常受到粗暴的对待。这些行为最终激起了民众的怨恨。

非不再必定是“白人的坟墓”。

19世纪末，分别建立于伦敦和利物浦的英国热带医学院以及各殖民地成立的政府和传教士医院，获得了大量的防治非洲和亚洲疾病的专门知识。然而，各种资源的利用却相当缓慢，无法使这种专门知识的运用到达能够真正影响大多数人口预期寿命的水平。例如，像DDT这一类杀虫剂在第二次世界大战期间以及以后才广泛用来对付昆虫携带的如疟疾之类的疾病。是致力于卫生事业的人士而不是政府公务员向非洲人和印度人提供了他们能去的医院和医务室。只是在独立之后，英国以前的殖民地才开始把大量的财力用于预防性医药。

1912年，尼日利亚北部的卫生官员在巡诊途中。在非常缺医少药而又要满足广大群众需要的地区，医生使用铁路上的轨道手摇车来巡诊。

20世纪50年代斐济苏瓦的“殖民战争纪念医院”。正如其他地方一样，早期的殖民者与当地人的接触使斐济的人口锐减，在1875年的一次流行病中，约四分之一的人口死于麻疹。然而，到英国统治结束时，斐济成为殖民地的医疗服务取得突出成就的地区之一，其死亡率与新西兰一样低。

的做法。在一些殖民地里，英国官员还反对当地的制造工业，但动机各不相同。尤其是在英属西印度群岛，殖民官一般是仇视现代工业的，其原因是这与他们建立在乡村农民自治基础上的社会模式不一致。

然而，甚至在附属殖民地里，英国人也不能坚持完全的自由贸易。所有的殖民地都对自己的预算平衡负责。假如它们能够证明不大幅度提高进口关税就无法实现预算平衡，它们就有权使用加拿大人 1859 年使用过的手段。这正是英属印度政府 1917 年到 1921 年一直采用的办法。英国政府那时坚持认为，如果对出口到印度的产品征收关税，那么在印度制造的同样产品也必须征收类似的关税。实际上这种做法只影响到棉纺织品，这使得印度纺织厂的工厂主及其民族主义支持者怒不可遏。但是，1917 年，英国要求印度负责支付英国战争债务的一亿英镑的利息；作为交换，印度可以提高棉布的进口关税，而不用对印度生产的棉布征税。1921 年，《财政自治协议》签订，使得印度有权保护它想保护的任何工业，条件是 1923 年成立的关税委员会相信有关的工业拥有自然优势，最终不需要政府的保护和支持。从那以后，尤其是从 1932 年起，尽管印度仍然没有实际自治，却迅速成为一个保护主义程度很高的经济国家，不过它还得向英国提供优惠关税。可以肯定的是，贸易保护推动了新的消费品工业特别是糖加工、洗涤剂、火柴、橡胶轮胎、水泥、造纸和轻型工程产品等工业的迅猛发展。1939 年，印度虽然在许多工业产品的制造能力方面有待提高，但是在纺织品和钢铁产品方面却实现了自给自足。

印度的例子常常被用做证据来说明，正是帝国的政策阻碍了英国其他附属殖民地的工业发展。的确，在 20 世纪 50 年代之前，除南罗得西亚外，在任何非洲殖民地几乎没有什么现代化制造业。除南非和地中海沿岸国家外，南罗得西亚比较大的制造业是非洲大陆最发达的工业，1960 年占国内生产总值的 16%；在尼日利亚和黄金海岸，当时制造业占国内生产总值的比例分别为 4.5% 和 6.3%。那么，是不是自私的帝国控制阻碍了这些地方的现代工业的发展呢？

一个国家只有具备下列条件才能发展大规模的工业：充分的国内国际市场、用以购买机器和支付劳动力成本的充足资本、对相关技术的掌握以及训练有素的劳动力队伍。后三个条件的缺失并不能对工业化造成绝对的阻碍：资本可以借贷，技术可以租用和学习，劳动力可以培训。真正严重的障碍是缺乏充分的市场。现代制造业的实质在于经济规模。使用机器生产常常要有一个最低规模，低于这个规模，生产就变得无利可图。在热带非洲大部分地区和东南亚，以及太平洋地区较小的国家里，工业化的主要障碍是人口及可支配收入太少，缺乏建立当地现代制造工业的条件。这意味着对一个非常狭小的市场来说，平均生产成本将超过并常常远远超过国际价格。此外，除非它代表新技术，否则一个新的殖民企业无法与其他地方实力雄厚的公司展开竞争，因为对后者来说，殖民地市场对它的主要生产是微不足道的，因而它可以给出口产品做出相应的定价。

因此，在一个自由市场里，例如在实行自由贸易的英国殖民地里，私有企业在大多数领域内建立现代工业无异于自杀。虽然原材料可以在当地生产，如在尼日利亚北部种植棉花，当地的工资可能比兰开夏低得多，但是生产的单位成本可能比进口产品的成本高得多。印度不仅生产棉花，而且对棉布的需求也比较大，即便这样，当地的棉纺厂都无力在价格或质量上与进口的英国纺织品进行竞争。因此，直至 1917 年实施有效的保护前，印度的棉纺工业主要靠纺棉线出口和织布，没有力图与兰开夏的产品展开竞争。同样，当塔塔家族终于在 1911 年成功地建立起印度第一家现代钢铁厂时，它依赖的是政府订货，它能够生存下来靠的是第一次世界大战期间的军事需求和后来的关税保护。

很显然，自由贸易条件下在热带殖民地里唯一得到发展的工业是某些散装产品，这些产品如果从欧洲运来运费就会构成其价值的很大一部分，因此如果当地市场需求大的话，这些产品在当地生产才可能有利可图。主要成分为水的啤酒和软饮料是大多数殖民地早期工业的例子。水泥则是另一个例子，它要求当地有合适的原材料和活跃的建筑工业。到 20 世纪 40 年代，这些工业以及其他少数工业如肥皂制造，在英国的一些殖民地根据自由贸易体制建立起来。

没有必要寻找不利的帝国政策或英国资本家的阴谋来解释英国附属帝国里有限的工业化。主要原因是，除印度外，实际上所有的殖民地非常有限的市场对当地或外国资本家没有吸引力。只有国家鼓励，如政府保护、官方订货以及对进口商品的限制，才可能推动制造业的发展：这正是英属印度政府在它最后 20 年里能够并乐意要做的事。

资产负债表

总的说来，这些殖民地作为英国的殖民地（其中部分殖民地在理论上是一种补充性的商业体系），是否比他们不是殖民地做得更好？

在信贷方面，1914 年之前的英国经济如日中天，提供的帮助没有哪个帝国强权可与之匹敌。假如这些殖民地不是大英帝国的一部分，它们也不会得到这么多的帮助。当时英国是世界上主要的技术和资本的源泉，也是最重要的贸易和航运中心。英国能够提供殖民地可能需要的每一种经济服务。此外，殖民地可以比其他国家在伦敦更廉价地购买一些服务，例如借贷利率更低，因为英国资本对英国殖民地的经济和财政可靠性有信心。还有，1900 年通过的《殖民地证券法》使殖民地政府能够由英国金边证券担保在伦敦货币市场发行债券，因而它们支付的利息就低得多。

英国作为市场很可能比作为贷款者更为重要。直到 1939 年，英国仍然是许多殖民地的食品和原材料最佳市场，在某些情况下，还是唯一的市场。对刚刚起步的殖民地经济来说，无论是移民殖民地还是新近与国际贸易世界接轨的热带附属殖民地，英国是确定主要出口产品能否赢利的关键。出口获得的利润又可用于有效的基础设施建设。

作为大英帝国的一部分，尤其是作为一个非自治的殖民地，尽管拥有这些不可否认的好处，也还有一些不利之处和局限性。由于英国的兴趣只

1873 年，南非金伯利“在矿山工作之前和之后的本地人”，在新的钻石矿工作一段时间后，图中左边无精打采的“野蛮人”变成了富裕的工薪阶层。如图所示，在南非采矿业的初期阶段，许多非洲人积攒了一些钱，常常会购买枪支。然而，后来由于农村的贫困和沉重的税赋，迫使大量的农民涌向矿山，为低廉的工资卖命。

在于殖民地经济对其经济的补充性，因而无意推动殖民地各行业的发展，特别是工业的发展。尽管英国从来没有禁止这些行业的发展，但是它们有可能导致殖民地的竞争。英国提供的服务，如航运、金融和贸易，由英国侨民垄断和经营；当地的商人无力与印度的经营代理机构或西非的大贸易公司展开竞争。总的说来，帝国还实行种族主义政策。直到20世纪以后，殖民地的行政和商业部门的高级职位都由英国人担任。例如，直至20世纪20年代，加尔各答的商业界里几乎全部是英国人。这些因素限制了热带殖民地从可能的经济技术转让中获益的能力。

最重要的一点或许是，直到20世纪30年，实际上直到20世纪50年代，英帝国统治的基本原则是殖民地必须靠自身的力量来发展。这种说法不无道理：英国不论多么富有，也无力永远用自己的资源来支持一个庞大帝国的经济发展。假如一个殖民地要修建一条铁路或一个港口，它不得不借款并偿还利息。结果是，贫穷的殖民地仍然贫穷，除非它们运气好发现了金矿、钻石矿或其他储量丰富的矿藏。只有在1940年以后，随着《殖民地发展及福利法案》的通过，英国才开始认真地向其殖民地提供无回报的援助。即使这样，直到20世纪50年代英国因第二次世界大战而被削弱的经济才有能力把大量的资本投入到殖民地里。与此同时，1939－1951年，帝国以低价大宗购买英国的出口产品而使其海外收入大减，不堪重负。因

1883年巴特菲尔德＆斯怀尔公司在上海的职员。这群人体现了欧洲公司的等级制度。经理职位由英国人担任，中国人充当经纪人或代理人。在中国沿海，这些人通常被称作“买办”，主要与“本地的”客户和供货商打交道。

此这个阶段一结束，英国的政治家们开始认为，非殖民化是摆脱为殖民地发展提供资金这一无法承受的负担的可行办法。

这种情况不适用移民殖民地，如澳大利亚或加拿大。一旦它们获得自治并有权决定自己的经济战略，帝国完全是有利可图的——至少对白人移民有利。澳大利亚与阿根廷之间的对比很清楚地说明了这一点。两国在许多方面拥有许多共同之处：20世纪初经济繁荣；出口产品严重依赖英国市场。1932年实行帝国特惠制之前，澳大利亚的主要优势就是能够以比外国更低的利率向英国借贷。1932年以后，帝国的进口配额帮助了澳大利亚而损害了阿根廷。但从较长远的观点来看，澳大利亚与阿根廷之间的差别或许在于澳大利亚的政治和社会更加稳定，其部分原因至少是由于采用了英国的政治制度。

显然，帝国的经济影响不是始终一致的。但是在帝国所处的时代里，尤其是在1914年之前，它很可能是利大于弊。非殖民化消除了帝国的大多数限制，使以前的殖民地能够从更广阔的世界里吸引并利用贷款和资助。这种情况与1950年后为期20年的国际贸易繁荣一道给人一种这样的印象：第三世界的逐渐富裕是帝国终结的直接后果。但是到20世纪80年代，显然可看出这是一种幻想。到那时，世界形势已对不太发达的国家变得不利。国际援助不如以前那样容易获得。它们的企业以及它们出资兴建的基础设施无力偿债，而导致外债增加。事后看来，由于帝国严格的金融和经济制度，帝国时代似乎变得越来越不得人心。的确，在许多前殖民地里，曾经由英国政府强加并因独立而被废除的正统的经济制度，又重新由世界银行和国际货币基金组织这样的国际机构强行实施。

总之，由英国人管理的帝国在经济上是保守的。它提供的设施帮助殖民地进行自助，但是为那些无力自助的殖民地做得很少。总的说来，大多数附属殖民地假如保持独立或属于任何其他欧洲大国，很可能发展得更快更健康。除此之外，其他的事情就很难说了。

第六章 权力、权威和自由

A.J. 斯托克威尔

对于哈罗德·麦克米伦这位曾主持治理非洲殖民地的英国首相来说，权力就其本身来说是虚幻的："当你得到它时，其实什么也没有。"他的多位前任大概也都有此感。

1960 年，哈罗德·麦克米伦在巴苏陀兰（莱索托）

1960 年的南非之旅中，麦克米伦对帝国力量的昙花一现做出了精辟的论述。他警告白人南非议会："变革的风潮正在席卷这块大陆，不管我们愿不愿意，民族意识的增强已是一个政治事实。"然而，他也到访过一些被认为变革之风吹得不那么强烈的地方，如巴苏陀兰。照片中他正与当地人打招呼。

尽管非欧洲世界的国家与英国之间在经济实力、技术实力以及军事实力上有着不可逾越的鸿沟，英国对整个帝国的控制力仍是极其有限的。维系帝国的权力受到束缚而不能随意使用，就像现代的核大国无法强加自己的意志于越南、阿富汗这些亚洲国家的人民一样，英国人也不能光靠武力来统治帝国。他们只有通过各种管理手段和冠冕堂皇的宣传来掩饰或弥补其自身力量的不足。事实上，只有丢掉了帝国的包袱，英国的力量（正如日本 1970 年后的实力）才能得到最有效的发挥和运用。帝国当局的权力受到限制，民族主义者们也是如此。他们的那些运动，在很大程度上就是英国统治的产物，因此他们既不能独力承担起终结帝国的责任，也不能执意废除帝国的传统。

英国的世界霸权

国家力量——发起、继续和终止行动以及影响并控制人民的能力——可以根据该国的经济实力、社会凝聚力、技术专业化程度、军事力量以及政府组织来评价。以这种标准衡量，1815－1914 年，英国可算是世界上最强大的国家。

1750 年后欧洲人口增长，经济生产率前所未有地提高，前者对后者功不可没。1760－1830 年，英国占有欧洲工业产量的三分之二；同一时期，它在世界制造业生产方面所占的份额从 1.9% 上升到 9.50%，而此份额在接下来的 30 年中翻了一番。截止到 1860 年，英国占有世界贸易额的 20% 和制造产品交易额的 40%。技术的进步不仅推动了生产力的发展，而且还促进了联合王国各个部分之间的融合。这个王国非但没有在经济变革的压力下垮掉，反而证明具有很强的适应能力。结果表明，英国社会（除了爱尔兰）比统一后的意大利或是德意志更具有凝聚力。

因此，至少在 19 世纪，英国人拥有了精良的“帝国装备”：他们的蒸汽船和电缆环绕全球；他们的铁路敲开了“黑暗”大陆的大门；医药科学的进步消灭了那些号称“白人的坟墓”的犹如魔咒般的疾病；军事技术上

停泊在中国威海卫附近的英国军舰

1898 年，为报复俄国人对阿瑟港的占领，英国支那海军中队——当时远东最强大的海军力量——受命集结于中国海岸，以支持英国提出的租借威海卫的要求。

的优势——特别是西莱尔·贝洛克所说的“我们有（而）他们没有的”马克西姆机关枪，使得兵力上不占优势的英军能够击败装备落伍的亚非军队。1815 年以后，皇家海军维持着英国的世界霸权。1900 年，皇家海军舰船总吨位超过 100 万吨，两倍于任何两个其他列强的吨位总和，而且还可以得到全球一系列基地和巨大商船队的支持。虽然 1870 年后英国工业出现了相对的滑坡，但是到 1900 年它的工业化总水平仍然最高，并拥有世界第二位的制造业生产量和当时规模最大的舰队。

帝国的治理

英国在物质文明方面的这些优势，为海外扩张、建立并维持殖民帝国提供了强大的动力。到 19 世纪末，这个帝国已经至少统治着世界人口的四分之一。

庞大笨拙的官僚机构

行使权力的机构形成了复杂的网络，从伦敦市中心向帝国外缘的地区机构辐射。处于最高权力中心的是君主和议会。然而议会却很少参与对帝国的实际管理：议员们并不经常讨论帝国的事务，由此产生的分歧就更少了。其实，议会从来就没有管理帝国的能力，这项工作是由整个白厅并不坚实的官僚机构所属的各个部门共同完成的。这个机构在诸如领土得失、经济涨落、战争发动及弊政、腐败和丑闻的揭露等问题的处理中逐渐得到了发展。在大部分时间里——事实上大约直到 1940 年——英国政府将其意志强加给整个帝国的举措，通常是针对各种国际挑战和帝国内部的变故而采取的。

历届英国政府更多的是在战争而不是和平时期试图实现帝国的统一，或更加牢固地控制帝国组织。在旷日持久的英法战争（1793－1815 年）中，殖民事务部开始成型，之后新占领的殖民地都被置于英国本土的直接管辖之下。与此相似的是 19 世纪 50 年代的殖民战争和起义，如印度大起义、新西兰的毛利人战争，以及大致与克里米亚战争时间重合的南非好望角边境的卡菲尔战争，导致了英国政府的改组和对殖民地安全的重新思考。南非战争（1899－1902 年）所产生的需求和最后的战败引发了对帝国防御的

1900 年在埃及政府部门任职的英国官员

埃及从来就不是英国的正式殖民地，它在 1881 年被英国占领后，一直保持自己的政府。然而，在短短的数年中，英国的干涉控制就变本加厉起来。到 1900 年，有 500 名英国官员占据了埃及政府各部的要职。“英国脑袋埃及手”是一句常见的标语。

重新评估。而两次世界大战中为了国家的生存需要大规模地利用帝国资源，这无疑也要求英国本土对殖民地实施更加严密的管理。

在和平时期巩固帝国的尝试更多地反映了英国的弱点，而不是它的力量。例如在 19 世纪八九十年代，当列强赶超英国经济，与它的海军实力进行竞争，并对英国在亚非的优势地位提出挑战时，英国才开始占领到那时为止它早已视为自己的势力范围的地区，并以此正式确立对马来亚、乌干达、桑给巴尔和英国 1882 年占领的埃及等附属国的控制。为了获得在当地作为临时占领国正式的合法地位，英国任命伊夫林 · 巴林爵士为驻埃及政府代表及总领事。在爵士看来，这个职位等于是给了他监督并改造埃及政府的权力。与此同时，英国还试图谋求帝国在宪法上的统一。19 世纪末期，对于英联邦的各种构想——其中大多数局限于白人移民的殖民地——并没有一个单一的模式。有些人期待在英国议会有代表殖民地的议员，另一些人则设想建立独立于英国议会之外的帝国议会。虽然有许多计划被提了出来，但是由于英国集权于中央，并且对自治领存在着根深蒂固的不信任，再加上英国的政治家们不愿意削弱不列颠本土至高无上的权力，以至于这些计划最终都变成了一纸空文。不过，这些努力还是很有成效地促成了殖民地会议（后来的帝国会议）的形成。这个会议后来发展为本土与自治领之间就国际危机、宪法上的相互关系以及关税与贸易等问题商讨妥协的一个论坛。这一结果与那些雄心勃勃的新帝国主义者们的期望大相径庭。在这些人当中，精力最充沛、政绩最卓著的无疑是曾于 1895 年到 1903 年任殖民事务大臣的约瑟夫 · 张伯伦了。然而，即使是像他这样的政治巨人，也无法驾驭整个帝国。管理印度以及英国在中东、中国和拉美的利益不属他的职权范围。另一方面，张伯伦发展英联邦的计划归于破产，发展殖民地的措施也因缺乏财政部和商人们的支持而告失败，这可是属于他职权范围之内的事。张伯伦的经历表明，治理好帝国绝非易事。

帝国政府从来就没有一个完整的组织结构。它在行政、商贸和军事上的职能是由白厅各种不同的部门分担的。有些部门（例如经管殖民地、印度和自治领事务的部门）单独履行帝国职能，而另一些部门（如贸易委员会和国防部）则在非帝国事务的舞台上扮演着重要的角色。只关心自身具体问题的内阁无法为帝国设计出一个规划，其他部门也没有一个强大到足以承担起管理帝国的任务。管理工作的分散状态只能由各部及其部长间的合作来弥补，直到 19 世纪 40 年代这种各部之间的合作才变得系统化起来。

虽然涉及帝国各个部分的具体管理任务是由统治集团中相对次要的部门——与财政、外交、内务等部相比较而言——之间分配承担的，但是若认为帝国的海外部分在历届政府中不受重视，那就错了。事实上正好相反，帝国的事务能涉及这么多的部门就足以说明，作为海外部分的帝国事务是不能与国家的内政、外交方针分离的，而且帝国的管理——不管是否有计划——已经嵌入到英国政府的整体组织中了。

正像政府在本土给予私人很多空间来发挥他们的积极性一样，它对帝国的管理也没有局限于通过国家机关，大量的私人组织也参与其中。事实上有些人觉得帝国的建立“缺乏统一的指导思想”，就是因为它是众多不同思想的产物。代表这些思想的代表是：商人和工厂主；与本土有家庭联系的殖民地定居者；传教士和探险家；各种学术团体；奴隶贩子、囚徒和流放者；伦敦城、威斯敏斯特、白厅，以及伦敦、爱丁堡、格拉斯哥、曼彻斯特和伯明翰；还有英格兰人、苏格兰人、爱尔兰人、威尔士人和英国汉诺威王室成员或支持者。英国社会的各个阶层都与其海外的各种利益集团有着千丝万缕的联系，而且这种联系基本上是在没有政府干预的基础上建立起来的。就附属国而言，这种联系早在政府接管之前就已经建立了，并且还延续到政府向民族主义政权移交权力之后（英国也希望由此恢复其在英联邦之中的影响）。当然，不能说英国政府受制于这些集团，但它至少了解它们的利益所在，即使这些利益并不一定相互一致或者符合所谓的“国家利益”。然而在英国，有一件事人们的看法是一致的：大家普遍希望实行

英国的殖民地政府

英国众多的殖民地归英王正式所有。这些殖民地或是其他欧洲列强没有合法占有的新定居地（当地居民的主权要求不一定被承认具有条约效力），或是直接靠征服得来。初期海外殖民地的统治权经常是由国王授予一些个人（沃尔特·罗利爵士被授权统治弗吉尼亚就是早期一个著名的例子）或团体，如马萨诸塞湾公司。在17世纪的北美和西印度群岛等殖民地，那些得到国王授权的人通常会分出一些权力给当地白人定居者选出的代议机构，也就是为人熟知的殖民地会议。这个机构可以在殖民地范围内决定税收，与行使授权的总督制订法律。随着大多数授权在18世纪被撤销，总督逐渐为国王代行统治权。

从18世纪末开始，各种不同形式的殖民政府逐渐建立。在本书所涵盖的历史范围内，这种由英王任命的总督与当地会议结合的代议制在西印度群岛殖民地一直存在，而且还出现在新建立的欧洲人定居的加拿大、澳大利亚、新西兰和南非等地。除了西印度群岛外，从19世纪中期起的不同时期里，这些移民殖民地成立了责任制政府。这就意味着政府工作不再由总督任命的官员负责，而是由对殖民地议会（从殖民地会议发展而来）负责的部长们（他们的职位取决于投票结果）担任。建立责

任制政府的殖民地自行管理内部事务。到 20 世纪早期，这种殖民地已经习惯地被称为自治领了。两次世界大战之间，尤其是 1926－1931 年间的变化，夺去了英国在理论上对自治领内政进行干预的所有权力。自治领在处理国际事务时已经能够得到充分的承认。1945 年之前，人们通常避而不谈“独立”这个词，而自那以后“自治领”这个称呼就过时了。从各方面来说，从前的自治领都已是拥有独立主权的国家，虽然它们并没有正式宣布过独立。

英国在 18 世纪末以后建立的殖民地则走了完全不同的道路。它们从一开始就被置于英王的直接统治下，而没有任何授权的代理机构，权力全部掌握在英王任命的总督手中。这一类型的政权被称为英王殖民地政府，最先应用在 1793－1814 年战争中从其他列强手里夺来的殖民地，如锡兰（斯里兰卡）和特立尼达。英王殖民地里非欧洲人占人口多数，它们被认为不适于成立代议制政府。非洲和太平洋地区殖民地政府都是这种基本形式。后来代议机构还是被容许了，通常被称作立法会。二战后，非殖民化的浪潮汹涌澎湃，代议制政府也很快走向了独立，这始于 1948 年英国统治在锡兰的结束。

19 世纪后半期英国获得了众多的被保护国。然而从法律意义上说，英国并不享有被保护国的主权：这些国家的统治者在行使主权的同时，把自己置于英国的保护之下。大多数被保护国后来都变成了完全由英国统治的英王殖民地。然而，一些统治者，如马来亚的苏丹，仍是被保护国的君主。早在 1882 年就被英国占领的埃及，也于 1914－1922 年间沦为被保护国。

一战后英国接收了国联的托管地。这些托管地原是奥斯曼帝国的行省和德国的殖民地。在中东，外约旦和伊拉克变成了被保护国；而巴勒斯坦和德国的前非洲殖民地则沦为英国殖民地。

印度一直是个例外。起初，印度各省市由东印度公司经莫卧儿王朝皇帝授权进行统治。1813 年，虽然英王对印度被征服地区（即英属印度）的统治权实际得到了承认，东印度公司作为英王的代理仍然统治着印度，直至 1858 年。印度的大部分地区——由王公统治的邦和本地人自治的邦——虽未被征服，却已根据条约受到英国政府的制约——因此它们的统治者也是被“保护”的。1858 年，英王开始直接统治英属印度。1876 年后，英王已享有印度皇帝或女皇的称号。代议制政府制度在 1861 年被极其有限地引进了英属印度，但只是到 20 世纪才变得重要起来。印度的王公们作为英国保护的盟友而得以保存他们的地位，直到 1947 年印度与巴基斯坦独立。

1884 年，东南新几内亚被吞并。为了回应德国人对部分新几内亚提出的主权要求，英国人也提出了领土要求。此图描述的是 1884 年 11 月 6 日一艘英国军舰的指挥官正式宣布对此地的占领。50 位首长被召集出席了这场仪式。他们得到了诸如屠刀、衬衫、布料以及烟土等礼品，还被告知女王维多利亚现在正“守护并照管着你们，视你们为她的子民”。

1842 年，詹姆斯·布鲁克与文莱苏丹

即使是在英国这样殖民地众多的帝国中，沙捞越也是一笔最不寻常的殖民财富。1841–1946 年，布鲁克家族的三代人作为白人总督统治着它。图中，这个王朝的缔造者詹姆斯·布鲁克正在接受文莱苏丹的授权。

低税率。因此一般来说英国政府不愿对海外部分担负责任，即使担负起来，也会设法把财政负担转嫁到别人，尤其是附属国人民的肩上。下议院也不愿为殖民目的向英国人征税。

形形色色的殖民地政府

英国政府各个部门的职责分布，是与帝国本身授权代理的制度相适应的。在承诺保护它的殖民地的同时——其实帝国的整体防御与局部防御之间的界线一直就是人们争论不休的问题——伦敦也希望当地政府能够处理好自身的事务。从 18 世纪末起，东印度公司开始着手征服更多的地区，被征服的人民需要交纳征服他们所消耗的费用，而不是由英国纳税人来交，这在当时已经人所共知。

实际上，殖民地的政府是按照多种不同的模式发展的，其中最古老的是代议制度。这种形式在西印度群岛一直延续到了 19 世纪 60 年代，直到牙买加的种植园主为了防范可能发生的黑奴起义而在议会中主动放弃了自古沿袭的特权以换取英王殖民统治的保护之后才告结束。英王殖民政府由总督、执行委员会和立法议会组成，其职能是对英国18世纪末之后所占领的地区进行管理和军事保护。这些地区包括加勒比海地区（如1797年占领的特立尼达）、非洲海岸（如1815年的好望角）、远东（如1867年的英属海峡殖民地）和澳大拉西亚（如1840年的新西兰）的各个领地。责任制政府在白人定居的加拿大、澳大利亚、19世纪中期的新西兰和后来的南非得到了发展。在这些地区，英国虽然直到20世纪20年代仍控制着国防和外交，当地政府的部长们仍在很大程度上能够实行自治，他们只对由当地居民选出的立法机构负责。英属印度——那些被征服并吞并的省（如旁遮普）——由英国官员直接管辖，同时还有数百个由王公控制的邦（其中海得拉巴最大）通过协议接受英国对其外交事务的控制，以此来换取相当程度的自治权。19世纪末，英国特许的一些新公司通过所谓自由帝国主义者的代理人控制了非洲的大片地区。这些代理人，如乔治·格尔蒂、威廉·麦金农、西塞尔·罗德斯，都受外交部的监督。也有一些受保护国的统治者，如马来亚的苏丹，仍然在理论上行使主权。而共管领土的权力则由帝国的两个伙伴分享——在苏丹，埃及是合法的合作统治者；在新赫布里底群岛，一同参与管理的是法国。一战后，英国、澳大利亚、新西兰和南非获得了对德国丧失的殖民地和原属奥斯曼帝国的阿拉伯领土的委托统治权。在管理这些地区时，它们只对国联负责。殖民地的多样性决定了海外行政部门多种多样以及彼此之间互不联系，印度、苏丹和其他地区的行政部门都是如此（1930年前一直都没有一个统一的殖民部门）。大量殖民地由单一形式的附属转变为在人事、宪法形式上（如英王殖民地模式）和行政手段上（如联邦制定计划和政策方面）的附属。

宪法形式五花八门的状况，主要是由帝国各地的社会地理环境和社会性质决定的。这也反映了英国人自己的一些本性：他们迷恋浮夸的语言而厌恶单纯的理论，不相信精确的定义；把妥协当作美德，沉溺于模棱两可的东西。出于便于归类而非管理的目的，各种殖民地通常可以被分为几种类型：白人移民殖民地，印度和热带殖民地。一般认为，在第一类中，白人有管理自己事务的天命；而“神圣的”白人男子则可以对另外两类殖民地进行无限定的治理。这些白人深信亚历山大的话“治理得最好的事物才是最好的”，把优等民族政府置于自治政府之上，把权力置于自由之上，把对传统社会的保护置于对外来的议会制度的引进之上。这种两重性可追溯到18世纪末。当时，美洲殖民主义者以“生来自由的英国人”的身份展开了斗争，捍卫他们自身的权利。爱德蒙·伯克在抨击沃伦·黑斯廷斯和英国早期对印度统治的种种弊端的文章中，阐述了托管制的原则，并以此来指导英国对非欧洲民族的统治。

对印度的统治与自由英国对其他殖民地有限的干预形成了最为鲜明的对比。一直到20世纪30年代，印度殖民政府不受英国财政部的束缚，并一反英国传统，征收了足够维持一支庞大常备军的税收。正如索尔兹伯里勋爵所说，这支军队是“英国在东方海洋中的一座兵营”，它不仅维护了印度的法律和统治秩序，保卫英属印度边境的安全，还被派遣到帝国的其他地方镇压叛乱。有人认为，至少从一般意义上来说，英国在印度的经验和在那里建立的管理土地征收赋税的模式，对于其他非欧洲民族的附属国来说也是适用的。然而，每个殖民地都有自己的传统和管理模式，而且没有一个殖民地在经济和国际地位方面可以与印度相提并论。事实上，1945年以前的热带殖民地缺乏经费、人力和专业技术来进行除了维护法律、社会秩序和收税这类基本职能外更多的工作。

非正式帝国

到目前为止所述的各种类型的帝国政府，在宪法或行政上都正式附属于英国。然而不列颠的影响力并没有局限在这种正式的帝国内。英国大量的贸易、投资、移民和文化，也影响到了地图上涂着“英国红”范围之外的世界，其中最显著的是中国、拉美和中东。这些名义上还独立，实际上已屈服于英国影响的地区，经常被称作英国的“非正式帝国”。在这里，通过当地合作者的帮助，英国可以享受权利而不需要承担责任。有些时候，英国还通过经贸协定的形式对那些表面上享有主权的国家，如阿根廷、中国和暹罗（即泰国），施加影响。而在另一些地方，英国是通过施加外交压力和派驻重要顾问来保护其战略利益的，例如在桑给巴尔。1832年，赛义德·赛德这位波斯湾阿曼的阿拉伯统治者将其首府从马斯喀特迁到了那里，从而奠定了桑给巴尔的重要地位。很快桑给巴尔就成为东非的主要城市，控制着非洲通向印度洋的海岸，并且是通往内陆的战略要地。“如果你在桑给巴尔吹起长笛，”一句阿拉伯谚语是这样说的，“远到湖畔的每一个人都会闻声起舞。”借助各种条约和炮舰政策，英国吹起的长笛取得了很好的效果：1890 年法国和德国承认了英国在这块伊斯兰君主的领土上享有至高的利益；次年由英国代表出任苏丹首席大臣的政府成立；1896 年，为了把被一名皇室成员赶下台的苏丹重新扶上王位，英国动用军舰炮轰王宫。一战时，英国总领事和苏丹首席大臣的职位合二为一，担任这一新职位的是英国驻扎专员。

这些关系真的是“帝国主义的”关系吗？那些持怀疑态度的人反驳说，当地的经济——如西非、拉丁美洲和中国——并没有专门为英国的商业利益而运作。他们还举出了大量英国不情愿或是根本没有能力在那些所谓的“非正式帝国”的地区为所欲为的例子。然而有一点很明显：帝国与英国的影响力常常不易区别。即使是在正式的帝国中，英国的统治也不是光靠武力来建立或靠英国的官员来维持，而是要靠当地多数人的默许和当地统治者积极广泛的支持。而在非正式的帝国，要想使当地统治者更合作，就要让他们意识到英国的强大力量，而且使他们觉得在当地显得形孤影单的英国人只要愿意，就可以招来据说是潜伏在地平线那边的强大军队。

英国与埃及关系的变迁再次证明，要在帝国与英国的影响力之间画一条清晰的界线是非常困难的。在埃及执政者赫迪夫 1875 年破产后，英国就与法国共同控制着埃及的财政。英国这么做一方面是为了巩固赫迪夫的地

1902 年，桑给巴尔苏丹和他的英国顾问们。1902 年，年仅 18 岁就继位的苏丹赛义德·阿里，曾就读于哈罗公学。作为名义上独立的统治者，他在很大程度上受控于他的英国政府代表，以及由英国人担任的首席大臣。后者曾在他在位初期担任摄政。这样，非正式帝国正变成公开的统治。

位，另一方面也是为了防止法国控制通往印度的航路。英国政府因为自身的原因不希望占领埃及，但是1882年埃及起义迫使英国进行军事干涉，并派驻政府代表和总领事。从那以后，曾于1883年到1907年任英国政府代表的伊夫林·巴林爵士——也就是后来的克罗默勋爵——以及后来驻开罗的英国政府代表们都是埃及国王的幕后操纵者。1942年的2月正值二战期间，迈尔斯·兰普森爵士——即后来的基勒恩勋爵——指挥坦克包围了阿比丁皇宫，强迫埃及国王法鲁克任命一位可靠并仇视轴心国的首相。这一切表明，尽管没有合法的主权，英国人已把埃及拉进了自己的正式帝国。然而，追溯对埃及70年的占领，英国行动的自由度始终受着反复无常的埃及统治者、激进好战的民族主义者和竞争激烈的各国利益的限制。

制约权力的因素

不管是公开的还是隐秘的，在掠取土地、镇压反抗、征缴税收以及征调劳动力时，总是要动用一些武力。然而高压政治对于帝国的治理来说作用是有限的。使用武力可能会导致相反的效果，从而损害政府在国内的地位。殖民战争和对反抗的残暴镇压引起了激烈的争论，对帝国持批评态度的自由主义者谴责军国主义，他们担心这是独裁主义在英国抬头的预兆。例如，詹姆斯·布鲁克对沙捞越邦迪亚克人的海盗海域进行的惩罚性远征就激起了一场动乱。直到1854年一个皇家委员会将他除名，危机才得以解除。1857年印度民族起义中双方不断升级的暴行和血腥的报复，也在根基上动摇了维多利亚时期英国人的自信。1865年，牙买加总督埃尔为镇压黑奴起义，残忍地使用高压手段——起义失败后有439人被绞死，多达600人遭受鞭刑，还有数以千计的家庭被毁。这引发了一场激烈的争论。哲学家和自由党议员约翰·斯图尔特·米尔质疑“英国的附属国，到最后甚至是英国自身，究竟将由法律还是被军事独裁来统治”。浩大的战争开支和议会中对税收政策的强烈反对也进一步束缚了政府的手脚。

使用武力也会使英国与其他列强的关系复杂化。尽管英国通过1839－1842年和1856－1860年的两次鸦片战争，在中国获得几个重要的租界，英国政府却放缓了在领土方面的扩张，其原因就是这么做有激怒俄罗斯、法国和美国的危险。英国1882年对埃及的占领和之后对苏丹的扩张，导致

保罗·博格尔

博格尔，浸信会执事，1865年10月牙买加莫兰特湾黑人起义的领导人之一。起义遭镇压后，他受到军事审判并被绞死。这种暴行在英国受到了强烈谴责，并引发了要求追究当地长官责任的人们与其辩护者之间的激烈争论。

了与法国关系的疏远，1898 年英国在恩图曼胜利之后发生了马士德上校和基钦纳将军之间的对峙，差点使这两个欧洲强国在尼罗河的争端上大动干戈。

对于殖民地本身来说，诉诸武力也会造成各种麻烦的后果。既然英国军队并不是无敌之师——他们也确实吃过败仗蒙受耻辱——例如 1879 年的祖鲁战争和 1881 年与布尔人的马久巴山战役——那么使用武力就可能要冒把英国逼上绝境的风险。此外，即便开始时使用武力显得有效，最后也会证明是徒劳一场，就像当年北美发生的情况一样。“七年战争”（1756－1763 年）之后，虽然取得了在北美的最高统治权，英国政府却因为对当地事务进行了史无前例的干涉——主要是为了执行英国议会制订的税收政策，而激起了殖民地人民的反抗。

1881 年 2 月 26 日，乔治·柯利爵士在马久巴山战败。德兰士瓦的南非白人共和国曾于 1877 年被并入英帝国的版图。1881 年起义爆发，英国军队在柯利指挥下被遣往德兰士瓦，却在马久巴山被称为布尔人的南非白人的军队击溃，包括柯利在内的 92 人阵亡。

1913年，安提瓜岛的板球俱乐部成员和总督在一起。体育运动是把英国人的价值观灌输给帝国各民族的方法之一。在加勒比海这个地区，来自不同民族的人在帝国的赞助下学习打板球。但板球也可能威胁到帝国的秩序。当西印度群岛以黑人为主的球队在国际比赛的决赛中打败英格兰队时，板球便成了他们表达自我身份的工具。更具颠覆性的行为来自锡兰。那里的一位英国工程师被视为“异端”，因为他曾和他的混血私生子们一起打板球。非议并不是因为他的孩子是私生子或混血儿，抑或是他和他们一起打板球这件事，而是因为他在毗邻草地网球俱乐部球场的场地上打球。

征服、直接统治、经济剥削和社会治理，这些手段远比“有益的忽视”或以当地人治理当地人这些方法更容易激起当地人民对英国的反抗。赤裸裸地使用武力不仅导致反抗运动的高涨，也显示出统治效率的低下。

另一个需要考虑的问题就是人员的不足。士兵、管理者和警察的匮乏程度几乎已达到了极限。例如在20世纪30年代的印度，区区4000名英国公务员、6万白人士兵和9万英国公民（他们中大部分是商人和种植园主）却要试图控制超过3.38亿的印度人。依赖从当地人中招募来的军队可能会严重削弱英军的力量，就像1857年和1947年的印度起义时一样。另外，虽然与当地的沟通有了很大的进展，但“专制造成的距离”仍使英帝国无法成为按比例缩小的“地球村”，结果导致帝国的前哨站成了军事打击的目标，1884－1885年戈登在喀土穆的命运就是例证。最后，就像英国在殖民战争和后来的非殖民化的战争中发现的，卓越的军事策略和能应付各种情况的物质力量，都会在不热悉的丛林或沙漠的环境中被抵消掉。

为摆脱困境付出的代价

英国人意识到了对殖民地控制的脆弱，他们经常通过降低自己的目标来减轻肩上的负担：既然已经在保护边境、维持商路通畅和广开财路等方面首先进行了干预，他们也就把自己的任务只局限在维护当地的法律和社会秩序以及收税上。过度的干涉只会招来麻烦。从 1857 年起义开始到 1947 年，武装反抗的幽灵一直在英国统治的印度游荡；而其他地方的行政机构也遇到过类似的事件，如 1875 年马来亚的霹雳战争。过分的热忱只会招致反抗。吉卜林在他的诗中把英国统治受到的局限比喻成印度的干线公路。他写道：

> 我们行走的那条公路井然有序，
> 而在它两边不远处，
> 一切都是那么荒凉陌生。

维护帝国的秩序不仅要杜绝麻烦事发生，它还要求严格坚持规章制度。一种强调遵守秩序的文化有利于殖民地的稳定，也可以在一定程度上弥补帝国薄弱的影响。强调遵守秩序体现在英国人的自我认识和他们对臣服民族的态度中。他们的自尊和完备的体制就是由各种社会等级和行为规范支撑起来的，这些等级和规范又是由政府公报、帝国议事日程的安排、白人俱乐部的宗族文化、风靡一时的体育运动以及他们“刚毅”的性格这些因素来巩固的。

合作

即使要实现的目标有限，各个殖民政权也不得不吸收一些当地人参与行政管理事务，以弥补英国海外人员的不足和加强控制被征服民族的能力。越来越多目光敏锐的帝国人士意识到，这种状况已成为限制帝国权力发挥的瓶颈。各地的土著人和克里奥尔人（生于西印度群岛、中美洲、热带南美洲或美国墨西哥湾沿岸各州的欧洲人后裔）社区并不是被动地接受英国影响。他们不仅对英国势力在当地的存在做出反应，还利用自身的权力基础进行活动，追求各自的目标。事实上各个新兴的殖民地社会很少有雷同的情况，这也使统治中的问题更加层出不穷。这些殖民地中有很多是由移民构成，大部分都因民族或种族间的世仇争斗而四分五裂，而有些地方只是地理上的术语罢了。因此，英国当局力图在各殖民地仲裁调解各种纠纷。如在加拿大的魁北克，占人口少数的英国后裔希望遵守英国法律而不是法国法律；而在南非，英国移民和布尔人（指南非的荷兰人等欧洲移民的后裔）之间又在谁的语言和法律应该在当地推行的问题上产生严重的分歧。在亚洲和非洲，当地的统治者经常能够改变帝国发展的道路和殖民占领的模式。在某些地区，如果殖民地官员手中缺乏可直接支配的资源，亚洲人和非洲人有时也可以成功地保留一些重要的传统权力，或是在新的殖民地国家保有一定的地位。甚至在殖民统治非常稳固的地方，帝国的权威也难保不受到挑战。而且，殖民统治越复杂、越先进和越普遍，越是需要对主导殖民统治方向有兴趣的克里奥尔人和本地人的合作。例如，印度就只有通过大量本地官员的协助才能得到治理。这些人在一战后数量大增，并且还被安排在过去全部只能由白人公务员任职的行政部门。

一般来说，殖民地或者由英国官员“直接”统治，或者通过英国人对当地政府的监督进行“间接”统治。在直接统治的地方，如印度和西非海岸，英国官员们一方面雇用当地受过西方教育的职员，另一方面又轻蔑地把他们称为“被剥夺了国民权利的本地人”。而在欧洲人的影响力不够强大

1946年，人们在库马西宣誓对黄金海岸总督效忠。虽然二战后很多非洲人反对酋长的统治并声称有权参与民主政治，但是通过“传统的”酋长们进行的间接统治在黄金海岸的大部分地区仍继续存在着。

间接统治：英国与马来亚苏丹的关系

英属马来亚由九个州和海峡殖民地组成。英国对这些州的控制，主要依靠的是1874－1914年英政府与马来亚苏丹达成的协议，而不是征服和占领。这九个州的居民仍是苏丹的臣民，而英属海峡殖民地的居民则成为英国公民。

类似于英国同印度王公治下各邦的关系，马来亚的驻扎专员或顾问制度确认苏丹为最高统治者，但他们也必须接受英国顾问除了宗教和传统习俗之外在所有事务方面的指导。这种制度事实上并不利于马来政府的正常运转。马来霹雳州的第一任驻扎专员詹姆斯·伯奇就是一个越俎代庖的例子。1875年，他试图接管酋长们传统上享有的税收权，并废除他们把还不起债的人变为奴隶的权力。结果伯奇在一家河滨澡堂中被刺身亡，霹雳州也爆发了一场短暂的殖民战争。这之后的驻扎专员，如休·洛（1877－1899年任霹雳州驻扎专员）就意识到"必须先建立一个能接受英国人建议的政府"。他们都更小心地维持马来亚表面上的主权，然后再建立能满足英国人需要的行政体系。英国势力的存在对马来亚苏丹的地位起着相互矛盾的作用：既提高了他们的地位，又削弱了他们的实际权力。随着马来亚逐渐走向繁荣，苏丹的财富和地位也随之增加和提高，但他们管理政府的权力已经落到了马来亚行政机构的手中。

一位年轻的英国公务员描述了他20世纪30年代被派驻到马来亚东部丁加奴州时的情况。一到当地，他就由马来亚的首席大臣兼国务秘书陪同拜见"苏丹陛下"，"……他是我见过的最尊贵的人"，"他简直就是我所见过的最为显贵的人"。尽管他也感受到"那些丁加奴州的高级官员把英国人的存在视做不可容忍的入侵"，真正的权力还是掌握在他这个指导行政的殖民地顾问和在其他州被称为驻扎专员的手中。他还掌管两个下属机构，一个是土地委员会，另一个是土地税征收处。因为英国官员可以和苏丹指定的法官在高等法院共事，所以他们也就自然地控制了政府的基本职能、土地的分配权、资金的筹措、行政执法；他们还掌管着国家的警察部队、市政工程部门和医疗部门。

1910年11月4日，第一届南非联邦议会在开普敦召开。国王乔治五世的叔父康诺特公爵在典礼上宣读了王室的信。这标志着南非白人争取统一的长期而又艰苦的努力告一段落。

的地方，殖民官员们就通过资助当地传统的统治者——如印度的王公、富拉尼的埃米尔和马来亚的苏丹——来实现他们对当地的控制。间接统治的策略，是由管理北尼日利亚的弗雷德里克·卢加德提出来的，并成了两次大战之间整个热带非洲地区“地方管理”的标准方法。然而这仅仅是为解决帝国疆域广阔却人手不足的难题而采取的较为合理的方式而已。在这些地方，政治官员们是通过非洲的酋长们来进行统治，而这又引发了对酋长的需求。在有些根本就没有酋长的地方——如南尼日利亚或是东非的基库尤人地区——英国人来了个“无中生有”。他们这么做倒是推进了一门新学科——人类学——的发展，却也导致各地的行政官员总把一些种族置于其他种族之上。在印度，英国人被谴责蓄意夸大印度教徒和穆斯林之间的差异，以便更好地控制双方。在开罗，英国总领事通过支持土耳其裔的埃及人来对付埃及的民族主义运动。在尼日利亚，政治官员们偏袒豪萨族，并利用他们打击“沿海非洲人”。而在马来亚，得到恩宠的则是马来人而非移民当地的中国人。与一部分人的合作就要歧视另一部分人，种族成见和歧视变成了管理者工具箱中又一件帮助他们对殖民地“分而治之”的得力工具。帝国给附属国的人们贴上了王公和农民、士兵和雇员、牧民和工人、印度教徒和穆斯林以及“被剥夺国民权利的”（接受西方教育的）和“真正的”（没有被西方影响的）当地人的各种标签。从事地图绘制、人口普查、城市规划、征兵、人种学研究和医药事业的人形成了不同的群体。这些都加剧了殖民地社会的分化，并使当地人的集体意识多元化。

加强控制

英国人对臣服者以及他们的行政行为的看法，往往缺乏统一的标准。他们自己主观地把殖民地的人们划分成不同的群体，并对他们区别对待。然而，四分五裂的社会是无法管理的。因此，不管是在本土还是在殖民地，帝国的管理者们都一直在寻找机会使其附属国的组成部分联合起来，并加强对更广大地区的控制。同时，为了提高行政效率，促进经济发展，加强分布在世界各地附属国的安全保障，并把英国从地方政府的日常杂务中解放出来，他们还设计了建立关系更为密切的联合、联盟和联邦的方案。例如，在1837年加拿大起义之后，英国政府指派达翰姆勋爵任高级专员，监督加拿大政府。达翰姆勋爵提出了（英裔的）上加拿大和（法裔的）下加拿大合并的设想。1840年，这一设想在合并法案通过后得以实现。1867年，又通过英属北美法案，建立了由魁北克、安大略、新斯科舍和新不伦瑞克组成联邦的加拿大自治领。随着几个省陆续加入，联邦政府允许加拿大人开发西部，并遏制美国的扩张。实现联邦的其他计划则耗费了更长的时间。与加拿大大不同的是，澳大利亚殖民地非常珍惜它们各不相同的属性，并断然拒绝了19世纪40年代末殖民大臣提出的成立联邦的建议。然而，19世纪80年代来自法国和德国的扩张构成的国际威胁和接下来十年的经济萧条又迫使它们加强联系。于是，1901年1月1日，澳大利亚联邦（一个中央权力不像加拿大那么强大的联邦）成立了。在南非，加强英属殖民地与布尔人共和国联系的提议早在19世纪50年代就提了出来。然而，布尔人一直拒绝接受，直到他们在1906–1907年的南非战争中战败。战后，原属布尔共和国的德兰士瓦和奥兰治自由邦（战后改名为奥兰治殖民地）重新沦为殖民地，不过在1906–1907年间它们还是被允许实行责任自治。随后，1908–1910年，它们被鼓励直接跳过审慎的联邦方案而接受了联邦宪法（南非联邦）。虽然19世纪70年代和80年代在加勒比海地区促成背风群岛和向风群岛建立联邦的尝试徒劳无功，但是1896年在马来亚的主动尝试却成功地促成了马来联邦的诞生。

1945年后，随着英国准备从帝国退出，它对相邻地区“建立更为紧密的关系”的兴趣，变为更加积极的“建国”尝试。这个任务相当困难，因为英国不愿改变它以前“分而治之”的政策传统和遏制民族主义运动的势力。文职公务员和宪法律师为了维持中央与地方权力、多数人与少数人的权利、国家独立与保护英国利益之间的平衡，设计了一系列精密的联邦计划。虽然他们用心良苦，但这些计划经常不是胎死腹中，就是因难于实施、不切实际而夭折。例如，1935年印度政府法案的一项复杂的联邦计划就变得毫无结果，其原因是印度王公们对印度政客的不信任以及政客们内部的互相猜忌，而这种不信任正是英国过去在印度的统治一手造成的。这种二战后印度不同种族或团体之间政治对立的紧张局面，也使得印度总督蒙巴顿勋爵只有靠分裂印度才使得印度国民大会党和穆斯林联盟之间达成协议。非洲在20世纪50年代到60年代也面临着同样的问题。英国人哀叹他们制定的地区统一计划因各个地区各种各样的政治状况而难以实施。在当地建立国家的方案在“部落制度”面前寸步难行。部落制度这一现象在战前间接统治时期就已产生。英国人把其东非三个殖民地统一起来的计划刚开始实行，就被肯尼亚、坦噶尼喀（坦桑尼亚）和乌干达的民族主义运动破坏了。而1953－1964年建立的中非联邦也因非洲人和欧洲人之间的对立而寿终正寝。更让他们失望的是，在二战快结束前的几个月就开始构思并于1958年成立的西印度群岛联邦，却因为牙买加和特立尼达的分离运动，还没有独立就在几年后土崩瓦解了。不过，尼日利亚经过20世纪60年代末期的血腥内战，马来西亚联邦在新加坡1965年退出后，还是坚持了下来。

一些零散的“要塞殖民地”和“城邦”——如直布罗陀、香港和马尔维纳斯群岛——也在非殖民化的年代中出现了各种特殊的问题。它们的帝国职能曾经是关键的海上通道的监视点、加油站、军事潜听哨和全世界信息交流的联结点。然而，这些地区幅员狭小和易遭攻击的弱点使它们被排除在“国家”行列之外。因此，既然它们都孤悬海外无法与情况类似的地区合并，有人便认为让它们自己独立是不负责任的表现。

权力的展示

由于英国的海外帝国过于分散，它在管理上存在着大量的问题。对帝国言过其实的描述把英帝国称作是幅员辽阔、棕榈与青松并存的日不落帝国。人们注意到了英国的实力和帝国的团结，却忽视了英国权力在各个殖民地和伦敦对帝国的管理中受到的真正限制。有些时候帝国权力似乎已是个负担，然而在更多的时候它可以说是一种幻觉。因此，同一时期那些为英帝国辩护的人才会举出帝国仪式的风光和制度的完美，来为它正名，淡化它的不良影响，掩盖它的缺陷，安抚它的附属国，回击对它的批评。简而言之，他们不辞劳苦地展示英帝国的权威，就是为了把英国的帝国权力可以让人接受的一面展现在人们的面前。

权威或行使权力的权利，最终依赖于一种心态——统治者的自信和被统治者对征服的接受。在大英帝国时代，这主要依赖彻底展示帝国的权力来实现。除了常规但短暂的军事游行和海军检阅之外，帝国的权威还通过各种建筑形式得到了虽不像前者那样耀武扬威但却更持久的体现。公共建筑物成了权力的象征。例如，唐宁街毫不起眼的首相官邸与英国在印度和西印度群岛殖民地政府富丽堂皇的办公楼之间巨大的反差，就体现出了英格兰本土自由放任的状态和殖民政权专制主义之间的天壤之别。

帝国的展示从英国的首都开始。建筑师和帝国的缔造者们重新规划伦敦的重点，目的是提醒英国公民他们肩上担负的帝国责任，同时还要使从殖民地来游览的人们惊叹不列颠的豪华和壮丽。曾于1854年任工程事务部顾问的詹姆士·佩内松爵士就是其中一位颇具想象力的人。佩内松希望建造一座足以让巴黎、罗马和威尼斯自惭形秽的帝都。“在我看来，首都是属于帝国的。……（而且）帝国也应当……美化它的首都。……伦敦每年大概要迎来数以百万计本土之外的帝国公民和外国游人，而在帝国中的每一个人都会对（它的）市容……（它）开放的空间和公共设施产生兴趣。”一个世纪后，丘吉尔也表达了类似的看法，他期望有一天“从中央大厅到议会大厦和从乔治大街到威斯敏斯特教堂之间的整个地区都（会）被夷平，取而代之的将是一座足以体现伦敦在英帝国崇高的中心地位的广场”。当时的丘吉尔和他的帝国都已到了耄耋之年。如果他的方案付诸实施，那将会成为一种反对革新的表示，就像艾德温·勒琴斯爵士和赫伯特·贝克爵士1912年开始对新德里的重建一样。英国管理帝国的机构散布在威斯敏斯特和白厅周围，那些松散的建筑结构或多或少地表明，英国本土在两个世纪的海外扩张与收缩中对殖民地的承诺以及控制海外英国人活动的能力也在不断地变化。虽然英国首都在市政规划建设方面没有像巴伦·奥斯曼这样杰出的人才，但那些建筑物还是使人想起英帝国的过去，从特拉法尔加广场到滑铁卢车站，从伦敦各广场的纪念雕像到马休·怀亚特在印度事务部

达累斯萨拉姆的政府大楼

坦噶尼喀（坦桑尼亚）是一战期间英国人从德国人手里夺来的。1922年，英国人在原德国总督官邸的旧址上建造了这幢威严的具有“摩尔风格”的政府大楼。

君主、议会和法律

18世纪以前，殖民地由英王直接统治，英王在枢密院的近臣实行对殖民地的控制。在新殖民地的英国移民也把英国的普通法带到了当地。同时，被征服地区民族原有的法律经过英王批准，也可以得到保留。殖民地的立法会议制订的法律要通过枢密院得到英王的认可。这些原则在之后的帝国中仍在应用。此外还有一个比较复杂的情况出现。从18世纪开始，英国议会为了显示对政府工作的参与权，也开始介入殖民地事务。管理殖民政府的官员在名义上虽然还是代表英王的大臣，事实上已是管理殖民地的首脑人物。殖民大臣实际上是对议会负责，而对殖民地政策方面的重大问题都由内阁裁定。不过，枢密院在审查地方法律和作为殖民地法院的最终上诉法庭，仍行使着其皇家特权，直到帝国终结为止。

18世纪开始，英国议会也为殖民地制订法律，并在一段时期试图向它们征税。不过议会在1778年放弃了对殖民地的征税权，而对殖民地的立法权一直保持到殖民地的独立。在自治领，情况则有所不同。1931年，议会通过《威斯敏斯特条例》，放弃了这些权力。只有重大问题，如影响到殖民地宪法制定的问题，才能成为英国议会立法的对象。一般来说，议会都把当地的立法权交给当地的立法机构。

殖民地法律的发展大致都遵循了历史上确立的方式方法。英国的移民把英国的普通法带到了殖民地，并在立法的过程中加以改进，以使之适应当地的条件。其他被征服并合并入帝国的民族的法律传统也得到了利用，如南非的罗马－荷兰法、印度和马来西亚的伊斯兰法、印度的印度法，还有在非洲某些地区传统的“部落法”。地方法律体系的发展是极其复杂的。运用英国的原则时不可避免地要有选择性地利用其他法律，而这些法律的机制并不总是很好地为人所理解。

由此而产生的法律，经常是一种英国与非英国传统的混合物，就像著名历史学家托马斯·麦考利于1835年开始编撰的英印法典一样。这些法典成为现代印度法律的基础。通过让殖民地自己利用立法机构制订法律，并给予他们裁决权，英帝国形成了一套庞大的、多元的法律体系。它是包括了英国成文法、英国普通法还有各地传统法律的汇编。维多利亚时期坚忍不拔的旅行家伊萨贝拉·伯德曾于1879年英国建立顾问制度的初期，游历了马来亚各州。她说：“在我们的米字旗下存在着一个出奇混乱的法律体系。”在这里伊斯兰教和苏丹就是正义源泉的信仰是使事物复杂化的因素，尽管马来亚的传统当局保留了它们的习俗和宗教，但是习俗和宗教法的影响范围越来越受到殖民制度的限制和界定。

然而，英国人还是愿意相信，有一些原则——如法律面前人人平等、司法独立以及法制——是针对所有人的。历史学家得出的结论肯定与上述说法大相径庭，非洲新的统治者们从英国人那里学到的却是“法律是由国家的一系列指令构成，是实现目标、行使权力的首要手段。殖民时代没有给公民提供运用法律捍卫自身权利的基础。”

托马斯·B.麦考利

麦考利是政治家、文学家，在印度任职期间（1834－1838年）编纂了印度刑法法典。

堂皇的接见室，都是如此。大英博物馆、自然历史博物馆、科学博物馆和基尤花园，则是帝国另一种形式的纪念建筑。这些艺术财富和科学的殿堂，都反映了英国在海外的扩张和吞并。在展示世界知识的同时，这些永久性的展品也体现了英国人能够控制世界的信心。

英国宪法与帝国

帝国权力的展示有各种途径——或许帝国的真实性和合法性越是受到质疑，这种展示也就越发活跃。然而，显示英帝国的权威——对象是英国本土的公众和帝国海外被统治的人民——也可以通过标榜统治者的道德风范和政府机构的高效率来实现。1859 年，西德尼·史密斯·贝尔写道："大不列颠的权力……是完全建立在我们国人的道德、社会和政治素质上的。国人的这些品质也是他们拥戴的政府机构所鼓励和提倡的。"与外国人相比，英国人总是自视甚高，他们喜欢把自己的帝国统治和其他欧洲国家的帝国统治，甚至那些只会互相征战的非欧洲国家犯下的暴行进行对比。

1903 年德里觐见仪式

在觐见仪式中，臣服者向他们的统治者致敬，而统治者或他的代表在庄重的阅兵仪式中出现。英国人给印度王公们举行了大量的此类觐见。这里展示的是臣服者们骑着大象游行，向他们的统治者敬礼。1903 年，为庆祝爱德华七世即位登基，总督寇松勋爵代表国王出席正式觐见。1911 年，乔治五世亲自参加了最后一次大型的觐见仪式。

英国人的上述优良品质深受其法律和传统的尊崇，也得到王室、议会和法庭的支持。据称，殖民地人民可以通过从殖民地直达枢密院司法委员会的上诉渠道，使不公正和独断专行得到王室、议会和法庭的纠正。(这个委员会负责帝国各地区各种各样的法律体系。随着殖民地逐渐走向自治，他们撤回了向司法委员会上诉的权利，虽然有一些地方直到独立后都还保留着这种权利。）法律的准则——也就是国家的每一个机构理应一视同仁地公平、公正地对待所有的人，对他们运用适当的程序——可以巩固权威。英国人相信，只要法律处于至高无上的地位，就不会出现专制独裁的政府。

英国权威最强有力的象征就是它的君主。帝国和英联邦所有的人都有

1935 年，纪念乔治五世即位 25 周年的尼日利亚手工织布，这种带有蜡染图案的名为“adire”的手工织布，是整个帝国处在君主统治之下的一个明证。传统的伊斯兰图案加上了国王和王后玛丽的头像。

义务向英王效忠。从迪斯累利到丘吉尔历任英国首相都巧妙地利用了这一群主形象。尽管维多利亚女王曾因丧夫隐居温莎堡，离开了民众的视线，她仍被冠以印度女皇的显赫称号，甚至被称为其所有子民的“伟大的白人母亲”。19 世纪，古老的传统被重新发现，哥特式风格得到了复兴，人们似乎又回到了亚瑟王的荣耀时代。而对与远古历史有联系的帝王的崇拜，也是这股风潮的一部分，邮票上、钞票上、奖章上甚至是在硬币上都刻印上了君主的肖像。忠于王室的臣僚或重要的支持者可以获得新设立的勋章，如授予最杰出人士的圣麦克尔和圣乔治勋章（1818 年），授予最高贵人士的印度之星勋章（1861 年），授予最卓越人士的印度帝国勋章（1868 年）、维多利亚勋章（1896 年），以及授予最优秀人士的英帝国勋章（1917 年）。加冕典礼，封爵仪式，王室接见，围绕着国王生日和加冕周年纪念（如在 1887、1897 和 1935 年）所进行的一系列庆祝活动，与进入 20 世纪之后的圣诞广播、皇家巡游和帝国日等一起成为帝国的传统。

君主是本土与海外稳定、团结和秩序的象征。同时，议会作为反对独裁统治的民权保护者，也象征帝国内的自由。虽然已经取消了对附属国日常事务的控制，然而对那些专注于英国世界霸权和致力于保护帝国臣民的

1909 年，南非有色人种和非洲人赴英代表团

当白人政治领袖们把新南非联邦的宪法草案带到英国以求得到批准时，针对草案中诸如非白人不能成为新议会成员等条款，一支由有色人种和非洲各政治组织成员组成的代表团也来到英国呼吁英国人主持正义。代表团由一位思想开放的白人政治家 W.P. 施赖纳率领。但他们没能争取到让步。

人来说，议会永远都扮演着极其重要的角色。忠于英王的大臣、公职人员和军官对议会负责；而议会的议员要为帝国臣民的权利和利益负责，无论他们有无代表在议会之中。例如，议会可以对在殖民地违法乱纪的官员追究法律责任，就像18世纪70年代罗伯特·克莱夫两个世纪后对狱警在肯尼亚侯拉营暴行的惩罚。正是由于议会采取行动，奴隶制最终在英帝国内被废除。而也是因为有了议会的榜样，早期的白人自治领和后来其他地区温和派的领导人才开始争取自决权。

那些寻求解决殖民地疾苦冤情的人总是愿意相信英国议会。除了爱尔兰地方自治党，很少有殖民地的政治家能赢得在议会的直接代表席位。1892－1895年，三度任印度国大党主席的瑙罗吉作为自由党的一员进入了议会。而1895－1905年，伯纳戈理则以保守党成员的身份在议会供职，并积极支持南非贫困的印度人的事业。S. 萨克拉瓦拉放弃其家族企业塔塔钢铁厂优厚的待遇，曾先后加入过自由党、工党和共产党。20世纪20年代，他以工党（后来还以共产党）候选人的身份被选为议员。

另外，还有很多地区的民族主义运动领导人试图通过向政府的大臣们请愿和游说议会议员来影响议会，他们以为只要说服那些制造障碍的管理者，一切都会好起来。例如，1914年，J.W. 杜贝就代表非洲国民代表大会反对南非通过的限制非洲黑人购买土地的议案，但没有成功。与此类似的是，1918年，以帕夏为首的埃及民族主义者代表团来到伦敦，要求取消英国对埃及的保护权。20世纪30年代，印度国大党的领导人与英国工党的许多政治家特别是艾德礼、克利普斯和拉斯基等人建立了良好的关系。结果在50年代和60年代，议会中的工党议员就对亚非民族主义者们发起的争取殖民地自由的运动采取了支持的态度。

通过设定标准——无论标准是多么不严谨和不明确——英国议会密切注视着英国人的海外活动，为帝国在世界广大地区的统治辩护。托管统治这个概念是议会在弹劾沃伦·黑斯廷斯期间首次提出来的。据说黑斯廷斯任印度总督期间（1774－1785年）施行暴政和贪污腐化而被起诉，但最终被判无罪。自那之后，议会的议员就经常申明他们作为附属国托管人应有的责任，直到帝国在非洲统治的终结。当时伊诺克·鲍威尔曾声称："我们不能，也不敢在非洲的任何地方履行责任时降低我们自己的最高标准。"

所谓“威斯敏斯特模式”的影响力，从它轻易地被海外各地所借鉴就可以看出来。英国人是出于维护帝国统一的目的而出口这种模式的，然而这却得到了那些寻求摆脱帝国压制的民族主义者们的热烈欢迎。在他们看来，英国议会就是自由的化身，虽然在各前殖民地出现的成文宪法、联邦机构和一党制根本不能算是英国议会的翻版。

印度总督寇松勋爵

寇松被描述为“印度历史上最伟大的行政长官”。他对英属印度应怎样发展具有远见卓识，但无视印度人在印度发展中发挥的政治作用。

“英国的霸权地位应该永远不变”

在长达两个世纪的时间里，英国的政治家们从专制的角度或自由的角度，或有时同时从这两个方面，为帝国的存在进行辩护。那些视独裁为帝国优点的人坚持认为，帝国使统治者或“保护者”承担责任，为被统治者服务，使他们对帝国俯首帖耳。而把帝国看成是自由国度的人则声称帝国能够使殖民地的人民获得自由，免受那些自命的领导者、外国冒险家和放纵的英国殖民主义者压迫——这些人只能算是一群“目无王法的下等货”罢了。帝国的支持者们还举出了许多例证。如，英国人的统治比法国人、荷兰人、德国人和比利时人的统治好得多；帝国把亚洲人民从他们的东方专制君主的统治下解放出来，使非洲摆脱了野蛮的习俗，使毛利人免受移民者的掠夺，还保护英国的白人定居者不受来自国际上的侵略。寇松（印度总督，1898－1905 年任职）曾说：“纵观整部世界历史，没有什么东西能比英帝国更伟大了。对于实现人类福祉来说，它是多么好的一个工具呀！”这种夸耀得到了具有鲜明个性的各个自治领总理们的响应。其中，亚历山大 · 麦肯齐（1873－1978 年任加拿大总理）就认为：“英国的霸权地位应该永远不变，因为它意味着世界的自由平等，它能使我们摆脱任何有辱人格的事情。”帝国的另一位支持者，威廉 · 休斯（1915－1923 年任澳大利亚总理）也认为：“离开了帝国，我们会像瓶塞一样被国际政治的激流抛来抛去。帝国无疑是我们的利矛和坚盾。”

英国的各个主要政党对帝国有着不同的看法。保守党认为帝国代表权威、秩序和良好的统治；而自由党则希望，帝国为其自身缘故应将殖民地演变成自治的社会，将帝国演变成英联邦。19 世纪 30 年代，政治家兼历史学家托马斯 · 麦考利曾计划通过教育将印度英国化，他预言有一天英国将移交权力。70 年后，来自自由党的首相亨利 · 坎贝尔 · 班纳曼也多次声明：“多好的统治也不如自治。”尽管对于帝国的使命有来自权威主义和自由主义两方截然不同的解释，但历届政府都不愿意结束帝国的统治，即便英国政府已经有能力把握附属国政治的走向，但它还是要做出一定的让步，其程度要与物质进步、社会稳定和附属国人民的政治成熟度相一致。由自由党、保守党和工党领导的历届政府都更愿意殖民地的人民“通过帝国获得自由”，而不是“摆脱帝国来获得自由”。

摆脱帝国的统治

不管帝国的形象被粉饰得多么美好，总有一些人持怀疑态度。“谎言是大英帝国的中心支柱之一”。J. 纳拉扬曾这么说过。他在印度国大党享有重要的地位。对于那些不齿外国软硬兼施的统治手段、抨击帝国骗人宣传的人们来说，在帝国统治下的自由远没有摆脱帝国后的自由那么诱人。的确，像甘地这样宁可被看作是叛乱者也不做臣服者的人，他们的目标就是争取整个国家的自由。

英帝国要被一系列单一的民族独立国家所代替，这些国家几乎都是以英国人建立的殖民地为基础的。殖民地的民族主义运动必然成功，人们可能理所当然地认为，虽然在那个时候很少有英国人能够预料到这种结果。他们对何为“民族”的看法通常依据的是德国、意大利甚至是爱尔兰在19世纪的民族主义运动——通过这样的运动，一个拥有共同的语言、历史传统或是同一种族认同感的民族可以恢复或获得独立。然而，若以这些标准来衡量，大部分殖民地的人民显然不能构成民族。在非洲，大批不同民族来源的人被欧洲人简单随意的条约划进了新的殖民地区。印度是一块拥有许多不同语言及宗教人群的次大陆，它的边界是由英国征服的界域决定的。决定移民殖民地民族最终命运的是他们与本土的英国同胞的更亲密的关系，而不是独立的国家地位。

不过，英国的殖民统治也为统一提供了一些基本要素：一个单一的政府；对非欧洲民族而言，或至少对他们的精英人士来说，英语是共同的语言。因此，由外来列强建立的殖民地就变成聚集在同一疆界内种族成分十分混杂的人表达忠诚、寄托理想的主要对象。各民族支配自己事务的强烈愿望逐渐转化为接管统治他们的殖民政权的行动。意见不同的各个派别都在施加强大的压力：有的倾向于把已有的殖民国家分裂成较小但由相同民族构成的国家；而有的则倾向于把这些国家合并为更大的国家实体，如非洲统一运动和穆斯林统一运动所要求的那样。然而，除去少数例外（最明显的是 1947 年的印巴分治），各殖民地的民族主义运动都实现了建国的目标。

移民定居者的自由

英国的海外移民都下意识认为自己仍然是英国人。他们为了保护自身的权利和自由常常抵制来自帝国的干涉和伦敦的中央集权，然而，他们还是希望并经常要求英国给予军事和经济上的保护。早期的英国移民定居者们坚定不移地对他们的祖国保持忠诚。不管他们移民的原因是什么，在澳大拉西亚的英国移民心中英国始终是他们的故乡。这种情结一直延续到 20 世纪初。从 1900 年开始，东部和中部非洲的白人农场主们在对王室效忠的同时对英国政府持批评态度，因为政府辜负了海外英国人对它的期望。在其他促进自治领独立意识形成的因素作用下，与英国文化和血缘上的联系逐渐地淡薄了。

另一方面，爱尔兰人、法裔加拿大人和南非布尔人对帝国进行了更为坚决的抵制。这些社区的特性源于它们的非英国传统，并且在对英国统治的仇恨中得到了深化。1837 年，法裔加拿大人掀起了一场全国性的反抗殖

1837 年 11 月，英国军队与法裔加拿大人发生冲突

19 世纪 30 年代，因为当地政治家与英国总督间的矛盾以及经济衰退导致农业经济困难，说法语的加拿大地区动荡不安。1937 年和 1938 年，一些农民拿起了武器。在这次动乱中 70 多名叛乱者在圣·尤斯塔斯村被杀害。

民当局的运动。1836年后的10年间，布尔人试图大规模地迁徙以摆脱英国的控制；1881年和1899－1902年，他们与统治帝国的英国分别进行了两场民族主义战争。爱尔兰不能仅仅算做一个被占领的附属国，它其实也是一个母国——整个帝国和全世界居住着大批爱尔兰移民，他们对爱尔兰争取独立的斗争表达了深切的同情。爱尔兰争取独立的斗争目标及其意识形态，与在欧洲大陆上寻求意大利统一和摆脱哈布斯堡王朝统治的民族主义运动所具有的精神非常相似。1919－1921年，英国与爱尔兰的战争结束后，新创立的爱尔兰自由邦得到了与加拿大一样的自治领地位（爱尔兰人不愿意效仿其他自治领）。爱尔兰的民族主义者们并不认为英联邦成员的身份给了他们完全的自由，就像一位新芬党领导人麦克尔·柯林斯当时所承认的，他们接受现阶段的自由是为了将来完全的自由。之后，爱尔兰退出英联邦，并于1949年成立完全独立的共和国的历史就证明，他们一直在努力消除君主和帝国对自治领地位的残余影响。

非欧洲人的反抗

就非欧洲人对帝国统治的反应而言，当时的英国人一般都对那些“未开化”的民族，如被欧洲人夺走土地被迫背井离乡的澳大利亚土著人、南非好望角的科伊科伊人持轻蔑的态度。他们也同样瞧不起那些要求复兴传说中前殖民时期黄金时代的对手，例如他们对毛利人的“国王运动”和印度1857年大起义的态度就是如此。此外，直到他们为了英国的利益被迫与那些人谈判时，他们还把对方的政治领袖看作是自私自利的麻烦制造者。殖民地社会（有关他们的争论一直延续到至少20世纪40年代）不能算是国家，而只是数个民族或部落的集合；英国统治者与当地的统治者（酋长或王公）合作对他们进行管理是最有成效的。而那些自封的民族主义者被视为特殊利益集团。这些人在自己的社会里无法立足，但他们非要把他们在英语学校学到的外国思想错误地应用于同样的社会，要不就别有用心地在他们没有文化的同胞中制造过时的恐惧感。殖民当局不仅拒绝承认被他们与这些民族主义运动之间存在任何关系，他们镇压了这些“零星”的抗议，而且还诋毁任何形式的反抗，如使用“强盗行径”、“土匪行为”或“哗变”等贬义词，甚至还列出了主要对手的黑名单。温斯顿·丘吉尔曾嘲笑甘地是“赤裸裸的骗子”。1949年，黄金海岸（加

酋长领袖 W. 塔米哈纳

酋长和他的步枪象征着毛利人对夺取他们的土地、破坏他们的自主权的那些欧洲人——来到新西兰的欧洲人越来越多——的反抗。反抗导致了1844–1872年一系列的战争，其间约2000名毛利人、560名英国人战死。

纳）总督克拉克爵士刚一上任就把恩克鲁玛称作“我们当地的希特勒”。而雷尼森爵士（1959–1962年任倒数第二任肯尼亚总督）则一直把被关押、后来成为独立后的肯尼亚第一任总统的肯雅塔叫作“走向黑暗与死亡的领袖”。

然而，帝国终结之后，历史学家们对殖民地的民族主义运动的起源做了更为深入的研究，以便查明大众抗议的漫长历史和“传统的”抵抗运动（没有明确提出要建立国家）与“现代的”民族主义运动（提出了要建立新国家）之间的联系和相同之处。有三个事例对他们的研究很有帮助：毛利人的“国王运动”，1857年的印度大起义，还有1886年后的缅甸“平叛”。

毛利人的民族主义运动是由土地纠纷引起的，并因种族冲突而持久不衰。《韦坦吉条约》（1840年）的本意是消除毛利人与白人定居者在土地的占有、使用和销售方面的分歧，结果却导致了长达30多年的武装冲突。在土地和精神上被双重剥夺的情况下，1854年（值得注意的是，同年第一届由移民者根据新的章程组成的议会在奥克兰成立）各地的首领在南塔拉纳墓的马纳瓦普开会，发起了毛利民族主义运动。之后由波塔图一世领导的“国王运动”一部分是为了从毫无秩序的部落制残余中重建传统秩序；另一部分，如果不是故意模仿的话，则是对欧洲人设立政治机构做出的反应。“国王运动”使毛利人得以在后方抗击欧洲人的进攻，但是旷日持久的战争击溃了他们继续抵抗的意志和能力。1860年金吉（Wiremu Kingi）无可奈何地写道：“虽然我的人民和我可能会死，但我们是为了新西兰而牺牲的。”

1857年的印度大起义与其说是兵变，不如说是一场平民性质的反抗斗争。但是，虽然这次起义参与者众多，却缺乏团结和共同的目标。反抗的意识中掺杂着印度教的振兴、伊斯兰教的复兴、莫卧儿王朝的复辟，甚至农民要过太平日子的简单愿望。不难推断，加入这场浪潮的人都只不过是印度过去各种传统的代表而已。不过，毕竟改革和变化的风潮已经影响了当时印度教和伊斯兰教的主流。那些默认英国统治的人也不完全都是有远见、致力于“现代主义”目标的合作者。与此相反，许多在英军阵营里的印度职业军人都因为自己和英国政权发生了联系而感到耻辱。总之，范围广泛但支离破碎的起义特点，主要可以通过当地的环境和对个人的自我利益的现实评价来解释。最后，既然20世纪20年代到30年代的农民运动中

DOTH YE REMEMBER O' KRISHNA! THY PROMISE MADETH IN GITA.
YES MOTHER I REMEMBER. THE GULF IS BEING PAVED. A LITTLE MORE SACRIFICE & THE ROAD COMPLET
RIGHT
PATH TO LIBERTY

有1857年起义的影子，那么印度1857年之前的反抗与印度19世纪末及20世纪的民族主义运动不是完全没有联系。

缅甸的情况属于第三种类型，那里的传统抗争形式和“现代”民族主义运动融为一体。尽管英国人在1885—1886年间很快就占领了曼德勒，并废黜了国王提巴奥，把缅甸划入了印度的统治范围，但这个国家经过了五年的战争才被征服。之后英国还在当地部署了3.2万人的部队和8500名军警，以镇压当地的游击队。缅甸王室统治暴虐是英国人动武的主要借口，然而，贡版王朝的垮台对缅甸人来说却意味着佛教世界的终结，而且这也引来了大批的王位争夺者。英国人摧毁了缅甸的社会等级秩序，实际上激起了佛教徒领导的武装抵抗。英国人刻意地淡化了这场斗争带来的影响，但是佛教徒们又继而煽动起了农民的叛乱。其中最引人注目的就是20世纪30年代经济萧条时期，沙亚·桑（从前曾做过和尚）以护身符和魔咒为武器，鼓动农民在伊洛瓦底江三角洲发动的叛乱（1930—1932年）。他向农民们承诺可以重回当年繁荣的黄金时代并恢复国王的统治。这种情况与1857年的印度颇为相似，但是在传统和现代的民族主义运动之间并没有一条明显的界线。农民们揭竿而起是由税收、高利贷和过低的米价引起的；他们的主要斗争对象是那些殖民统治者和印度的高利贷者，沙亚·桑本人并不仅仅靠反动的迷信来鼓动群众，他也在更现代的反殖民主义的运动中积累了经验。这些人掀起的运动就像帝国其他地方的民族主义运动一样，既具有城市的、世俗的和激进的特点，也深受印度国大党的影响。

现代民族主义运动的发展

尽管现代与传统的民族主义运动之间有很多共同之处，但现代的民族主义者们更多地还是以他们的积极变革、接受殖民国家的体制和框架及采纳外来思想和政治手段而声名远播。在帝国非欧洲人定居殖民地之外的地区，首次建立并为其他地方的现代民族主义运动提供灵感的政党就是印度国大党。始创于1885年的印度国大党，基础广泛，包含了大批植根于印度各省的政治团体，如英属印度协会（建于1851年）、德干协会、马德拉斯同乡会和孟买管区协会等。一战之前的国大党由杰出人物组成，它以城市为活动中心，是所谓的亲英派。虽然提拉克（B.G.Tilak，19世纪90年代到一战期间印度西部出色的民族主义运动领导人）倾向于靠武力解决独

印度议会名为“通往自由的正确之路”的海报

这幅海报采用印度习语以表示对民族主义运动的支持。印度各界人士正在走向自由，但自由之路的桥梁被破坏了，甘地和尼赫鲁等人被关进了地牢。印度教的克利须那神告诉印度母亲，只要再做出少许牺牲，自由之路就可以被修复。

立问题，但总的来说，国大党寻求与印度统治者的合作，并且避免参与平民主义者的社会宗教运动。同时，它还缺乏广泛的支持、精密的组织和明确的思想体系。作为一个松散的组织，它的成员只能在地方政治上发挥影响力，而且在国家组成和如何建国的问题上往往各持己见。虽然它最终成功地抵制了寇松分裂孟加拉的意图（1905 年），也没有在 1909 年的《摩尔利－敏托改革法案》中做出宪法上的让步，但在 1914 年之前，无论是对印度人还是对英国人，国大党的影响都不是很大。

然而，第一次世界大战及其后果改变了国大党。到 20 世纪 20 年代早期，国大党已经在甘地的启发下有了自己的章程、组织和民众支持。最引人注目的就是国大党人已具备了自治的意识。政治上的优势极大地帮助了国大党。1937 年，按照 1935 年的印度政府法案，国大党通过第一次大选建立了 11 个省中的 7 个省的政府（1939 年增加到 8 个）。在 1942 年拒绝了丘吉尔特使斯塔福德 · 柯利普斯以及 1946 年拒绝了英国内阁代表团先后两次宪法建议后，国大党于 1947 年 8 月 15 日赢得了印度的独立（巴基斯坦脱离印度）。

一战之后，国大党加快了政治改良和宪法改革的步伐。此外，国大党的目标、方法和成就鼓舞了帝国内其他地区的民族运动（如成立于 1918 年的西非国民大会）。印度独立后的总理尼赫鲁是不结盟运动的主要发起人，并积极支持英属非洲地区的独立运动。

但是，如果说帝国的终结就等于民族主义对帝国主义的最终胜利，那就忽视了两者之间关系的复杂性。第一点要说明的是，民族主义运动都是在帝国体系内发展的。在发展的过程中，民族主义运动不仅经受了外来统治造成的不公正和艰难；帝国提供的经验和设施也培育了它，激发了它强烈的政治愿望和抗议，塑造了它的政治特性，使民族主义者拥有了表达思想和鼓动民众支持的手段。印刷的普及，初等教育到高等教育的扩大，公路、铁路、邮政和出版业的发展——所有这些都是在殖民统治下实现的——也促进了民族意识的觉醒，有利于民族主义者培养政治领导和动员群众的才能。

第二点要注意的是，殖民地的民族主义运动并非铁板一块。它们既是当地的环境、派别斗争、文化与宗教的复兴以及不同种族间的政治对抗的产物，又被这些东西弄得四分五裂。民族主义者们在合作争取独立的同时

甘 地

早在 1909 年甘地就阐述了他的原则。在一篇题为《印度的自治》的政治短文中，他写道：

1. 真正的地方自治就是自我治理和自我控制。

2. 实现地方自治的途径就是消极抵抗；就是灵魂的力量或爱的力量。

3. 为了彻底地发挥这种力量，抵制英国货（自给自足）从各方面来说都是必要的。

4. 我们所做的一切都是理所应当的。这并不是因为我们反对英国人或是想要报复，这只是我们的职责而已。假如英国人取消盐税，恢复我们的货币，让印度人担任最高职位并撤走英国的军队，我们当然也就不会使用他们的机器制造的产品，不必使用英语，也不需要他们那么多的企业。值得注意的是，其中许多东西在本质上是有害的，所以我们抵制这些东西。我对英国人并无敌意，但我痛恨他们的文明。

甘地终其一生都坚持他阐述的原则。他是印度第一个也是最重要的伦理学家以及宗教和社会改革家。政治只是改造印度道德和宗教的一个手段，它本身永远不是目的。他希望看到的印度是从它的传统中新生的印度，而不是一个中央集权的“现代的”、“发达的”和世俗的工业社会。甘地理想的印度就像是众多小村庄中的一个，其成员自由承担相互的义务并凝聚在一起。

这样的印度在殖民统治下是不可能诞生的，因此必须对英国人奋起反抗。但以暴力来反抗英国人无异于犯罪，所以必须以爱和真理来反抗他们。大量的反抗运动必须严格恪守非暴力的原则，以此来展现真理的力量。不公正的法律必然被推翻，然而从事这项事业的人必须做到接受惩罚或暴力也不回击。

尽管政治只是他的次要活动，甘地作为政治组织者和群众运动的指导者仍有着很高的天赋。这些天赋体现在从 1919 年开始的一系列示威中，并在第二年的不合作运动、1930−1931 年和 1932−1934 年的非暴力反抗运动以及 1942 年的脱离英属印度运动中表现得淋漓尽致。对他来说，运动本身可能比要实现的目标更重要。他对目标看得很淡——他寻求的是真理，而不是政治解决办法，而真理是很难找到的。他很厌恶印度的独立要通过所谓的分治来获得，因此拒绝参加 1947 年最后阶段的谈判。即使在 1948 年遇刺后能大难不死，他也不会喜欢独立后国大党执政的政府力图建设的现代工业化的印度。

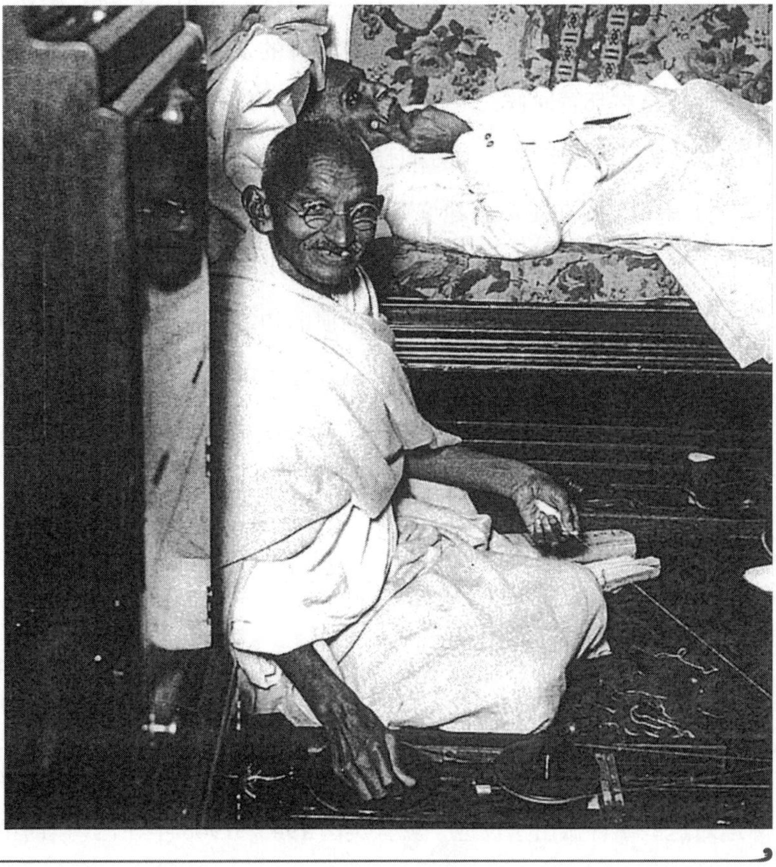

甘地在纺线

也为斗争的胜利果实而争论不休。例如在马来亚，马来人与华人之间的种族对抗的激烈程度可以比得上当时的共产主义危机，而马来亚也是在这种过程中走向了1957年的独立。在黄金海岸独立前夕，恩克鲁玛的人民会议党同阿散蒂和北方地区的民族还在为最高权力争斗不止；在塞浦路斯，希腊裔人掀起的回归希腊运动也引起了土耳其裔人的不满；而在印度次大陆，由印度教信徒把持的议会取得的成功导致了印度教徒和穆斯林的地方自治主义，激起了穆斯林联盟反民族主义的运动。加纳、马来亚和塞浦路斯成为统一独立的国家，然而英国人却没能阻止印度次大陆的分裂。帝国经历不是催生地方自治主义和反民族主义的根源，但却使它们变得更为严重。地方自治主义和民族主义阻碍了民族主义者的团结，在英国人很明显要离开时，使一个又一个殖民地的内部各派力量为继承权争斗不休。

第三，民族主义运动在终结帝国的过程中是否具有重要意义本身就值得质疑。与英国承受的其他压力相比，民族主义运动的重要性究竟如何？直到地方危机爆发之时，对各个特定的殖民地的政策主要是由英国在经济和国际上的需要决定的；各个地区的方案也都从安全、经济活力、社会凝聚力和政治成熟程度等方面进行了充分合理的评估。但是，越来越多的事件迫使英国人进行妥协，最终放弃有步骤的发展、缜密的方案和长远的规划。即使是在那种时候，对殖民当局的影响还是来自于殖民地人们违法乱纪的危险，而不是民族主义者的强烈要求。例如在1946年，倒数第二任印度总督韦·L.维尔勋爵就建议英国撤出印度。这不是因为迫于民族主义运动强大的压力（相反，当时的国大党和穆斯林联盟正陷入政治僵局），而是因为英国在印度的统治已经处于崩溃的边缘。既然国大党和穆斯林联盟都希望完整地继承帝国的传统而非陷入无序的状态中，当英国首相克莱门特·艾德礼指派蒙巴顿在1948年6月1日之前促成印度独立时，他们就很快地坐到了谈判桌前。

暴力活动和帝国的终结

如果按照英国人自己的意愿，他们很可能会缓慢地行事——考虑到殖民地对英国的重要性，他们会为殖民地制订一个并不紧凑的计划，以使它们逐渐走向独立。然而，各种暴力事件和动乱加速了这一过程。政府很实际地对这些事件做出了反应，就像英国1945–1948年在巴勒斯坦的表现一

1955 年，塞浦路斯一家邮局被烧毁

从 1878 年开始，英国就统治着希腊人占多数、土耳其人占少数的塞浦路斯。到 20 世纪 50 年代，大主教 A. 马卡里奥斯为了意诺西斯（Enosis 希腊文）——希腊的统一，领导塞浦路斯的希腊人发起了一场声势浩大的运动。英国不愿意对这场运动做出让步，因为这涉及英国在塞浦路斯具有战略重要性的基地和与土耳其保持良好关系的需要。1955 年，一个名为“埃奥卡”的恐怖主义组织开始了不断的爆炸和刺杀行动，而英国人则以军事镇压和驱逐大主教出境作为回应。1960 年，双方达成协议，塞浦路斯独立，同时英国仍将在岛上保留基地。

样。工党政府不愿意看到巴勒斯坦被分裂，而又对解决犹太建国者和阿拉伯人之间的冲突不抱任何希望，就干脆把托管权交还给联合国，并于 1948 年 5 月撤出了巴勒斯坦。

总的来说，暴力事件并不是民族主义者们蓄意煽动的。即使是曾被英国当局监禁的马卡里奥斯大主教和肯雅塔也只是分别间接地与塞浦路斯的埃奥卡叛乱和肯尼亚的茅茅暴乱有联系。而马来亚的民主主义运动领导人拉曼则公开表达了对共产党暴动引发的暴力事件的反感。但是民族主义运动也确实从动乱中得到了好处，因为英国不想长时间地坚持反对使用暴力。从短期来说，在塞浦路斯、肯尼亚和马来亚的危机延缓了宪法改革的步伐；但是从长远的角度看，这些危机也缩短了殖民统治的寿命，从而使那些“温和派”和“非暴力人士”从中获利。暴力与非殖民化的联系在黄金海岸更为直接：1948 年 2 月的阿克拉暴乱通常被视为一个转折点，它们为恩克鲁玛的上台铺平了道路，同时也招致了英国采取更加过激的政策。不过，就伤亡和破坏程度来说，这些由神经紧张和绝望引发而没有经过预先计划的动乱，其规模远不如战后帝国其他地方的暴力事件。

在 1957 年 3 月 6 日加纳的独立庆典上，恩克鲁玛和他的同志们带领着群众高喊："自由，自由，自由！"他们在英帝国终结后得到了何种自由呢？有些人会说独立后其实没有发生什么变化，至少没有马上发生变化。的确，非殖民化进程被解释为帝国主义的另一种形式。在此进程中，英国只是企图以非正式的帝国代替正式的帝国，用其经济、外交和文化的影响代替直接的殖民统治。当然，英国政府也确实尽了一切努力使它以前的殖民地保持在英镑区、多民族的英联邦和英国全球防御网内。同时，原来的殖民官员在当地独立后仍然留了下来，在关键的部门担任外籍顾问。英国的这些做法也因此被人们指责为"新殖民主义"。此外，帝国遗留下来的国际边界、政府机构、经济方案、法律和语言，都阻碍了新独立的政权一切从头开始——也没有多少新独立的政权在帝国结束后愿意在他们的蜜月期中推行任何改革性的措施。言论自由在一个又一个国家中被压制；经济基础被侵蚀；议会和民主进程屈服于军政府的统治之下；复杂的宪法变成一纸空文，前殖民时代的忠诚态度和政治行为模式得到重申；民族团结的目标因内战、世界价格的变动、经济困难、人口膨胀和饥荒而无法实现。当民族主义者们真正掌权时，他们也像帝国主义者那样受到各种限制，遇到各种困难。后殖民地时期的这些发展情况表明，或许帝国的传统并不那么根深蒂固。帝国对非欧洲世界的影响的深度和广度，可以说是被过去的那些帝国的辩护者和民族主义批评者夸大了。

第七章 帝国精神文明面面观

安德鲁·波特

随着不列颠帝国的兴起及其影响的扩大，其思想和信仰也传播到了世界各地，并产生了深远的影响。很多情况下，这种思想运动是不连贯的、自发的，或者是无意识的。例如，移居海外的英国商人盖起了带阳台的方砖瓦房，他们在里面喝茶，饭前要饮杜松子酒，饭后女士们都聚在一起休息。而在其他地方，英国的习俗、知识和信仰的传播则目的性更强。苏格兰传教士向一代又一代的印度人和非洲人教授英国文学和科学，而殖民地的行政官员们则培养当地人定期诚实交纳各种政府税金的意识。

然而，任何文化传播及其影响从来都不是单向的。英国的学者们认真努力地去了解异域社会，并把他们在殖民地了解到的情况传播给自己的同胞和民族。例如，英国和印度之间的联系就是通过悠久的语言和历史研究的传统而丰富起来的。19 世纪 70 年代早期，马球传入英国而板球传到海外。在帝国的大部分时期里，英国人民显然对其文化的优越性充满自信。尽管这一自信限制了他们自觉地向帝国其他民族学习的意愿和能力，但他们一直在不知不觉中吸收外来文化。如，由喜马拉雅山引进的杜鹃花在英国繁茂地盛开着，给许多花园增色不少；衣柜上装饰着来自殖民地的鸵鸟毛，就像人们用腰带和土耳其长衫装饰打扮一样普遍。同时，英语也从英帝国的相关地区吸收了许多表达法——如“胡扯”、“雪茄烟”和“铜

1924 年 8 月 1 日，毛里求斯举行第一届宝宝秀。宝宝秀是一种很快就被殖民地社会接受的英国习俗。总督亨利·赫斯基思·贝尔爵士主持了这次宝宝秀。

锣”——就像它从欧洲大陆国家吸收表达法的做法一样。帝国从印度和远东地区借用表达法的现象尤为突出。这不仅反映了自1600年东印度公司成立以来，英国与这些地区来往的悠久历史，更体现了1820年后英国与这些地区在商业、行政和其他方面的广泛联系以及这些联系对生活在印度的英国人的生活方式的重要影响。

当然，对外来文化的吸收和利用并不意味着人们从根本上改变了他们对世界的原有看法。然而，不论是偶然地从原产地掠夺物质资源，还是在新环境下习惯地借用其他语言和习俗，都体现了帝国背景下人们阅历的丰富。但是当英国与其殖民地之间的相互交流和影响已不可避免的时候，帝国也培养了人们非常狭隘的观念和看法。对于陌生事物厌恶和恐惧是人之常情。游历并不一定使人心胸开阔并接受新思想：帝国的自身状况很容易在各方面产生偏执、民族主义、种族主义，或者是对于舒适生活和熟悉事物的过分依赖。拥有这样一个庞大的帝国，经常会增加英国人的优越感，让他们认为他们优于那些与他们交往的人们，不管是白人还是黑人。殖民统治以同样的方式影响着殖民地人民对各种问题的看法，但影响的程度不太容易确定。

本章的主题没有一个明晰的模式，也没有一个简洁的模型。一方面，我们不应当把英帝国的历史视为西方“文明”的传播和启蒙史；另一方面，也不能说它把外来习俗强加于殖民地而对当地文化造成了巨大的破坏。大英帝国的历史包含了这两个方面的情况。帝国主义者和殖民地的人民都可能具有这样的特点：开放和偏执，奉献和索取，行动、态度的一致和混乱。各个方面的误解、无知和有限的权力，都反复证明希望、意愿与现实之间的距离是很遥远的。

英语的传播

在英国两个世纪的帝国时期，一个显著的特点就是口头和书面英语在全球范围内的传播。尽管美国的崛起在20世纪确实促进了这一进程，但是直到20世纪30年代，英国的海外势力一直是这一进程的主要动力。在整个帝国时期，英国经济对世界的影响使得英语自然而然地成为贸易中最常使用的语言；世界大部分地区的政府和行政机构也都使用英语。这一事实也有力地刺激了非英语国家的人们向他们的统治者们学习这一语言的积极性。尽管如此，英语统治地位的形成还是经过了各种不同的途径，而且并非每条途径都是那么顺畅。

移民传播英语

最简单的例子是澳大利亚殖民地和新西兰。那里的大多数白人移民都说英语，而且英国人吞并了那里后，很快就建立了殖民统治。这些殖民地的土著人口相对较少，在很多地区，移民的数量很快就超过了当地土著。大量屠杀澳大利亚土著人和以军事手段征服毛利人，使得这两个群体在殖民浪潮的冲击下不断变小。长期隔离使当地土著根本不能去改变不列颠文化和语言的霸权。

在上下加拿大以及南非的好望角，情况却极其不同。这两个殖民地都是通过战争掠夺来的，在它们建立之初，就已经有了相当数量的白人——加拿大的白人说法语，南非白人说荷兰语。从美国独立战争中逃亡的那些忠于英国的人们和后来的移民（尤其是从苏格兰和爱尔兰来的）纷纷涌入加拿大，19 世纪 20 年代起，他们开始改变加拿大的人口平衡；然而在好望角，当地的荷兰人却长期多于英国人。在这两个地方，人口的不平衡导致了歧视和冲突——法国人对于他们所处的少数民族地位憎恶不已；而生

1908 年，香港街头的店铺招牌

从图中可以看出，招牌上既用了英语也用了汉语。英语作为商务和政府语言，在政府资助的 70 所学校中大多开设了英语课。然而，大约 50 万在校学生中只有 6000 人在这种学校读书。其余的人如果说接受了任何教育的话，那仍然是汉语教育。

长在南非的欧洲人后裔们尽管拥有数量上的优势，却仍痛恨他们的从属地位。对于这两个民族的人民来说，他们能否凭借各自的语言而生存下去成为一个极其重要的问题。他们积极地进行活动，以确保法语和南非荷兰语至少和英语处于平等的地位。在南非，语言问题导致贫穷的、受教育程度低的南非白人的反抗。如1815年在斯拉齐特斯奈克发生反抗，那里的人们认为，即使是"霍屯督人也要优于混血的斯里兰卡人"。其他的人此后一直为在教堂膜拜和在大众生活中能保持南非荷兰语的使用而努力。因此，到19世纪晚期，培养南非白人的民族意识有极其重要的政治意义。

政府行为传播英语

在亚洲和热带非洲殖民地，英语最初只不过是英国官员、商人或者传教士这些小群体使用的语言，然而许多亚洲和非洲人都希望学习英语，因为这样他们就可以和新的统治者进行贸易往来，或者受雇于他们，同时也可以获取一些他们的知识。起初，英国殖民政府还吃不准是否有必要通过政府的政策来加强这种多少带有自发性质的英语传播。例如：英国在印度的统治初期，政府贸易是用波斯语（莫卧儿帝国的官方语言）来进行的，政府基金也是拨给那些研究古代学术语言（梵文和阿拉伯文）的机构。

然而，到19世纪20年代，英语的使用在大部分殖民地都变得非常广泛。殖民当局视英语为一种权威性的而且本质优越的文化的传播媒介。他们认为英语在政府部门的普及不仅在道德上是有理的，在行政上也是有用的。尽管目前人们对帝国的看法已经转变，但是这一观点一直持续到现在。人们普遍认为，一种共用的语言可以使统治变得容易，可以增强团结意识，可以反映共同的价值观。曾经在好望角任职的约翰·巴罗在1819年写道："……假如所有的官方文件都用英语书写，那么这里的下一代就会变成英国人。"

在印度，1825年之后，希望政府支持专门学习英语的"英国语言的研究者"战胜了认为印度语言最有利于传播西方文化的"东方学者"，结果梵文和波斯文的研究再也得不到官方的支持了。自由党政治家，著名历史学家托马斯·麦考利在1835年给总督的一封推荐信中，这样表达了他坚定的信念：

> 没有必要再阐述我们自己的语言主张了。即使是在西方语言中，

巴布历险记

巴布是一种得体的敬称，意思是先生或老爷。但是，正如当时的人们所说，这个词经常被在印度的英国人用贬损的语气来形容那些表面上温文尔雅但实际上却脂粉气十足的孟加拉人。1902年出版的一本名为《来自孟加拉的骑士》的书为这种人提供了例证。书中讥讽了一个虚构的尝试适应英国生活的孟加拉巴布，还特别取笑了他那学究式的、不地道的英语。图中所讲述的故事题为"波什先生如何从疯牛蹄下救出美人"。

英语也是杰出的……在印度，统治阶级……（和）政府所在地的上层人士都说英语，它也有可能成为东方海上贸易的用语。这一语言是正在南部非洲和澳大利亚兴起的两大欧洲人社区使用的语言，这两大欧洲人社区正在变得日益重要，同我们的印度帝国的联系也越来越紧密。

不列颠政府统治的形成以及殖民地的建立都得益于英语传播。在黄金海岸（加纳），英语的使用有效地淘汰了早期零星使用的葡萄牙语、荷兰语和丹麦语，为这一地区讲不同语言的人们架起了联系的桥梁。在塞拉利昂殖民地，人们所用的语言据估计有二百多种，英语为这些人的相互交往发挥了重要作用。殖民地人民发现，通过使用英语，可以让帝国当局和更广阔的世界倾听他们的意见。使用英语使人们能够互相交流，也给他们提供了反抗殖民制度的工具：英语在民族主义者的政治斗争中是一种很方便的共同语言。

分裂的后果

尽管如此，英语一统天下的能力还是有限的，因为它在殖民地有很多不同的形式。英国人将不列颠群岛上的不同的口音和各种地方方言一同带到了海外。不久，这些口音与地方方言及非洲人、西印度群岛人、亚洲人所使用并改写的语言结合起来，这样，多种形式的混杂语言也就发展起来。现今，这些发明创造得到了人们的欣赏；而在19世纪初期的英国，人们都普遍认为在不列颠群岛以外使用的英语是低级的，被俚语污染的，无法让人很好地掌握和理解。

逐渐地，一种标准英语成为英国殖民地政府和高等教育所使用的语言。这种标准化加强了社会、文化、种族的排他性。英国的总督们，如弗雷德里克·卢加德先生和寇松勋爵，总是谴责那些受过教育的拉各斯和阿克拉的非洲人以及加尔各答的“巴布”们的自负。英国统治者在谴责这些人的时候，总是批评他们的语言文体和语言使用（而这些人也经常这样批评英国人）。吉卜林杜撰了一个“巴布”——一个在基姆受过西方教育的孟加拉人。基姆人以英国人视为很有特点的一种方式讲话：“啊，这是个问题，莎士比亚也曾经有此一说。我来此是祝贺你在德里的超乎寻常的极富成效的表演。……是啊，我听说你的临场发挥是如此之好，如此之敏捷。我告诉我们共同的朋友说，你真了不起，弄了个第一名。”

由于亚洲和非洲殖民地的人民大多目不识丁，英语在这些地区的传播受到了限制。对于那些有学识有抱负的人来说，在殖民统治下回避或是摒弃英语是很困难的。英语当时是，而且将继续是国际交流的主要工具，是使文化背景不同的各个社会团结统一的一个重要因素。即使这样，英语还是会经常遭到抱怨，或是被不情愿地使用。甘地就曾多次声称：

……让数以百万的人民说英语就是要奴役他们。……如果我想去法庭打官司，我必须得借用英语做媒介；我要成为一名律师，就不能说我的母语，必须得有人为我将它翻译成英语。这难道不是一件令人痛苦的事吗？

对于他和其他许多人来说，英语是一种功利性的工具。但是英国的民族主义还要面对这样一种情况：殖民统治时期，英语也吸收了当地土语。

非欧洲语言的发展

英语的发展和变化并不是帝国导致的唯一的语言学结果。与之相比，更为惹人注目的是非欧洲语言的标准化形式的发展，这其中（首先是在非洲）的许多语言直到19世纪才出现书面形式。S.W. 凯尔是来自符腾堡的一个德国人，在英国国教传教士协会工作，是《非洲多种语言的混用》一书的作者。1854 年他解释道："非洲在许多方面还是一个未知地区，非洲无数的语言就是一个广阔的领域。在这个领域的耕耘一定会让专业语文学家获得许多有趣的发现。"

18 世纪中期后，在帝国一个又一个地区，当地语言书写的字母表（即手写符号）、字典、语法第一次被汇编在一起。尽管对一些人来说，非欧洲语言的学术研究有其自身的吸引力，但是，真正促使人们对这些语言进行编纂的主要动力，是把《圣经》翻译成当地的语言。英国的基督传教士在这方面做出了决定性的贡献。1804 年，"英国与海外圣经协会"成立，它为这项工作提供支持。19 世纪中期，在尼日尔河流域，基督教传教士协会的人（如海因里希 · 舍恩和非洲大主教塞缪尔 · 埃杰 · 克劳瑟）和为数众多的塞拉利昂人一道工作，为西非语言的记录、翻译和书写奠定了基础。这些西非语言中有约鲁巴语、豪萨语、卡努里语、伊加拉语和伊博语等。基督教传教士协会在其他地区进行的类似活动使边巴语、方特语、赫雷罗班图语以及南太平洋上的萨摩亚语等语言进入现代文明社会。第一部汉英大型词典是由伦敦传教士协会的罗伯特 · 莫里森编纂的。这一词典分成 6 卷，1815 年到 1822 年之间出版。在印度，浸礼会教友威廉 · 凯里在印度人的帮助下进行了大规模的翻译工作，其范围之广让人惊讶。一位浸礼会教士协会研究历史学家最近说，威廉 · 凯里主要承担了 6 个完整的《圣经》译文，以及另外 39 个不完整的《圣经》译文，还有 7 种印度语语法和孟加拉语、梵文以及马拉地语字典的编纂工作。

威廉 · 凯里（1764–1834 年）和印度学者摩图加耶

1811 年，罗伯特 · 霍姆作于加尔各答。虽然摩图加耶是一位正统的印度学者，他仍与基督教传教士凯里合作翻译印度经文。凯里的翻译帮助数种印度语言建立了标准的书写方式。

英语应用的扩大和语言学研究工作，具有深远的意义。它们所带来的收获在许多方面都是无可置疑的：原来那些相对隔绝的地区之间的交流变得更加容易，向其他同代人以及后辈人精确地传播知识也变得容易了。在许多地方，个人回忆和当地人的口述传统已经不是保存信息的唯一途径。然而，今天许多认识到语言、思想、文化三者之间存在紧密联系的人认为，这些由英国人完成的记录、翻译无疑会带有英国人的成见，会给非欧洲地区人民的观点和思维方式打上无法抹去的烙印。例如：尼日尔河三角洲的苏格兰传教士们就对当地的埃菲克语感到头疼。埃菲克语中缺少能够表达像"复活"、"诱惑"、"个人责任"、"人类罪恶"等概念的词汇。对这些传教士布道的研究向我们展示了他们是如何对此做出反应的，他们用基督教的概念来描述埃菲克宗教，重新定义埃菲克术语，使之能够解释基督教的信仰。这种对语言的变通可能会出现这样的结果：非基督教信仰的要素与埃菲克人信奉的基督教相融合；相反地，那些没有改变信仰的埃菲克人也会从基督教中吸收一些东西。

尽管对这些影响的确切本质颇有争议，但是有一点是毋庸置疑的，这就是通过鼓励使用当地某些语言而不是其他语言，传教士的偏爱和早期殖民统治者们的需要进一步加强了原本已颇为显赫的阶级或社会群体的政治、文化地位。例如，在东非的维多利亚湖周围，英国宗教和政治同盟意味着卢干达语在1914年前被立为教会和官方的主要语言，从而加强了干达人和布干达王国的影响，当然这是以牺牲其他民族（像北部的阿乔利民族）的利益为代价的。作为社会政治对抗的一个原因，这对乌干达的历史有着持续的影响。

文学

1969年起，英语新小说奖每年都在伦敦颁发，不论作者是英国人还是来自英联邦的国家。经历了几十年，这一奖项（现在）已经具有相当的权

奇努阿·阿切比和V.S.奈保尔笔下的殖民史

小说对人们从不同视角了解英属殖民地人民的生活方式颇为重要。两位知名作家，尼日利亚的奇努阿·阿切比和在特立尼达长大但后来大部分时间生活在英国的V.S.奈保尔，对各自国家的殖民史的看法就有不少冲突的地方。

奇鲁阿·阿切比

阿切比的第一部小说《土崩瓦解》（1958年）以19世纪的尼日利亚南部为背景。书的第一部分以同情和略带批评的笔调描述了伊博氏族社会在殖民统治入侵之前的劳动生活和信仰。在英国人到来之前，人们生活在一种稳定的社会体系里：“一个人从生到死要经历一系列的仪式，这些仪式使他一步一步地走近他的祖先。”这一部分带有明显的说教目的。阿切比曾写道：“如果我的小说……能够使我的读者明白，他们的历史——尽管有种种不尽如人意的地方——在第一批欧洲人代表上帝来拯救他们之前并不是漫长的野蛮黑暗的历史，那我就很满足了。”《土崩瓦解》的第二部分主要叙述基督教传教活动和殖民统治带来的破坏性后果。书中自认为是伊博族传统美德的化身的主人公，最后被迫自杀。但他年轻的儿子却发现了“新宗教中的诗意，一种令人刻骨铭心的东西。圣歌的歌词像是一滴滴降落在干渴喘息的大地上的甘霖”。在一篇自传体的散文中，阿切比写道，虽然从小就是个基督徒，但他对与基督教无关的那一部分家庭生活和仪式深感兴趣。很显然，他在这两种世界之间游刃有余。阿切比认为，殖民冲突极具破坏性：但新一代尼日利亚人可以从中接受基督教和英语并把它们变成自己的东西。

在奈保尔看来，殖民统治割断了人们与过去的联系，把他们强行安置在像特立尼达这样的地方。在这里他们创造不出能体现自身价值的东西。奈保尔的家庭是被

威性。英联邦国家不少作家获此殊荣：获奖者中有两位是澳大利亚人，两位是南非人，一位是有着印度血统的作家，还有一个曾经在印度生活了很长时间的作家，一位来自新西兰，一位来自尼日利亚，一位来自斯里兰卡。我们很容易就能列出一串用英语写作的英联邦国家的小说家。他们的卓越程度可以说与那些获得布克奖的作家不相上下。

至少从 20 世纪之初，布克奖设立之前，英联邦国家的作家或是那些来自殖民地地区的作家就用英语创作出许多高质量的小说。最出名的是以下的小说家：南非人奥利夫 · 施莱纳和艾伦 · 佩顿，在南罗得西亚（津巴布韦）长大的多丽丝 · 莱辛，印度人 R.K. 纳拉扬和缪尔科 · 雷 · 阿南德，澳大利亚人帕特里克 · 怀特，来自特立尼达岛的 V.S. 奈保尔，来自尼日利亚的沃尔 · 索因卡和齐努阿 · 阿切比，肯尼亚人恩古吉 · 瓦 · 蒂翁戈。

对于许多英联邦的作家来说，英语是由他们那些讲英语的祖先们传下来的一种语言。在这一点上，最明显的是澳大利亚人、新西兰人，还有说英语的加拿大人和南非人。而对于非洲或是南亚的作家来说，英语可能是他们的第二语言，他们也许要在用英语写作还是用母语写作问题上做出选择。其他人——例如那些来自加勒比海的作家——英语虽然是他们的第一语言，但是他们的英语与不列颠群岛的英语相比可能很不一样。

诱骗到特立尼达的，他们与被引进的印度劳工一起在甘蔗种植园做工。维系契约仆役与印度的联系的文化已经消失。原籍印度的人和以前曾是奴隶的非洲人以及同样身如漂萍的一小部分欧洲人生活在一起。奈保尔认为，特立尼达是“地球上一个黑暗的地方”，因赤贫而变得丑陋不堪。他的著名小说《比斯沃斯先生的房屋》(1961 年)，就是以特立尼达为背景的。

……这座城市的东部到处是狭窄的房子，就像挤压在一起的疥癣和水泡。在这些房子的背后隐藏的是悲惨的景象：后院狭窄而且没有排水设施，涂着一层黏土，永远处于邻近房屋的阴影中，靠着高高的碎石围墙还另外建造了一些小屋；院子里密布着令人窒息的小厨房和铁丝网编成的鸡窝，四处散布着用酸洗涤过的漂白石，不断散发着气味，但没有人能消除污水坑的恶臭和装满过多腐烂物的水槽的臭味。四散奔跑的小孩子更加重了惨象，他们中大多数人都是私生子，肚脐凸出腹部好几英寸，好像在匆忙和厌恶中被放了出来。

特立尼达是年轻的奈保尔决心尽早离开的地方。奈保尔在他半自传体的作品《神秘的来客》中写道：“在特立尼达，我感觉自己是身在远方。在某种程度上，我极力想在世界的中心争得一席之地。”他所有的阅读经历使他认为，伦敦就是“世界的中心”，但是当他于 20 世纪 50 年代来到伦敦时，这个城市使年纪轻轻的他大失所望。但他还是留了下来，并时常用他那犀利的眼光审视着曾是殖民地的那些地区。在那些地方他没有看到任何传统的活力以及阿切比在尼日利亚发现的殖民地对外来文化的适应性。

V.S. 奈保尔

虽然殖民地作家们用英语而非本族语言进行写作，但仍然可以有力地表现本民族的愿望。然而，来自本民族的那部分读者数量将不可避免地受到限制。他们中的很多人仍然认为这些作家更应该使用本族的母语进行写作，即使他们的写作所使用的文学形式——如小说体裁，或借用的韵律——都来自国外。泰戈尔便是其中突出的代表。他曾经被授予英国爵士爵位，并因他的作品的英文译本而获诺贝尔文学奖。虽然他谙熟英语，但他的诗歌、歌曲、故事以及小说，几乎全部都用孟加拉语创作。他为使孟加拉语成为一门文学语言做出了巨大的贡献，极大地改变了孟加拉人民对本民族文化、自身的独特性以及孟加拉山水的认识。此外，越来越多的非洲知名作家也选择了相同的做法——用非洲语言进行写作，以此作为用英语创作的补充，或者干脆不用作为异国语言的英语。

教　育

英语的普及加上当地语言的发展，使不同民族的人民进行更大规模的相互交流成为可能，也为大英帝国建立世界上最大规模的教育事业奠定了基础。这么说并非为了给学校教育、教育制度或帝国和殖民利益集团设立的奖学金等事物的价值和性质下定论。不过，这反映了这样一个事实：在世界知识的创新和交流，在支持正规教育和文化知识的普及，在扩大视野以及通过激发人们对陌生或不熟悉的事物的注意力来充分发挥他们的想象力等方面，英国的扩张对正规和非正规教育的推动作用是无与伦比的。

为了统治而开展学术活动？

无论是直接地或是间接地，许多——或是大多数——英国人对帝国并不怎么感兴趣。然而在各个历史时期，总有一些人对帝国持有一种较为无私的、学者式的好奇心。这种好奇的传统在整个19世纪和20世纪初通过学术界得到了很好的保留和发扬。一些团体，如孟加拉的亚洲学会（1784年）、伦敦的皇家地理学会（1830年）以及许多更专业化的机构，如人类学、地质学、人种学或是民俗学等领域的团体或协会，都加入了英国皇家学会。19世纪之后，这一类团体组织了许多探险研究活动，帮助筹集经费，在他们的报告书中或公开出版的刊物中传播带有推测成分的信息和成

1902年4月8日，皇家地理学会举行会议

很多学术团体都热心收集和传播有关帝国以及对英国具有潜在利害关系的地区的信息，皇家地理学会便是其中之一。从1830年成立之日起，这个学会就树立了为帝国服务的宗旨：地理知识将会促进一个像大不列颠这样拥有广阔海外殖民地的海洋强国的繁荣。19世纪后期，这个学会大力参与了非洲的探险和开发。

果。作为皇家学会会长，约瑟夫·班克斯爵士不仅推动了对太平洋的探险活动，而且由于大众对非洲大陆的兴趣开始重新高涨，他于1788年帮助建立了“发现非洲内陆地区促进会”（就是大众所知的“非洲协会”）。从19世纪40年代到19世纪60年代，罗德里克·默奇森爵士在皇家地理学会也大力支持并促成了威廉·贝基和戴维·利文斯通分别对尼罗河和赞比西河的探险。

除了这些团体外，还有许多学者单独进行研究活动。他们的研究从本质上讲只能属于业余，而且也无报酬，仅仅是他们个人事业的直接衍生物而已，只在偶然的情况下才成为专业性的学术研究。在东印度公司工作的官员以及后来的印度行政部门的公务员中，也有一些是南亚次大陆历史、语言、社会以及民俗学方面的多产作家。1783年以来，威廉·琼斯爵士一直担任着加尔各答市最高法院的法官，他在比较语言学的研究以及对印度文学和法律文件的翻译方面颇为著名。这样的学者还有很多，比如著名的亨利－梅因爵士，他是法律和古代社会方面的大学者。另外，还有很多不太著名的地方专员等。教士们的作品也同样不仅仅限于圣徒言行录、赞美诗之类，不但有教诲性的自传体回忆录，如于1837年出版的《约翰·威廉在太平洋上》，而且包括许多语言学、神学和医学领域的著作。

这些学术团体的专业性工作和由此获得的直接经验对学术界产生了深远的影响，尤其在英国自己的大学里。无论是对牛津大学的马克斯·马勒这样一位语言学家兼印度文明的诠释者来说，还是对于《金色树枝》的作者、剑桥大学那位无实际经验的人类学家J.G.弗雷泽来说，这些工作及其经验都很重要。例如，弗朗西斯·高尔顿因其在遗传学和种族学研究上的需要，催促基督教传教士协会的查尔斯·罗宾逊教士千里迢迢地从北尼日利亚给他送去指纹和掌印。

然而，近几年来，人们对于自然科学和人文科学研究公正客观的程度和可能性产生了怀疑，尤其是在与帝国相关的领域内。1978年出版的《东方学》一书中，埃德华·塞得发起了一场迄今为止影响仍然十分深远的辩论。塞德宣称，欧洲人进行研究持有的观点和动机从本质上讲，必然为其政府统治和控制非欧洲地区的野心所支配。他把欧洲人有关那个地区的著述和评论视为“欧洲试图统治遥远地区人民所普遍采取的措施的一部分”，它们是“支配、改造、统治”非欧洲人的“西方模式”的体现。学术成果、见多识广或孤陋寡闻的评论家的结论、小说或游记——所有这些都是由他们所服务的目标所决定的。而这些目标中占主导地位的，则是帝国建设的需要。

需要什么证据来证明这一观点呢？毫无疑问，随着19世纪英国人对欧洲以外世界了解的增多，他们对陌生的文化也越来越易于持批评态度，甚至不屑一顾。此外，他们认为英国有责任和义务尽可能向广大的海外地区推广他们的先进文化、经济和宗教。这种批评和成见以及英国人的优越感一直存在了至少一百年，并以不同形式为殖民统治辩护。例如，1890－1914年，克罗默勋爵和阿尔弗雷德·米尔纳爵士为英国势力在埃及的继续存在进行全面的辩护，其理由是埃及本国的统治阶级无力保持埃及的稳定与繁荣。在东非和中非，人们也认为只有殖民统治和白人农业的紧密结合才能保证稳定和繁荣。直到20世纪30年代出现大萧条，才有人对这一观点提出质疑。

英国人的知识不仅用来为殖民统治和扩张进行辩护，还可以直接服务于英国及其殖民当局的需要。殖民地政府因此才变得热衷于有用知识的学习。班克斯在提出科学调查的计划的同时，知道这样的计划无论是对政府还是对私人商业利益集团都会一样有吸引力。默奇森所开设的诸如巴勒斯坦调查基金会等机构获得了官方的支持。这不仅满足了地质学家的好奇心，也激起了英国政府对诸如煤炭、金属等战略资源的兴趣。又例如，19 世纪和 20 世纪印度的生理人类学和后来的社会人类学的发展，也和殖民政府要对其臣民进行分门别类的研究的愿望密不可分。从 19 世纪 80 年代开始，英国政府对在帝国发展中起推动作用的科学研究的关注极大地增强。在政府的支持下，1893 年帝国研究所成立，其主要目的是促进对帝国的自然资源以及其商业应用的研究。植物园在植物和农业科学发展方面发挥着类似帝国研究所的作用，它在 19 世纪 90 年代进一步密切了与殖民事务部和印度事务部的关系。在伦敦和利物浦，政府支持下的卫生和热带医学学校也建立起来。1940 年以后，殖民地的需要和官方“殖民地发展和福利”政策的出台，大大加强了学术研究目标与国家在农业、林业、兽医学、工程学方面需要之间的联系。

显然，获得有关帝国的知识，是为了满足政府行政的需要，这种研究在某种程度上也获得了政府的支持。然而，不能因此就断定学者们是直接或间接地受英国统治需要的驱使而从事研究的。塞德的论点可能让人忽视以下两点：1. 学术研究是为自身的缘故而开展的；2. 获得的知识也可以用于其他目的。

为帝国培训

通过学校或英国本土的培训机构这种正规的方式传播帝国知识，起初进行得非常缓慢，并且没有质量保证。最早尝试把教育与行政管理结合起来的是东印度公司。

1800 年，在韦尔斯利总督的倡导下，威廉学院在加尔各答成立，使得年轻的公务员可以学习到关于印度行政管理、历史和语言的基础知识。在英国，东印度公司为了相同的目的，在 1805 年建立了海利布里学院。牛津大学也非常重视对印度的研究，而且从 19 世纪 80 年代起培训印度行政部门的实习生。但是，所有这些举措都不是持久性的，至少在印度本土是昙花一现。在整个 19 世纪，更为常见的是那些在政府部门工作的人依赖非正规或非官方的教育机构接受教育。那些加入殖民部门、从事商业或传教工作大有前途的新人们，通常只是在自己觉得需要时才去学习当地的知识。

大多数移居国外的人对当地的了解取决于以下因素：最重要的是个人经历；其次是求知欲和对古文物的兴趣爱好以及偶然产生的同情。例如：直到20世纪30年代，一个更加系统地选拔和训练殖民地公务员的制度才代替了对出生、地位和可靠性等先决条件的盲目依赖。直到1945年以后，这种做法才成为标准。那时的暑期学校，所谓的一年制德文郡培训课程和其他一些计划，开始培训专业人员来管理已走向没落的殖民帝国，而这些人很快就使帝国走到了尽头。

在政府部门之外，情况也差不多。英国国教的殖民地牧师们大都是一些在英国无法生活的人，而不是醉心于在澳大利亚或罗得西亚寻求建立教区的人。尽管在规模上和组织上非常惹人注目，但令人遗憾的是，基督教传教士协会快到1914年时仍然不能向他们的志愿者们提供语言或非基督教的宗教教育。商业公司也是如此，它们不愿意让自己的雇员更广泛地了解殖民地社会。就连最成功的企业家们——像威廉·麦金农和阿尔弗雷德·琼斯这两位印度和西非的航运业大亨——也都是“白手起家”的人，他们的知识也仅仅局限于他们自己的实际喜好。在19世纪80年代和90年代，当麦金农把他的商业活动从印度转向东非的时候，如果他的眼界更开阔一些的话，他的公司也许就可以有救了：尽管他的帝国英属东非公司拥有官方特权，他的错误判断却使得公司很快破产。

从20世纪30年代到50年代，在马来亚的英国商行和种植园主与其他地方的人们一样仍旧对自己的传统非常自信，对自己周围正在发生的政治变化麻木不仁。马来亚独立后，官方鼓励本土企业发展，阻止企业实行国有化的努力经常遭到橡胶业和炼锡业的强烈抵制。

在新西兰或加拿大的一些省份里，英国人或许更没有兴趣考虑移民社区的特性与发展。从矛盾的角度来看，白人殖民者一方面作为大英帝国的门外人感到满足，另一方面却又不屑于做低人一等的“小英格兰人”。因此，在英国人眼里，他们似乎很少展示出他们值得一书的个性。

学校

大英帝国是一个伟大的教育家，但是如果认为为了帝国的目的而使殖民地人民接受了统一的教育，那就错了。大多数人——如果他们属于受过

约1908年，在印度西北边陲白沙瓦，政府中学低年级的学生在上课。在印度的这个地区，绝大多数人口是穆斯林和帕坦人。文化水平和教育条件都非常差。只有那些少数幸运的年轻男孩子才能在这里学习读写乌尔都语。

正规教育的少数民族——是在很少或是根本没有受到殖民当局监督。那些在殖民统治建立之前就已经开始与英国人交往的伊斯兰社区，让孩子们和社区需要的专业人士在古兰经学校和大学接受教育。在英国统治下，他们继续这样做。然而，英国殖民和统治的扩大不可避免地需要在非欧洲国家中推广英国的模式，改变现存的做法。只有这样，才能保证殖民地社会的正常运行，让不同的人能够在殖民地世界相安无事。

在说英语的移民殖民地，1870年之前人们接受教育比在英国本土更具随意性。新西兰就是一个很好的例子。白人农场分散经营，父母们基本上都没受过什么教育，他们需要劳动力来耕种农场，而他们又没有钱支付孩子的学费，家离学校又比较远，这一系列的因素都限制了农村学校教育的发展。即使是在城镇，像奥塔戈或者纳尔逊这种地方，虽然不断有个人和教会创立学校使教育变得较为普及，而且政府还提供一些资金设备，但是还是有大量的人逃避接受教育。然而，1877年新西兰议会却建立起了一个非教会的初级学校系统：到19世纪90年代，在公共基金的帮助下，80%的5到15岁的儿童都在学习类似于英国的标准化课程。1900年，年龄到18岁的人只有将近3%能够接受小学阶段以后的教育；而到1939年，约65%的人在上中学。有人认为，一个由基督教教派学校和政府开办的土著人学校共同组成的平行教育系统，足以满足当地毛利人对教育的需要了。这个系统中的大部分学校是小学，由19世纪30年代的传教士小学演变而来。学校力图满足白人的期望，即毛利人的未来就是从事农业和在农村就业。直到20世纪30年代，这种情况才有所变化。

在非白人殖民地，将英国文化和正规的学校教育相结合的要求常常很强烈。促使建立这种教育系统的动力来自多方面，特别是基督教教会和传教士们，他们大多数认为发展教育与基督教是不可分割的。尤其是新教教派认为，基督教的传播依赖于人的文化和读写能力，只有拥有了读写能力，那些皈依了基督教的人才有可能阅读和研究《圣经》。然而，这种做法无疑也会带来风险：非欧洲人有可能会利用教会学校的教育达到其他目的。这样的事情果真发生了。例如，非洲当地的统治者们的确很少因特定的宗教目的准许 19 世纪 40 年代的卫斯理循道宗信徒在黄金海岸，19 世纪 80 年代的苏格兰长老会教徒在尼亚萨湖周围建立社区。教育被看作是获得和白人同等优势地位的关键。人们重视教育，是因为它提供与白人社会打交道的手段——英语、阅读、写作，在轮船上或是贸易公司里的工作，医学或是更多的贸易。在印度，当教会学校改变别人的宗教信仰时，它们就成了伊斯兰教徒和印度教徒强烈反对的对象；而当它们教授华兹华斯的作品和化学时，就很受人们的欢迎。为了避免麻烦，殖民官员们一般极力反对教会学校让学生改信基督教的行为。只要基督教和英国文化的发展被视为紧密结合的时候，传教士教师们就准备接受对直接改变宗教信仰的限制。但是官方政策对于教会教育中具体的基督教内容的限制还是相对少一些的，更多的限制是来自于学生父母们的意愿。大多数不信仰基督教的父母都不愿付钱给公开的基督教教育。教育和思想的传播从根本上来说是受到殖民地人民意愿的影响的，这一事实无须掩盖，但是殖民地教育的“强迫”程度并没有得到充分的认识。

教会学校的相对重要性和独立性最终开始发生变化。不管是非洲丛林中最简陋的学校，还是像孟买由苏格兰教会经营的威尔逊高中这样设施先进的学校，都是如此。在印度，教会学校首先丧失了优势地位，尤其是在一些主要的城镇。在那里对英语和本地语教育的需要大大超出了传教士们能力之所及。印度人创办的私人非宗教学校也因此迅速增加。在各个殖民地，教育的监督和资金的筹措逐渐由政府负责。曾经被认为在教育中发挥过重要作用的教会学校，其发展、扩大，也越来越多地依靠政府的资助，因为传教团自有资金已经不足了。单是一般性税收就可以提供必要的资金，而政府监督则可以确保资金的合理使用和维持适当的标准。

在非洲，黄金海岸为非欧洲民族殖民地教育的普遍模式提供了一个例证。1852 年，殖民政府实行人头税制，用以发展本地的学校；并且从 1874

年起，每年向卫斯理宗传教团和瑞士巴塞尔传教团拨款。1882年建立起了一套普通教育体系，其中包括由政府投资的小学，接受资助和定期检查的教会学校。到1919年，黄金海岸已拥有19所政府创办的学校和194所接受监督的学校，可容纳学生2.7万余人，学生人数是这一体系建立之初的5倍；同时，还有许多没有得到政府资助的教会学校。然而这些数字与应入学的总人数相比还是微不足道——在1921年的人口普查中，据官方记载，这些学生只有693185名，占16岁以下人口的3.9%；而且教育资金和设备的增长还有很多障碍。训练有素的教师，尤其是非洲本地教师可谓凤毛麟角；侧重于文学科目的教学大纲经常是照搬毫无创意的英国模式；学校分布极其不平衡，有77%的学校都集中在殖民地东部和中部省份；中学只有两所，一所在阿克拉，另一所在海岸角。然而，到20世纪20年代，技术学校和教师培训进行了改革，并得到了大发展。在戈登·格吉斯伯格总督的大力推动下及许多受过教育的非洲人的要求下，威尔士亲王学院在阿契莫塔建立。在这10年中，整个英属非洲地区的殖民教育模式也建立起来。1945年后，殖民地教育又经历了一次大发展，为行政部门的非洲化和政治独立奠定了直接的基础。

因此，殖民地教育的模式千差万别。在相对富裕的移民殖民地，普通教育的目的很早就得到了广泛接受，大多数儿童都从中受益。例如：有文化的新西兰白人的比率很高（1891年达到82%），不过一些观察家认为，他们的欣赏水平没有那么高。相反，在印度，虽然20世纪30年代受教育人口比率和大学、中小学校的数量都有了极大的增长（尽管人口也在增长），到1941年仍然只有27.4%的男性和6.9%的女性接受过教育，而且大部分农村都没有学校。1938年，黄金海岸5.8%的政府财政收入用于教育，但是中学和小学的比率仍然不到1∶70。即使政府真心努力地办教育，但是几乎在所有地方，这些努力都受到限制，因为政府无力同时也不愿意以牺牲其他方面的开支为代价来加大对教育的投资。

在整个帝国，教育内容中或多或少包含着一些不愉快的妥协。殖民政府希望看到的是一群可为其所用、安分守己的百姓，而害怕对当地人民实行广泛的不受约束的学校教育。传教团希望教育首先应该具有宗教性质；移居到此的白人认为给予非欧洲人超过最低限度的学校教育是让人无法承受的奢侈；而当地人视教育为社会和经济进步的途径，摆脱体力劳动的手

大学——学术王国

大学“是树根和树干，对知识的追求是树的体液，而各级学校就是枝叶和花朵了”，1940 年前后，乌干达总督在马凯雷雷学院向接受培训的教师们讲演时描绘的这种大学形象并未得到人们的普遍认可。然而，正如高等教育被视为能力出众的学生的追求目标一样，大学同样被视为任何发达稳定社会的重要标志，是人们从事学习和研究的知识殿堂，具有巨大的潜在影响力。因此，殖民地的人们很早就开始利用可供他们选择的两种途径：他们把自己的孩子送进英国的（或是从 19 世纪后半期起美国的）学院、大学、法学院和医学院学习；同时，他们采取步骤建立自己的学校。这两个过程有着紧密的联系。在开始扩展本地学校的过程中，英国各殖民地几乎是与英国本土并驾齐驱。弗里敦的福拉湾学院（1827 年）和开普敦的南非学院（1829 年）就与伦敦的大学学院（1826 年）和国王学院（1829 年）成立于同一时期。与英国的这两所学院一样，这两所高校也扮演着向更好的、类似牛津和剑桥那类大学输送人才的角色。新西兰的高等院校，从奥塔戈大学（1869 年）到维多利亚大学 (1898 年)，都从各个不同的方面反映出维多利亚时期英国市民大学的体制，为日益壮大的商业阶层和职业阶层的需要服务。

英国的大学模式具有非同一般的影响力，殖民地的高校一般都是模仿英国的院校而建立起来的。这些学校的建筑式样、课程设置以及学术风格，都仿效了学校创建者和教授们自己所上的大学。通过设立奖学金资助年轻的殖民地学生（也包括一些德国人和美国人）进牛津大学学习，塞西尔・罗兹决心用这样的方式使他们“开阔人生视野，提高自身修养，并且深刻地认识到保持帝国的统一对殖民地以及英国的种种好处”。

根据英国大学模式创办的殖民地大学是否真能给学生灌输“帝国统一”的思想，是个有争议的问题。任何地方的高等教育都必然要鼓励学生对各种见解、观点，尤其是那些被普遍接受的意见，进行批判和审查。结果就有了像印度大学学生这样特别倾向于政治煽动的例子。1909 年，卢加德在香港成立一所大学的计划遭到了人们的普遍反对，其中不少人担心这样一所“纯粹功利主义的大学”有可能成为“密谋革命的温床”。威廉・塞西尔勋爵告诫说：“……有两种思想可能会充斥你的学校。第一，中国是中国人的中国，外国佬去死吧；第二，人人平等。而其结果就是社会主义或无政府主义……培养一群在你们中间扔炸弹的爱国者将是一件非常可怕的事。”

在 1945 年之后非洲的建校热潮中，像尼日利亚的伊巴丹大学学院（1948 年）、索尔兹伯里（哈拉雷）的罗得西亚和尼亚萨兰大学学院（1954 年）这样的殖民地大学，它们的课程设置就是为了让学生能拿到伦敦大学的学位，其目的似乎也是为帝国培养通用的人才。而实际上，招募移居海外的英国学者和在海外（特别是英国）培训当地的研究人员，都没能持续多久。保持与英国学术活动的联系，有助于发展一种自由批判的传统、与世界广泛联系和本地特点相结合的大学体系。总而言之，从 1960 年起，这种做法使学术界的研究更加多元化，而不是在前殖民地增强英国文化或帝国文化的统治地位。各种像马凯雷雷社会与经济研究所这样的研究机构，不仅对非洲自身的问题进行开拓性研究，而且还获得了像福特和洛克菲勒这样的基金会对这个研究项目的资助。像许多其他英国殖民地的机构一样，殖民地的大学也适应了所处的社会，并呈现出这些社会的特点。

约 1903 年的安大略省贝尔维尔中学的大学预科班

像贝尔维尔中学这样由政府资助的学校，是加拿大安大略省的人民能够享受的丰富的教育资源的一部分。

段。19 世纪 20 年代中期的肯尼亚就说明了这种紧张状况：由移民支持的“土著人工业培训学校”期望把非洲人培养成可服务于白人经济的劳动者；很多官员偏爱“金斯学校”，因为这里培养的非洲人将改善他们自己的部落居留地的状况；联合高中代表了基督教教育的新教传教传统的极致。为了抗衡以上三种学校，吉库尤人开始建立自己的独立学校，向学生们灌输他们自己的价值观。大体上来说，那些获得理想的教育或能充分发挥所学的非欧洲人，都是殖民地的精英。尽管这种教育在现在看来通常是过于偏重理论和文学，但是，当寇松勋爵试图改革大学时，这种教育的魅力已足以使印度人对此举感到愤慨。任何层次的技术或是“工业”教育都很少受人欢迎，也得不到官方的支持。

宗教与帝国

宗教是殖民地冲突的一个非常重要的原因。英国人自称是基督徒，牧师和传教士是英国海外势力的一个重要组成部分，而英帝国各民族也都有着自己坚定的宗教信仰，因而宗教成了帝国体系中思想交流的主要工具。

基督教的传播

18 世纪末的两个主要事件将影响到帝国的宗教生活——政府重新考虑对白人殖民者提供宗教帮助和由新教福音派非神职人员组成的、旨在使非基督教教徒皈依基督教的海外传教士社团的出现。

这些传教士协会分属各个不同的宗教派别——浸礼会（1792 年）、教会传教士协会、英国圣公会（1798 年）以及后来各种不同的苏格兰和循道公会团体。它们都有一个共同的信念，即在全世界范围内使人皈依基督教不仅是可能的，而且也是它们的责任——这不仅仅是上帝的允诺，也是上帝的命令。18 世纪末传教士选择传教的地方主要是英国人在探险和贸易活动中所接触和了解的地方。伦敦传教士协会（1795 年）对在太平洋地区，以及再后来新征服的好望角的前景兴奋不已，它认为，好望角是进入非洲大陆的一块跳板。著名的浸礼会三杰——威廉 · 凯里、乔舒亚 · 马什曼和威廉 · 华德，起初被禁止在东印度公司所辖地区内工作，后来他们于 1800 年在加尔各答城外的塞兰坡定居下来。甚至在一个世纪后，传教士仍旧倾向于越过英国殖民地及其他殖民地的边境，向更边远的地区挺进。到 19 世纪 80 年代为止，一些仍然处于英国势力控制之外的地区（如刚果和中国内地）却一直吸引着传教士的广泛注意。

传教士的观念或所作所为与帝国扩张之间的联系，引发了许多争论。不信奉英国国教的宗教团体尤其不想让他们的工作与政治发生什么关联，但传教士们的态度中夹杂着对殖民主义和强大的英国势力扩张的支持，这就远远超出了表面上的中立。由于白人移民者和种植园主肆意虐待非欧洲人和阻挠传教士布道，把布道视为破坏等级制度和社会秩序的行为，这就使得布道团体不可避免地投靠帝国当局，以维护自身的权益。这样一来，就经常会引起殖民势力的进一步扩张。在西印度群岛，种植园主所拥有奴隶的权利受到帝国的限制；在好望角，为保持当地的居民和传教士的活动范围，帝国的边界进一步扩大；帝国吞并新西兰——所有这一切都是在布道团的要求下进行的。在非洲，从 19 世纪 40 年代的第二次传教浪潮开始，到大约 1900 年瓜分殖民地结束，布道团体稳步发展。布道团愿意请求殖民

1836 年，约翰·菲利浦博士率领的赴英代表团。菲利浦是苏格兰人，曾在伦敦传教士协会工作，是传教士参与南非政治的典型代表。1819–1845 年，他在好望角任职。在此期间，他作为殖民地内的科伊科伊人、边境上的布尔人和混血种族社区的代表，一直游说殖民地和英国政府，抗议强制劳动、战争以及强占土地。在他 1836 年率领的赴英代表团中，有一个叫蒂亚尼·约翰·塔苏的科萨人和一个安德雷斯·斯托菲尔的科伊科伊人。他们两人在下议院的一个委员会就帝国土著民族的遭遇作证。托马斯·巴克斯顿对这两人的生活很感兴趣。他描述了与他们两个人共进晚餐时的情景：塔苏“穿着花里胡哨的制服，外面还裹着一件镶金边的外套，活像个海军军官。他面相英俊，身材匀称，但头发却像毛毯一样。饭后两个人都唱起歌来，塔苏用卡非语，而斯托菲尔则用霍屯督语唱了一首战歌”。

或帝国当局的保护，并且在19世纪80年代晚期到90年代开始主张解散那些强烈抵制传教活动的部族，如尼日利亚的伊杰布族和津巴布韦的恩德比利族。在其他地方，传教士只是紧随英国征服者之后才到来，如19世纪50年代在旁遮普地区建立的教会传教士协会。

传教士对基督教的基本教义深信不疑，在一定程度上滋长了传教活动的侵略性。这种侵略性的另一个成因是19世纪不断加深的一种观念，即认为非欧洲的大多数宗教和文化都是毫无价值的。这有时也反映了传教士因目标不能很快实现而感到沮丧和痛苦。然而这种侵略性即使在1914年之前也绝对不带有普遍性，因而不能使人无视这样的事实：传教士对英国殖民扩张的态度经常是非常矛盾的。

例如，从教会内部围绕传教策略所进行的长期的辩论中，我们可以对上述情况有一个清楚的认识：基督教与西方文化和贸易相结合能最有效地得到传播，还是摆脱英国文化的包袱，宣讲纯粹的宗教教义可以更有效地传播基督教？许多福音派传教士，尤其是在大约1885年之后，更喜欢后一种方式。这种观点部分植根于当时的神学思想。这种神学思想强调迅速地在世界范围内宣讲福音所带来的效益，而不是在社会变革时期使人们更加彻底地皈依基督教。然而，福音传教士对英国扩张和殖民行径的反复批评同样促进了这种观点的形成。未加规范的贸易活动中经常发生的欺诈和腐败行为，酒和军火贸易所带来的破坏性影响，英国当局违反基督教教义对当地信仰和宗教活动的支持（例如征收朝圣税以维修印度寺庙），英国官员对传教士经常采取不友好的态度——所有这些都令人十分恼恨。

从19世纪90年代起，基督教传教士普遍对其他宗教采取更为同情和建设性的态度。随着玛丽·金斯利（19世纪90年代完成穿越西非之旅）和一些专业的人类学专家呼吁人们更好地理解当地文化的价值和完整性，传教士们开始探索这样一种可能，即基督教是现存各种宗教信仰的天然补充或能使它们更为完善。他们非常赞同传教士传教时必须尊重当地的文化，而不是完全取而代之。如果没有受到殖民统治，人们或许可以皈依基督教。正如中非地区大学布道团的昌西·梅普尔斯1882年所说："要赢得非洲人，欧洲传教士必须首先成为非洲人。他必须在坚持基督教信条的前提下成为非洲人中的一分子。"J.N.法夸尔在他那富有影响力的作品《印度教的统治》里从神学的角度提出了同样的观点，并从几个不同的方面说明基督教可以使印度教完善起来。

坚持独立原则，大胆地批评英国政府的一些行为，欣赏非西方的生活方式，但毫不隐晦支持殖民地扩张所有这些经常造成混乱的后果。19 世纪 50 年代，传教士们普遍认为，他们的目标是在当地建立自治、自筹资金、传教活动能够自由扩张的教会。这样一来，白人传教士可以继续到其他地区传教，而已经接受基督教教义的非欧洲人社区可以处理自己的事务。然而，实践常常与理论不相一致。不管怎样，总是有这样那样的原因使得传教士们无法抽身——当地资源不足，当地的基督徒不守纪律或是违反道德准则，有相应水平的教士和牧师太少——于是传教士对当地的控制就不得不继续下去。人类生来就不愿意放弃自己的生活方式。种族成见的影响，以及传教士的官僚主义作风，所有这些都延长了教会对殖民地一定程度的控制，如同政治和贸易对殖民地的控制一样。

改变宗教信仰的不确定性也使得传教士不愿意放松控制。只是定时参加教堂活动，穿上西式服装，表面上放弃了非欧洲人的生活方式，就能说明改变了宗教信仰吗？在塞拉利昂，那些曾经为奴的人和他们的后代会觉得信奉基督教比较简单，因为他们对传统的忠诚已经被削弱。但中国人和印度人却不是这样。或者说，宗教信仰的改变应由心态和道德意图来判定，人们只需像某些重要地区的皈依者所做的那样偶尔遵守西方人的生活方式，如一夫一妻制就可以了？是什么样的过失使一个人不能做合格的教士？是传授基本教义者，区委员，甚至牧师？是不是对彻底改变宗教信仰的漫长过程的优先考虑促使传教团分散注意力？传教团是否应更重视宣讲福音初始阶段的工作，覆盖更广阔的地区，给予更多的听众皈依基督教的机会，如果他们愿意的话？传教士们没完没了地对这些问题进行争论，结果时不时卷入一些非常激烈的冲突。例如从 19 世纪 80 年代到 90 年代，尼日尔就发生过教会传教士协会与首任圣公会非洲大主教塞缪尔·克劳瑟之间的冲突，这最终导致了大主教的辞职。由于基督教行为标准缺乏人们易懂的解释和适当的关注（特别是一些新教教徒认为罗马天主教教徒施行洗礼过于随意），这样就常常使得传教士止步不前，皈依者循规蹈矩。

为什么人们要皈依基督教？传教士所宣扬的基督教，尽管在许多同时代的欧洲人眼里有一定的局限性，尽管它会给信徒带来种种束缚，但它仍然是一支极其重要的解放力量。皈依者经常是来自社会边缘的成员——奴

塞缪尔·克劳瑟

克劳瑟 12 岁时在现在的尼日利亚被卖做奴隶。他被海军带离贩奴船并到了塞拉利昂。1842 年他离开塞拉利昂去伦敦，被英国国教会委任为牧师。回到尼日尔时，他已是教会传教士协会传教团的主教。后来，他因容忍放纵异教徒行为受到指责而辞职。在一些非洲人看来，他是种族偏见的牺牲品。

毛利人特·普尼的洗礼

基督教传教团，早在英国统治在当地建立之前的1814年就来到了新西兰。毛利人对基督教很感兴趣。在很多人还不确切地了解“皈依”为何物时，传教团就使他们皈依了基督教。在19世纪上半叶，新西兰显然是一个卓有成效的传教地区。

隶、战争和饥荒的受害者、债务人、疾病缠身的人以及被社会遗弃的人。显然他们在教会里找到了一个崭新的社区，一个能使他们的生活井然有序、充满意义的社区。克劳瑟早期的一个助手就是从塞拉利昂被解放了的奴隶社区中征募而来的。他曾经说：“……当我得知上帝的福音在我的出生地传播时，我辞去了政府送信人的工作，自告奋勇前往尼日尔……向我的同胞们传播耶稣基督那神秘的赐福。”

毫无疑问，基督教和白人政权有着广泛的联系，而且随着殖民统治变得根深蒂固，取得白人的信任就显得格外重要了。因此，宗教信仰的改变有时就要经过一个自然的调整过程。在这个过程中，例如非洲人就用一个新的能支配一切的基督神代替了当地传统的神灵，这个基督神与殖民规模的扩大是有联系的。然而，更有说服力的是当时的文章。这些文章向人们说明基督教教义为何对人非常有吸引力，因为它们能够处理日常生活中的重要问题，而传统的宗教是无法做到的。基督教对有关贫穷、疾病和其他不幸等灾祸的问题提供了特别的解决办法；而且，基督教能直面死亡这一事实，能详细地阐述死后灵魂的生活状况。当这些解答由当地教士或传授基本教义者，而不是由建立首批传教站的白人传教士来宣讲时，常常显得更加具有说服力。

因此，皈依基督教的诱人之处在于：其一，有许多纯粹物质上的好处，皈依者通过与教育和个人发展前景的联系可以得到粮食、工作，甚至教会或传教站控制的土地；其二，皈依者可以从信仰本身获得心理上和精神上的慰藉。到 20 世纪，基督教已经在几乎所有的英国殖民地吸引了众多的信徒。即使在印度，到 1911 年，基督教教徒已超过 390 万人，其中马德拉斯就有 120.02 万人，这一数字几乎占到当地人口的 3%。从这一时期到 1947 年为止，基督徒在最终导致印度独立的宪法谈判中始终是一支不可忽视的力量。在英属非洲地区，基督教信徒人数众多，影响巨大，大多数民族主义运动的政治家都在传教团创办的学校里受过教育。在基督教教义中占据

戴维·利文斯通：“非洲之光”

戴维·利文斯通在英国

戴维·利文斯通是苏格兰人，1840 年作为传教士前往南非。他在 19 世纪 40 年代和 50 年代游历了中非，向北到达了赞比西河，向东向西分别到达了印度洋和大西洋。1856－1857 年返回英国时，他受到盛大的欢迎，公众把他视为基督教英雄的楷模。他于 1858 年回到非洲，沿着赞比西河继续探险，“试图为贸易和基督教打开一条通路”。探险持续到 1863 年，之后他在英国又一次受到了热烈的欢迎。1865 年他再次出发寻找尼罗河的源头。1871 年，他被 H.M. 斯坦利“发现”，但于 1873 年在非洲逝世。他被视为把毕生献给非洲探险事业的殉道者。

维多利亚女王时代的传教士被赋予英雄的形象，利文斯通的这次行程受到圣人般的礼遇。

核心地位的平等主义思想在非洲殖民地和印度广为传播，而不像一个世纪之前西印度群岛的奴隶主竭力限制传教活动，从而使其思想不为人知。因此，在20世纪，随着殖民地基督教教徒人数的增长，传教士团体用于宗教、教育和人道主义方面的工作的人力物力也相对地减少了。很早以前就向当地基督教教徒承诺的宗教事务自治成为现实也就不足为奇了。

传教活动同样在移民殖民地的土著人中展开，如在新西兰毛利人、澳大利亚土著居民和加拿大当地的印第安人中。然而，这一宣讲福音的任务很快成了当地白人移民者的教堂的一种责任。由于这个原因，与英国传教士团体在全球从事的传教工作相比，传教活动更加具有地方性，所受到的限制也更多一些。在那些新殖民的地区，建立能独立发展的基督教教堂时传教士遇到种种困难也给传教活动蒙上了一层厚厚的阴影。

在这些困难中有一个人们激烈争论的问题，即殖民地税收和其他资源是否应该用来支持业已建立的教堂。1791年的加拿大和1825年的新南威尔士曾尝试赋予已建立的圣公会教堂土地和教育职责，后来新西兰也在克赖斯特彻奇（圣公会）和奥塔戈（长老会）分别建立了各教派具体的定居点。但是，这些试验没有一个能够持续下去。英国政府对建设教会的支持时有时无，甚至在罗马天主教占统治地位的魁北克也是如此。而且不管怎么说，从19世纪30年代起在英国本土就存在着政教分离的趋势。而在殖民地，各个不同的教派都缺乏牧师和捐助，再加上许多移民者漠不关心的态度，使得政府对任何一个教堂的资助都会引起不满和不和而无法坚持下去。尽管一些殖民地力图达成妥协，把政府的资助提供给几个最重要的教派，这些努力仍然以失败而告终。19世纪70年代，加拿大、澳大利亚以及新西兰的教会学校就再也得不到政府的资助了，教会与政府至少在法律和财政事务方面已经彻底分离。缺乏官方的支持，捐赠又十分有限，这就迫使所有的教会在很大程度上依赖自愿的捐助。对教会学校和向当地异教徒传教等问题，殖民地的移民教徒几乎不感兴趣。

这种政权与宗教的分离活动进行得远比英国本土还要快，这不仅反映了各教派间的激烈竞争，同时也反射出殖民者普遍的世俗观和物质观。即使不反对有组织的宗教，由于当地没有教堂和牧师，许多移居者对宗教的学习也失去热情。圣公会的信徒们和其他团体慢慢地建立了自己的组织，但是发现很难抵御人们的冷漠和无动于衷的态度。然而在澳大利亚，直到

20 世纪 40 年代，罗马天主教徒做得远比他们的对手要好，这些教徒的绝大多数都是爱尔兰人和劳动阶层。这股坚定反英、决心保持自己的教育价值观的天主教势力，给澳大利亚殖民地、后来的联邦乃至国家的政治增添了持续不断的宗教特征。由于这一阶级、宗派主义、民族主义的联盟和有组织的劳工利益实际上有着密切的联系，就遭到了更为保守的新教利益集团的憎恶，他们之间的冲突表现在就业、福利和对外政策等方面，特别是在 20 世纪两次世界大战期间。

非洲独立教会的发展

除了对传教士的布道明确地表示接受或拒绝以外，人们对基督教教义的反应多种多样。这种现象在非洲殖民地表现得尤为突出。非洲人非常喜欢圣经的思想，但同时又厌弃西方教堂形式化的仪式、组织和神学。

在有些地方，传教士或殖民势力异常强大和顽固，而且根本无视当地人民特定的宗教需要或他们想管理自己的教会的强烈愿望。其结果是非洲独立教会强劲发展，这常常反映了 19 世纪美国奋兴布道者的神灵感应论在英国和非洲的影响。有时，这些教会是直接从现有教会分离出来的。比如，1891 年为反对教会传教士协会专横对待克劳瑟主教，在詹姆士 · 约翰逊的领导下尼日尔河三角洲牧师团首先由非洲人领导，而在其他方面保留英国圣公会的做法。但是，当 1901 年非洲非英国国教礼拜堂退出时，尼日尔河三角洲牧师团又成了教会分裂的牺牲品。同样的分裂也发生在黄金海岸和塞拉里昂由浸礼会和循道宗领导的教会里。

与被称为“埃塞俄比亚”教会形成对比的是“犹太复国主义”运动等更为激进的运动，它们往往对群众有着更大的吸引力。它们都是围绕着有神授超凡能力的个人或基督教徒的“先知们”建立起来的，吸收了许多更明确的非洲传统宗教信仰的内容。尼日利亚这方面的例子不少，出现了加里克 · 布莱德（约 1915—1918 年）领导的宗教运动。加里克 · 布莱德被他的追随者视为先知伊莱贾二世，他所说的话就是上帝的意志。比这些运动规模更大的是 1930 年后的“上帝教会”。这个教会的信徒在许多神圣的地方礼拜上帝，而不是在传统的教堂里，并且在礼拜仪式里使用了许多日常生活用品。他们用“鼓掌，跳跃，鞠躬，欢呼‘哈利路亚’，呼喊‘和散那’，呼啦 (Hurrah)，欢笑，歌唱，舞蹈，拉手风琴和击鼓”的形式赞美上帝。但是，最引人注目的是这种教会在非洲中部和南部的激增：到1925年，据估计，这些地区已有约130个这样的教会；而到1946年，教会数量已经增加到原来的10倍。

对于西方传教士、白人定居者和殖民地行政官员来说，这样的发展似乎不太合逻辑并具有威胁性，经常对政治和社会权力以及基督教的清规戒律提出挑战。独立教会运动被嗤之为“调和论的运动”——它是汇合从对立宗教传统中选择出来的、混乱不一致的、甚至很有可能是危险的异端思想的新宗教。教会的先知有时被投入监狱，而追随者也会被剥夺教友的权利。然而，人们逐渐意识到，即使是正统的基督教也在不断地发生变化，西方人和非洲人对基督教的理解也在殖民主义的环境中因为相互影响而加深，因而像世界基督教协进会和罗马天主教会这样的组织也都不得不给予非洲的神学理论与西欧的神学理论进行同等对待。

印度对基督教的反应

基督教与业已存在的各种宗教广泛的结合在非洲特别明显，但是在英属印度和中国却没有达到这么高的程度。印度习俗较强的生命力，印度人对宗教（如伊斯兰教和印度教）的自信，都意味着和非洲地区的人们一样，印度人一般对基督教持冷漠甚至是公开反对的态度，接受和皈依基督教的人相对很少。相反，印度人，尤其是上层精英的反应是，根据英国宗教和世俗文化提供的意见建议，改革并重新定义他们自己的宗教体系或教育体系。

印度教改革的首要表现是加尔各答的“孟加拉复兴运动”，1813−1830年之间是这一运动的高潮时期。在这一时期，孟加拉主要的富裕家族，如1816年创办印度学院的泰戈尔家族和德布家族，同意受雇于东印度公司的英国东方专家所持的英国式教育应该为孟加拉文化从内部重新焕发生机提供动力的观点。这种观点促成了加尔各答教科书协会（1817年）和加尔各答公立图书馆（1818年）的创立，以及在东印度公司的支持下1823年印度学院与新建的梵文学院的合并。这种观点也鼓舞着英国和印度学者进行研究，恢复古老的印度教经文和传统。这些研究宣传了一个起源于黄金时代的“不太腐败的”印度教的理想。

印度改革家试图用融合现代理性和科学知识而又“净化了”的印度文

拉姆·莫汗·罗伊王公

罗伊王公是位谙熟欧洲、穆斯林文化和印度传统的婆罗门。他推动了英属印度的社会及宗教改革，并且是第一位在英国具有影响的印度学者。1833年，他在访问英国时逝世。

化来回应英国基督教对印度社会不断增加的批评（这些批评称印度社会腐败堕落），并克服众多印度教徒面对英国人取得的成就所产生的普遍的信任危机。复兴运动的领导人为变革进行辩护，并指引改革的方向。一些地方社团，如1828年拉姆·莫汗·罗伊创办的梵社（超然神学会），成为保持改革思想活力的工具。即使在英国行政管理机构内部，激进的西化分子以及后来那些不相信印度会发生重大变革的人取得胜利之后，这些改革思想仍然没有消亡。

1760—1860年的一个世纪里，随着英国势力的扩张、印度社会经济的广泛变化，印度的伊斯兰教同样得到了发展。在诸如白沙瓦、德里、勒克瑙等中心城市和旁遮普、东孟加拉的其他城市，教师和一些有学问的家族与清真寺和曼德拉萨斯（即学院）联合起来重新审视可兰经传统，并经常公开与基督教传教士们进行辩论。如1854年在阿格拉，他们与基督教传教士协会的卡尔·普范德进行了几个回合的著名辩论。基督教的支持者对这些交锋都感到很棘手。到19世纪50年代，穆斯林教师不仅很好地利用了传教士们用当地语言翻译的基督教文本指出了教义中三位一体论不合逻辑的地方，而且对最近西方关于《圣经》的批评也相当熟悉。这就使得穆斯林教师瓦齐尔·汗能够利用文本证据和罗马天主教徒对新教徒译文的评注来说明《圣经》是多么腐朽，多么不可信。这么一来，福音传教士的论点被严重削弱，而基督教的谬误也被公之于众。

这些思想上的交锋和发展经常被局限于学者内部以及他们的资助人和学生等较小的圈子里，甚至局限于他们生活的城镇里。因此，不能夸大这些论战的直接影响，这一点十分重要。然而，这些论战对普通大众具有潜在的实际意义。得到印度教和伊斯兰教改革派鼓励的宗教复兴经常具有社会和政治寓意，如对种姓等级制度和地主压迫佃户的权利进行抨击。在整个殖民时期，社会抗议活动与宗教的鼓动经常有着密切的联系。从这个方面来看，印度和非洲对殖民主义的反应有着惊人的相似之处。宗教信仰在非洲和印度社会的每一个阶层——从最高阶层到最低阶层，都扮演着重要角色。不管是通过有选择地利用基督教思想，还是通过重新解释现存的宗教传统，殖民社区都能够凝聚在一起。宗教不仅帮助非洲人和印度人意识到自身的存在，还给了他们一个批评和抵抗殖民政权的标准。例如，约翰·奇伦布韦曾于1915年在尼亚萨兰（马拉维）反抗殖民统治，成立了他自己的基督教传教机构。从1857年印度起义到20世纪的民族主义运动，印度教和伊斯兰教以不同的方式成为印度人反抗英国人的一支重要力量。相比之下，除说法语的加拿大魁北克地区，对英帝国的白人移民殖民地来说，宗教在身份问题上至多扮演了一个十分肤浅的而且大概也是无关紧要的角色。

媒 体

通信技术的进步与英国的扩张紧密相关。19世纪人们目睹了铁路、蒸汽船、横穿大陆和水下电报的发展，20世纪则出现了诸如电话、无线电、空中交通工具以及和帝国的终结同时产生的电视和卫星传输等新手段。19世纪50年代以来的摄影技术和后来的电影技术的发展，进一步扩展了通讯的范围。英国人对所有这些变化功不可没。管理庞大的帝国和保护全球贸易的需要以及殖民地人民的要求，一直是这些变化的推动力。

印刷与出版

印刷业和出版业的发展对思想的传播非常重要。印刷业的重要性并不仅仅是学习和传播语言以及发明书写文字，它还对思想和信息的传播范围及传播的频率都具有史无前例的影响。印刷术使出版物具有长期甚或永久的影响力和有效性，而不论其内容如何。一位维多利亚时代的人说："摇摇篮的手，也就是统治世界的手。"而印刷小册子的手所具有的影响力仅次于此。有鉴于此，政府、学者、教师、传教士以及各种宣传人员都在极力控制印刷出版业，目的是为他们的自身利益服务。

英国人在孟加拉的活动有力地说明了人们利用印刷业传播新思想和新知识的急迫心情。1778 年，查尔斯 · 威尔金斯在印度创立了第一个本地语出版社，并出版了纳撒尼尔 · 哈尔赫德《孟加拉语语法》一书。在两年里，他不仅负责政府所有的本地语文件的印刷，而且还负责当地第一家英文报纸 *Hicky's Gazette* 的出版。1800 年，浸道会传教士来到塞兰布尔，随即成立了他们自己的出版社。他们为新成立的威廉堡学院和亚洲学会提供服务，出版了一些印度文学的经典名著，极大地发展了本地语的出版事业。"出版社很红火，"卡里 1802 年写道，"我的《孟加拉语语法与会话》和《Bashoo 历史》……已经售罄……我们正将梵文版的 *Hitopadosha* 翻译成孟加拉文出版并出版《摩呵婆罗多》。……"短短几年里，威廉堡学院所拥有的印刷能力完全能够满足人们对乌尔都语、波斯语和阿拉伯语教科书的需要。19 世纪 20 年代初，孟加拉的知识分子也和商人一样投身于使用当地语言的期刊和报纸的出版。书店成为加尔各答市生活的一大特色。

即使在政府无所作为的地方，传教活动、教育与印刷业的结合也相当普遍。这一结合促进了包括报纸在内的出版业的更广泛的发展。1820 年，格拉斯哥传教士协会在南非好望角的东部开始传教，随后马上进行的工作是翻译。1823 年 12 月 16 日，一台印刷机运抵该地，"17 日机器安装调试完毕，18 日全部字母已经排好，昨天（19 日）就印出了 50 份。……通过你们的帮助，卡菲尔（科萨）国的历史开始了一个新纪元。"1845 年，一份名为《晨星》的英文和科萨文的双语期刊创刊。1861 年，苏格兰拉夫戴勒大传教站成立了一个印刷所，许多英语与科萨语的译文随之出版。1894 年，传教团的科萨语月报《科萨信使报》最终在与当地的一家报纸 *Imov* 的竞争中败北，而后者的主编 J.T. 贾巴武先前是拉夫戴勒的一名学生。

各种印刷品的迅速传播使得小心谨慎的政府和宗教当局无法对社会进行严密的控制。报纸的印刷和出版不仅带来滚滚财源，而且迅速地与地区和国家的政治利益集团的愿望发生紧密的联系。在南非，罗伯特·戈德朗顿创立了《格雷厄姆城市报》，团结和领导南非好望角东部的移民为争取自身利益——首先是为摆脱遥远、冷漠无情的开普敦当局的控制而进行旷日持久的斗争。虽然戈德朗顿失败了，但是另一位强有力的报纸业主——多伦多《环球报》的乔治·布朗，在团结舆论支持19世纪60年代的加拿大联邦方面发挥了至关重要的作用。各地对殖民统治持批评态度的民族主义者都创办了自己的报纸。1914年，西非数家英文报纸《黄金海岸民族报》《黄金海岸领导者》以及最重要的《黄金海岸独立报》等都教育、鼓励读者关心非洲的历史、文化、经济和政治进步。这些报纸是20世纪40年代和50年代更加直言不讳的民族主义报纸——阿克拉的《非洲早邮报》和拉各斯的《西非向导日报》的先驱。

南非好望角东部洛夫代尔的印刷厂。苏格兰的传教士不仅在洛夫代尔设立了学校，还开办了一家印刷厂，用来印刷英文和科萨文的书籍。1939年，拉夫代尔印刷厂出版了238种科萨文书籍，这使得科萨文和斯瓦希利文一起成为书籍出版最多的非洲语言。这都归功于英国基督教传教士们的大力赞助。

印刷业不受限制的权力使许多人感到担心，因而政府经常力图遏制它蓬勃发展的势头，但都没有成功。有些时候，政府的措施显然非常严厉，比如印度政府的《地方语出版法案》（1878年）以及后来的《印度防务法》（1915年）都体现了这一点。后者采取了许多限制性措施，289家

报社和389家出版社被要求在第一次世界大战期间预付良好行为特别保证金。以煽动叛乱罪起诉报纸或拒绝登记注册是对付非洲报纸普遍使用的手段。在其他时候使用的手段更加诡秘狡诈。南非战争之前，在1898－1899年争取舆论支持的斗争中，好望角总督阿尔弗雷德·米尔纳爵士操纵任命W.F.莫尼彭尼主编《约翰内斯堡之星报》，煽动舆论对克鲁格总统和布尔人的仇恨，并利用《约翰内斯堡之星报》作为“独立的”批评来源，以此影响他在伦敦的上司。

以上事实充分说明，不断提高的文化水平、外语知识和印刷业对帝国和殖民关系产生了永远难以理解和不明确的影响。一方面，殖民政府的管理和控制力量得到了极大的增强；另一方面，普通大众质疑和颠覆传统观念和帝国主义者的臆断的能力也增加了。技术变革加剧了信息的竞争。帝国游说游戏的玩家们——报业主、政治家、商人和传教士——不断试图在竞争中超越对手。结果思想和信息的传播更为迅速，各种见解更容易产生冲撞，也更容易得到修正。蒸汽船、邮政或铁路系统以及海底电报的发展虽然推动了商业竞争，但没有降低对各种设想和看法的影响。1907年，黄金海岸在内陆和沿海地区建立了广泛的电报系统。在10年里，私人每年使用电报的次数增长了4倍，达到16.5万份。到20世纪30年代，做广告比以前更加容易，也更加便宜。当时英国的报纸几天就可以空运到加尔各答或者阿德莱德，而不必采用长达数月的海运；定期发送航空邮件也已经成为通行的做法。

电影和广播

1926年，帝国自治领政府首脑会议一致认为：“电影不仅是一种娱乐方式，而且是强有力的教育工具。……即使它没有被用于教育、广告和宣传等目的，它也间接地对喜爱它的许多人在思想上产生巨大的影响。”随着这些观点越来越为人们接受——尤其是在20世纪30年代，向殖民地世界反映西方人形象的办法发生了重要变化也就不足为奇了。人们不无兴趣地注意到英王乔治五世下面两个举动的象征性联系：他一方面对美国电影正在损害白人的威信表示明确的担心；另一方面，他在1932年同意发表后来成为王室惯例的圣诞广播讲话。他对电影和广播的影响的关注表明，甚至连英国社会中最保守的阶层已然觉察到了新技术对帝国观念和态度的影响所产生的重大意义。王室的关注使英国广播公司（BBC）有必要在已经固定为帝国日和第一次世界大战停战纪念日安排的节目外再增加另外一个爱国主义节目；但是对电影制作者兜售败坏殖民地黑人和有色人种名声的陈规偏见的行为，英国广播公司却没有考虑采取抵制行动。

帝国政府的各部门也开始尝试使用这种新技术。殖民地支持拍摄有教育意义的电影，为推动殖民地卫生和其他福利事业的节目提供片源。帝国市场委员会在它短暂的存在时间（1926−1933年）里，一直致力于促进帝国内部的贸易。它一共生产了100部电影，大大扩展了广告业务的范围。它还建立了一个属于自己的图书馆，向外出借纪录影片，如《固体阳光》（内容主要关于新西兰的黄油）和《帝国的麦田》等。在政府的外围，英国广播公司的对外广播部在1932年成立后一直稳步发展，尽管它的目标——在英国的领导下发扬国际主义精神和促进帝国团结——阐释得不怎么明确。在海外，各自治领也开始发展民族广播事业，以使自己的人民更紧密地团结在一起。

国王乔治五世在发表广播讲话。英国国王的圣诞讲话面向整个帝国以及英联邦和英国的听众。

第二次世界大战期间，政府对通信手段和内容的控制达到了史无前例的程度。战争的需要进一步推动了传播思想和舆论新技术的产生。政府的宣传人员利用广播和电影左右人们对战争、战争的进程、战争的目的和英国敌人的认识。为满足英国本土以及自治领和殖民地听众的需要，英国广播公司帝国情报处于1941年1月成立，并与帝国的教育部和信息部密切配合，特别重视对学校的广播。不少著名人物，如著名历史学家W.M.麦克米伦，也在战争的紧要时期应邀前来发表巩固团结的新闻和述评。虽然开始时他被要求专门为西印度群岛提供资料，麦克米兰还是了解到“我们为帝国不同地区所做的这些时事通讯是针对当地的普通听众，而不是针对欧洲大陆的

人民的”。

如同殖民主义导致的所有变化一样，广播的影响也具有两重性。它所带来的后果远远超出了“影响当地普通听众”这一目的，更包括了技术设备的和技术知识向那些先前对此一无所知的人的大规模推广。即使和平到来，这种情况也不会结束。无线设备得到广泛的利用，促进了战时宣传资料的传播。例如，印度国大党的成员就使用过非法的发射台。在战时的广播中，殖民政府被迫做出承诺，实行自由和福利政策。这些承诺提高了殖民地人民对未来的期望。有关殖民政府的活动范围和目的的观点由此产生，这些观点完全改变了殖民当局 1945 年以后的工作环境。这样，没有经过深思熟路便做出并广播的承诺履行起来就难多了。

到了 20 世纪 50 年代，英国政府的力量随着收音机和发射机的普及而变得强大，但同时它也觉得受到种种限制。曾于 1951－1954 年任殖民大臣的奥立佛－利特尔顿意识到了这种限制。殖民地的人们已经远比以前了解世界其他地方发生的变化了，结果是英国很难容许它的东非和西非领地以不同的步骤开展非殖民运动。另外，不光彩的殖民活动的事例更有可能被曝光，因而对殖民地动乱实行镇压的可能性也就相应地减少了。利特尔顿和他的同僚们觉得很难对付他们所认为的对英国政策的歪曲——例如在英属圭亚那和肯尼亚——而这些不实之词是由对英国持批评态度或非常敌视英国的国家——如埃及、印度和俄罗斯——播放的。

殖民世界的形象

对秩序的渴望深深地嵌入了英国人对帝国的构想中。殖民地及其民族和资源在无数出版物中都被列入清单，绘成图并进行分门别类。现实完全是另一回事：这是个充满差异的帝国，人们获得的大量有关信息可以从许多不同的角度来诠释，因此把它们强行归类的任何企图都是徒劳的。不过，至少还有两种分类方法对帝国的诠释有着非常强大的影响。在 19 世纪大部分时间里，大英帝国被看作是一个由多民族组成的帝国；而在 20 世纪，它则逐渐被视为一个帝国或由多个独立国家构成的联邦。

种族

19 世纪下半期，英国人对其他社会的宗教信仰和政治传统的鄙视已经是司空见惯。然而，对当时那些赞扬英国优越性（在道德、法律、宗教和政治制度上的优越性）的人来说，这样做与其说是由于种族的原因，还不如说是由于一系列的环境影响，如：热带令人难以忍受的气候因素，“东方国家专制统治”造成的有辱人格的恶果以及所有社会要接近英国的水平就必须经历一系列固定的历史阶段。绝大多数英国人认为，人类的本性基本上都是一样的——都尊崇理性，能够通过吸收更先进的思想和制度，并改革或摒弃腐败的非人性的做法，获得发展和进步。在整个 18 世纪末和 19 世纪初，由于这种基本假定——人类是一个单一的种族，那些自信能够重塑印度社会的管理者、深信能使全世界的人皈依基督教福音的传道者、“高贵的野蛮人”的仰慕者和奴隶制的反对者们都深信不疑。他们的目标都是要把个人从人性的或古老的桎梏中解放出来，因为这些东西阻碍人们享受自由独立的生活并且在很大程度上会危害社会。

基督教对库克群岛居民的影响。这些 19 世纪 70 年代的版画说明了有关全人类主要相同之处的推测。一旦清除了异教信仰，就是太平洋上的岛民也会变为像英国人那样勤劳并受人尊敬的财富拥有者。

这种普遍的看法在 19 世纪逐渐改变了。英国物质文明发展的步伐加快，英国人意识到本国和非欧洲社会的生活水平之间的差距在扩大；而且他们对非欧洲社会的了解进一步加深。这些都使得英国人对“低等”文化的批评和蔑视变得更加明显。这种批评起初通常掺杂着人类本性同一的持久信念，使许多人产生了一种矛盾心理：既对非欧洲文化不屑一顾，又对改变其前景持更加乐观的态度。

然而，迅速改变殖民地文化的希望——抱有这种希望的有 19 世纪 30 年代在印度的苏格兰传教士亚历山大·达夫，和把注意力放在非洲以及西印度群岛的托马斯·布克斯顿——很快就破灭了。印度的改革和宗教信仰的改变没有获得明显的效果；非洲的复兴也没有在奴隶贸易被禁止和引进新的“合法”商品之后而发生；西印度群岛社会在奴隶获得解放后又陷入了贫困和绝望的处境。1857 年印度大起义和 1865 年牙买加的叛乱造成了巨大的震动。人们普遍认为，这些叛乱是对英国政策和价值观的否定。非欧洲人适应英国标准的能力也因此受到了质疑。

在其他方面出现的一些变化也使人对人类的共同本性产生怀疑。有些种族——北美印第安人、毛利人和澳大利亚土著人——的人口在明显地减少，甚至濒临消亡，由此引发了生存必须具备什么素质的争论。维多利亚

鲁德亚德·吉卜林

1865年12月31日，吉卜林出生于孟买。他的父母亲是循道宗信徒，父亲在政府的艺术学校任教。1882年，吉卜林在英国完成学业，回到他父母居住的拉合尔城，并开始在《军民公报》担任记者。1887年他到阿拉哈《巴德先锋报》当记者，并于1889年离开印度去英国。已经以诗歌和短篇小说闻名的他很快就成为英国文学最著名的帝国军事和爱国主题的阐述者。他写的《山中的平凡故事》《军营歌谣》《丛林故事》和《吉姆》等作品以及他的应景诗都颇受欢迎。这些作品帮助他赢得了1907年的诺贝尔文学奖，也在很大程度上影响了一战前保守的英国公众对帝国及其目的的态度。

从某些方面来说，吉卜林的走红到现在都还让人感到惊奇。不管他的写作技巧多么纯熟，总会有一些人厌恶他作品中颇为典型的刻薄、粗俗和沙文主义，以及过分的细节描写和雕琢过甚的对话。他的大量尖锐的讽刺文章都把矛头指向了那些权贵，尤其抨击了印度的那些文职官员和他们烦琐的社交仪式、荒唐的统治行为和任人唯亲。很明显，作者为他们的错误和丢人现眼感到快乐。在他看来，不管公立学校怎样努力，帝国还是那个样子。即使是吉卜林喜欢的那些人，也会被他以屈尊俯就的态度来对待，当作讽刺的对象，特别是那些说话时省掉辅音的品位很低的英国士兵。

吉卜林对知识分子、政治家和其他各个阶层的人，特别是英国国内的那些人也深怀鄙视。这些人视野狭窄，无法理解帝国的真正含义，也不知道它的统治者需要具备什么素质，维持这个帝国运转的人要付出什么代价。

不过在一定程度上，吉卜林的吸引力在于他反复重申的信念。他坚信，所有这些缺陷和弱点通过努力都可以得到克服。他的作品经常提及更崇高的目标和谦虚之人永恒的（虽说不是公正的）判断力。然而，这些东西却经常被他的作品中一些粗俗的东西和讽刺，以及他对应受嘲笑和谴责的历史失误和可能的过错的谈论所掩盖。

然而，尽管当吉卜林时不时地鼓励人们对帝国的主要支持者们进行冷嘲热讽，人们普遍认为他的影响培养了人们强烈的热爱帝国的爱国主义精神。他认为，英国的伟大之处在于它在海外取得的成就。英国真正的品质和特点只有了解帝国事业的人才能理解。在帝国里可以找到发展的例证——公路和桥梁（吉卜林对西方教育带来的好处表示怀疑）——而这些都是通过权力、能力、法律、纪律和国内非常缺乏的专门知识实现的。帝国不仅是一种措辞，更是培训治国能力的地方。

吉卜林在晚年变得愈加心灰意冷。他日益痛苦地认识到政府和选民们不能奋起捍卫帝国或他在《普克山的帕克》和《英格兰史》等作品中所表现的理想化的英格兰形象。尽管他一再告诫人们要警惕战争，第一次世界大战的浩劫（他自己的儿子也死于战争），再加上两次世界大战之间爱尔兰和印度问题的解决，证实了他对帝国最坏的预测：帝国已经日薄西山，气息奄奄。他于1936年1月去世，遗体被安葬在威斯敏斯特大教堂。

时代的人对测量和统计数字的热衷进一步扩展到人类体格、颅骨大小以及脑容量等领域，结果骨相学者和人类学家们不仅开始研究国内的罪犯类型，也开始研究海外的种族分类问题。文化上的成就和民族特性互相依赖的观点逐渐为人接受。这一观点在对殖民地“好战种族”——那些生来就是好战的人，如普什图人、锡克人、豪萨人和祖鲁人——的确认及对在印度人口普查时，对人口群体的进一步划分中得到了证明。

帝国在许多方面的经验似乎都为以达尔文的《物种起源》(1859 年)为标志的进化论思想提供了证明。达尔文学说认为，演变进化通过随机变异和自然选择而发生，这使一些特定的个体或物种比它们的竞争者具有更大的优势。达尔文本人不愿意把他的理论用于人类社会，但其他一些人却已经迫不及待地指出，种族的多样性而非同一性正是进化过程中的自然产物。因此，“种族”是一种现实存在，这似乎为解释那些破灭的希望和其他方面不清楚的事实或无法说明的发展提供了现成的答案，而且还为帝国的目的服务。英国的对外征服和统治，即使是在最顺利的时候，也需要给国内抱怨征服和统治费用的选民以及对滥用权力和信任的行为持批评态度的目光敏锐的人道主义者和殖民地人民一个说法。而种族的自然优越性和一个无可争辩及科学上已被确认的种族等级体系等观点，比任何“开化使命”

乡村俱乐部

吉卜林展现给读者的不仅是他们自己的亲朋好友在帝国的所作所为，还包括了印度人的情况。在他的《丛林手册》的一篇故事中，被狼养大的孩子莫格利回到了他出生的村庄。尽管吉卜林对乡村生活的描述在语气上有点盛气凌人，但还是给人耳目一新的感觉。

谢尔·巴哈杜尔可汗

这是亨利·里斯利所著的《印度人民》中的系列插图之一。亨利·里斯利是印度1901年人口普查的组织者。他认为印度人分为很多不同的种族，而他就用相机来展示他们的不同。谢尔·巴哈杜尔可汗来自现在的巴基斯坦俾路支省“一个优秀勇猛的种族”。“这些人在他们信任的军官的指挥下而英勇战斗。”印度这种尚武种族的理论也适用于非洲。

更能为英国的帝国地位提供表面上无可辩驳的辩护。作为对帝国机构及其惯常做法的支持，这些观点的价值使得有关“种族”的概念对知识界更加具有吸引力。

“种族主义”态度的基本特征是对其他种族进行敌视、虐待和侵略，这种态度早在“种族”被“科学地”鉴定或分类之前就已经存在。随着“种族”一词为越来越多的人所接受，种族的界定也变得越来越严格。这在一定程度上要归因于殖民地社区的性质在不断变化。19世纪，帝国中白人数量的增加，在被称为“白人坟墓”的热带地区死亡率的不断下降，白人妇女和家庭的到达，还有居住区内不断上升的种族隔离趋势，所有这些都导致了白人与当地人之间在物质生活和精神生活方面更严重的隔阂。殖民世界中，这种不同种族间冷漠和分离状况的加剧也是英国有关社会地位的思想在殖民地传播所致。随着阶级的差别和不相容性在英国维多利亚时代中期迅速发展，阶级和种族的混合状态使殖民地人民承受双重危险。这些种族主义态度的巨大影响力，在许多殖民地居民自己都开始接受白人对现实的解释（包括对非白人的各种偏见）之后更加得到了增强。

“黑人是老虎，黑人是老虎”这个带有韵律的叠句，据说是桂冠诗人阿尔佛雷德·丁尼生用来说服与他同进晚餐的人相信1865年牙买加动乱的基本原因时所引用的。“桀骜不驯和野蛮的”非白人被理所当然地认为不适合自治和不可能取得超出一定水平的社会进步。1883年，在印度的英国人抗议扩大印度法官在主要城镇之外的地区审判欧洲人的权力。这个事例说明这样一个观点：非白人不能被赋予凌驾于白人之上的权力。由此可以看出，种族的定义已经深深地植根于英国人的思想以及他们在殖民地的惯常做法之中，它甚至还左右着政府有关未来的计划。19世纪90年代，英属中非司法行政长官哈里·约翰斯顿就深信，东非的发展要依靠印度的贸易、移民和企业。

> ……我认为黑人所欠缺的黄种人成分应该由印度人来弥补。东非和英属中非应当可以变成印度人的美洲。两个种族的结合可以弥补印度人在身体发育上的缺陷，同时也会把勤劳品质、走向文明生活的远大志向和强烈愿望传给他们有一半黑人血统的后代。而这些也正是黑人所明显欠缺的。

种族偏见在19世纪末已登峰造极，而种族歧视变得司空见惯，甚至在整个帝国被不同程度地制度化——在这方面也许没有一个地方能比得上南非。然而，种族主义也面临着来自各方的挑战，其中最有力的挑战是要求对当地非欧洲文化的价值和重要性进行重新评估。

这种新观点主要来源于人类学的研究兴趣从人的身体特征和手工工艺品向社会组织的转变，而西非旅行家玛丽·金斯利的作品和政治游说也给了这种观点极大的支持。金斯利和其他一些人反对传教士和“足不出户的政治家”对非洲实行部分欧洲化的企图。这些政治家认为，非洲人是可恶的野蛮人或愚蠢的孩童，是一群只能用改造和感化的手段才能与之打交道的人。金斯利认为这些人的做法考虑不周，是注定要失败的；种族差异和文化差异不应该受到诋毁，相反应该受到欢迎；非洲人毫无疑问拥有自我发展的能力，应该得到鼓励。不过，尽管金斯利对她那个时代的“官绅阶级”持鄙视的态度，但有个事实也不得不承认，这就是资源的匮乏使得殖民统治者只能理解和利用地方当局，此外别无选择，否则他们要实行有效地统治殖民地的愿望将会落空。

于是，那种认为其他种族都有先天缺陷的先入之见——这种观点称，人是一成不变的——开始让位于一种新的信念，即非欧洲文化具有适应和发展的潜力。从语言的表述上就可以看出这一看法更具灵活性，比如在

19世纪90年代的玛丽·金斯利

1893–1894年以及1894–1895年，玛丽·金斯利在西非旅行，并于1897年出版了她的游记。她认为，非洲人民是“世界上一个伟大的民族……一个有着悠久历史的民族”。

1914年之后“较发达”和“欠发达”民族的说法就已经很普遍了。至少在政府的公告中，那种把种族等同于文化的做法已经站不住脚了。这种情况影响到英国的殖民政策。20世纪40年代早期，英国代表其殖民地臣民实行“托管统治”的旧观念已经被与他们建立“伙伴关系”这一截然不同的说法所代替。

民族

种族是英国人用于被他们统治的人群的一个概念。种族有三六九等之分的观念（英国人位于顶层，而帝国各民族在英国人之下处于不同等级）可以为英国的统治提供合理的借口。然而在这个格局中，英国人自己也是一个种族，通常被称作“盎格鲁－撒克逊人”。这个种族中还含有苏格兰人、威尔士人和爱尔兰的凯尔特人——他们在其中的地位不明确。对大多数英国人来说，英国人不是由一个种族构成，而是由一个含有多种不同成分的民族构成。民族把人民团结在一起，而种族却使他们分裂。种族有等级之分，而所有的民族则逐渐被视为一律平等。这一点特别体现在第一次世界大战期间人们的言谈和国联的创立中——国联中所有的民族国家都是平等的成员。如果殖民地由民族构成，它们就将拥有与不列颠民族平等的地位，而英国人对它们实行统治的合法性也就站不住脚了。因此，英国的舆论经常坚持认为殖民地只是不同种族的集合体就不足为奇了。殖民地的舆论领袖们越来越否定这种说法，并竭尽全力鼓励殖民地人民树立民族的信念。在大多数情况下，代表新民族的单位被认为是由英国人统一并处于单一统治之下的殖民地区，不过，有人还提出了一些其他标准。例如，20世纪40年代，M.A. 真纳就致力于使英属印度的穆斯林相信他们是一个民族（未来的巴基斯坦），并因此与印度人、锡克人、基督徒以及信仰其他宗教并且曾经同为英国统治的臣民相分离。虽然殖民地的英国统治者认为许多要求建国的主张是不可能的事，但是他们不能无限期地抵制下去。通过发展语言、教育、宗教和传媒，殖民统治不知不觉地为新国家的诞生创造了条件。

第八章　帝国的城镇

托马斯．R. 梅特卡夫

1780 年，艺术家威廉·霍奇斯来到印度港口马德拉斯时，他这样写道：

> 这座属于英国人的城镇，从海上远远望去，美丽富饶的景象尽收眼底。房子的外墙都涂有一层拉毛水泥。这种水泥就质地而言可与大理石相媲美，因其有大理石般的坚硬和光滑。楼房大都是平顶建筑，台阶设计得颇为壮观、气派。长长的走廊上，高大的圆柱林立两侧。乍一看，人们还以为是亚历山大时代的希腊城市，因为两者的风格几近相同。蓝色的天空，万里无云；白色的楼房，光洁如玉；明净的沙滩，阳光灿烂；还有那墨绿色的深深的海洋。一个刚刚从伦敦远道而来的英国人看到这幅完美的画卷时不由为之倾倒。

18 世纪末，马德拉斯的圣乔治堡

1639 年，马德拉斯的圣乔治堡被割让给东印度公司，这一事件成为英国殖民统治的起点。18 世纪中叶，在与法国人的数次战争中，该城堡进行了重新扩建，有巨大的护城河棱堡，还有兵营和阅兵场。

这景象令人对遥远的印度海岸上那悠悠的历史回味不已，而这恰恰也预示着一个新亚历山大对这片土地的征服。18 世纪 80 年代，尽管美洲 13 个殖民地宣布独立，英帝国还是决意向亚、非、澳进行全球性的扩张。在扩张过程中，一座座新城镇雨后春笋般地发展起来，其中有港口、重要都市、农业中心、采矿中心、度假村，还有军事基地等。

殖民化城市的多样性

殖民地城市与工业革命后迅速发展起来的一批英国地方性城市具有某些共性，但就其本质而言，它们有自己的特色，与众不同，而这恰恰是创建这些城市的帝国不可或缺的组成部分。

混合人口城镇

海外早期殖民港口城市最初只是英国进一步扩张的据点，本地人都受英国人的统治。无论这些港口城市建在哪里，它们都是英国政治权力和权威的象征，因此殖民政府大楼常常建在这些城市的中心，外面有层层堡垒保护。堡垒中的枪支弹药足以镇压本地居民，也能遏制其他欧洲劲敌。这是殖民城镇发展的必要基础。加尔各答开始时是哈哥利河岸设防的英国贸易中心，自 1773 年起成为英属印度殖民帝国的首都。同样，开普敦的荷兰要塞于 1666 年建成，1795 年为英国接管，为英国势力的不断扩张（包括对整个南非的扩张）提供了一个安全的立脚点。马来亚西海岸的槟榔屿是 1786 年东印度公司建成的。东印度公司同时还建造了康沃利斯城堡，这里集中了许多殖民政府办公楼。

殖民势力渗透到方方面面，它甚至规定人们的住宅之所在。比如说，很早以前，马德拉斯分为“白人区”和“黑人区”。本来这些地方是在堡垒之外，18 世纪 70 年代为扩大城堡周围的缓冲区，这个最早的“黑人区”被拆除。一个新的“黑人区”在北部落成，与原来的旧“黑人区”之间隔了一片宽宽的沼泽地。同样，在加尔各答，直到 18 世纪中期，“白人区”与“黑人区”也有很明显的分界线，后来“白人区”逐渐扩展到东部和北部的广场和公园旁边，这些广场和公园原来是在堡垒中的炮火射程之外的一块安全的地方。这一属于欧洲人的地区里有商业中心，还有不断向广场

约 1859 年，加尔各答当地市场的一家商店。人口稠密的黑人或印度人城镇面积很大，分布在 19 世纪加尔各答占地面积极大的欧洲人居住中心的北部。早期港口城市居住区的种族隔离不像 19 世纪以后那样严重。

东部发展的居住区。至 1773 年，到加尔各答来访的人们已经对城市的宽敞和奢华有了众多描述。35 年之后，即 1809 年，游客同时也是作家的玛丽娅·格雷厄姆称这座城市为“大都市”。一踏上这片土地，她便写下了这样的话：“每座房屋都是那么壮观华丽，我深深地迷恋于此。它们绝不仅仅是对艺术刻板的模仿。宏伟的圆柱，考究的圆顶，优雅的通道，丛林绕水，宽阔的河面千帆竞发：人们处处看到的是一幅幅绚丽的景象。”

在英国人定居地的北边逐渐兴起一块“黑人区”，这里有商店、集市，还有印度人的房屋，其中不乏富商的豪宅。郊区随处可见的是大大小小的茅舍，里面居住着城市里穷苦的工人和还没迁走的村民。

“白人区”和“黑人区”的居民人种不同，城市面貌也不同。例如，加尔各答的城市规划为欧洲人聚居区提供了开阔的场地和举行正式仪式的场所。1802 年以后，这些场所以广场前部的新政府大楼为中心向四周扩散。英国人郊区住宅区的规划规模宏大。在马德拉斯，白人的数量在增长，财富不断聚敛，他们已不再满足于住在狭窄的城堡中，而是寻求更加宽敞的花园式住宅。早在 1780 年，这种住宅就开始流行起来，但当时只是零散分布在市中心的西部与南部，在那里大约有 200 家占地 18 公顷到 50 公顷甚至更大的庄园。相反，印度人却居住在拥挤、狭窄的穷人区。甚至一些富裕的印度人也不能像英国人那样建造带有花园的房子，而只能依旧蜗居在一些小院落。欧洲人很少进入与他们毗邻的贫民区；即使不得已取道于此，也总是对“肮脏的狭窄街区”以及那扑鼻而来的恶臭抱怨不已。

这些殖民港口城市的另一显著特征是（它们）已经融入世界资本主义的经济体系，它们的建立、发展速度以及发展模式都取决于对欧洲出口贸易的要求。加尔各答位于恒河的入海口，有利的地理位置使它能够像漏斗一样吸纳内地的各种贸易，其范围一直延伸到内陆1000英里。因为地理原因，非洲南端的开普敦——就像马来半岛南端的新加坡或印度洋中央锡兰岛（斯里兰卡）的科伦坡——既是国际贸易中心，又是那些往返于各大陆之间进行长途旅行的人们的良好休息地。当然，这些地方还吸引了内地的土产品：好望角的肉类和后来的葡萄酒及羊毛，锡兰岛上咖啡、调料还有茶叶。

18世纪晚期，马德拉斯和加尔各答等印度城市为英国人提供亚洲国家生产的精致的奢侈品以满足他们的需求，由此而一度蓬勃发展起来，并从当地长期存在的贸易网中获益匪浅。到18世纪90年代，东印度公司管理的孟加拉年度出口贸易额达到250万英镑——出口的大都是精美的手工编织品，而加尔各答已成为大英帝国的第二大城市。1820年以后，随着工业革命的发展，这些商品无法与机器生产的产品相竞争，东印度公司的商业地位渐渐被个体商人所取代。这些自由贸易者组织代理行，发展了一种全新的贸易：从棉花、黄麻到茶叶和锡器，出口商品范围之广前所未有，从而不断满足英国工业日益增加的需求及其蓬勃发展的消费经济。这种贸易进一步促进了内地批发中心和储运中心的发展，于是产生了新的殖民城镇，如恒河两岸的米扎浦和康浦尔镇。同样，在印度的西海岸，随着印度铁路和1869年苏伊士运河的竣工，孟买发展的速度之快，用这个城市的一句话来说就是“在印度各城市中首屈一指”。正如19世纪末英国旅行家J.H.菲尔诺所写的：隔海相望欧洲，孟买看到自己的地位如同一个“联系亚洲和欧洲的枢纽，一个两种文明的交汇点”。无法与维多利亚时代的英国城市相提并论的是，殖民城市保持着贸易化、商品化的特征，由于受到帝国主义自由贸易和英国工业家利益的约束，它们几乎没有发展任何重要的制造业。举例来说，孟买的棉纺织工业是印度而不是英国资本和工商企业活动的产物，全凭向中国出售纱线以及把布匹的价钱压到最低，它才击败对手曼彻斯特最终幸存下来。

由于英国殖民统治提供的安全保障以及这些发展中的殖民城市提供的众多贸易机会，许多不同种族和职业的人蜂拥而来。商人来这里和英国人做生意；穷人来这里当佣人；还有人在甲板或建筑工地上充当水手、搬运工和苦力。最初，这些城市里住满了打工者，他们中有些人在这里扎下了根，有些则带着积蓄回到了家乡。在印度，打工者通常都来自偏远的内陆，他们常常要经过长途跋涉来到城市。在其他地方也有来自海外的打工者。新加坡在1819年建成时还是个无人居住的小岛，而到了19世纪30年代和40年代，它已经几近成为纯中国人的城市——正如今天它所发展的一样。同样，槟榔屿吸引着中国的批发商和生意人，还有穿过孟加拉湾而来的印度人。19世纪晚期，这两个城市都繁荣起来。它们不仅分别是欧洲与印度、东亚和澳大利亚货物航运的交汇中心，还是马来半岛的锡器和橡胶的外销市场。20世纪20年代，新加坡的贸易额约为2亿英镑，人口超过40万。可是，尽管它们与大陆紧密相连，这两个城市中的马来人在总人口中所占的比例却都微乎其微。西印度群岛上的殖民城市中也几乎全是外来者。1692年，牙买加的金斯敦建城时，那里住着白人商人、甘蔗种植园主、从西非强行带来的奴隶和一些有色人种或混血种族（各种族在那里杂居共处，异族通婚很普通，于是就有了混血型的后代）。随着1833年黑奴的解放和10年后牙买加蔗糖在英国市场上所受保护的结束，金斯敦的经济停滞不前。与此同时，在18世纪晚期还占全市总人口四分之一的白人人口迅速减少，解放了的黑奴和来自乡间的穷困潦倒的农民倒是越来越多。1940年，

金斯敦几乎就是一个黑人和混合种族的城镇，只有极少数作为政府要人的白人在这里居住。

最惹人注目的恐怕要数在开普敦出现的民族多元化了。除了最初在这儿以放牧为生的科伊科伊人，镇上的居民还来自东面的马达加斯加和印度尼西亚，西面则来自荷兰和英国。1833年以前，还有许多从东印度群岛上带来的奴隶，在这儿，他们被当作能工巧匠受雇于人。这样一来，一个独特的马来人居住区在镇上逐渐形成了。随着时间的推移，黑奴们得到了解放，他们和土著居民科伊科伊人及当地白人混合杂居，形成了一个显著的开普敦多民族社区。19世纪中叶，开普敦的总人口约为2万，白人与有色人种（人们现在视之为不同的、独立的种族群体）人口几近相当。与此形成鲜明对照的是，在被普遍视作"白人坟墓"的西非，白人占总人口的比例总是少得可怜。在一些城镇，如黄金海岸（加纳）的阿克拉和尼日利亚的拉各斯，来自内陆地区的非洲黑人通常都占据了人口的大部分。同时这些城镇也吸引了从中东远道而来的黎巴嫩人和从邻近殖民地——比如说塞拉利昂——来的非洲精英们。

约1900年，开普敦的马来人居住区。该居住区依据亚洲奴隶的后裔命名——这些奴隶是英国征服开普敦以前被丹麦的东印度公司带到好望角的。这座19世纪的清真寺表明，这些曾经为奴的人很多都是穆斯林。19世纪的时候，白人工人阶级也住在马来区。开普敦是早期种族最多的殖民港口城市之一，而这些港口城市大部分都是多民族的移民城市。

最初在殖民城市实行的种族隔离到19世纪盛行起来。当南非的殖民地

边界以不可阻挡之势向东扩张时，新的城镇诞生了。这其中包括伊丽莎白港、德班和彼得马里茨堡。英国人在这些新兴城镇里遇到了来此寻求生计的非洲黑人——科萨人、祖鲁人以及其他种族的人。接二连三的战事和白人居民不停地占据他们的地盘，使得他们的部落被迫解散，而这正好给白人带来了机会——廉价劳动力总是求之不得的；与此同时，非洲黑人也带来了潜在的危险。尚武的祖鲁人总让人害怕，而且白人相信大量生活悲惨的非洲城镇居民会带来疾病，并蔓延到他们自己的居住区。对此，好望角总理 W.P. 施勒奈尔在 1901 年指出，非洲人刚涌入开普敦就有一万左右主宰“各个地方”的原住居民开始学“各种坏习惯”。然而，他也认识到“我们不能摈弃他们，因为我们需要他们为我们工作”。因此，一份根据印度早先模式拟定的详细计划规定，自 1902 年起南非实行严格的种族隔离。市中心是白人（和有色人种）的地盘，而非洲人则仅限于在城外地区生活，他们进城受到通行法的约束。在东非和中非的城市也实行类似的种族隔离，这其中有肯尼亚的内罗毕、罗得西亚（津巴布韦）的索尔兹伯里（哈拉雷）。

印度也是如此。英国人在内地建立了商业和行政中心，他们加大力度对现有人口进行管理：既把他们牢牢控制住，又不让他们过分接近。在 1857 年印度起义后，为了防止疾病蔓延——英国人觉得疾病是由于印度城市人口居住条件不卫生引起的——和出于自身安全的考虑（他们对在德里、康浦尔和其他印度城镇发生的英国陆军中反叛的印度士兵屠杀毫无戒备的英国人的事情永远难以忘却），英国人马上加强了统治，把新的城市中心建在与阿拉哈巴德、勒克瑙以及拉合尔等先建城市临近的地方，互相毗邻却互不搭界。这种被称为“国内界线”的新的欧洲人居住区通常是一大片地方，由两旁树木林立、规则而又宽敞的道路交错划出了大居住群里的幢幢平房。新居住区附近通常有个军营以备一时之需。与欧洲人居住区形成对照的是，本地人居住区的排水、卫生设施的建设断断续续，时有时无，居民区挤得水泄不通。几条笔直的马路直达其中心——当然是为了作战需要。城市的这两个居住区通常由一些能限制行动的东西隔开，如铁路、城墙或田野。当然，种族间的完全隔离是不可能的（南非就是一例），原因是印度佣人们总是居住在“英国人”的区域里，而英国人不可避免地与他们的印度邻居同享空气、粮食、水，因此患上同样的疾病。

19 世纪末，西非各民族对于热带传染病无一幸免。一个 1863 年到过冈比亚和巴瑟斯特的人这样描写当地医院的情况：

这地方真要命，病房就在一楼！你知道，在热带非洲的大部分地区，在一楼待一个晚上准保让你发烧。一楼办公室和茅房等地方总是进水。二楼挤满了床，每个病人只有8英尺的空间，按理说至少应该有20英尺……三楼住着医务人员，空间虽然大些，但弥漫着天花、痢疾、斑疹和黄热病的气息。这家医院只能容纳23人，却不时地住进了32人……当我听说进来的96个人中就有92人死亡，黄热病还时不时地侵袭时，我并不吃惊。

白人移民城镇

加拿大、澳大利亚和新西兰的殖民城镇仅由白人居住，其双重性并不像其他地方那么突出。然而，这些城镇本质上仍具有殖民地的特征。拿澳大利亚的悉尼和墨尔本来说，原始居民并不构成威胁，所以堡垒不是市区的重点。可是，帝国政府仍然承认它的地位——主要是殖民地总督把它当作指挥部。悉尼的政府大楼是座华丽的都铎王朝哥特式的建筑，位于一个叫“领地”的大公园里，楼内能看到海港的全景。墨尔本政府用取自殖民

19世纪中叶的阿德雷德。土著居民与其他人在宽阔的大街上。该市中心经过精心的规划。

地的黄金于1870年建成了极具意大利风格并带有巨塔的官府，它坐落在离城镇不远的山上，居高临下，可以俯视全城。

大部分欧洲移民居住的殖民城镇像亚非殖民城镇一样都是港口城市，其主要作用是吸纳内地的商品，然后装船运往欧洲。澳大利亚殖民地的主要城市——从布里斯班到西部的珀斯——都是著名的金融、批发和储运中心，却不是制造工业的中心。直到19世纪下半叶澳大利亚的一些工业部门面对英国的竞争才发展起来。到1881年，墨尔本大约25%的男性工人从事制造工业，但制造工业却从未在这个城市起过主导作用。悉尼也没有制造业，自始至终它都保持着羊毛出口港的地位。

到维多利亚时代，在英国人的精心规划下，这些殖民城镇与英国人居住的城镇距离更远了。根据牙买加的金斯顿和北美殖民地城市的先例，英国人用街道把城镇划分成格子状的居民区。每个格子里都是一系列矩形的、排列规则的建筑群。从18世纪80年代开始，安大略湖以北地区也被强行建成了格子式，省会多伦多等一些城市的设计都是既定的。澳大利亚南部的阿德雷德是个最典型的实例。19世纪30年代，威廉·莱特上校把它建成了一个大方块组合群，随后才允许人们进去居住。这一地区城镇的发展后来都遵循类似的规划规则，只是规模较小，并且保留了草原。

在这种规则而又雄心勃勃的规划下，城镇的人口密度不可避免地要降低，于是就形成了这样一种模式：城里人满为患就向乡下扩展。到19世纪晚期，澳大利亚城镇漫无边际的扩展远远超过英国任何一个城市。举个例子，1888年，墨尔本市区平均每英亩只有3个人。这种现象是许多因素造成的。怀着对美好前景的憧憬以及拥有大片可利用的土地，殖民地城市通常都把铁路线修得很长，因为有这些可到达市中心的铁路，人们住得越来越远。比如，克莱斯勒彻奇只是新西兰的一个中等规模的城市，却建有长达50英里的电车轨道。大部分的扩张是受接连不断的土地投机的影响，开发商总是买下大片的土地并期望它将来能升值。最为显著的要数墨尔本，受淘金热的影响，墨尔本有半数以上的个人资本全部用于房地产开发，结果人们纷纷抛弃市内幢幢相连的排房转而寻求独立的间隔很远的别墅。虽然英国化了的专业人员和商业成功人士与工人阶级保持着距离——在墨尔本，这种界线是以谁坐电车、谁坐郊区间铁路回家来定的——但是由于没有大套的出租房，而社会层次的分明也使他们不可能接近真正的英国人。和伦敦城东区极度贫困以及梅费尔区豪宅密布不同，这些白人居住的殖民城

西姆拉——英属印度的夏都

因为平原上酷热难耐，从 1864 年开始，印度政府官员包括总督本人每年都要到西姆拉去避暑。西姆拉是一组连绵的山脉，海拔 7000 到 8000 英尺。政府官员们在 3 月或 5 月离开加尔各答，然后在西姆拉住到 10 月或 11 月。一时之间，公共建筑与私人平房如雨后春笋般拔地而起，即便是在山脊上，只要有平地则处处可见新建的平房。炎炎夏日，达官贵人却在西姆拉享受着舒适的生活。

1891 年，政府官员们在西姆拉野炊。

基督教堂位于西姆拉风景区的前面。

镇都是一排排的乡村别墅。

矿山城镇和山间驻地

殖民城镇一般被用作商业和行政中心。19世纪下半叶出现了两种较特殊的城镇，那就是矿区居住地和避暑胜地，或者说是山间驻地。矿城经常是在听到那里发现了矿藏之后，一夜之间拔地而起。1851年，巴勒拉特和本迪戈金矿工人罢工后，大约25万名矿工涌向澳大利亚，从而使这两座城市在短暂的繁荣之后，人口大幅下跌，而城镇也缩减得只剩下躯壳。但是，也有一些城镇因为具有丰富的矿藏，所以能持续发展到20世纪。这其中最重要的就是南非的金伯利（19世纪70年代在钻石矿周围兴起）和约翰内斯堡（1886年建城，其金矿储量居于威特沃特斯兰矿脉的首位）。随着人们发现非洲河岸上金矿越来越丰富，约翰内斯堡以惊人的速度发展起来，短短10年间由以前几个人的淘金工场膨胀成为拥有10万居民的城市。1914年，其人口达到25万，整个城市成为一个大工业首府，在非洲农民的土地上突兀而出。和其他殖民城市一样，城中绝大多数人是移民，包括有钱的资本家——他们大都来自英国，也有的来自欧洲其他国家，这些资本家单凭自身的实力就可以开发深层的矿石——利用有技能的康沃尔矿工以及从南非各地来的不懂技术的黑人劳力。约翰内斯堡城里男性占大多数，白人住在客店里，黑人则挤在千篇一律的矿营里。

约翰内斯堡的郊区。摄于1907年。约翰内斯堡是殖民城镇扩张的一个典型例子。1907年，郊区延伸到距市中心6英里以外的地区，市中心里较有钱的欧洲人迁到这里，以避开市中心拥挤不堪和脏乱的环境。非洲工人则被隔离居住在城市中心区。

山间驻地与此大不一样。一个1912年到印度山间驻地游览的游客写道："在雪山之下我看到的都是来避暑的英裔印度女人，在草地、绿树与红花的映衬下，她们显得格外妩媚动人。"殖民地的这些山间驻地就像一个世外桃源，具有一些英国避暑胜地如布赖顿、巴斯的特征，目的就在于建设一个想象中的英格兰。比如，乌塔卡蒙德位于印度南部的尼尔吉里山，往北是大吉岭、姆索里和西姆拉。它矗立于喜马拉雅山脉的草原之上，最初是在19世纪20年代和30年代作为欧洲军队的疗养院；之后不久便吸引了大批英国人。由于草原与"本地人"城市之间有着天然的距离，这在很大程度上给了英国人安全感，而山间驻地的气候和远离当地居民则给了他们"家"的感觉。利顿总督在看过乌塔卡蒙德之后写道："下午下雨了，道路泥泞起来，但这多像英格兰的泥土，美妙而芳香。"

山间驻地是殖民城镇不可分割的一部分。19世纪60年代到20世纪40年代，西姆拉近80年间都是英属印度消夏的首都和英属印军的总司令部，那幢哥特式的总督府在崎岖的山路上若隐若现。印度的山间驻地闻名遐迩，随着大英帝国在热带地区的扩张，类似的山间驻地在别处也相继建起。拿马来半岛喀麦隆高地来说，一个著名的高尔夫球场吸引了许多种植园主、商人和官员。在这些城镇，英国人住在适于管理和由共同价值观联系起来的社区。另外，由于这些城镇中有大量的英国妇女和儿童，英国人可以有归属感。一个人从出生、受教育到求爱期会经历不同的地方，这些地方和山间驻地的别墅、学校以及娱乐场所都是加尔各答和槟榔屿城堡垒的必要补充。

约1906年，约翰内斯堡的街景

威特汉特斯兰金矿吸引了大量的欧洲、亚洲和非洲的移民，他们带着发财梦纷纷来此。图中，欧洲人走在人行道上，在街道上行走的是非洲人。

平房——一种独特的殖民地住宅

平房的吸引力在于能适应热带气候。印度洋式的平房的墙壁很厚实，顶棚很高，从而保证室内通风、阴凉。房子四面建有游廊，人们可以因此享受到早晨与夜晚的清新凉爽。但是，如果你认为它的好处仅仅在于舒适，那就错了。因为其他形式的建筑，例如许多印度市区的房子，带有一个封闭的庭院、一个阴凉的地下室和平顶，一样能达到抗暑祛热的效果。平房的好处在于政治因素，即能体现社会距离。它们所处的位置空旷，入内颇费周折，需要经过围墙，左一扇右一扇的门都有看门人，无不显示出英国统治者的威严、高不可攀。这样一来，也不用担心会因与“本地人”过分接触而染上疾病。看门的人会在门口谢绝未得到认可的登门拜访者；其他的人，如商人或来寻求帮忙的人会被引到游廊。太太在一边检查着带来的礼物——有可能是陈旧的茶叶，而男主人则处理一些他认为必要的交易。只有那些社会地位相等的人才能进入内室。在殖民时期，进入英国人住宅的内室就像加入俱乐部成为会员一样困难。对于亚洲人和非洲人来说，这是个辛酸的回忆，他们视这种规矩为种族歧视的标志。

在殖民时代，平房给英国妇女提供了发挥重要作用的舞台。维多利亚时代的性别准则规定了英国妇女应该集各种美德于一身，只要管好家务，撑起自己的“半边天”就行了。但是，殖民地的英国妇女并不仅限于此，她们表现得更活跃，更足智多谋。像新西兰那些靠近边疆的城镇，男人们总不在家，妇女就有责任推动这片未开化的土地的文化生活。而在印度，妻子私下里必须帮助丈夫解决在外遇到的难题，即如何治理、改造一个秩序混乱、疾病蔓延的地方。最主要的是，她还必须像将

约 1896 年，印度的一幢平房。

军一样约束和管好自己的仆役。对此，弗洛拉·安妮·斯迪尔在她的《真正的印度管家》(1904)一书中写道："没有尊贵与威严的气质，要想管好一户印度人家，其难度不亚于治理好一个印度王国。"

随着平房在帝国的普及，其样式也有了变化。在以欧洲人为主的居民区，由于社会地位差距不大，平房的规模已在缩小，坐落的位置也不要求那么空旷。拿游廊来说，平房现在经常只是一面建有游廊。与此同时，殖民地的平房常常又因地处位置而异。举例来说，澳大利亚由于劳动力较少，平房就不像印度那样使用石膏和白色涂料，而是改用预先成型的、精致的铁制品：房顶则用一种有皱褶的铁质材料建成。这些材料有可能会像七巧板块一样被列在单子上，需要从格拉斯哥的几家机械公司进口。如果哪里有现成的木料，如昆士兰，木材就会被派上用场。这种平房造价不高，建起来容易，拆起来也轻松，所以搬往新址就显得随心所欲。

澳大利亚的平房总是由数根柱子支撑，四周围着密密麻麻的格子窗，既能透风又能挡住阳光，真是寻求舒适的白人工人阶层的一个杰作。在炎热的内地和地处亚热带的昆士兰沿岸，这种房子尤其多。不论是与澳大利亚的还是与印度殖民地的欧洲人城镇有联系，抑或与一个勤劳苦干的淘金工有关也好，与一个政界人物有瓜葛也罢，总之，这种平房标志着一种不同于英格兰的生活方式。后来，既非气候原因，也非政治原因，这种格子窗平房出现在英国本土。它体现了一种独特的建筑风格，多见于海边和旅游胜地。身在其中，你能享受到难得的悠闲时光。

澳大利亚昆士兰的一幢平房

这种由柱子支撑的带格子窗的设计是澳大利亚北部热带地区建筑的一大特色。

19世纪印度一幢平房的游廊

天花板上安装着布屏风扇或扇子。拉动一根绳子，它就来回摆动，使游廊凉快起来。装饰几乎就是一幅讽刺殖民地的英国人品位的漫画。乱七八糟的东西什么都有，如狩猎的战利品，交叉状的长矛——那是用来刺杀野猪的，衣帽架上的宽边帽，还有藤制后背的椅子。

殖民地的建筑艺术

由于殖民城镇渐渐有了自己与众不同的特点，城镇里的建筑物也自有它的独特之处。

殖民地建筑物

有些建筑物的独特样式是由它们的作用决定的。除了外表和伦敦的白金汉宫之类建筑物有相似之处，殖民地政府大楼与皇室府邸无任何关系，也不会是英国公众关心的焦点，然而，它代表着帝国政权。总督一般都是派遣出来任期不长的英国贵族，而且经常是英国君主在殖民地的代表，因此，帝国当局常常会把大楼修得富丽堂皇。

其他一些建筑物虽然遵循标准的欧洲建筑风格，然而在殖民地的意义却非同一般。例如，许多殖民地的教堂都是仿照伦敦的圣马丁田野教堂而建造的，部分原因是那座教堂有现成的出版设计图，所以哪里都可以复制。这座位于特拉法尔加广场的教堂由于地处王国的中心，在一定程度上代表整个王国。初到殖民地的英国人不是很有信心，需要有一个熟悉的环境，一幢幢尖顶教堂拔地而起（1787 年加尔各答的圣约翰教堂就是一例），既标志着上帝——他们至高无上的信仰——的到来，也标示着英国政府即将统辖这片土地。

随后，殖民城镇在维多利亚时代常常竭尽全力在建筑上下功夫，以此显示日益增长的财富和繁荣。特别是在欧洲人居住的城镇，民族自豪感更加促进了华丽精美的建筑物的建造。悉尼与墨尔本竞相推出了世界上最具有特色的维多利亚时代的哥特式建筑。即使是纳塔尔的彼得马里茨堡这样的小城市，在分到维特沃特斯兰金矿的一杯羹之后，也建起了一排排商业建筑与民用建筑，以炫耀它的兴盛和繁荣。纳塔尔殖民政府大楼建于早期贫困年代，是一栋很不起眼、布局不当的建筑。这座 19 世纪 90 年代刚刚完工的市政大厅被烧毁后马上进行了重建，于是，一幢华丽的哥特式大楼矗立在市中央广场上，与原来的大楼形成鲜明对比。

在一些大的殖民城市，市内建筑的格局多种多样。比如 18 世纪晚期，加尔各答有钱的欧洲人就在大片空旷的地方建起他们的大房子。房子一般建有好几层，天花板很高；另外，窗户旁有活动的绿色挡板。像孟买这种四面环海的地方，由于地皮特别紧俏，从19世纪起，只有政府最高级别的官员才能住在宽大的公馆里。在大殖民地城市，一排排一层或两层的房子里住着欧洲的中产阶级。在墨尔本等城市的近郊现在还能看到这种排房。然而，殖民地最典型的建筑还是平房。平房最初的模型是孟加拉（读音与英语“平房”相近，平房由此得名）的草棚。后来，随着英国势力从加尔各答扩张到马德拉斯以及内陆地区，平房发展成为印度殖民地的住宅样式，后来又发展到澳洲、非洲乃至整个帝国。

不断变化的殖民地建筑风格

殖民城镇的建筑大部分都是基于英国的建筑风格，在某些地区，还带有一些印度的风格（几乎没有人采用非洲本土或大英帝国其他殖民地的固有风格）。在一定程度上，殖民地建筑物在海外重现了那个时代占统治地位的欧洲风格。在18世纪，这是一种和克里斯托弗·瑞恩有关的巴洛克式古典主义风格。随后，在19世纪早期，当希腊多里斯式的新古典主义受到推崇时，从开普敦到加尔各答以至更远，很多建筑都采用这种风格。然而，建筑风格的变化对殖民地建筑来说并不仅仅是追求时尚，因为建筑必须符合特殊的环境要求，这其中包括用夸张的建筑来创造一个国家不断扩大的效果。为了拓宽视野，以英格兰乡村别墅为模型建造的加尔各答政府大楼在高高的地下室平台上不断加高；宏伟的大楼梯建在外面，以便于举行仪式时人们能够由此进入。通过这些建筑，英国人还想把大英帝国与古老的帝国联系起来。政府大楼的宴会厅里有仿古罗马建筑的中庭和柱子以及12尊真人大小的凯撒大帝的大理石半身像。类似的建筑还有马德拉斯1808年建的宴会厅：大厅建在高高的台子上，由两层楼高的圆柱支撑着，柱子上装饰着象征征服的图案。正如这些建筑所表现的，大英帝国是集亚历山大帝国的气魄和罗马帝国的文明于一身的帝国。而且，在英国人眼里，这种建筑超越时空变化，达到了美的极致；同时，它也向海外展现了创造它的西方文化的卓越。作为建筑，它的不同凡响之处就在于它恰到好处地遵循了比例、有序与平衡的三大原则。建筑大师赫伯特·贝克称之为“规则美的永恒原则”；英国人认为它所颂扬的法律和秩序的理念是帝国事业的核心。

这些说法到底在殖民地民族当中引起了多大的反响，人们无从考查。

可以肯定的是，印度的王侯与商业精英在这些古典的建筑中看到了当代世界的标记，而那是他们一直在寻求进入的世界。所以，他们竞相在自己的住所上下功夫。1840年马德拉斯的帕其亚帕厅是按雅典风神庙的样子建的，它最初是一个印度商人的遗产，后来用做市内第一所英语学校。不管是在印度还是在南非，建筑的外部都是欧式的，内部设计则以容纳大家庭和深居简出的妇女为目的。唯有在不说英语的白人城镇，如蒙特利尔、魁北克和比勒陀利亚，共有的欧洲血统使人们对古典（和哥特式）风格大为欣赏。不同的是，南非白人和法裔加拿大人的建筑师经常采用欧洲大陆风格——比如荷兰、法兰西或德国。

随着哥特式风格在欧洲的再度兴起，它的设计在殖民城镇也有了立足点。然而，由于它与中世纪和教会的联系，哥特式风格建筑和古典建筑相比，不如后者能代表大英帝国；因为古典建筑蕴含着罗马帝国的气势，而哥特式风格只适于表现殖民地的民族主义。如渥太华，它那哥特式的议会大楼说明了加拿大与大不列颠的永久联系，也表明了它与美国的风格不一，因为美国首都是古典式建筑。哥特式在商业城市也受到欢迎，如孟买与墨尔本。这些城市的重要人物都想住在同时代的欧洲风格的建筑里，以显示出他们“摩登”。然而，使用这种风格最多的还是教堂。即使是在有着悠久古典主义色彩的加尔各答，它的主教堂（1847年）还是哥特式的。建筑师斯温顿·雅各布写道，殖民地教堂必须“保持一种风格，一种表达我们虔诚情感的风格”。结果，教堂和那些打算改为社区的教区很少在设计上吸

加尔各答的政府大楼

威尔斯里勋爵的政府大楼仿照英格兰德比郡的凯得莱斯顿大厅建造，1803年完工，耗资巨大。批评者指责它花钱无度，有人却反驳说：印度是个“泱泱大国，是个奢华、顾及形象的国家”，其统治者理应有“一座具有王者气魄的宫殿式首府，而不是一间账房，像个平纹细布和靛蓝染料零售商在小打小闹做点生意”。

1868年渥太华议会大厦正式使用仪式。1857年，渥太华被选为1867年加拿大新自治领的首府。新议会大楼选择了哥特式。在做出选择时，加拿大人追随了同时期英国人的口味，同时又表明了它与美国古典主义的公共建筑的风格不同。露天升起的熊熊篝火，烟雾缭绕，增添了喜庆气氛。

收当地的风格。也有一些例外，像桑给巴尔、蒙巴沙的那些教堂就建有回教寺院式的尖塔和狭缝的窗户，窗户上部为尖尖的拱形，这都是当地居民熟悉的样式。

从19世纪中叶开始，古典式与哥特式都让位给了印度风格。1857年印度起义以后，英国人决心把自己塑造成为一个嫡传的、甚至是土生土长的印度统治者的形象，而不仅仅是一个像罗马人一样的外来征服者。这样一来，他们开始寻求一种适于“东方”的建筑风格。他们发现自己的印度臣民由两个社区组成，即印度教徒和穆斯林；每个社区都有自己的建筑风格，表现出各自的传统和不变的价值观。这两者中，他们更倾向于穆斯林的撒拉森风格。在他们看来，撒拉森风格更适合西方人的趣味标准；穆斯林和莫卧儿王朝的联系对自己有利，因为英国人自认为是这些皇帝的继承人。……这样一来，许多建筑采用了撒拉森风格。按说，

新德里的总督府 由埃德温·勒琴斯设计。

新德里——一个堂皇的首都

帝国建筑最伟大、也是最后的一项成就是新德里的建立。从 1912 年开始，历经近二十载，印度的新首都终于建成了。设计者诶德温·靳琴斯及其合作者赫伯特·贝克把法国装饰艺术的匀称性应用在从纪念广场辐射开来的林荫大道的建设上；他们的设计还结合了花园城市的理想，各建筑之间花团锦簇，绿荫环绕，令人耳目一新。然而，新德里从来不会使人想起与西方有关联的东西。它的地理位置接近沙贾汉 17 世纪的首都，建筑材料是红色的砂岩。这两项说明英国人一直都想继承印度的历史，也就是德里的"历史联想意义"。另外，两任总督哈丁格勋爵和赫伯特·贝克都一心想创建一个"充满东方神韵"的"东方化"城市，以此来吸引"东方人"和欧洲人。在贝克眼里，这意味着要把许多"典型的印度"特征嫁接到"个别而宏大的"古典建筑上。遵循这个构想，贝克的助手们在基本框架上采取了雷恩的巴洛克式古典主义和贝克在南非的比勒陀利亚的早期作品的形式，同时也吸收了一些明显的印度风格的成分，如凉亭、穿孔的石屏，甚至还有圆屋顶基座周围的小雕像。

靳琴斯坚决反对这些装饰，他把他所看到的都视作是对印度历史建筑的"幼稚无知"。不过，在总督府这样一幢令人叹为观止的建筑上，他也吸收了一些印度的东西——包括一个特别的古佛塔黑色圆顶。他把这些东西吸收进带欧洲古风的建筑群。这个宫殿规模宏大，一排排柱子一眼望不到头。人们或许认为，它的设计似乎是在掩藏到 1920 年时已然十分明朗的事实——英国正逐渐丧失对它的主要附属国的控制。

新德里的印度列队行进大道

在通向新德里政府大楼的国王列队行进大道上，一座高 139 英尺高的拱门雄踞其上。该拱门是为纪念在第一次世界大战中牺牲的印度人而建。

新德里的秘书大楼。由赫伯特·贝克设计。

这些建筑都应该只有莫卧儿特色的拱门和顶，然而实际上它们只是各种特色的集锦，即混合采用了许多风格。比如说，在对阿拉哈巴德的缪尔学院的设计上，威廉·爱默生就把“埃及穆斯林建筑特点”与“印度毕伽浦尔西北部的撒拉森式”结合起来，整体定义成一种“西方的哥特式”。其他建筑在这方面也只是有过之而无不及。

印度－撒拉森混合式建筑风格的推广并不仅仅是仿古。与摩洛哥的法国人不同，英国人从不去努力保持城镇的原汁原味。他们在印度的殖民城市（以及后来的马来亚首都吉隆坡）的目标，就是给做“现代用途”的建筑配以“传统的外表”。因此，这种风格被应用于火车站、银行、大学、博物馆、法院以及殖民地的其他生活必需场所的建造。在马来亚，由于当地建筑没有典型的民族特色，撒拉森风格的另外一个作用就是使该殖民地建筑具有伊斯兰教的特征，因为统治穆斯林农民的回教君主肯定喜欢传统的东西。

1879 年，阿杰米尔马约学院的设计图。它率先使用了印度－撒拉森建筑风格。有人认为它用当地古老的风格为现代目的服务。

20 世纪的第一个 10 年期间，古典主义在欧洲复兴。大学建筑的古典色彩证明了它的永恒价值，复古潮流在整个大英帝国掀起。印度总督寇松坚决要求加尔各答的维多利亚纪念馆应该建成帕底拉奥式或意大利文艺复兴时期的风格。然而，在南非（南非战争之后，英国人在该地进行了大规模的建设，目的是使它更加英国化，也便于发展经济），年轻的英国建筑师赫伯特·贝克却设计了一系列的古典主义纪念性建筑物，其中包括开普敦的罗德纪念馆（1902 年）和比勒陀利亚的联邦大楼（1910 年）。虽说建联邦大楼的目的是为新的自治的、以南非白人为主导的南非代表提供一个办公场所，然而，它和爱德华时代的其他古典建筑一样，有着重要的帝国主义目的。更重要的是，通过这些分布于全世界的带英国色彩的建筑，有危机感的英国人向他们的对手欧洲和殖民地民族主义分子显示了他们的国家仍然是日不落帝国。

帝国建筑在两次世界大战间隔期间继续增加。特别在肯尼亚，贝克设计了古典的内罗华政府楼和其他建筑，与他在比勒陀利亚赫德里的作品一起构成了他设计的精髓。但是，这种建筑不能持久。殖民地民族主义者拒绝接受这种古典主义，也不支持印度一撒拉森的建筑风格（印度领导人上台之后绝少采用这种风格，如尼赫鲁）。同时，新兴的现代主义运动提倡去除一切装饰。后殖民时期的城市建筑可以在勒科尔比西埃设计的昌迪加尔行政建筑群中、独立后的印度的旁遮普邦新政府或新加坡的玻璃和钢铁摩天大楼之间看到。

殖民城镇的生活

殖民城镇的一大特征是多样性。各种各样的人聚集在这些城镇里，有些来自很远的地方。拿加尔各答来说，随着它在 18 世纪晚期的发展，孟加拉各古老城镇上富有的人都被吸引到此，而那些老城镇正在衰败。19 世纪上半叶，加尔各答不仅仅是个殖民城镇，而且是孟加拉人生活文化的中心。富人在此建起豪宅，光顾各种民族节日庆祝会，把自己归入到一个新兴的“备受尊重”的阶层，当时叫作 bhadralok。很长一段时间，孟加拉的精英人物纷纷弃商，寻找稳定的生活，当起了收租的地主或城里的专业人员。

与加尔各答相对的是孟买。孟买城里显赫的商人并不是从邻近的内地来的，而是来自好几百英里以北的古吉拉特。最有创业精神的是帕西（伊朗）人，也就是好几百年前从伊朗过来的祆教徒。他们把造船术和海外经商的本领从苏拉特带到孟买。作为欧洲商品的供应商和掮客，他们和英国人紧密合作。这些本身很英国化的帕西人主导着孟买的城市生活，也由此奠定了孟买现代工业经济的基础。1843 年信德省归并过来之后，帕西人向北迁到卡拉奇。在那里，他们与信奉印度教的少数民族信德族人中的商人打交道，把生意做到印度河北的旁遮普和阿富汗。

一些流动性强的商业区一直延伸到离家乡很远的地方，以便于人们抓

约 1867 年，孟买的一个帕西家族。帕西人以精明的生意头脑、对教育的大量投入以及对慈善事业的慷慨捐助而享有盛誉，他们为孟买的发展做出了巨大的贡献。

生活于热带的英国女人

有些英国人一直认为“是女人使我们失去了整个帝国”。他们的论据是白人妇女的出现破坏了热带殖民地的种族关系，因为她们使得白人男子不再与“土著”妇女发生性关系，并使白人男子把妻子、儿子以及自己都束缚在一个与非欧洲人的接触非常少的世界里，只有佣人除外。随着这个世界封闭得越来越快，白人妇女过着一种矫揉造作和单调乏味的生活，她们断绝和周围人群一切有意义的接触，同时也要求她们的男人这么做。这种观点不仅是解释历史变迁的陈词滥调，还反映了男性的严重偏见。对殖民地英国妇女的研究结果表明，她们的生活远远比人们想象中的丰富。这也说明人们的想象反映的是白人男子的期望，而不是女人们真实生活的写照。

整个殖民主义时期，大英帝国热带地区的白人妇女比男子总是少得多。一直到 20 世纪，西非殖民地还被认为是根本不适合白人妇女生活的。即使在被认为是非洲有益健康的地区，如北罗德西亚（赞比亚），到二战时男人还是女人的两倍多。18 世纪到印度的英国女人很少；到下一个世纪，女性人数多起来。但是，1901 年，由于庞大的驻军中大部分都是未婚的英国士兵，女性与男性的比例仍然只有 38: 100。1921 年，马来亚的男人是女人的两倍。

搭乘人力车访问锡兰（斯里兰卡）的贵妇人。

在尼日尔的一名英国女医生

医学和传教是英国妇女在殖民地赖以生存的主要职业。

在欧洲妇女很少的殖民地，英国人与“土著”妇女发生性关系很普遍。20世纪早期，伦敦的一个殖民政府官员深信“与本地妇女同居在整个西非和东非都司空见惯。事实上，我听说未婚的白人官员中，只有很少一部分未染指过此事”。在19世纪中叶前的印度，很大一部分军官和政府官员养有印度情妇；为将去印度的年轻人出版的指南就假定他们一定会那样做。对后来的几代人，据说是对故作正经的言行持批评态度的人认为，男女私通有利于发展良好的种族关系。一些详细记载的史料证实有人真正相爱；可是在大部分情况下都是妇女被利用和糟蹋，因为男人回欧洲时抛弃了她们，而她们的孩子总是得不到承认。

在19世纪中叶的印度和20世纪初的非洲，政府的政策与社会舆论都是强烈反对未婚同居的。与此同时，有很多欧洲妇女冒险进入热带地区。据说，有些人冒险坐船到印度来找有钱的丈夫，由此被揶揄为“钓鱼舰队”：而大多数人是在英国结的婚，后来跟随她们的丈夫去任职。人们普遍认为殖民地的这些妻子们过着深居简出和琐碎的生活。传统习俗在一定程度上也把这些强加在她们身上：她们只得待在家里，不能从事外面的工作：在孩子很小的时候就送他们回英国上学。英国男人对他们的女眷极为保护。在1857年印度起义后，无来由的对强奸的恐惧更加剧了这种隔绝。但是妇女能打破这种足不出户的限制。如在英国一样，妇女们参加慈善活动。19世纪晚期，热带地区的妇女们开始从事一些被认为是适当的职业——做护士和教师。二战以前，妇女在殖民地是不能进政府部门的，然而，这并不能否认妇女们老早以前就一直对殖民地的政策产生重大影响的事实：玛丽·卡彭特1866年访问印度，为印度妇女争取更多的受教育的权利；埃利诺·拉斯伯恩在20世纪20、30年代奔走游说，为广大印度妇女争取选举权：弗洛拉·肖（即后来的卢加德夫人）在19世纪90年代成为《泰晤士报》负责殖民地报道的编辑：游遍非洲的马杰里·佩勒姆在帝国最后几年中成为非洲事务方面的绝对权威。

住商机，充分利用帝国政府的一些政策。积极进取的古吉拉特人遍及西印度洋，他们统治了从德班、桑给巴尔到蒙巴沙和亚丁这些殖民城市的贸易，再以这些城市为中心延伸到内地，特别是东非的内陆地区。继他们之后，出现了一些专业人士，如M.K.甘地。甘地在伦敦法院学习后不久第一次赢得律师的声誉是帮助纳塔尔的古吉拉特同胞打赢了官司。同样，中国南方的商人从香港、上海向海外发展，渐渐地在英殖民地马来亚的一些城市、荷兰的东印度群岛以及菲律宾群岛占据了优势地位。

然而，所有殖民城市中总是穷人和弱势群体占绝大多数。有时，他们要经历一段长途跋涉。例如爱尔兰人——有些是被流放到澳大利亚的犯人，有些是正派的手工艺人和小自耕农——构成了悉尼和墨尔本这些城市中的大部分，并给澳大利亚的文化生活添上了平民主义色彩。这些喧闹的殖民都市中的卖淫活动吸引了欧洲妇女——1895年，约翰内斯堡大约97家妓院内收有1000多名妓女；做奶妈或家庭女教师的家政服务员对白人妇女来说则是“体面”的工作。由于这种雇佣关系经常以她们和当地人的婚姻而告终，所以家务活总是留给那些“天生”的厨师、男洗衣工以及男仆，也就是印度人和非洲人。随着亚、非殖民地城镇中的欧洲人越来越多，家庭佣人的数量急剧上升，他们和自主经营的小贩、苦力、散工（杂工）以及其他各种佣人一起，形成了依靠殖民地而存在的、漂泊的城市劳动者。

分化的社区

殖民城镇的混合人口给当地带来了经常性的城市治安问题，更通俗一点讲是社会管理问题。对此，英国殖民政府的态度是，尽可能地让形形色色的社区自行解决内部事务，并任由它们发展自己的机构。这种做法直接解决了政府的问题，却加剧了社区相互之间的分歧。举例来说，19世纪中叶，新加坡的中国人社区是由经营政府鸦片垄断的有组织的帮派来维持秩序的，而在加尔各答，从18世纪晚期开始，新兴的商业成功人士，也就是阿拉伯语中的中间商对多阶层组织的活动起着领导作用。中间商们帮助解决他们的拥护者之间有关等级、遗产以及婚姻的争端，并为他们提供文化活动中心。在印度西部的商人社区，种性协会以及教派领袖（阿迦汗）起着大致同样的作用。通常，各种不同民族的定居者拥挤地居住在一起，由此产生巨大的凝聚力。从一开始，新加坡就是一个中国人、欧洲人和马来亚穆斯林混居的城市。在傍水之滨，他们并排居住，一个印度人社区则在他们后面发展起来。

英国人通常都很积极地任命这些社区的领袖，然后要社区的人听命这些领袖。在槟榔屿，“中国上尉”的任务就是维持该地中国人的秩序，而英国人总是喜欢和所谓的“土生土长的”领袖们合作。随着19世纪50年代市政府的成立，英国人通过任命或选举的办法确认了这些选区代表的地位。在他们看来，代表们应该被包括在市政府之内。然而，各个社区代表的任期长得简直有点滑稽。如在卡拉奇，1861年，它的市政委员会成立的时候，委员会11个席位代表10来个社区，包括各种穆斯林、印度教徒、欧洲的商贸团体；可笑的是，15年后它们却代表着17个“本地社区”。

俱乐部与社团

社区随着各种专门机构的成立出现进一步的分化。许多机构只为自己的成员获取特权，最有名的是英国各殖民城市的有限制的俱乐部，它们把各种欧洲人聚到一起，排除“本地人”。对于海外的英国人来说，它们既是庇护所，又是运动与谈天说地的好地方，俱乐部因而成了他们生活的中心。在全是欧洲人居住的城镇，社团也是有限制的。“墨尔本俱乐部”就只接受

加尔各答的孟加拉人俱乐部，成立于1827年

这是英属印度最古老的一个俱乐部。和所有殖民地俱乐部一样，它拒收印度人和其他“土著人”为会员。据说，到了20世纪，连欧洲人也很难加入——“除非你在加尔各答待了很长时间并有一定的地位”。

最早来的居民和最有钱的商人。类似的有各民族组织，如好斗的爱尔兰新教、“奥兰治社团”，还有五花八门的“爱尔兰宿友会”——它们是爱尔兰人从加拿大到澳大利亚的历史的活见证。苏格兰人非常珍视他们的种族和格子呢服装，他们希望以此保持自己和祖国的联系。

然而，社区中自发的社团虽然可以起到沟通不同社区的作用，但同时又增强了它们的隔膜感。许多这样的组织都把殖民地社会与英国社会联系起来，并且证明了英国人文化与价值观的经久不衰。悉尼与孟买两地的大学都是欧式的哥特式建筑，都教授英国课程，但课程中澳大利亚和印度的历史却是一片空白。机械师协会、园艺学会、图书馆和博物馆在殖民地各大城市不断涌现，它们相互联合，共享标本、展览和员工，同时也和“英国本土”的科学机构合作。虽然这种组织中文化名人为数甚少，但是，继1851年“大英博览会”举办成功之后，殖民地的展示会和博览会吸引了大量的来客。在1888年的“洲际百年博览会”上，墨尔本接待了大约200万人；当时，该市全部人口还不及这个数字的四分之一。而距此约五年前，“加尔各答博览会”创下了100万游客的纪录。除了迎合公众对多样化的迫切需要，这些博览会的召开也使这些新兴的殖民城市展示了在财富与生产技术方面取得的进步，此外还促使游客和组织者们产生了一种新的殖民地民族自豪感。一些宗教仪式也使居民们聚到一起。每个墨尔本人，不论高低贵贱，都参加或观看一年一度的“墨尔本杯长跑比赛”，这个传统一直延续到现在。同样，英帝国各地的板球比赛吸引了大量的热衷者，其中各个种族的人都有。

许多不同性质的社团打破了种族或社区之间的界线。有些把不列颠人和“本地人”放在相对平等的位置上，“共济会”尤为突出；有些把相关行当的人员联系在一起，比如商会；还有一些社团虽然极力维护其成员的利益，但一直在寻求社会与政治改革，比如孟加拉的“英印协会”。

两种生活

城里土生土长的比较杰出的男子上班时讲英语，穿欧式服装，然后在他们的欧洲人上司的监督下工作。在非洲的许多地区，皈依基督教有时可以在城里受雇于欧洲人和接受欧化教育。拉各斯的伊博族办事员，像加尔各答的孟加拉巴布一样看上去是一个漫画中的英国人。真正的英国人对他

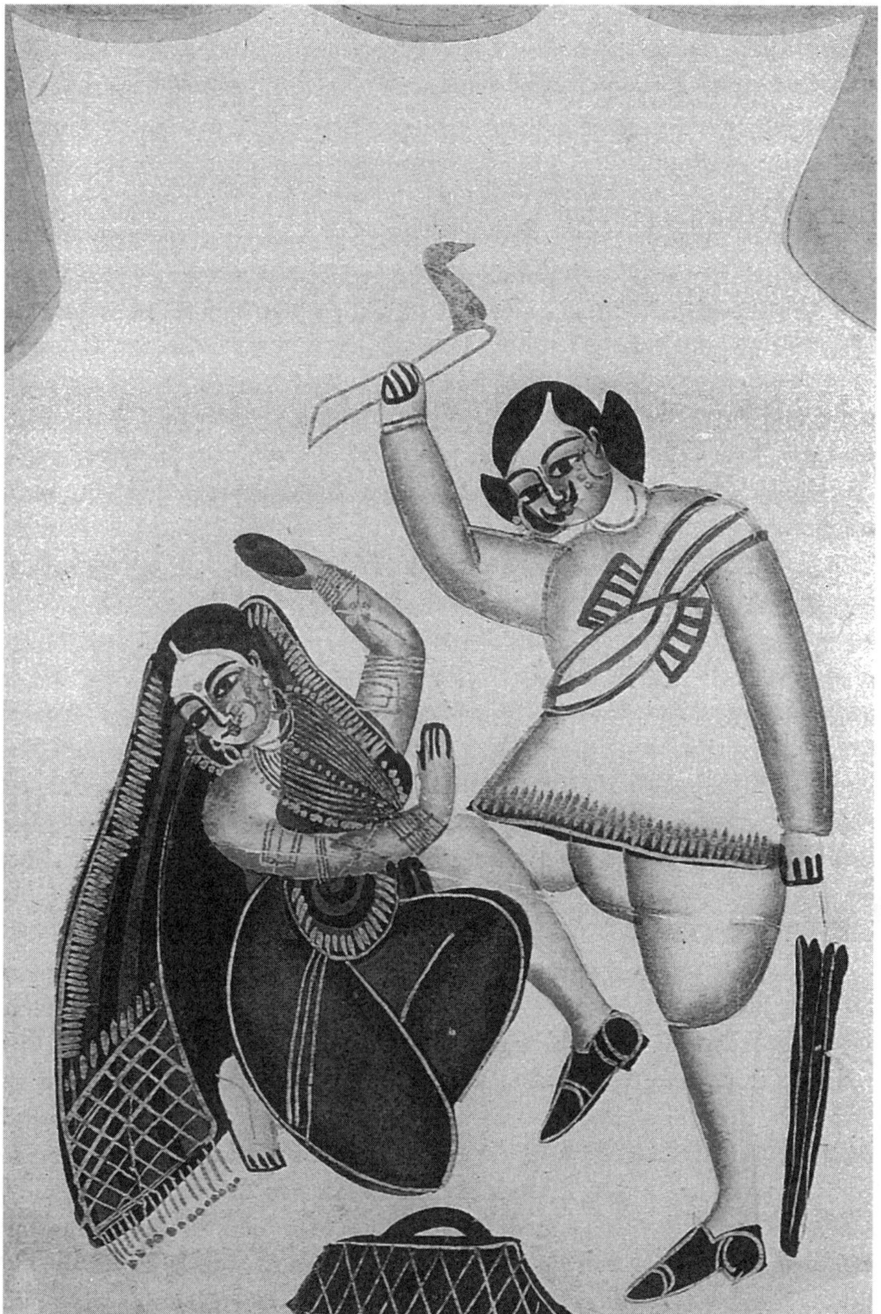

丈夫杀妻图

卡利加特的油画，约创作于1880年。这幅由一位受欢迎的印度艺术家创作的油画反映了殖民地加尔各答城里精英人物生活关系的紧张。画里表现的是两种截然不同的生活：工作中他西装革履，举止得体；生活中——就像画中的——他重拾缠腰布，尽享与世隔绝的妻子带给他的宁静。画中所画的是桩著名的谋杀案。妻子的不忠彻底破坏了男人理想中的生活。画中的丈夫不再像西方人那样克制，而是对妻子进行血腥报复。

们邯郸学步的做法很是看不起。然而，殖民地英国化的精英人物的文化生活是丰富多样的。表面上，他们和英国人在城市的体系中相互合作，然而，即使笼罩在浓重的西方氛围中，殖民地的人们还保留着自己的文化空间。比如说，许多非洲基督教堂都建成以非洲人为主的"埃塞俄比亚式的"或崇尚神赐天赋的教堂。而大家庭颇为珍视的生活习惯并没有因为从"丛林"移到城市而消失。同样地，印度的商人把新娘从很远的古吉拉特带到内罗毕。在加尔各答，在政府工作的孟加拉人使他们的家成为远离殖民统治者蔑视的处所。能生活在这种世外桃源，女人们功不可没。她们受过教育，然而却没有英国化；她们是丈夫的同伴，但总是深居简出。做一个印度人的妻子意味着在她的言行举止之间必须体现一种理想而完美的“印度人”的气质特征，尽管这些理念往往源于维多利亚时代关于“体面的看法”。

不堪重负的城市

尽管制度和文化的各种力量都使殖民城市的居民分化，但是，各个社区在保持自身的归属感的前提下，相互合作，共同促进城市的发展。19世纪末，人们产生了共享城市生活的意识。然而，20世纪前期，民族主义的压力和城市的发展速度使得分化与合作之间很难达到平衡。民族主义必定与帝国政权产生更加激烈的对抗，所以就要使人们不去接受殖民城市的价值观。甘地用他朴素的方法，竭力使人们拥有农民共享的价值观，全盘否定殖民城市。即使是在严重亲英的澳大利亚，到19世纪90年代，作家们和英国化了的城市背道而驰，开始崇尚“丛林”生活，并认为是这种生活产生了澳大利亚独有的像“同伴关系”和顽强的自立能力等美德。民族主义还引发了种族冲突。在东非、马来亚、斐济和其他地区，新兴的占主导地位的本地精英创造出一个国家形象，它排除了那些殖民主义统治时期来各城镇立足并做出贡献的移民——大部分是印度人和中国人；独立以后，印度人被驱逐出乌干达，他们的权利在别处也受到限制。

有序的共存受到城镇无计划发展和设施不足的威胁。从20世纪20年代起，由于饥荒和大多数传染病得到控制，原先的一些殖民小城镇迅速发展成大都市，到处都是来找工作的乡下人，城市周围都是贫民窟和棚屋。偶尔进行一下规划在这种情况下也无足轻重，解决不了根本问题。帕特里克·格迪斯就曾经试图对印度1914年以后出现的30个城市进行规划，结果仅仅是计划而已。这其中部分原因是英国一直以来都实行各市自治，就是说，虽然是帝国当局牢牢掌权，但它鼓励集会结社和种族隔离的做法注定会造成殖民城镇发展得一片混乱。这种制度在古老城镇能行得通，因为各个社区可以管好自己的成员，然而，这不适合人口与服务需求急剧增长和随之而来的纷纷要求独立的情形。20世纪60年代，加尔各答四分之三以上的居民都住在贫民窟里，或用硬纸板和镀锡铁皮搭起的棚屋中；300

万人共用一套原设计为60万人使用的排污系统。

殖民城市变为民族城市

不管怎样，合作共存的观念还是保留了下来；独立后，殖民城市变成了民族城市。在新德里，凡与英国总督有关的街道名都换了，英国皇室的塑像也撤了，新政府官员很快搬进了原先官员们使用的大楼和平房。在加尔各答，直到20世纪60年代，英国一些老牌的商业公司仍继续占领着市场。总之，独立后的过渡时期不过使人看到了好几十年来一直都在潜移默化的变化而已。这些城市虽然由英国一手创立，并且曾经同在一面帝国国旗下生存，但它们早已植根于自己所处的土地，融入了当地生活。有一点很重要，那就是不要受英国人留下的宏伟建筑的误导，也不要为怀旧情怀所俘虏。加尔各答现在是——实际上200年来一直都是——形成和体现孟加拉文化的城市。而新加坡不像她的姐妹城市香港（香港将来要回归中国），新加坡既是一个华人城市，又是一个独立的城邦国家，是商业和殖民主义历史遗产的一个独特的产物。那些最初都是英国移民的城镇，随着自身的发展，与故国之间以及它们相互之间都有着很大的差别。古板、井然有序、保守的多伦多代表着独特的加拿大风格；躁动不安、杂乱无章的悉尼本质上是一座澳大利亚城市。这些昔日的殖民城市处处生机勃勃，充满活力和进取精神，它们是非洲、亚洲和澳洲的希望和未来的象征。

第九章　英国移民与新的归属感

本德·马丁

本杰明·E.克兰

英帝国是在英国人移民海外的浪潮中逐步建立起来的，对许多人——像士兵、行政官员和商人——来说居住海外只是暂时的。在有些殖民地，尤其是在罗得西亚南部（今津巴布韦）和肯尼亚，永久性的英国居民社区已建立起来，并且在殖民地的本地居民赢得独立后作为重要的少数民族留存了下来。然而在澳大利亚、新西兰和加拿大，有英国血统的人构成了其人口的大多数。同时，在南非部分地区，英国人虽然在数量上不占优势，却有着举足轻重的影响力，并且这种影响力一直持续到20世纪90年代发生重大变革。

在19世纪50年代淘金热的年代，英国移民涌向澳大利亚。在这幅浪漫化的油画中，这群人围着一棵樱草花——这是与家乡的最后联系。这样的情景经常在许多横穿大西洋前往加拿大和澳大拉西亚的移民船上发生。

英国人移居世界各地而形成了许多新社区，这个过程看似简单，实则不然。人们会不由自主地把英帝国看成是一台庞大的绞肉机，它张开大口吸纳了来自苏格兰高地的难民、逃荒的爱尔兰农民、威尔士和康沃尔郡的矿工以及脾气偶尔有点古怪的英格兰贵族。这些人在小船上颠沛流离，漂洋过海，形成了具有全新归属感的民族。事实上，这一过程并非一帆风顺。

英国人连同英国的传统和行为方式都被输出到陌生的国度。有些时候其中一些地区已经被其他欧洲人所占领，并一直由土著人居住。这些土著人被迫俯首帖耳，或被挤到社会的边缘。在帝国大环境内，复杂的适应过程最终形成了各个相异的新社区，而这些新社区与英国的社区也截然不同。

像在南非一样，尽管土著居民构成了人口的大多数，但他们在形成新移民社区特征的过程中并未发挥重要角色作用，他们的存在也许只是对社区审视自己的方式起到一些重要作用。然而，即使是在欧洲血统的移民中，也必须靠归属感才能把大量各不相同的人凝聚在一起。新移民中的英国人是由来自联合王国不同宗教、不同政治信仰、不同社会背景的人组成。在加拿大，有一个很早就已建立的法语社区；在南非，祖籍荷兰的南非白人（布尔人）一直占白人人口的大多数。在澳大利亚和新西兰，1945 年之前，新移民基本上是清一色的英国人。但是，有些加拿大省份和南非的矿业城市从 19 世纪末即开始吸引相当数量的欧洲大陆移民。

对一个新社区的剖析

澳大利亚、加拿大、新西兰和南非的英裔社区虽然存在一些明显的差异，但却有着重要的相似之处。这些相似之处给它们留下深深的印记。这些地区的人口相对较少，地理上远离英国。它们是历史不长的年轻社区。

殖民地移民事倍功半

英国人是一个迁徙的民族，大量的人口（1815－1914 年超过 2000 万）离开不列颠群岛（包括爱尔兰岛），迁往欧洲之外的许多地方。但这样大量的人口外流并没有以同样的规模使人们源源不断地迁徙到英国移民殖民地。首先，移民中的大多数，约 62% 的人在此期间都离开英国去了美国，而不是到英殖民地；其余的人 19% 去了加拿大，超过 10.5% 的人到达澳大利亚

19 世纪澳大利亚和新西兰的妇女

白人在海外定居的早期阶段，男子的数量在很大程度上超过妇女的数量。运往澳大利亚的罪犯几乎清一色是男性。1861 年，在白人人口的性别对比中，男性仍然是大多数：在澳大利亚，男人与女人的比例是 140∶100；在新西兰是 160∶100。甚至到 20 世纪早期，在这两个国家男子的数量仍然多于妇女：在英国却恰恰相反，男女比例为 94∶100。

早期移民殖民地的白人人口主要集中在农村。大多数女性人口生活在农场，她们通常抚养许多孩子，她们的生活主要是饲养家畜和干农活。一首澳大利亚诗歌《剪羊毛工的妻子》描述了她们日夜劳作的生活：

我黎明前起来，
擦去疲乏的眼睛上厚厚的尘埃，
给睡眼惺忪的奶牛挤奶；
我把捕捉野兔的夹子放好，
然后为孩子烤面包；
还要堆干草给大豆松土，
把低矮灌木丛下的蕨草清除；

大约 1900 年的树皮小屋

早期移民在澳大利亚丛林中的第一个家，看上去非常原始。

男人必须外出挨家挨户剪羊毛……
女人不得不里外辛勤操劳。

对后来的几代澳大利亚和新西兰人来说，主要由男性组成的农村社会对他们审视自我的方式产生了重要的影响。男性的一些美德，如吃苦耐劳、多才多艺以及对人亲切友好，或“基于机会均等的同伴关系”，已被认为是整个澳大利亚和新西兰的特色。当然，许多人来到城市以后很长一段时间后仍然保留了这些特色。

回想起来，拓荒者社会显然令人钦慕，但当时的人却对它表示担忧。拓荒男子们被认为是酗酒成性、放荡不羁、喜怒无常的工人，急需驯服改造成勤奋的公民。女人被认为是驯化男人最好的工具。卡罗琳·齐泽姆在1847年的一句名言中督促说，如果英国政府想看到“一个讲文明、讲礼貌的社会诞生”在澳大利亚殖民地，应该雇用“上帝的警察”——妻子和儿童——品行端正、温柔贤淑的女子。

澳大利亚很快就成为一个高度城市化的社会，而且到了19世纪末，新西兰的大多数妇女也生活在城镇里。在那里妇女们可以过一种在英国根深蒂固的理想的家庭生活：工作和家庭应该分离；理想的妇女不“工作”，而是全身心地照顾自己的丈夫和孩子，满足他们的需要。的确，由于殖民地城市生活水平的极大提高和住房条件的改善，英国人的理想在这里似乎可以得到更全面的实现。澳大利亚和新西兰的殖民地妇女有更多机会成为“家庭的营造者”，尽管她们通常缺少英国中产阶级家里所拥有的大群佣人。

尽管人们向往家庭乐趣，视女人为男人的附庸，但殖民地女性接受高等教育、参与公共事务和获得选举权在时间上与欧洲大多数国家的妇女一样早。1893年，新西兰事实上是帝国里第一个在全国大选中同意妇女投票的国家，尽管一些支持这项变革的人认为这样做能给已婚的男人两张选票。

1893年一个新西兰小镇上的妇女首次投票

妇女获得选举权一事表明新西兰正告别混乱的拓荒历史。女性选举权被认为可以增加“移民者和有家室的男子对游手好闲和单身男子”的影响。

德兰士瓦巴伯顿的“公牛舞会”

男女比例严重失调成为早期殖民开发阶段的一大特色。这种现象在矿区尤其明显。德兰士瓦的巴伯顿是1884年短暂的黄金潮的缩影。

和新西兰，而不到3%的人去了南非。其次，许多移居英国殖民地的人并未长期居住此地。1861－1900年，大约一半英格兰和威尔士移民据说都回国了。

从1876年起才有可靠统计数据表明有多少移民没有回英国而永远留在了殖民地。这些数据表明，从1876年到1914年的38年时间里，移民加拿大的英国人几近150万，其中有些人后来与当地土生土长的加拿大人一起去了美国。澳大利亚和新西兰的常住人口中增加了80万英国人；南非增加了13.6万人，其中大多数是在南非战争（1899－1902年）后猛增起来的。在英国人看来，这些数据并不惊人。从1860年到1960年的一个世纪以来，移居新西兰的英国人不超过65万人。无论怎么说，在1901年，涌入不列颠群岛的人比散居于加拿大广袤大地上的人多7倍。英国人的移民是雷声大雨点小。帝国的批评家提出了一个疑问：殖民地究竟有何用途？而热心的帝国支持者们却提出一个又一个方案来转移英国过剩的人口。

因为早期殖民地需要大量的男劳力来耕田、采矿，因此男性比女性移民的可能性更大。而且早期定居的移民并不都在本地成家立业，因而不能对殖民地的人口增加起到长期的作用。流放到澳大利亚的男性囚犯远远多于女性，大约是4∶1的比例；1838年在新南威尔士的农村地区，这个比例是17∶1。这就使蛮荒中正在进化的男性文化充满激情。在帝国各地的拓荒者社区里，性别比例总是极不平衡。1891年，温哥华市的男女比例是

187∶100；大约过了50年，两性比例才大致趋于平衡。在澳大利亚，直到二战以后，女性的数量才赶上男性，并且又用了近30年的时间，她们才对占主导地位的男性文化发起了有力的挑战。

因此，总体来说，我们发现了一个悖论：大量的人离开了人满为患的英国，但单个的殖民地却只有少量的人口。1852年，一位善意的观察家评论说："好望角论人口比不上兰开斯特郡，论财富更是望尘莫及；澳大拉西亚，包括新西兰，可以和诺福克并驾齐驱；其他殖民地都算在一起，也几乎不能和几个中型的英格兰郡相比。"澳大利亚的人口在17世纪50年代开始突然猛增，但到50年代末，所有6个殖民地加在一起，澳大利亚才达到100万人口。上加拿大（渥太华）的人口激增引发了政治革命，革命的结果是1867年创立了加拿大联邦，但即使在1861年该省人口还未达到150万。直到一战前夕，加拿大的人口才超过大伦敦，而澳大利亚的人口在20世纪50年代仍然不及英国首都的人口数量。新西兰在1908年才突破100万人口大关，1952年才达到200万。

这些小型、分散的海外白人移民社区之所以能够在当地扎根，仅仅是因为（南非除外）它们遇到了相对数量较少的土著居民——有时是半游牧的，而且所有这些人都抵抗不住欧洲病和道德败坏的入侵。据估计，1788年，当第一支舰队到达澳大利亚时，澳洲土著人有75万之多。对于一个洲

1830年时的"悉尼的土著居民"

19世纪上半叶，由于需要越来越多的土地来放牧羊群，欧洲殖民者经常使用暴力驱赶澳大利亚的土著人离开殖民地区。这种做法在历史上大多没有记载。然而，一些土著人设法进入城镇。在那里他们受酒精的荼毒，引起了人们极大的关注。

来说，这当然不是庞大的数字（人口），不过在 20 世纪 20 年代当他们的人口减少到只有 7.5 万时，这成了人口统计学上的一个灾难。

在如今是现代加拿大的广大地区，当欧洲人首次与本地人接触时，土著民族的人口据估计有 30 万左右，而新西兰的毛利人在 1769 年库克到达那里时也有 10 万人。19 世纪末，澳大利亚、加拿大和新西兰的土著居民据称濒临灭绝：毛利人在 1896 年降到人口的最低点，仅有 4.2 万人（但是到 20 世纪 80 年代以后恢复到该数字的 10 倍）。这些数字有很多是猜测出来的。但有一点很清楚，白人的殖民化要求征服在南非和新西兰北岛的土著民族，同时澳大利亚和加拿大规模较小、居住更加分散的土著人口深受疾病之苦，因而更容易被取而代之。

在所有的移民殖民地，英国移民都遇到了欧洲其他国家的移民。与美国形成对照的是——它至少在理论上是有名的“大熔炉”——在殖民地，英国血统的人口几乎没有达到数量上的优势去吞并非英国人移民社区。举例来说，1942 年丘吉尔希望派遣南非首相斯玛斯和罗斯福总统谈判，用“一个荷兰血统的南非人去对付另一个英国血统的美国人”。按照这种思维方式，他试图表明荷兰裔的南非白人保留了荷兰人的特征，并没有成为具有英国特色的南非人。1910 年组成南非联邦的最初四个殖民地中，讲英语的人只在纳塔尔的欧洲人中占绝对多数；在奥兰治自由邦几乎没有人说英语。从 19 世纪末开始，在德兰士瓦，英国人开始在大城市里起主导作用，但农村和小城镇仍然是荷兰裔南非人居多。在好望角，讲南非荷兰语和讲英语的人大致相等，但显然南非白人占大多数。

高出生率使得法裔加拿大人在魁北克占总人口的五分之四，而到 20 世纪 70 年代，他们占加拿大总人口的大约四分之一，以后由于家庭规模急剧变小，他们的地位受到威胁。但在 1900 年，即使有 500 多万人口散居于广阔的地域中，讲英语的社区似乎没有多大可能吸纳新布伦斯威克讲法语的阿卡迪亚人、新斯科舍讲盖尔语的苏格兰人和那些正在开发西部的乌克兰人和冰岛人。1890 年，一位政治家认为：“在加拿大，人民应该有一种共同语言，这对国家的团结非常有利。”如果一种单一的语言是民族归属感的标志，那么我们很难看出加拿大符合这条标准。

辽阔的帝国

没有哪个帝国曾经建立过数量如此之多、地域如此辽阔的殖民地。英属哥伦比亚可能是英国人移民最远的殖民地，甚至在19世纪50年代也得航行5个月绕过合恩角才能到达。移民乘船去遥远的殖民地，船只简陋和缓慢的速度是拥有空中交通和卫星通信的现代人很难体验到的。当约翰·邓莫尔·兰于1822年离开苏格兰的利思前往塔斯马尼亚的霍巴特时，他乘坐一艘与今天悉尼港的渡船一样大小的海船，花了六个半月才到达。首艘从新斯科舍横渡大西洋去英国的蒸汽轮船，343吨的“皇家威廉号”1833年从新斯科舍横穿大西洋到达英国，载客7人，花了325天——其中10天因修理引擎且无风而下锚停泊。

天高皇帝远促使小殖民社区自力更生和独立自主。与英国之间远隔重洋的殖民地不可避免地要按照自己的方式自由发展，而无须受到伦敦的有效控制。远离英国，也受不到官方的重视，这就自然而然地使这些移民殖民地尽快地实行某种形式的地方自治。距离不仅限制了殖民地和英国的联系，而且使它们相互隔绝。由于澳大利亚各殖民地被大片无人居住的土地隔离，要把这些相互分离隔绝的殖民地联成一体是一个非常缓慢和困难的过程。1901年澳大利亚组成联邦时，唯一可能形成联盟关系的形式是组成一个松散的联邦。加拿大自治领的建立者1867年打算使它高度集中化，但是在20年的时间里，距离遥远的问题变得越来越明显。加拿大宪法后来也采取措施，向真正的联邦结构转变，

19世纪后半期，由于新技术克服了距离远的问题，各个分散的殖民地能够统一起来，并且与英国保持更紧密的联系。铁路的发展有助于缩短殖民地之间的距离，而且规划铁路的需要强有力地推动了各殖民地组成政治联盟。事实上，对铁路的需要也是澳大利亚、加拿大、南非成立联邦的一个重要因素。在当时的殖民地，最初的铁路像玩具，但到了19世纪70年代，铁路就越过了殖民地的边界。1885年，英属哥伦比亚通过铁路与东加拿大连接起来；1817年，西澳大利亚（用铁路）和大陆的其他地区连在一起。许多长途铁路工程不得不由新的殖民地政府来投资。例如，加拿大太平洋铁路公司接受了加拿大政府的大量现金补贴、土地，还有现有公共设施，比如桥梁等；1884年，它濒临破产的边缘，等待拯救；1897年，它获得了更多的现金。当加拿大的第二条横穿大陆的铁路在1917年破产以后，

1876 年，博塔尼湾铺设海底电缆

这条电缆把澳大利亚和新西兰联结在一起，是通过亚洲直达英国的网络的一部分。重要的信息几乎可以瞬间传送到澳大利亚，不用再像快速邮船那样花几个星期了。

则直接由政府接管了。

方便快捷的电报比运木材的火车更有效地克服了地域间距离远的问题。1858 年，电报线敷设到阿德莱德时，新南威尔士的总督向维多利亚殖民地和南澳大利亚表示祝贺，称电报“缩短了我们之间的距离”。要把西澳大利亚连入该电报系统，则需要敷设一条穿过沙漠灌木丛、长度达 1800 英里的线路。

在将殖民地和英国更紧密地连在一起的技术发展中，远程海底电缆最初引起了巨大的轰动，该技术使信息能够在全世界瞬时传递。从 1866 年开始，加拿大与爱尔兰联结在一起。1872 年，澳大利亚与更宽广的世界建立了联系，新南威尔士首相因此预测说，电缆“可谓是将我们手拉手与母国联系在一起”的方式。1885 年，要求派部队参加英国在苏丹的战役的呼吁由电报发往新南威尔士；1899 年南非战争中的援助请求也由电报发往加拿大。这些情况表明，当帝国遇到危机需立即做出反应时，电报具有重要的作用。随着 20 世纪的到来，电缆似乎不重要了：1901 年马可尼从康沃尔向纽芬兰拍发了第一封电报，无线电把帝国更紧密地连接在一起。尽管加拿大、澳大利亚和新西兰都仿照英国建立了无线电广播网，在第二次世界大战中，新西兰广播公司却缺乏财力开办自己的新闻广播，只能重播 BBC 的海外版内容。这加强了新西兰与英国的亲密感，特别是 1940 年令人恐怖的英伦危机时——当时法国已经被击败，英国正面临被入侵的威胁。

造船技术的革新意味着殖民地之间的经济关系也能如同情感与文化关系一样得到加强。19 世纪 70 年代，蒸汽船运载量有巨大提高，确保了大宗货物可以运到任何遥远的地方，而且运价低廉。冷冻船将澳大利亚、新西兰和英国更紧密地连接在一起，功不可没。1879 年澳大利亚第一批冷冻货物运往英国。1882 年“达尼丁”号船著名的航行标志着新西兰冷冻肉食出口的开端。新西兰成为英国的海外农场，五分之四的产品出口到了英国。

19 世纪早期，由于距离遥远，随着时间流逝，殖民地和帝国的联系逐渐减弱。新建的英移民社区必须在远离英国势力的情况下保护自己。这些社区的发展以及扎根于当地社会极大地减弱了人们的与世隔绝感。因此，澳大利亚人、加拿大人、新西兰人和讲英语的南非人对他们赖以生存的土地的归属感进一步增强，而与他们或他们祖先曾离开的英国之间的联系则进一步减弱。

对短暂历史的补偿

如何解释自己的历史是社会自我界定最重要的方式之一。对那些不是英国后裔的人来说，殖民地的历史极其重要。由于割断了与欧洲历史的联系，南非白人用他们有组织迁移的故事定义他们自己；法裔加拿大人则通过英国征服之前新法国的历史理想化地解释自己。另一方面，对大多数移民殖民地的英国人来说，这些国家的历史对形成强大的地方传统或文化来说太短，不能取代他们从英国带来的那些传统或文化。

海外这些新国家的历史非常短暂：第一个在澳大利亚出生的白人小孩活到了 1833 年，这一年悉尼的皇家剧院使用现代化的标志——电灯——作为舞台灯光。因为殖民地的历史非常短暂，所以人们倾向于不朝后看，而是关注他们光明的未来。1854 年，当新西兰总督乔治 · 格雷回到英国时，他为那儿的人“为现在而活着”而感到吃惊。在殖民地，“不管你做什么或计划什么，都将以或应该以 20 年、50 年或者 100 年为目的来考虑。”他曾经向一个 12 岁的小男孩承诺，“新西兰将会成为一个伟大的国家，每个人都有机会出人头地。”这个小孩从来没有忘记那次相遇：“那时候我没有靴子穿，”他回忆说。“总是有一些更好的事去做，为更伟大的事业去奋

神话式的国家起源

殖民地的归属感问题由于编造的种种神话而变得复杂，这些神话往往把苏格兰、爱尔兰和英格兰移民模式化。最强有力的神话故事就是一个在“旧国家”是受害者的人在新的国家里获得了成功。传说所有的苏格兰高地人都被残忍的地主赶出了美丽的山谷，留出这些地方以做牧羊之用。然而这些传说并不是真的。与此相反，19世纪早期的评论家用“疯狂”和“狂热”这样的词来描述苏格兰人横穿大西洋时的轻率和鲁莽。所有爱尔兰移民也不都是逃荒的难民。移居海外需要花钱：不管怎么样，有人必须买车船票。非常穷困的人们事实上是被船运到殖民地的，有时是靠善意的地主帮助——他们希望给这些人一个新的开始；有时是被一些严厉的政府机构弄去的，欲把他们除之而后快。然而，许多爱尔兰移民实际上来自社会的中层，他们有一点财产或储蓄，这使他们有足够的资金开始新生活。

新西兰人非常珍惜这样一个神话：他们不单单是“英国人”，而且是“最杰出的英国人”。这个神话对祖先为囚犯的澳大利亚人是一个狡猾的诋毁。他们刻意忘记了把第一批新西兰白人称为道德沦丧和坏事做尽的描述——这群人从事鲸鱼和海豹的捕猎，或与19世纪30年代聚居于群岛湾的毛利人做生意。

许多澳大利亚拓荒者有充分的理由来巧辩他们的国家为什么最初是一座户外监狱，声称那些罪犯是不公正法律的受害者——在一个野兔为患的国家，很容易把偷猎看成是为社区服务——或因他们激进的政治观点而受到迫害；少数苏格兰人和爱尔兰囚犯的情况也是如此。然而有证据表明，那些被流放的人大多数是城里的惯偷。

历史学家有时默许编造这种神话，因为他们撰写历史的动机经常出于爱国的愿望，向人们展示他们国家已走过的历程——用加拿大一本历史教科书的书名来说——《从殖民地到国家》。这种方法的核心就是假定，比如加拿大是由被称作“加拿大人”的社区组成的，从起源于殖民地到民族独立和独特的归属感是一个稳定的线性过程。

苏格兰高地的清地运动

从18世纪中期起，苏格兰高地的人们开始了漫长的海外（特别是去加拿大）移民过程。尽管大多数移民离开是为了自己过得更好，但19世纪40年代和50年代地主强迫农民离开土地以便为羊腾出土地的做法使人们对残酷的清地运动有刻骨铭心的仇恨。

斗，”法裔加拿大领导人乔治·卡蒂尔于1864年感叹道。悉尼的一家报纸在1888年庆祝英国殖民澳大利亚百年纪念时用热情洋溢的词句写道：“澳大利亚能昂首阔步地向第二个百周年纪念迈进，它的前途一片光明。”

然而，在南非却是焦虑与乐观并存。“南非是一个黑人的国度，而不是白人的，”安东尼·特罗洛普在1878年写道。南非白人斯马茨看到在南非种族关系的“政治未来”中只有“阴影和黑暗”时，他毫不迟疑地为许多讲英语的南非人说话。不过，他放弃了对“难以承受的重负”的责任，寄

布尔人大迁徙纪念塔

19世纪30年代和40年代，一些离开好望角前往内陆的人变成了布尔人的英雄，被尊崇为国家的奠基人。有人认为这些人反抗英国人的压迫，击败邪恶的非洲人，以便建立新的共和国。1949年，人们修建布尔人大迁徙纪念塔，用320英尺长的雕刻来纪念他们的事迹。

希望于未来责任心更强、意志更加坚定的人。

英国人的融合

一位高傲的苏格兰人1944年在盟军中服役时曾“被澳大利亚人独特的人品所吸引”；而加拿大人虽然“勇猛善战，待人友善而又足智多谋”，但“外表看起来却是千篇一律”。也许由于远离故乡，澳大利亚人和加拿大人都在扮演他们应该扮演的角色。如果确实有这样的不同，我们也许可以通过审视每个殖民地社会源于英国的人口构成来解释它。1901年的人口普查不无启示：在不列颠群岛上，75%的人口住在英格兰，5%在威尔士，苏格兰和爱尔兰各有10%。然而，海外的情况就不一样了：来自英格兰的人在加拿大、澳大利亚和新西兰的英国人中不足四分之三，只占一半多一点；而威尔士人更是寥寥无几。另一方面，苏格兰人在澳大利亚英国人中占15%，在加拿大占21%，在新西兰占23%。爱尔兰人在澳大利亚占27%，在加拿大和新西兰占21%。1911年第一次联邦普查时英格兰人在南非的英国人中占大多数，他们占总数的70%多；苏格兰人占20%左右，爱尔兰人则只有8%。

很明显，苏格兰人、爱尔兰人与英格兰人一样，为海外帝国（南非除外）做出了巨大的贡献。然而民族血统并不是人们用来把自己归类的唯一手段，“苏格兰人”和“爱尔兰人”的含义颇为深刻。新斯科舍的布雷顿角

威尔士人与帝国

1901年，不列颠群岛5%的人口居住在威尔士。然而在海外，威尔士人在澳大利亚和新西兰的英国人后代中不到百分之一；在加拿大的人口普查中，他们的人数很少，只得屈辱地被归入英格兰人的行列。

从19世纪起，外部的机遇和帝国内的艰难险阻解释了为什么如此少的威尔士人前往殖民地，以及为什么威尔士人对殖民地的影响在很大程度都是个人的事迹。19世纪后期不列颠群岛移民浪潮的高涨和威尔士南部工业地区的发展不谋而合，该工业地区在国内这个所谓的"美国式的威尔士"创造了众多的机会。当人们纷纷离开威尔士——1921－1940年间超过40万人，他们要么前往英格兰中部的新型汽车厂，要么前往美国的老工业基地，如宾夕法尼亚的矿山和钢铁厂。在殖民地，几乎没有人试图建立讲威尔士语的移民区，即使有，也归于失败。1819年一艘满载180人的船从卡迪根郡前往新布伦斯威克——几乎不够建立一个新威尔士。可能是由于语言的障碍，一位官员将他们视为"懒惰、贪婪和粗野"的人，认为他们与"勤奋的"爱尔兰人相比差远了。

1856年，巴拉的迈克尔·丹尼尔·琼斯牧师询问殖民部是否愿意将第一个温哥华岛——然后是整个英属哥伦比亚——移交给威尔士人建立殖民地，并让汽船自由通行和马上实行自治。"威尔士人道德高尚，勤奋肯干，事业兴旺发达，"他写道，"是移民者中的佼佼者，并且赤胆忠心。"一位谨慎小心的官员担心，建立一个说威尔士语并实行自治的殖民地可能会导致不少麻烦。甚至有人认为在太平洋沿岸建立威尔士人的殖民地将保护英属北美免受俄国的入侵，殖民部仍然不为所动。琼斯最终在阿根廷建立了他的殖民地，进一步减少了在帝国内部形成威尔士人社区的可能性。1899年，在加拿大至少仍有一个地方用威尔士语举行礼拜仪式——温哥华岛的煤矿小镇纳奈莫。迈克尔·丹尼尔·琼斯如若有知，或许为此而高兴。

岛和新西兰的奥塔哥殖民地都是苏格兰人，但第一批来的苏格兰人主要是说盖尔语的高地天主教徒；第二批来的苏格兰人则是自由教会长老会的教友。前往加拿大的大多数爱尔兰人是新教徒，而澳大利亚爱尔兰人主要是天主教徒。

爱尔兰人

爱尔兰人是"英国人"吗？爱尔兰的新教徒对此深信不疑，但爱尔兰的天主教徒对此却没有多大兴趣。比如——这或许是无独有偶——爱尔兰的新教徒更愿在英国统治下的加拿大生活，而爱尔兰天主教徒却选择了自由共和之邦——美国。1916年，在都柏林的复活节起义激发了全帝国爱尔兰人的感情。生于科克市的墨尔本大主教马林克斯，挑衅性地宣称："爱尔兰人和任何一个在此情形下自重的民族一样，无论其命运如何，都忠诚于他们所属的帝国。"当奥克兰的利斯顿主教（出生于达尼丁，父母为爱尔兰天主教徒）1922年攻击英国的爱尔兰政策时，来自伦敦德里郡的新教徒新西兰总理梅西以煽动暴乱的名义起诉了他。

但天主教徒和新教徒并不是爱尔兰人自我定义的唯一方式。比如，在加拿大的爱尔兰人中，仍然存在"地方忠诚"。19世纪，来自科克县的纽芬兰“老色迷们”和来自韦克斯福德的“黄肚皮”卷入了一场场宗派斗争。北爱尔兰的新教徒蒂莫西·伊顿总是乐意为刚从他的故乡巴利米纳来的人在他于1869年在多伦多建立的巨型百货商店里安排一份工作。另一方面，1786年，在新斯科舍的哈利法克斯创立的爱尔兰慈善协会由天主教徒和新教徒轮流担任主席，这表明他们之间的隔阂已经消除。

澳大利亚苏格兰高地人运动会上的掷球比赛

在海外英国人社区，这种苏格兰高地的传统往往取代了苏格兰其他传统。

苏格兰人

苏格兰人和他们的后代有许多在英国殖民地中担任要职。在加拿大，19世纪60年代的四省联盟是一个脆弱同盟的产物：同盟一方是生于格拉斯哥的约翰．A．麦克唐纳，另一方是在爱丁堡长大的乔治·布朗。麦克唐纳毫不费力就当上了第一任总理，他执政20年，后来被来自佩思郡的亚历山大·麦肯齐的一届任期打破。斯佩塞德斯·乔治、斯蒂芬和唐纳德·A．史密斯策划了加拿大太平洋铁路的构筑。由于苏格兰人牢牢占据主导地位，其他人只好趋炎附势，寻求加入他们的行列。将军阿瑟·居里爵士是一位名叫科里根的移民的孙子。这个人头脑聪明，他注意到，在加拿大人们的名字如果有苏格兰人的姓氏就会比爱尔兰天主教徒更容易取得成就。

在加拿大的苏格兰人通常要超越在苏格兰内部的地方性忠诚。然而，人们逐渐地用一种奇怪的方式来解释加拿大的苏格兰人的特征。来自苏格兰低地的讲英语的苏格兰人融入了加拿大主流社会，使得格伦加利县和布雷顿角非典型的苏格兰高地人社区被认定为基本上具有苏格兰的特征。新斯科舍于1929年采用圣·安德鲁旗作为自己的省旗，旅游者则受到了风笛的迎接。政治家麦克唐纳和麦金龙严肃地讨论布雷顿角（今“布雷顿角高地”）的政府雇员应该穿苏格兰高地的短裙还是只穿格子花呢的裤子。旅游业把苏格兰传统和高地盖尔人的特征等同起来了。具有讽刺意味的是，一个世纪以前低地苏格兰人对高地苏格兰人和盖尔人的叽叽喳喳还抱有令人尴尬的种族偏见，甚至极力主张在移民船上应该反复教导他们半开化的同胞使用低地人的成就——刀子、叉子和汤勺。现在，苏格兰高地短裙和风笛已经成为苏格兰人的象征。

苏格兰人在其他英国移民殖民地也被普遍地和苏格兰高地人等同起来。穷困的苏格兰人普遍被认为韧性十足，勤劳肯干，在19世纪英国向澳大利亚、新西兰和南非移民过程中发挥了意义非凡的作用。但苏格兰人在殖民地的商业、教育和宗教生活中同样也非常出色。苏格兰人在澳大利亚的金融业（银行业）、造船业和畜牧业起主导作用，其中畜牧业为英国市场供应羊毛。新西兰第一位民族历史学家威廉·彭伯·里夫斯注意到在他的国家里苏格兰人也扮演同样的角色："苏格兰人比其他种族的人在政治、商业、金融、畜牧业和教育方面更出色。"这种现象在南岛特别明显，在那里苏格兰自由教会已经在奥塔哥建立殖民地，并致力于创办教会学校和高等学校。苏格兰商人在南非克洛尼角举足轻重，苏格兰人还为他们自己的人以及南非白人荷兰归正会的一些教区提供传教士和牧师。南非白人的加尔文宗教和苏格兰人的宗教信仰非常相近。在整个南非，中小学和大学里的教师大多由苏格兰人担任。

英格兰人

英格兰人对帝国的特定贡献难以说清，因为在很大程度上"英格兰（人）"和"英国（人）"这两个称谓被认为是可以互换使用的。当苏格兰人、爱尔兰人和威尔士人的海外社区在纪念各自的传统时，英格兰人似乎没有任何特色的传统可以纪念，因为所有英国的东西也就是英格兰人的。19世纪英国议会和政府的政治家们一成不变地把英伦三岛称为"英格兰"，但即使像帕麦斯顿和格拉斯通这样著名的政治家也有爱尔兰或苏格兰背景。在1939年希特勒入侵波兰时，保守党议员L.S.艾默里——英帝国令他神魂颠倒——对着下院另一头的工党议员阿瑟·格林伍德喊道："为英格兰说话！"

许多具有明确的英格兰渊源的事物逐渐被用来代表整个联合王国，因此成为"英国的"，能够输出到殖民地具有英格兰特色的东西所剩无几。甚至英格兰的共同法到19世纪也变成英国的了。加拿大和澳大利亚的圣公会在1955年和1981年之前分别自称为"英国国教会"。1940年，新西兰的坎特伯雷省（该省发源于圣公会教徒建立的一个殖民地）的教育委员会决定孩子们在开学时必须唱《英格兰永在》，使那些主张唱《天佑新西兰》的人大失所望。然而大多数英格兰人后裔的殖民者只在名义上对圣公会保持忠诚，而圣公会面临着来自其他基督教会的激烈竞争。

有些人试图在殖民地培育一种与众不同的英格兰等级制度。一些评论

加拿大坎宁顿马诺的狗舍

“你仍然可以想象是在英格兰，只是没有在英格兰的担忧，”一位未来的移民从坎宁唐顿马诺的创立者那里得到保证。这番话把形形色色曾就读于公学的男青年吸引到加拿大西部。19世纪80年代，这些人穿着有条纹的便装在大草原上游荡。

者担忧“错误”的社会模式正在发展——太多的民主，新富人有太多的机会掌握权力，赢得尊敬。正如一位圣公会主教所说：一个没有等级结构的殖民地就是“空中楼阁”。殖民地理论家爱德华·吉本·韦克菲尔德认为，殖民地土地出售时应运用一种“充分的价格”，以确保正当的有钱阶级成为土地拥有者，并能资助穷困的移民成为劳动工人。他的作品《殖民之道》(1833年)要求在殖民地实行世袭爵位头衔制度。新南威尔士富有的养羊农场主领袖威廉·查尔斯·温特沃斯受此启发，于1853年提出准男爵（勋位）制度，以此来建立殖民地自己的上议院。这个方案很快就被抛弃了，就像1971年英国在加拿大计划创立（授勋）贵族头衔制一样。

“真正”的英国人

苏格兰人首先宣称新社区为“英国人的”社区。加拿大总理麦克唐纳在1891年声称“生为英国人，死为英国鬼”。曾在1949–1966年主宰澳大利亚政坛的罗伯特·孟席斯把自己描述为“彻头彻尾”的英国人。这位来自邓弗里斯的苏格兰人的后代获得的荣誉中有英格兰的封建头衔——五港同盟沃登勋爵和两个骑士头衔：一个是苏格兰蓟花勋位，另一个是澳大利亚的新勋位，这是他在逝世之前得到的。以自己是英国人而自豪并不意味着澳大利亚人、加拿大人和南非人掉进了"文化铰链"的陷阱。与此相反，这暗示着统称英国人的过程发生在海外，而没有在英国内部发生。1990年，历史学家W.K.汉考克——他当时还暂时旅居牛津——公开声称："如果这样的人作为普通的英国人存在于地球上的任何角落，那么在澳大利亚也有。"

归属感的产生

逐渐地，这种以自己是"英国人"为荣的意识被自己是一个加拿大人、澳大利亚人、新西兰人或者南非人的自豪感所代替。对历史学家来说，注意到它的发生比解释为什么和如何发生更容易。罗伯特·孟席斯于1966年退休两年后，新任总理约翰·戈顿把自己描述为"彻头彻尾的澳大利亚人"。1952年孟席斯为国王乔治五世的去世痛哭流涕；40年后，澳大利亚总理保罗·基廷冷淡地主张澳大利亚应该对女王敬而远之。

英语的新形式

英语新形式在每个前殖民地的出现是独具特色的归属感的象征。加拿大英语的一个特点是，人们说话时经常插入一个疑问语"嗯？"(eh?)，与美国人的"啊"（uh?）形成对照。幽默家甚至指出这个国家第一任总理就是约翰·嗯（A）·麦克唐纳爵士。在新西兰，副词的最后一个音节要重读，像"quick-lee"。在南非，荷兰南非白人的口音影响了德兰士瓦英语，尽管它在好望角东部和纳塔尔地区的英语里并不明显。澳大利亚英语特别积极创造和改动词语；加拿大人倾向于使自己远离美国的影响，更倾向于使用英国英语，在术语名称（铁路是railway不是railroad）和拼写方面更为突出。像larrikin（澳大利亚人对不守规矩的年轻人的称呼）、riding（加拿大议会的选区）和robot（南非人对交通信号灯的称谓）等术语说明了人们造词非常积极。本土语也做出了贡献，特别是在动植物名称上。偶尔还有来自盖尔语的影响：爱尔兰人把"aindeisoir"（意为"不幸的人"）这个富有表现力的单词带到纽芬兰，后来它变成了"hangshore"，即一个不愿捕鱼的懦弱之人。

地域感

一个民族的归属感在一定程度上是由他们对所居住国家的感觉形成的。英国人的海外社区更倾向于认同农村风景而不是城镇。在19世纪早期，风景大都用欧洲词汇，特别是英国词汇来描绘，而不是以独特的澳大利亚、加拿大、新西兰或南非的词语来描绘。1900年，殖民地一代代艺术家已经试图展现本地独特的风景特点，以此来确立他们自己的国家归属感。

通过战争培育民族意识

20世纪，战争增强了自治领的民族归属感，但这却是以一种矛盾的方式进行的，因为自治领的士兵是在为英国而不是为了赢得民族独立而战。参加新南威尔士去苏丹分遣队的一些士兵以及参加南非战争的澳大利亚和加拿大的分遣队似乎把为帝国而战视为一件非常好玩，有时是如痴如醉的事。人们对于志愿加入一战明显表现出一种漠不关心。1915年，一名加拿大士兵离开哈利法克斯去往法国时，他称此次参战是“我生命中最重大的冒险”。

作家罗宾·海德在1939年壮烈牺牲前不久写道，她这一代新西兰人已经不再是“永久的英格兰人”；只要我们拥有一个国家，我们就是新西兰人。然而当反希特勒的战争于1939年9月3日爆发时，新西兰的工党政府放弃了独立的对外政策，并且使全国站在英国一边。总理萨维奇——一个有着爱尔兰天主教徒血统的澳大利亚人——甚至说：“我们要与英国同甘苦共命运。”

战争本身使自治领付出了血的代价。加拿大在一战中损失了6万人；以人口比例计算，新西兰的伤亡人数比例甚至比比利时还高。这些牺牲使人们产生了自豪感。1917年4月加拿大人攻占

“提防跳羚”

这张海报呼吁南非白人像澳大利亚人、新西兰人和加拿大人一样为第一次世界大战做出贡献。它表达自治领的公民在为共同的英国事业做贡献时表现出来的自豪和竞争精神。因此，为英国而战实际上加强了殖民地民族自己的归属感。

了位于法国西线看起来牢不可破的维米山。这是一场新型的科技战，步兵在仔细定位的大炮火力网的掩护下向前推进。“我们作为阿尔伯塔人或新斯科舍里人登上了维米山，”一位士兵写道，“下山时我们变成了加拿大人。”他们为自豪付出了高昂的代价：3000多名加拿大士兵再也没有从山上下来。

对澳大利亚人来说，1915年澳大利亚和新西兰军队在加利波利遭到土耳其人毁灭性的打击。这是整个国家经受的战火洗礼，在战争的过程中创造出英勇的澳新军团传奇。然而，它也是一种复杂的归属感，它往往抹杀新西兰人所起的作用，新西兰人两个词的首字母使他们有权享受澳新军团获得的荣誉。此外，对澳大利亚人在加利波利孤军奋战表现出来的大无畏精神的颂扬，既是对帝国的忠诚又是对英国人的抗议，因为英国人的军事指挥无能使澳新军团在这次战役遭到惨败。澳新军团传奇令人好奇的诸多方面之一是，它在离澳大利亚几千英里以外发生的一次事件里见证了澳大利亚人完美表现的独立性。与此相反，南非白种人在其他地方几乎没有经受任何有助于形成民族意识的血火洗礼：南非军队的大部分在非洲作战。

第一次世界大战也深深揭开了整个帝国的内部伤口。1914年，南非布尔人的叛乱使南非白种人之间达成的脆弱的和解岌岌可危，这种和解是1899–1902年南非战争的产物。大约一半的布尔人一直反对积极参加第一

标识和合法性

对一种新归属感最起码的要求就是它必须有一个标识。标识并不是现成的；它们随着时间的变迁不断发展，并且经常引起激烈的争论。有些名称是被强加的，另外一些是被有关的人群采用的，贴标识一向是新来者和土著民族为争夺合法性使用的武器。结果，一群人视为简单的分类名称被其他的群体看作是侮辱并拒绝接受。帝国历史上有不少被抛弃的标识现在看来是冒犯性的。比如在南非，“卡菲尔人”指黑人，“布尔人”指荷裔南非白人，“苦力”指印度人，“红脖子”指讲英语的白人。过去殖民地社区的人们经常觉得他们可以选择不同的标识。例如，1882年，居住在澳大利亚偏远采矿小镇的恰特兹堡一家人在要求将中国人排挤出他们的金矿场时或许认为自己是“英国人”；在他们为“魔鬼”板球投手斯波福思击败英格兰板球队的精彩表演而欢欣鼓舞时，他们认为自己是“澳大利亚人”；当辩论是否应该成立一个横贯全大陆的联邦委员会时，他们又成了“昆士兰人”。是天主教徒还是新教徒对他们可能很重要，就如他们的血统出身一样——特别是如果他们的父母是自由移民而不是罪犯，尽管这个问题可能在昆士兰不如在新南威尔士和塔斯马尼亚那样敏感。如果出生在澳大利亚，丈夫很可能成为澳大利亚本地人协会的一员。恰特兹堡三年前在维多利亚之外成立了第一个分会。若早几十年，他可能会获得“玉米秆”的绰号。这是个讽刺性的称谓，特指澳大利亚的孩子们就像殖民地的玉米一样长得又快又瘦又难看。但标识变化很快，1882年，“玉米秆”已经变成讽刺新南威尔士人的一个称谓。如果这个家庭是新移民，当听到孩子们反复唱道“jimmy-granate，pomegranate”，他们很可能会非常气愤。“Pom”（新迁入的英国移民）一词由此而来。

次世界大战。在澳大利亚，强制征兵问题加深了天主教徒和新教徒之间的裂痕，使他们变得水火不容，并且在1917年几乎使英法加拿大的伙伴关系破裂。

通过体育运动培育民族意识

如果战争是一场游戏，那么体育运动则是冲突的替代物。“各国家队板球和橄榄球决赛阶段的比赛”是澳大利亚人的一大发明。1882年，在英国进行巡回比赛的澳大利亚板球队非常担忧不能担当代表殖民地对抗母国的重任。澳大利亚队经受住了比赛的考验，斯波福思撕开了英格兰人的防线，跑动进攻90次得14分，以7分的优势赢得了澳大利亚板球队在英格兰土地上的第一次胜利。一名观众兴奋过度而死。《体育时报》甚至声称英国板球已经死亡：“尸体火化后的骨灰将带到澳大利亚。”澳大利亚表现自己的民族意识不是在为独立而战的战场上，而是在为自尊而搏的板球比赛中。对新西兰人来说，独立意识是通过英式橄榄球比赛来表现的，特别是在1905年，新西兰的“全黑（人）队”使英伦三岛的观众为之倾倒。

归属感的象征

有三个自治领是殖民地间（组成）联邦运动的产物——加拿大于1867年，澳大利亚于1901年，南非于1910年组成联邦。在每个自治领，成立联邦的过程像一个权宜婚姻或商业兼并，而不是地方民族主义熊熊烈火的产物。在澳大利亚，必须要克服的是新南威尔士人对维多利亚暴发户的妒忌。1888年，悉尼的政界人士试图重新命名他们的殖民地为“澳大利亚”，以此来确保它的独特地位并摆脱过去的束缚。（墨尔本的一家报纸曾刻薄地建议将它改为“罪犯流放之地”。）新南威尔士勉强同意加入联邦，但是提出一个条件，即必须有一个新的澳大利亚首都。维多利亚反过来坚持被选择的地点必须离悉尼100英里以上。经过10年之久的争吵才选定堪培拉，直到1927年首都才迁到这个灌木丛中的大都市——该过程被称为“在7个郊区中找到一个城市”。南非人则将他们的首都一分为三，将行政部门设在比勒陀利亚，议会设在开普敦，法院则在布隆方丹。

民族归属感的其他象征显露缓慢，而且常常引起争论。经过了两年的激烈争论，南非和加拿大分别在20世纪20年代和20世纪60年代才决定是否将英国国旗包括在他们的国旗里。1967年，《啊，加拿大！》才正式被定为国歌；在法语和英语中，有截然不同的两个版本，一个称加拿大为"我们圣坛的土地"，另一个则称其为"我们的家园和故土"——对于一个六分之一人口都是移民的国家，这是一个新奇的定义。对南非白人的民族主义者来说，国旗和国歌是必胜主义的武器，不是医治创伤的象征。1957年，斯特里吉多姆政府最终决定将国旗上的英国国旗图案去掉，并且不再唱《天佑我王》——这是在成立共和国之前为切断说英语的南非人与帝国遗产联系的运动之一部分。该运动促使南非1961年离开了英联邦。1993年12月，作为最后一届被自己表决解散的白人议会，反对派保守党议员公然高唱国歌《南非之音》：它表达的信息一直是南非的声音应该压倒其他声音。

也许澳大利亚将国歌的政治故事带回到体育运动是适当的。1972年奥运会后，澳大利亚运动员抱怨颁奖仪式上演奏《天佑我王》来庆祝他们的胜利。高夫·惠特曼政府认为在下届奥运会之前澳大利亚必须有自己的新国歌。根据澳大利亚的民主精神，全民公决选择了《前进，美丽的澳大利亚》，尽管在堪培拉许多人投票要求用《华尔兹·玛蒂尔达》为新国歌。可惜，新国歌并没有在1976年的奥运会上响起，因为澳大利亚没有获得一枚金牌。

1954年，当伊丽莎白二世成为第一个踏上澳大利亚国土的大英帝国君主时，各自治领已经过渡到了完全的独立。1926年的《贝尔福宣言》已将英国国王乔治五世变成了一系列自治领的君主。1939年9月的第一个星期，乔治五世以英国、澳大利亚、新西兰和南非国王的名义向希特勒宣战。然而，作为加拿大国王，他却谨慎地严守中立。这其中的微妙之处对老百姓来说几乎没有意义。伊丽莎白二世着力强调她是"作为他们的女王来与澳大利亚人民相见的"。对她的澳大利亚子民来说，她只不过是女王，数百万人向她欢呼。一位历史学家欣赏女王1954年第一次访问澳大利亚充满激情的影响力，原因是这位历史学家的姑姑受到感动买了一条威尔士矮脚狗。一位保守党政治家号召澳大利亚人利用女王的访问："第一，作为英国人再次重申对我们自己的信仰；第二，再次重申对我们国家的信仰；第三，再次重申对我们民主制度的信仰……"

对归属感三大基础的强调意义非凡：1954年澳大利亚仍然可以首先被

称为“英国的”。也许大声疾呼这种归属感本身即表明澳大利亚正在发生变化，但是关键性的和令人吃惊的变化正发生在帝国剩余部分的中心。1956年，英国未能在苏伊士运河的危机中发挥它以前在帝国里发挥的作用，因此它在欧洲寻求扮演新的角色，并迅速让其殖民地独立。几乎没有人再说英国是“故乡”。1969年，甚至持怀疑态度的诗人厄尔·伯利也想知道加拿大是否仍然像一个“正处于发展成形阶段的中学校园”。与其说是由自治领的人民决定他们将不再是“英国人”，不如说是英国自己拆掉了他们的感情支柱，让澳大利亚人和加拿大人在帝国后的世界里各显其能。

通过分离形成的归属感

要想了解人们如何逐渐把自己视为澳大利亚人、新西兰人、加拿大人和讲英语的南非人，我们必须意识到他们经历过一个将自己定义为“英国人”的中间阶段。定义的方式象征来自不列颠群岛不同传统的融合，又强调了他们和那些未移民海外的真正的英国人在自尊基础上的平等。

“全黑”球队在英式橄榄球比赛开始之前表演的毛利人的传统舞蹈哈卡舞。体育竞技运动帮助新西兰的白人和毛利人融合在一起。毛利人在新西兰的橄榄球球队中占据着重要的位置，而白人也采纳哈卡舞或毛利人的挑战舞作为一种国家仪式。

与“土著人”相分离

直到最近，有人仍然认为澳大利亚土著人和美洲土著人在澳大利亚或加拿大的诞生过程中没有发挥任何作用。他们不被视为享受充分权利的公民，特别是澳大利亚土著人在最坏的情况下甚至不被别人当人看；情况最好的时候，他们也仅仅是需要特别保护的物品。欧洲社会在新西兰的扩张是通过镇压毛利人的反抗而实现的；但从那以后，毛利人一直作为享有全部权利的成员被包括在新西兰“民族”里，因为自1867年起他们就正式获得了选举权。新西兰的白人甚至采用了某些毛利人的传统作为国家的象征，比如橄榄球比赛前的仪式。新西兰人以这种包容性而自豪，尽管一些批评家坚持认为毛利人是在被击败或剥夺之后才被包括进来。在南非好望角的一些英国移民也实行某种程度的种族包容。第一届好望角殖民议会于1854年选举产生，其公民选举权是基于财产状况，而不是肤色，因此它包括了一些非洲人和混血人种的选民。这种公民选举权一直持续到1956年，当时在南非议会占大多数的南非白人民族主义者废除了它。一种和好望角相联系的自由主义生命力长久不衰，虽然那些被赋予全部公民权的非白种人的数目总是很小。然而，若认为在20世纪已升级为种族歧视制度的种族排外主义是南非白人强加于不情愿的非英语人士，这是严重的曲解。好望角的自由主义与南非白人和说英语的人都有关系，而自由主义者一直是白人里的大多数。在纳塔尔，英国移民有效地将非洲选民排除在外；在德兰士瓦尔，说英语的矿主成为种族歧视制度的最大受益者，因为他们需要廉价的劳动力。

与其他欧洲移民相分离

1867年后的加拿大和1910年后的南非所设立的机构，是为了满足说英语的人、法裔加拿大人和南非白人的需要。总的来说，他们似乎成功地创造了一个加拿大人的或南非人的国家，大多数讲各自语言的人都能对他们的国家保持忠诚。对国家的忠诚是否导致了一种混合的归属感则是另外一回事。非正式的地理上的隔离使法国人只得聚居于魁北克，英国人不能居于德兰士瓦和奥兰治自由邦的农村。这种隔离对混合归属感的产生没有起到什么作用。相互通婚并不普遍。大多数讲英语的人证明他们并不擅长法语或南非荷兰语。尽管英国对讲英语的加拿大人和南非人的影响在20世纪已逐渐减弱，但是这并没有导致讲英语的社区和讲法语或南非荷兰语的社区广泛融合。

与亚洲人相分离

对新西兰人和那些生活在加拿大西部以及南非纳塔尔省的人，特别是对澳大利亚人来说，印度和中国庞大的人口以及日本强大的军事力量对人们的归属感显然是一个主要威胁。在抵制亚洲移民和其他非欧洲移民方面，英国殖民地的白人明确地限定了他们想要保护的价值观。面对来自亚洲和玻利尼西亚的汹涌人群，英国殖民者通常把他们拒之门外——但有时会寻求利用他们做劳工。中国人被视为是对人口少的殖民地社区的威胁。例如，到19世纪50年代后期，中国人已占维多利亚淘金热中男性人口的15%。白人殖民者利用暴力和法律力阻这些中国人在澳大利亚永久性居住。英属哥伦比亚的金矿也吸引着中国人，到1890年时，那里的中国人已经达约7000人。在19世纪80年代，更多的中国人被运来在铁路上工作。1911

年，在加拿大已有 2.7 万中国人。白人殖民者反复无常，经常因偏见而指责中国人。中国人被迫成为廉价劳动力，白人雇主总是付给他们低工资。总体上，在加拿大的中国人只有 3.5% 是妇女，而维多利亚立法委员会声称 4 万中国人中只有 4 名妇女。但是歧视性的移民税使中国男子不可能将他们的妻子带来。结果，中国男子被看作是一个性威胁，并且无所依附的中国男子被吸引到一些类似于新教奥伦治会的社会组织中——这些组织被诅咒为秘密会社和鸦片窟。从 1923 年到 1947 年间，中国停止向加拿大移民，同时作为战时的安全措施日裔加拿大人被强迫由船运出英属哥伦比亚。

亚洲企业家只集中于几个商业领域，却招致了不公平竞争的指控。1903 年，安大略省萨德伯里一家蒸汽洗衣店呼吁反对中国同行的竞争，敦促镇上的人们不要支持"一群把每分钱都送回老家，却根本不在自己做生意的城镇投资一分钱的人"。几乎没有人欢迎中国人，这有点不公平。不管怎么说，尽管在 1921 年萨德伯里只有几十个中国居民，而地方政务委员会还在辩论中国饭馆的增加是否形成了"黄祸"。第二年，失业的矿工强烈要

这是一幅登载在 1888 年 6 月 2 日《笨拙周报》上的漫画

其产生的背景是：那时澳大利亚各自独立的殖民地举行会议，采取一致行动反对亚洲移民，实行排外政策。这次大会包括在布里斯班和金矿区的暴乱的起因是对华人的强烈仇视。漫画说明这样写道："澳大利亚夫人（对中国约翰）说：'出去！先生！出去！你们这些人我已经受够了。即使办公事也不准进来！'"

求从中国饭馆得到免费膳食，该委员会则试图禁止中国饭馆雇用白人女服务员。“我们遵纪守法，我们没有制造噪音，我们和其他人一样有七情六欲，我们想和英国人和睦相处，亲如兄弟——为什么这样对待我们？”迷惑不解的中国人于19世纪50年代在澳洲金矿这样问道。萨德伯里的中国人在1941年也提出了同样的疑问。为了支持加拿大参战，中国人购买报纸版面，刊登同盟国领导人——丘吉尔和蒋介石——的画像。

廉价的亚洲劳动力在帝国的一些地方被认为是威胁，在另外一些地方却受到鼓励。从1860年开始，英属印度当局允许契约劳工被运往纳塔尔的甘蔗种植园。他们的工作合同期为三年，之后他们可以回国。欧洲人认为非洲人是令人不满意的工人，因为“一旦他们想回家，他们就会炒了雇主”；而且他们普遍不喜欢“稳定的和系统化的辛苦劳作”。在一个陌生的国度，印度人别无选择。纳塔尔总督希望契约劳工的引进将会平息人们对殖民者强迫非洲人为他们工作的持续不断的批评，但是批评家们谴责说这是“一种新的奴隶制”。中国劳力1903年被引进南非金矿后引发了强烈的抗议——部分出于人道主义原因，部分出于种族主义原因。

结果证明，认为契约劳工将会返回他们家乡的揣测是毫无根据的：大约四分之三的印度人在合同到期后仍然滞留在纳塔尔，成为农民、劳工、矿工、牧羊人、渔民和小贩。大约从1880年起，其他印度人以“旅行者”身份来到这里。这些自由移民开办商店，引出了“不公平竞争”的说法。当纳塔尔1893年成立自治政府以后，白人政治家们试图剥夺印度人的选举权，并且对他们强制实施歧视性的税收政策，以便把他们全都赶走。一位在伦敦受过教育的年轻律师M.K. 甘地成为印度人的领袖，并制定了一些他后来用来将英国人赶出印度的策略。

印度之所以成为廉价劳动力的供应基地，是因为它处于英国的统治之下。然而，作为帝国的一部分，印度人民并没有权利在帝国内自由移居。正如376名主要来自旁遮普邦的想成为移民的印度人发现的那样，他们的船于1914年5月在温哥华港口抛锚，由于被加拿大地方排印浪潮所阻，他们在那里滞留了两个月之久。就像一家地方报纸所说的那样，所有基于“人类的兄弟情谊和英国同胞的公民权”的论点在一个不可辩驳的事实面前不攻自破，那就是印度有3亿人口，即使是很少一部分人移民，也足够在数量上压倒45万人的英属哥伦比亚人；后者希望继续处在“盎格鲁－撒克逊人的统治”之下。船返航回到加尔各答，加深了印度民族主义者的怨愤。

然而，在澳大利亚和加拿大，随着人们不再强烈地认同英国，他们对其他种族变得比较容忍。太平洋战争就是一个警告：澳大利亚必须“发展人口，否则必然走向灭亡。”政府开始采取措施从欧洲吸引“新澳大利亚人”。移民部长阿瑟·卡尔韦尔希望英国移民的人数能以10∶1的比例超过其他群体。但是战后10年里，第一批来自英国的新移民并没有占到多数，因为澳大利亚已形成了较大的意大利人、希腊人和克罗地亚人的社区。逐渐地，“白人的澳大利亚”政策也于1973年最终宣告废止。1962年，加拿大放宽了移民入境，采取了非歧视性的政策。加拿大1976年的移民法案给予了难民和家庭团聚优先权，这两项措施都增加了亚洲移民的人数。同时，魁北克省积极吸引来自说法语的非洲国家和加勒比海国家的移民，以此补偿其日趋下降的出生率。新西兰的种族融合以较小的规模开始发生变化，这是从玻利尼西亚次帝国人口回流的结果；来自萨摩亚和库克群岛的移民使得奥克兰成为一个大都市。不管肤色如何，这三个国家都欢迎富有的企业家移民，他们也许能够刺激经济的增长。

不再是摇尾乞怜的幼仔

自二战以来，自治领同英国的关系日趋削弱，而且英国权势的诱惑力也已成为过眼云烟。现在没有人认为旧的自治领是向高傲的帝国雄狮摇尾乞怜的幼仔。加拿大、澳大利亚和新西兰等新的国家以各种神秘的方式从帝国的统治机器中诞生。尽管归属感的确切定义还有待进一步探讨，但现在没人怀疑居住在加拿大的人就是加拿大人。1939年，新西兰人罗宾·海德认为她那代人已经不再是海外“永远的英格兰人”的说法没有错，只是提早了半个世纪。

同样，南非同英国的联系也已经削弱。从1961年到1994年，南非甚至没有加入英联邦。然而在其他方面，南非的境遇却截然不同。多数说英语的人一定会被认为是默许种族隔离主义的。根据这种信条，显而易见的目的就是要创立多个国家，而非一个白人南非和几个黑人“家园”。20世纪90年代，南非发生了一次令人瞩目的变革——一个所有民族都平等的新南非诞生了。说英语的南非人不再是白人统治的国家的伙伴，而是成了黑人统治国家中的少数民族。然而，新南非究竟能够在多大程度上建立一种将白人和黑人等所有民族包括在内的新归属感，目前还不清楚。

“南非人第三”

南非纳塔尔省白人的态度在1929年可以被归结成“纳塔尔人第一，英国人第二，南非人第三”。纳塔尔省的大部分都因德雷肯斯山脉而与南非的其他地区隔绝，但是通过大海向外部世界开放。这是一片富庶的草原地区，处在亚热带沿海地带。19世纪英国人首次来到时，纳塔尔大部分都是非洲人。北面强大的祖鲁国侵袭劫掠已经使得南部广大地区的人口锐减，为白人殖民留下了大片良田。南非白人长途跋涉，从好望角迁移到了这片土地安家落户，但1843年英国兼并这一地区时他们就退出了。兼并之后，英国移民接踵而来，在纳塔尔的人口中英国血统的人占大多数。19世纪末，在内陆地区的白人农场主饲养牛羊，种植玉米和金合欢树；甘蔗种植园也在沿海地带建立起来。新修的铁路连接着德兰士瓦的矿业小镇和德班，后者成为南非最重要的港口。

虽然纳塔尔是一个能自立的白人殖民地，但非洲人口大大超过了欧洲人口，甚至印度人都超过了欧洲人。这些印度人是为了增加殖民地的劳动力而被引进该地区的。1911年，据估计欧洲人尚不足10万（大部分居住在德班和彼得马里茨堡）；与此相反，非洲人接近一百万，印度人有13.3万人。意识到自己在数量上的劣势，白人将他们自己与其他社区隔绝开来。

从19世纪中叶起，非洲人陆续返回曾被祖鲁人摧毁的地区。因为非洲人太多，英国人无法使他们融入新殖民地的社会，即使英国人愿意这样做。非洲人被指定居住在“保留地”里，由酋长对他们实行“部落”法统治。在1897年祖鲁兰被吞并以后，纳塔尔的非洲人数量剧增。非洲保留地的人口成为白人农场、德班和德兰士瓦的矿山的劳动力来源，但白人以恐惧的心态看待殖民地疆域内庞大的非洲人口。1906年，在祖鲁兰的一次起义证明这些恐惧并非毫无根据，尽管它被残酷地镇压了下去。

印度工人于1861年第一次进入纳塔尔，在甘蔗种植园干活。他们定居下来，作为农场主、商人和熟练工与白人展开竞争。这样的竞争招致怨恨，纳塔尔通过法律要求印度人一旦合同到期就离开该殖民地，同时限制印度人可能居住的地区和他们可能从事的职业。像非洲人一样，印度人实际上也被排除在殖民地的任何政治生活之外。

纳塔尔的英国人面临着难以摆脱的两难困境：为了对非洲人和印度人强行实施控制政策，他们需要不受外界干涉的自主权，但又缺少足够的人手来完全控制他们。他们珍惜对英国的归属感，直到1879年的祖鲁战争，他们仍需要英国军队保护他们免受祖鲁人的攻击。但他们痛恨任何形式的英国干涉。经济上他们和德兰士瓦有着紧密的联系，随着英国影响在20世纪初的减弱，纳塔尔的白人清醒地意识到他们不能与南非其他地区老死不相往来。然而，讲英语的人非常不喜欢在任何形式的南非联邦中看到占人口多数的南非白人处于统治地位。纳塔尔通过谈判谋求各省自治的努力归于失败后于1909年加入南非联邦。纳塔尔的白人抗议政府为削弱英国和南非的关系而采取了措施。这些措施有：1926－1927年间用南非国旗代替英国国旗，1961年宣告南非为共和国。然而，由南非白人控制的联邦政府使纳塔尔对非洲人和印度人实行多年的种族隔离政策制度化并变本加厉。1994年，当非洲人和印度人首次投票时，纳塔尔仍表示出与南非其余地区的不同：将近一半的选票投给了因卡塔自由党。该党是以祖鲁归属感为基础的一个政党。

外出参加圣诞野炊

在南非，极具自我意识的英国人仍然保持着英国的传统。

第十章　非洲人和亚洲人的大迁徙

P.J. 马歇尔

为了满足英国人对热带产品无休止的需求，英国在西印度群岛、非洲东部和太平洋岛屿上建立了新的社会殖民地。19 世纪末，英国的 4000 万人口平均每人每年要消耗 85 磅糖、6 磅茶叶、0.75 磅咖啡。欧洲其他地区的人和北美洲人尽管没有英国人那样热衷于糖和茶叶，对上述物品也有很大的需求。数量如此巨大的产品从热带地区运到欧洲，只有依靠大批劳动力才能办到。大批人口从非洲、印度和中国移居到位于加勒比到太平洋沿岸的岛屿和沿海地带以及印度和锡兰（斯里兰卡）山区的甘蔗和咖啡种植园中。这些地区在 19 世纪被开辟出来种植更多的咖啡，但最多的还是开辟成茶园，以取代中国成为世界上最主要的茶叶生产地。还有一些人迁居到马来亚的橡胶种植园，或到非洲东部修建铁路。这些迁居到很远地区的人中，只有很少一部分回到故土，大多数人都扎根于他们所迁居的地方。

这一时期欧洲对热带产品的需求以及英帝国成功地满足这种需求所留下的遗产是民族的大融合。英殖民地政府之后的各地政府只得根据完全不同的居住人群建立国家：圭亚那、特立尼达岛和毛里求斯的非洲人和印度人；斯里兰卡僧伽罗人和斐济土著民族中的印度人；马来西亚马来人中的印度人和中国人。

迁居潮

英帝国时期一些规模较大的劳动力流动是由英国人直接组织进行的。但除了这种官方支持的迁居外，很多亚洲人是自己去英国殖民地寻找工作的。

非洲人

1807 年废除奴隶贸易之前，在英属西印度群岛上的奴隶劳动力因为英国活跃的奴隶贸易而得到更新和扩充。从 1807 年到 1833 年，英国人的种植园仍由奴隶来耕种。在一些很早建立的殖民地，如牙买加和巴巴多斯，随着死亡率的下降，黑奴的人数开始趋于稳定，减少新的奴隶供应并不会严重影响蔗糖和其他农产品的生产。这时，蔗糖的生产可以扩大到位于印度洋的毛里求斯。毛里求斯是英国在拿破仑战争中从法国手中赢得的，与此同时还获得一大批奴隶。然而，其他从战争中获得的有潜在价值的地区——特立尼达岛和英属圭亚那，如果没有新奴隶的输入，就不可能有充分的发展。

1833 年，奴隶制度被废除，同年，学徒制度（这一制度使得以前的奴隶仍被迫为他们的主人劳动）也被废除。然而，种植园主和英国官吏认为

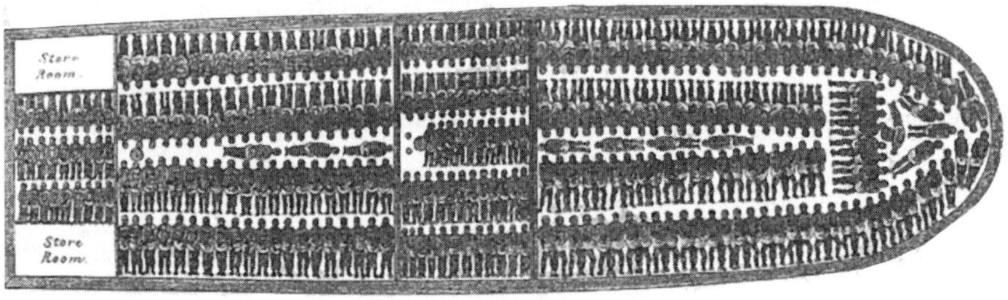

奴隶船主甲板平面图

这张平面图是由 18 世纪晚期的反对奴隶贸易运动的组织者印的，以揭示“运送过程中”的惨相。

奴隶法

奴隶制是把奴隶作为个人的私人财产来对待的制度，在英国已成了黑人身份的一种象征。这在英国法律中并没有立法依据，但是在英国各殖民地的法律中却有规定——如果英国枢密院愿意，在任何时候都能取消殖民地的法律规定，但是英国枢密院却从未这样实行过。奴隶遭受着奴隶主种种迫害。当地的法律加强了奴隶主的权利，对奴隶却没有什么保护。在巴巴多斯，奴隶主杀死一个奴隶只处以 15 英镑的罚款，杀死白人的奴隶杀人犯却处以死刑。这样的法律一直持续到 1805 年。殖民地的奴隶法典总体上都是一致的。以巴巴多斯的法律为例，开头是这样的：

没有大量的黑人和其他奴隶的劳动和服务，此岛上的种植园和地产就难以充分开发利用。鉴于上述黑人和奴隶的野蛮、不驯服的本性，所以要完全根据我们国家的法律习俗对他们进行统治。

法律规定，奴隶未经许可离开种植园要处以“适度的鞭笞”；从种植园逃跑处以“死刑”；离开种植园 30 天将处以死刑；冒犯任何基督教徒的奴隶将受到狠狠的鞭打、割掉鼻子或用热烙铁在脸上烙上烙印的处罚。死刑是对诸如偷窃一类的严重罪行的惩罚。

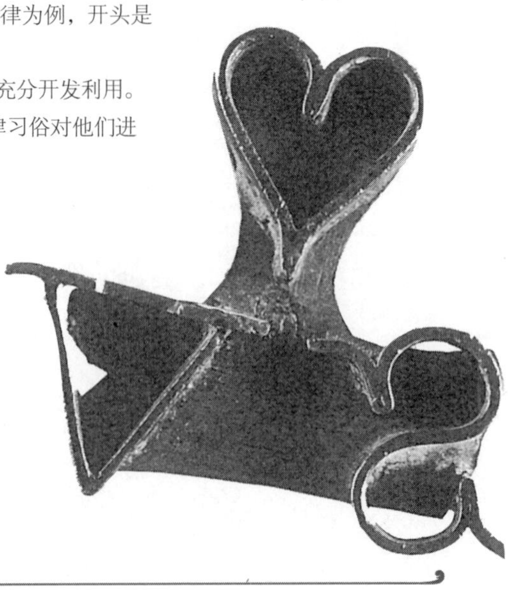

奴隶主给奴隶制造的标志其身份的工具。

糖的奴隶

18 世纪，糖和茶叶是英国人饮食中的两种重要进口商品，像甜茶和其他诸如咖啡一类的饮料一样，糖被广泛用于食物和粮食中。几乎所有加勒比海殖民地都以糖业为主要工业，17 世纪 50 年代，制糖业被引进到巴巴多斯，并相继在英国西印度殖民地推广。白人在殖民地中人口很少，奴隶人口数量急剧膨胀。除了在巴巴多斯，白人人口很少能达到人口总数的 10%。

奴隶被雇佣来准备场地，清理杂草，种植甘蔗，在收获季节切割它。工厂依靠榨糖机来运转，这些榨糖机是由牛、风力或水力驱动的。甘蔗在榨糖机里被碾碎，然后在热气腾腾的厂房内将甘蔗汁制成蔗糖。18 世纪晚期的一个典型的牙买加种植园可能占地 600 英亩，其中一半用来种植甘蔗：每个种植园大约使用 200 个奴隶，按当时的价格值 20000 英镑。

加勒比海地区的奴隶处境尤其凄惨。18 世纪晚期，通常 15% 的奴隶会死在横穿大西洋的航程中。在最初三年的“适应期”里，在种植园内新登陆的奴隶中大概有 20% 会死于新的疾病、饮食和生活方式。但奴隶相对而言较少感染上源自非洲的“热病”狂潮、疟疾或黄热病，这些疾病已经给西印度群岛的白人人口造成毁灭性的打击。对种植园档案的研究表明从适应期幸存下来的奴隶可以有 20 年的工作时间。这将让那些从非洲输入的年轻人变成 40 多岁，那时他们就会被认为过于疲惫不堪而不能胜任种植、挖掘、收割甘蔗的工作。这些档案也明白地揭示了西印度群岛的奴隶人口（相对于北美地区的奴隶人口而言）有一个非常低的繁殖率。从 1762 年到 1831 年，在牙买加相对于 504 名女奴隶的人口数只有 410 名孩子被活着生下来。营养不良且操劳过度的妇女好像很少怀上孩子。即使生育十分频繁，小孩的存活率也是低得可怜。主要是由于人口生产率低的缘故，19 世纪西印度群岛大部分地区都有奴隶人口持续收缩的现象，如果没有通过从非洲的新的输入得到补充的话。在 18 世纪的牙买加，奴隶人口的年平均“浪费率”通常被估计为 3 个百分点。

1825 年，牙买加特里尼蒂的种植园地产

这张图一方面反映了牙买加种植园主向往过着欧洲乡村绅士的生活，另一方面也显示了蔗糖种植园的规模和复杂程度。压榨蔗糖磨坊的水是从很远的地方的水渠中引过来的。

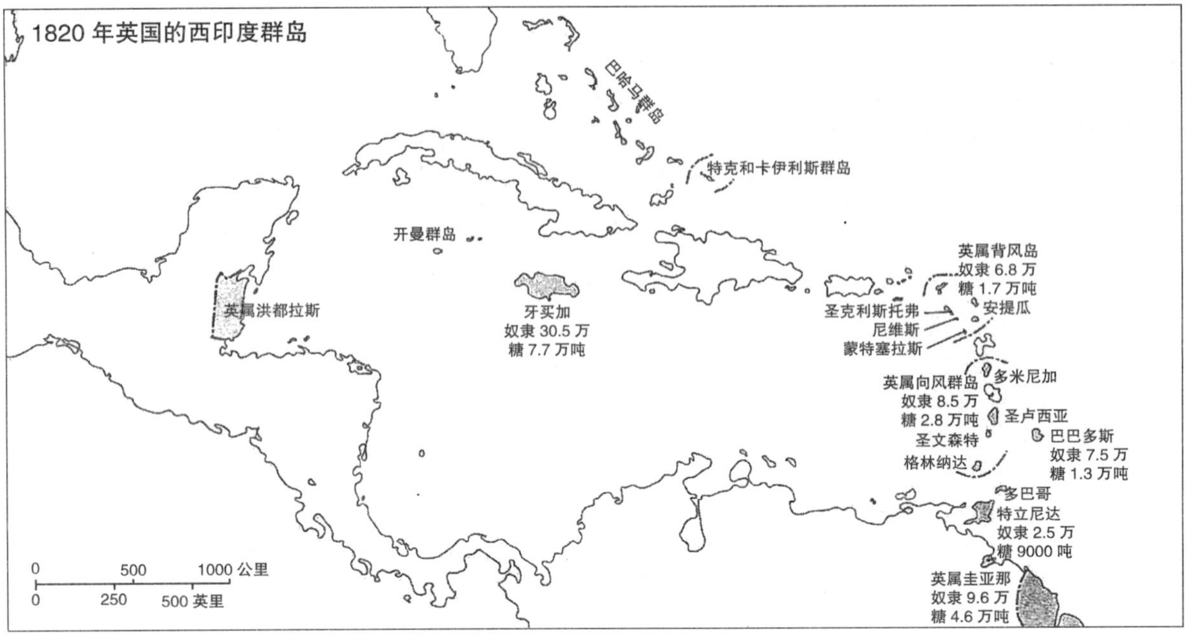

废除奴隶制度并不会对英国生产糖的殖民地的经济造成大的影响。他们相信以前的奴隶还会继续在种植园耕种，不管是被迫的还是为了挣工资。在西印度群岛的一些岛屿上，如安提瓜岛和巴巴多斯，情况确实如此，因为这些地区闲置的土地很少，而且几乎没有别的工作可干，所以只要种植甘蔗有利可图，黑人就会继续为他们的园主耕种。这样，就没有必要招募新的劳动力。结果是这些岛屿上的大多数人口都是非洲人的后裔。

然而在牙买加、英属圭亚那、特立尼达岛和毛里求斯等较大的殖民地有着很多的闲置土地。如果种植园主还用以前的方法，力图牢牢控制前奴隶们，给他们很少的工资，他们就会离开种植园在荒地上建立自己的家园和村庄。他们会在那里耕种小块土地，过上自己的自耕农生活。就算他们继续在种植园劳作的话，因为有了自主权，他们也只是为了挣些额外收入。废除奴隶制后的 8 年期间，英属圭亚那和特立尼达岛的农场主不断抱怨劳动力不够，人手减少了一半；再加上给剩下的劳动力开的高额工资使得他们的制糖业很难获利。毛里求斯的农场主们对于废除奴隶制的直接反应也是寻找新的劳动力来源。

寻找新的劳动力始于非洲。恢复英国的奴隶贸易根本没有可能，种植园主就试图说服非洲人自愿去西印度群岛。英属殖民地塞拉利昂是主要的劳动力招募地。被皇家海军拦截的仍然从事奴隶贩卖活动的外国船只上的

契约劳动——一种新的奴隶制体系

从 19 世纪 30 年代起，许多到英属殖民地糖生产基地的印度契约工是另外一种奴隶制体系。一位批评家认为，一些新兵被骗去签订了他们自己都不理解的合同。一旦他们落入这样的圈套，无疑是屈从于命运的摆布，就像落入套子的动物一样，只能放弃无用的逃跑斗争。种植园主对那些契约劳动者实行了强有力的控制。契约劳动者每天做着繁重的工作，领微薄的薪水，并且经常受到严厉的惩罚。毛里求斯的印度工人对移民于是发出了这样的哀叹：

曾经听到过毛里求斯岛这个名字，
我们就来此寻找金子，寻找金子。
而我们得到的却是鞭笞，
直把我们这些人打得皮开肉绽。
我们成了糖作坊里的阉牛，并且用来榨蔗糖。
唉！我们离开了祖国到这来，没想到却成了苦力。

契约劳动是一种残害印度人的制度。在甘地领导的非暴力不合作运动的影响下，斗争的矛头直接指向了这一制度。1917 年，迫于压力，英国政府批准不再向外输出契约工人。契约劳动无疑是一种残暴的制度。然而，面对逆境，印度契约工人表现出了顽强的毅力。在这些契约工人中，有许多无疑是受到招募代理人欺骗的不幸的受害者，也有一些是自由的选择。尽管他们的居住和工作条件极其恶劣，移民的死亡率还是比印度本地人的死亡率低。工人能够攒下一点钱，或者寄回印度，或者等回印度的时候把钱带回去。19 世纪晚期，从特立尼达回来的移民能带回 20 到 50 英镑的钱。对于一个农民家庭来说，这可是一笔可观的收入。有一些留在殖民地的还能买一小块土地或做个小买卖。

印度人到达毛里求斯

毛里求斯是大量的印度契约工人的终点站：从 1834 年到 20 世纪早期，有 45 万印度契约工人到达这里。

奴隶在塞拉里昂被释放了。人们竭力说服他们去西印度群岛，他们的反应很冷淡。25 年间，一共只有 3.6 万名“自由”非洲人踏上了西印度群岛，这远远不能解决劳动力匮乏的难题。

契约印度劳工

英国统治下的印度人口众多，似乎比取缔奴隶贸易的西非更有可能成为新的劳动力的来源地。从 19 世纪 30 年代一直到 20 世纪初，海外殖民地对劳动力的需求在印度得到了满足。土地贫乏，工作难寻，迫使很多印度农村人口离乡背井去寻找工作，特别是在人口众多、落后贫困的一些地方，也就是现在的印度北部恒河流域的北方邦的东部以及印度东南部说泰米尔语的地区。在这两个地方人们生活困难，再加上农作物歉收和运气不佳，使得很多人别无选择，只得背井离乡。但迁徙到外国的人很少是直接从他们的村庄出去的。他们通常情况下是到城镇或别的乡村寻找工作，有时他们会被说服接受契约去更远的地方。印度北部的劳动力是从加尔各答港运出去的，而泰米尔人则从马德拉斯港出去的。

这些贫苦的劳工（被轻蔑地称为“苦力”）当然付不起去西印度群岛或斐济的船费。船费是由种植园主垫付的，这些种植园主通常能得到殖民地或英国政府的补助。这些种植园主及政府希望他们的钱能得到归还，这一切就都体现在契约中。理论上讲，契约是一种自愿性的协议：移居者为了偿还船费自愿为种植园主劳动，时间通常是五年。他们可以得到工资，而且政府官员必须保证他们是用合法手段招募来的，并保证他们旅途的安全以及在劳作期间得到合理的待遇。他们在契约期满之后，可以继续留在殖民地，或在一段时间后申请免费回印度。

第一批印度契约劳工于 1834 年到达毛里求斯；1838 年到达英属圭亚那；1845 年到达特立尼达岛和牙买加。1861 年，首批印度契约劳工到达非洲南部的纳塔尔。1879 年，第一批印度人到达斐济。从 1896 年开始，印度契约劳工远赴东非去修建铁路。契约仆役也是去马来西亚的大批印度人的一部分。

“自由的”印度人

契约劳工要漂洋过海，长途跋涉。另一方面，许多印度人自己安排旅程，走较短的距离，如跨过海峡到达锡兰或穿过孟加拉湾到达缅甸，或通过阿拉伯海到达东非。因为他们的迁居不受契约的正式约束和政府管制，因此他们是“自由的”移民。一些印度人去做生意或做手艺，但更多的人像契约劳动力一样，到锡兰茶园、缅甸米坊或马来西亚橡胶园中当工人。他们中有许多人必须努力干活以偿还路费，但他们与种植园主的合同通常是短期的。实际上很多人干了一段时间后就离开，然后又回来干一段，随后再离开。许多人在外地待的时间很短，因为在锡兰季节性的劳动足以补充一家人在印度耕作自己土地所获得的收入。由于殖民当局对这些人的流动毫不关心，因此很难找到有关数字说明。

然而各种迹象表明，这类流动人口数量很大。从 19 世纪到 20 世纪期间，据估计有 400 多万印度人去了马来亚，其中可能有 300 万左右回了印度。

托马斯·斯坦福·拉福斯

1819 年，拉福斯负责新加坡事务，此时的新加坡迅速吸引许多中国人，并且成为英帝国统治下中国人口位居第二的城市（香港位居第一）。拉福斯希望新加坡能发展成为一个商业中心，并成为英国扩展其海外势力的基地。

中国人

中国南部沿海地区自古以来与东南亚的关系非常紧密，中国人对这一地区的认识要比英国人早的多。18 世纪末英国人来到马来亚海岸与中国商人做生意，吸引中国人去他们的属地。中国人很快成为新的英属殖民地——新加坡（1819 年建立）的最大人群。从 19 世纪开始，由于中国南方连年内战，民不聊生，再加上英国在东南亚地区的影响不断加强，越来越多的中国人去了马来亚和北部的婆罗洲。这两个地方锡矿的生产主要是由中国人经营的。从 1901 年到 1904 年，有 653077 名中国人通过新加坡到达马来亚。1880 年，马来人占总人口的 80%，但到 1911 年，随着中国和印度移民的增多，马来人只占总人口的 51%。

中国人的移居完全是中国人自己的事情。这些移民从中国南方港口坐帆船，后来坐汽船开始长途旅程。条件是非常艰苦的。1863 年，一艘帆船到达目的地时，300 名乘客中只有 120 名还活着。由于马来亚需要的主要是做体力活的男性，因此大多数移民是单身男性。他们常在那里待上相对来说较短的一段时间，然后带着积蓄回中国。1921 年，马来亚的中国移民中男性仍是女性的两倍。

由于不断需要新的劳动力，加勒比海的种植园主用契约形式把中国劳工运到西印度群岛。这样，有近 1.7 万名中国人成为契约劳工。南非战争后的较短时间内，也有许多中国契约劳工去了南非的德兰士瓦省，开采威特沃特斯兰的金矿。由于战争导致非洲劳动力缺乏，从 1904 年到 1907 年，5.4 万名中国劳工被从中国北部招募到德兰士瓦省。由于这项移民计划遭到激烈的批评，这批劳工后来都被遣送回中国。

多元化社会的形成

劳工从非洲、印度和中国招募出来，然后被分散到世界各地的英国殖民地，以满足种植园农业、采矿业和建筑业对劳工的需求。大多数关注这些移民的英国人显然根本没有长远考虑。只要有最佳劳工来源，不管住哪儿，能满足对劳工的需求即可。他们认为长远后果无须考虑：移民做完他们该做的事，然后就会回国。然而事实并非如此，除了以前的奴隶没有回国外，大多数契约劳工也留在他们工作过的殖民地。尽管许多"自由的"印度人和中国移民充其量只不过是暂时的居民，但他们中间也有一些人在殖民地永久地扎下了根。

移民潮会导致所谓的"多元化"社会，引发严重的种族分歧，而且很难形成凝聚力或团结意识。在这样一个社会中，不同社区之间很少相互来往，因此很难形成一个共同的归属感。

从加勒比地区的特立尼达到太平洋的斐济，英帝国建立了许多多元化的社会。每个社会的模式大致相同。社会的顶层是一小群白人精英，通常

中国和印度 19 世纪 30 年代在英殖民地的人口数量

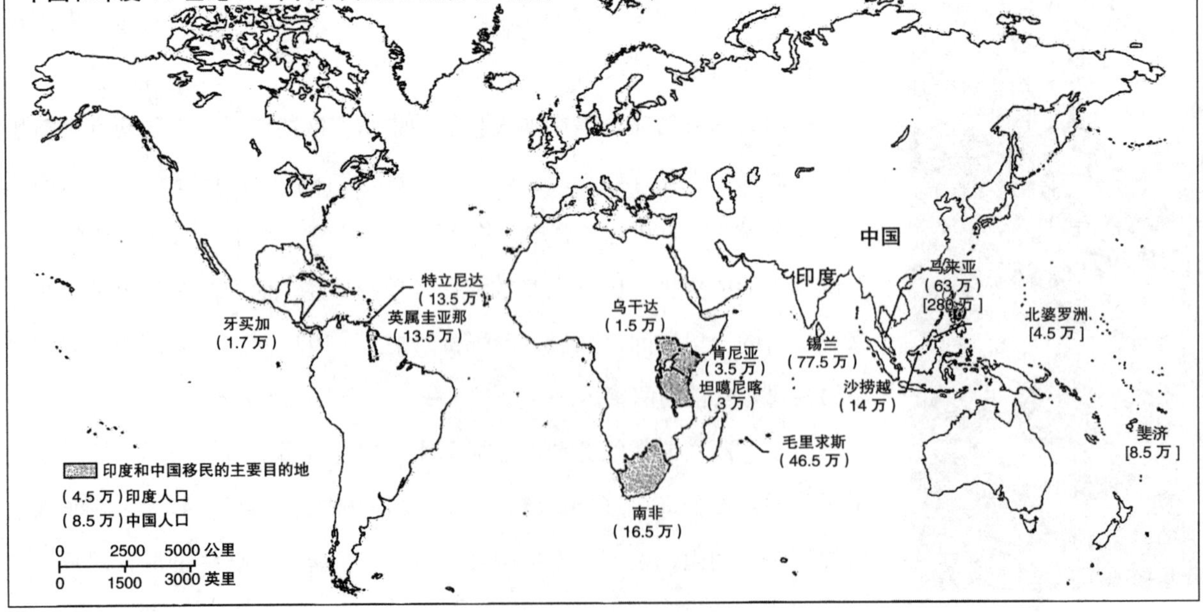

是英国人，但是在毛里求斯则大部分是法国人的后裔，在特立尼达也有一部分是法国人。白人下面的阶层是各种移民——来自非洲的前奴隶和亚洲的契约劳工或自由移民。在毛里求斯和大多数的加勒比殖民地，当地土著居民已经灭绝了；而在锡兰、马来亚、东亚和斐济，当地土著人构成社会的另一个阶层。有些地方，多元化社会现象很明显，例如在英属圭亚那，有 6 个不同的民族：当地美洲人、英国人和来自马德拉群岛的葡萄牙人，还有非洲的前奴隶、印度人和中国人。这些民族之间很少相互来往。

在英属殖民地多元化的社会里，尽管没有形成法律，但种族隔离颇为盛行。白人很少与别的种族有交往。其他种族的人都住在独立的村庄或城镇的独立生活区，英国人把他们当作不同的政治实体看待。比如在斐济，印度人和斐济人有不同的法律和行政制度；在马来亚，则由不同的政府部门负责管理印度人和中国人的事务。

白人精英阶层

20 世纪之前，一小群白人精英占据着统治地位。种植园需要大量的资金投入，这些资金并不是来自种植园主，而是由总部设在英国或在加尔各答、悉尼、新加坡经营的公司投入的。种植园主——更常见的是某个公司的种植园经营人——都是独断专行的人。他们管理大片的土地、大批的劳工及较远地方用于农作物加工的精密机器。他们必须足智多谋，而且得有像暴君一样的名声。一个马来亚橡胶园的园主曾经自豪地称自己是“这块地盘上的国王”，“因为只要他是英国人，他就可以随心所欲，为所欲为，这是显而易见的”。

一直到英帝国没落前，英国人在锡兰的茶园或在马来亚的橡胶园都很赚钱。但是，构成很多多元化社会的甘蔗种植园赚钱却越来越难。西印度群岛在奴隶制时期建立的大多数的甘蔗种植园在 19 世纪都衰败了。然而，一直到 19 世纪 80 年代，英属圭亚那、特立尼达、毛里求斯的甘蔗种植园都经营得很好；在纳塔尔和斐济，经营甘蔗种植园仍然很赚钱。可到 19 世纪末，糖的价格在哪儿都是一落千丈，因为热带地区的甘蔗受到欧洲大陆产量丰富的甜菜的严重挑战。

白人的政治权力是白人经济实力的反映。从 19 世纪中期开始，英国政府不再允许少数白人对其他人群滥用权力。这种权力是西印度群岛种植园主借助他们的国民大会（白人选举的地方议会）而享有的。除了在巴巴多斯，伦敦恢复了对所有殖民地的统治。然而，伦敦的统治还是给当地白人留下许多施加影响力的空间。其他社会阶层直到 20 世纪才能够有效地享有政治权利。

非洲的克里奥尔人

“克里奥尔人”指的是出生在某个殖民地，但又不属于当地的民族。他可以指白人殖民者或各种混血儿，但英属西印度群岛和毛里求斯的大部分克里奥尔人是非洲血统，他们是黑奴的后代。

早在废除奴隶贸易之前，克里奥尔人的文化和特征已经在西印度群岛的奴隶中开始出现了，它是非洲和欧洲不同影响的混合体。奴隶们来自塞拉里昂和刚果的不同社会，他们与欧洲人的交往程度各不相同。对于家仆和手艺人来说，他们可能与欧洲人接触较多；而对于那些在地里干活，住得较远的奴隶来说，接触就很少。大多数奴隶操着一种混合语（克里奥耳语），这种语言中有很多英语词汇，但语法结构却来源于非洲语。一些非洲词语也流行开来，比如“buckru”是埃菲克或南部尼日利亚的一个词语，意思是“统治者”——这里指的是白人。但总体来说，每个岛上的克里奥尔语（混合语）都各不相同：在毛里求斯和特立尼达及另外的一两个西印

斐济：“仁慈的种族隔离”

斐济，一个南太平洋上由 320 个岛屿组成的群岛国家，是因种族多样化引起对抗最终脱离了英国殖民统治而发展的最好例证。

1874 年成为英国殖民地时，斐济有大约 15 万斐济岛民和 1500 欧洲人。这些欧洲人不久前才在斐济定居，大部分是种植棉花的。除了其他原因外，英国合并斐济的目的之一便是将这些欧洲人置于控制之下。

英国人从殖民统治开始便赋予自己避免斐济社会瓦解的责任——当然是按照他们的理解。1959 年，英国政府重申“为了增强对那些在斐济早期把斐济人凝聚在一起的精神和惯例的认可而进行干预”的必要性；大部分土地被保证给予斐济人，而且不能卖给其他人。在一个极度间接的统治体系下，部落首领行使权威和操控司法，英国人则尽可能不介入——直到 20 世纪 60 年代，斐济政府才引进了选举制度。

1874 年，英国人认为对斐济稳定的威胁将来自为了土地的欧洲人和为了种植棉花和糖的劳工。为了提供劳动力，印度契约工人在 1879 年被带到斐济。斐济成为一个主要的糖产地。总共 60965 名印度人被运到那里，他们必然会形成一个定居的社团，到殖民统治结束时印度人口的增长已经超过斐济当地人的人口增长。在一个“仁慈的种族隔离”的体制下，这两个社团彼此住得相当远。印度人的村子处于英国直接管辖下，斐济人的村子处于他们的部落首领管辖下。

英国人和斐济人之间的关系基于一种真正的彼此尊重的感觉，大量斐济人改信基督教，他们在二战中为英国提供了非常英勇的战士，而且他们对橄榄球运动满怀热情。巡游的英国官员注意到在斐济人的小屋中经常出现英国皇室的照片。

但是，印度人对搞好同斐济人以及当地欧洲人的关系却缺乏热忱。无论是斐济人还是欧洲人，都害怕印度人人数的日益

度群岛上的岛屿，使用的基本上是法语单词。奴隶们用舞蹈和音乐来描述他们的主人。非洲音乐和舞蹈很容易受到加勒比地区的影响，但也吸收了欧洲的影响。特立尼达的民间音乐据说来源于非洲，但也含有法国和西班牙元素。非洲和欧洲在奴隶的宗教方面也走到了一起。迈尔巫术来源于几种非洲宗教，但也受基督教的影响。在牙买加，奴隶制废除之后，这种巫术还盛行着。在特立尼达，16 尊尼日利亚神被视为基督教圣徒。

有意识地把英国文化和价值观灌输给西印度群岛的黑人是在奴隶制的最后几年才开始的。这项任务主要是由基督教传教士来完成。特别是在牙买加，浸礼会教徒在奴隶中影响很大，他们积极帮助解放的奴隶在种植园外建立村庄家园。浸礼会教徒的村庄都采用英国村庄的名字，如伯明翰、维多利亚和威尔伯福斯。教士们试着给黑人灌输基督教和英式观念，居民们被告知：

> 保持你们房屋的清洁非常重要，你们每年至少要用石灰水粉刷一两次墙壁、窗户。……要有一张干净的柏树或雪松饭桌，在房里要备几把椅子，这样你和你的家人在吃饭时可以舒服地坐下来吃；要有一块干净的桌布；一套干净的碗碟、刀叉。要使你的孩子养成饭前洗手的习惯；在吃饭前要感谢上帝，要为家人不断祈祷……

教会学校在废除奴隶制后蓬勃发展，19 世纪时，城镇中已经有了几所

增长和经济上的进取心以及他们的政治雄心。由于具有某种“自豪和自怜混杂的情绪”，斐济人反复要求殖民政府保护他们，反对印度人。斐济部落首领委员会在 1933 年决定印度人“既不能直接也不能间接控制或指导影响斐济种族的事务”。英国殖民当局向斐济人保证他们的土地是神圣的，任何政府行为都将保证他们的利益。斐济人和印度人将分别进行选举。1970 年，斐济人以此为依据获得了独立。据报道，随之而来的交流发生在伦敦处理独立事务的会议上。斐济国会的印度裔发言人告诉英国大臣洛德·舍弗德说：“过去 90 年里英国在斐济的确保持着种族隔离，现在英国有责任让我们聚在一起。英国不能听任我们自行其是。”“我亲爱的伙伴，”洛德·舍弗德回答说，“如果我必须为我的祖先在过去 300 年中的罪恶承担责任的话，我几乎肯定不能以王室大臣的身份坐在这儿。真的，我将在修道院里穿着麻袋片忏悔。”

1910 年斐济的一个村庄

当地人正帮一名来访的欧洲妇女搬运行李。

19 世纪 40 年代，安提瓜，圣约翰的传教士村

传教士鼓励黑人在废除奴隶制后从种植园返回这个村庄。

中学和学院。

有些克里奥尔人深受英国价值观的影响。混血人群，特别是牙买加非常有影响力的社区普遍遵守这些价值观。另外，遵守这些价值观的还有一小部分前奴隶，他们能够通过教育来提高社会地位；然而，他们的机会实在太少了。一个被白人控制，且在 19 世纪开始衰败的以农业为主的经济能为受教育者提供的东西极为有限。然而，他们中确实有一部分人成了记者、律师或教师。这些人的观点、看法都是英式的，这成为西印度群岛中等阶层的一个明显的特征。E.R. 布莱斯维特，一个二战后在英国工作的西印度群岛人，这样描述 20 世纪 30 年代在英属圭亚那度过的童年：

> 从各方面衡量，我都是在英式环境中长大的。我自己、父母和祖父母都不知道还有别的生活、存在和思维方式。我们不知道别的文化模式，我也从来没听说过我的长辈否认过要当一个英国人。孩童时，老师教我欣赏英国文学——诗歌、散文，古典和现代作品，因此我非常自然而然地把自己设想成探险故事里的英国人而不是故事中的坏蛋。在我的幼小心灵看来，很容易干坏事的坏蛋都不是英国人。

大多数的克里奥尔人就没有那么容易受英国的影响。尽管已是“自由人”，但他们要么还是乡村农民，要么是苦苦挣扎的小业主。传教士们抱怨说到19世纪中叶他们失去了对大多数人的控制。在西印度群岛，英语只是在缓慢地取代克里奥尔语；而在毛里求斯，一种以法语为基础的克里奥尔语是大多数人使用的语言。人们的文化水平仍然很低。

海外印度人社区

在19世纪，印度人不管走到哪里都倾向于离群索居。这些移民顽固地保留着印度教或伊斯兰教的习俗。那些去了锡兰或东南亚的印度移民与他们的故土保持着密切的联系；而那些作为契约劳工漂洋过海的印度人却失去了与印度的联系。渐渐地，他们对于怎样做一个印度人的认识也适应了他们的生活环境，他们组成了一个克里奥耳式的社区：印度人不再严格遵守等级制度；大家庭被核心家庭所取代；人们普遍穿上了西式服装。在不同的殖民地，印度口语中也夹杂着当地的土语用法。

海外中国人社区

英国东南亚殖民地的大多数中国人不仅与其他社区分开住，他们内部也有明显的分化。他们保留着各自的方言和对自己故土的眷恋。他们根据共同的籍贯和职业拉帮结派，一些秘密会社，如“天地会”，很容易地在马来西亚扎下根。19世纪末，在英国采取有效手段进行弹压之前，他们之间争斗不断，导致了很多骚乱。英国人把马来西亚的中国人作为独立的社团对待，一直到1877年之前，基本上听任他们自行其是。1877年，英国人成立了一个独立的政府部门管理中国人社区，由一名被称为“中国人保护者”的官员负责。

东南亚的大多数中国人都认为自己迟早会回中国，他们只是暂时客居他乡。他们严格保留着中国习俗，很少有人学英语。然而，一些被英国人称为“海峡中国人”的移民经过漫长一段时期之后成为永久性居民。另外，在一些英属殖民地，特别是在新加坡，也有一部分中国人与英国人关系密切。其中最有名的是胡阿开（绰号“万鹏”），从1830年到1880年，他生活在新加坡。据说他是个“英国化的中国人”。胡阿开英语说得很好，他把自己的儿子送到英国念书，但他自己始终穿着中式服装；当他的儿子剪掉辫子，皈依基督教时，他大发雷霆。新加坡富有的中国人都非常乐善好施，特别乐意捐款建学校；他们与殖民地统治者关系密切。然而，他们只是一个未被同化的庞大人群中的小部分。

走向独立

到了20世纪，白种人的统治地位开始逐渐减弱，英国政府只得顺从来自各方面的压力，开始政治选举。二战的后果逐渐影响到这些殖民地中被选举出的代表，他们在20世纪60年代成为新独立国家的统治者。这些新政府从英国殖民者手中继承了国家，但它们是否同时也接纳了各个民族却让人感到怀疑。

殖民统治的晚期

19世纪在英国殖民统治下的多元化社会中，各个社区都很不乐意合为一体。20世纪时，这种强调保持各自社区归属感要求的趋势变得更加明显。例如，大清帝国时期的海外华人严格来说都是非法移民，他们拒不执行皇帝要求他们回国的命令，因此也就切断了与祖国的联系。在马来亚，许多中国人积极参与中华民国的改革运动。自1948年起，一部分支持共产主义的人甚至拿起武器反对英国的殖民统治。印度人则倾向于不断与印度加强联系，他们的宗教仪式变得更严格，更“正统”。加勒比地区的黑人都主张拥有一个美洲黑人共同归属感。他们积极参与源于美国的“黑人力量”运动，或投身于在牙买加兴起的旨在肯定非洲血统的拉斯特法里教会；他们反对白人或基督教的统治，期望最后重返非洲。与移民社区自我意识的提高相对应的是当地土著民族的运动：锡兰的僧伽罗人，马来人，斐济人，以及肯尼亚、乌干达、坦桑尼亚殖民地中的非洲人都参与其中。

在殖民统治下，多元化社会的所有社区都得服从殖民政权。当殖民统治者交出权力时，各个社区不可避免地要相互竞争来分享权力。这种竞争导致冲突甚至暴乱。

锡兰的权力交接创立了一个模式，很快被各殖民地所模仿。许多僧伽罗人都不愿意接受茶园的印度人为锡兰公民。在1948年锡兰获得独立后不久，新政府颁布法令剥夺除常驻的印度人外所有印度人的公民权和选举权。僧伽罗人和印度人（也被看成为斯里兰卡的泰米尔人）之间的关系迅速恶化，在20世纪70年代爆发了泰米尔分裂分子的暴力活动。

1957 年，马来亚获得独立。1963 年，一个包括马来亚、新加坡和英属婆罗洲的沙捞越和北部婆罗洲的联邦成立了。新建立的马来西亚是个多民族国家，包括中国人、印度人，还有婆罗洲民族的伊班人和迪亚克人。两年后，中国人占多数的新加坡脱离联邦成为一个独立的国家。而在马来西亚的其他地方，中国人和马来人的紧张关系一直持续着。马来人坚持他们在新国家中要有特殊地位，马来语要成为全国性的语言和主要的教育媒介；要制订政策让马来人在国家经济中获得更多的利益，言外之意就是限制中国人的发展。

在斐济，当地人也要求有比印度移民更特殊的地位：确保斐济人享有土地所有权，他们占有的土地要占整个国土面积的 83%。1930 年的独立宪法更使得人口稍占优势的印度人极难从斐济人手中获得政治权利。1987 年，对斐济人统治地位的挑战被一次由里勃卡上校领导的斐济军人的军事政变平息。后来新宪法的实施更偏向于斐济人。

在肯尼亚，印度人和英国殖民者几乎同时在 20 世纪初到达那里，他们相互争夺统治权。印度人考虑把英属东非变成一个印度殖民地，由印度政府管理。但最后还是英国人赢了，印度人被剥夺了土地，白人占据了大部分的政治权力。

然而，肯尼亚并没有如殖民者预想的那样发展成为一个“白人统治的国家”。1923 年，英国政府宣布在肯尼亚的非洲人的利益至关重要，就像在其他东非殖民地，如乌干达、坦桑尼亚一样，而这些地方也有印度移民。印度移民并不关心白人获得的特权，从长远看，他们只关心那些在 20 世纪 60 年代为非洲国家赢得独立的非洲政治家的政策。1972 年灾难降临到乌干达的印度移民身上，军事独裁者埃迪·阿明下令驱除大批专业人员、商人、零售商和熟练工人。

新国家的建立

不管移民社区的人怎样看待英国人的统治，锡兰、马来亚、斐济和东非各殖民地的独立把这些移民从受白人统治的煎熬中又投进了被当地人仇恨的怒火中。然而，在毛里求斯和加勒比的许多前殖民地，当地人口的稀少意

马库斯·贾维

来自牙买加的黑人，为联合所有非洲血统的人而斗争。1914 年，他成立了“全世界黑人促进会”，并且把这个组织发展到了美国。马库斯·贾维宣布自己为非洲临时总统，并且致力于重新安置在美洲的非洲人的事业。

味着移民们可以自由地组建自己的国家。

在大多数加勒比岛屿，人口组成相对单一，大部分是非洲裔人。然而，建立一个共同的西印度群岛国家的想法却止步于只建立了一所大学和一支棒球队。他们尝试着去建立一个西印度联邦，但民众的反应并不热情，因此只得在1962年放弃这个想法。在毛里求斯，有着印度移民血统的人口占总人口的67%。尽管印度人和非洲裔的克里奥尔人之间关系紧张，但没有什么能阻挡印度人控制毛里求斯的工党，进而掌握国家政权。在英属圭亚那和特立尼达，印度人和克里奥耳人数量相当；但是，当这两个地方获得独立时，克里奥耳人却取得了统治权。在新圭亚那，不同社区之间的关系非常紧张。

建立和维持一个人们在种族问题上存在严重分歧的国家，在任何情况下都是很困难的。英国人留给继承者的任务的确令人生畏。英国人鼓励移民从一个洲迁移到另一个洲，为的是种植农作物，而这些农作物（比如甘蔗）的经济价值远在殖民统治结束之前就消失殆尽了。统治这些殖民地时，虽然英国人不可能采用马基雅维利式的策略，故意煽动种族矛盾，但他们确实认为没有必要去鼓励融洽。他们对不同社区采取不同的政策。长期以来，他们都认为印度人和中国人只不过是暂时的居住者。出于维护弱者利益的目的，英国人常认为他们的责任就是保护他们认为最容易受伤害的当地土著人社区，比如斐济人、马来人和迪雅克人，使他们免遭被印度人和中国人驱逐的命运。因此，他们赋予这些土著人特权。

英语和英式教育确实发挥了一定的作用，把殖民地不同民族的精英分子凝聚在一起。但普通大众丝毫不受这些东西的影响。当他们被迫参与政治时，他们就会自然而然地去维护本社团的利益和文化，视其他社区为对手，而不是同胞，同他们去竞争贫困的前殖民经济所能提供的有限的工作和机遇。而在关系紧张时，对手就很容易地变成了敌人。

然而，尽管英国人严厉管制那些以前以糖、茶叶、咖啡和橡胶为主的殖民地社会的各民族，新的国家还建立了。社区间的暴力只是故事的一部分。由于英国殖民统治而走到一起的人们已经学会了和睦共处，荣辱与共。

第十一章 艺术与帝国

约翰·M. 麦肯齐

许多民族将艺术作为服务于其环境、政治或宗教观念、各种社会关系的方式。对各帝国系统而言这种说法尤为正确。统治集团的不少成员无一例外地将艺术作为一种手段，用以解释他们的权力并证明其合法性，用以展现笼罩着统治者的神秘气氛，用以炫耀他们所掌握的有关自然界的知识及对自然界的控制。那些发现自己与帝国融为一体的人通常要经历几个阶段：使自己的艺术适应其政治统治者的艺术；重新发现自己的艺术源泉——有时是一种自觉的抵抗行为；最后，以艺术为手段反映一种新的民族意识。

袋鼠艺术家锡德尼·帕金森曾随库克船长首航，这幅创作于1770年的素描就是由他完成的，当时正值探险队某次登陆澳大利亚东海岸之时。此画是一系列为数众多的绘画作品中的一幅。人类航行至太平洋之前，多种鱼类、昆虫、飞禽走兽不为欧洲人所知，该系列绘画作品即描绘了这些动物。据约瑟夫·班克斯爵士记载，袋鼠令库克的船员疑惑不解："我不知道这家伙长得像什么。"

上述各发展阶段均在大英帝国的艺术史中有所体现。毋庸置疑，帝国统治促进了英国的视觉艺术。战争的洗礼，政治力量和经济力量的盛衰变迁，在新的全球秩序下同绝大多数国家及其人民的接触，上述几种因素共同促成了一场在艺术技巧、品味及鉴赏力方面高度创新的运动。一些欧洲人在英属北美、澳大拉西亚和南非定居，他们开始寻求与自己在20世纪的民族认同感相适应的独特艺术表现形式。

帝国或许促进了英国艺术的发展，但被英国所征服的各殖民地社会的艺术生活却受到严重的破坏。19世纪的大部分时间里，对任何同英国或欧洲的传统大相径庭的艺术，英国人既不欣赏，也无兴趣。因此，各殖民地的艺术家无望从他们的新统治者那里得到大力支持或鼓励。殖民地艺术家的作品充其量也就是被收集起来予以展出，其目的并非是为体现某种美学价值，而是为人类学的研究提供素材。然而，无论欧洲人看法如何，殖民地艺术却得以延续，殖民地艺术虽经长期压抑，最终将如地下河流一般在20世纪喷涌而出。20世纪之后，所谓的"异族"艺术开始引起欧洲艺术家的密切关注，并对他们的作品产生了影响。与此同时，亚洲、非洲及太平洋地区的艺术家一面承袭本民族的艺术传统，一面对欧洲艺术的形式与技巧产生了与日俱增的浓厚兴趣，并甘心受其影响。自此，在帝国范围内，昔日西方艺术同"异族"艺术之间严格的分野开始消亡。

艺术与帝国扩张

为探寻更广阔的世界，欧洲各国自16世纪起进行如火如荼的扩张，艺术在其中起了推波助澜的作用。例如，众所周知，1583年由汉弗莱·吉尔伯特爵士率领前往纽芬兰的探险队和1585年由沃尔特·罗利爵士率领的前往弗吉尼亚的探险队中，均有艺术家随行。18世纪晚期，由库克船长率领的一系列引人注目的航行，使各种以探险为题材的艺术臻于顶峰，异彩纷呈，美不胜收。库克船长共航行三次：环绕太平洋（1768－1771年）；驶抵南太平洋和南极（1772－1775年）；驶抵北太平洋和北极（1776－1779年）。有些艺术家和美术家参加了三次航行，他们创作了数千件素描画和绘画作品（均为油画和水彩画），至今大部分仍保存完好。至于那些丢失的，有的则通过同一时代的版画而留传下来。对以探险为题材的艺术的不断复制，加之后辈艺术家富于想象力的重新构思，使得这些航行在数代人的心目中成了探险史上瑰丽的史诗。对那些与探险队同行并记录其发现的艺术家而言，库克的三次航行为他们设立了一种模式，这种模式一直延续到19世纪末摄影师代替艺术家为止。

范·迪门土地上的男人

在库克船长的第三次航行中，约翰·韦伯是随行的艺术家。这幅画创作于1777年1月，时值船队在塔斯马尼亚岛靠岸稍做停留。据库克记载，澳大利亚土著居民“几乎一丝不挂，除了皮肤上的大片刺痕和隆起的肌肉外没有任何装饰物”。库克的艺术家们往往以同情的态度绘制太平洋地区各民族的肖像画，有时把他们描绘成几近古典理想的贵族野蛮人。

航海探险是18世纪科学革命不可缺少的一部分，这足以解释人们的艺术活动为何特别活跃。皇家学会和英国海军部通力合作，以确保库克的探险活动推动诸多学科的研究。杰出的科学家约瑟夫·班克斯爵士参加了第一次航行，他认为在对博物学标本、各民族以及环境现象、天文现象、气象现象进行记载与分类方面，绘画作品比文字记录更具价值。因此，艺术家和绘图家肩负着记载所到之处的植物学、动物学及人种志的任务。他们绘制的海岸轮廓图有助于航海；此外，他们还对地图绘制、行星和天气类型的研究做出了贡献。

但技艺精湛的艺术家们大多是无拘无束的自由人，他们虽然受雇主要求据实记载任何所见之物，但这不会抑制他们的想象力和创造力。三次伟大的航行中，三位最重要的艺术家——锡德尼·帕金森、威廉·霍奇兹、约翰·韦伯——均未囿于自己的工作。他们同绘图家一道，超额完成了记录工作，使他们的船长心满意足。此外，他们还被不同气候、环境及民族中令人兴奋的事情所感动，创作了一些风景画、肖像画，描绘了一些事件。这些作品异彩纷呈，令人难忘。

霍奇兹或许是其中最优秀的艺术家。长期以来，在未知水域以方向角和距离绘制标识陆标的海岸轮廓图一直是水兵的任务，但霍奇兹却将其变成了一种引人注目的艺术形式。几乎可以肯定地说，他的代表作均源自直接观察，或是透过库克船舱中宽敞的窗户所见，或是船只靠岸时所见；在此之前，他的作品均以素描为基础。纵观这些精彩的作品，霍氏成功地捕捉了南极非同寻常的气象效应和光效应，并以多种方式尝试再现热带光的本质与强度。在随后的一次航行中，霍奇兹和韦伯绘制了一些以太平洋地区的当地人和各种动物为题材的作品，使人触景生情。有时候，鸟类、哺乳动物或人类是作为“标本”而不是具体的绘画题材被绘制的；但在别的时候，他们的作品都具有极其鲜明的个性与特色。

库克探险队的大部分艺术品传达了一种喜悦之情，艺术家们以一种被欧洲人视为富有同情心的方式去尝试描绘那些对他们是全新的事物，并试图对太平洋地区各民族做出诠释。然而，这些艺术家的工作是欧洲列强向该地区扩张的一部分，它们对那里的人民造成了重大的影响。海岸轮廓图和地图绘制使得欧洲人可以轻而易举地返回、定居和推行统治。甚至库克的船队在新西兰、澳大利亚和太平洋诸岛的短暂登岸都引得那里的人们同他们做起了生意。欧洲的手工艺品乃至动物开始在这些地方流传；此外，探险活动的素描画和绘画作品并未描绘更为黑暗的一面——暴力泛滥，性病蔓延。

然而，这些艺术家成就斐然：在库克船队的三次航行中使用了大量的科学材料，在这方面，艺术家们居功至伟；此外，在绘画方面，他们挖掘

威廉·霍奇兹绘于南极作品《决心》

1773年12月至1774年1月，库克的船队驶近南极冰盖，这使得霍奇兹能够记录从未被欧洲人描绘过的气象效应和光效应。在这幅画中，他描绘了一座冰山及其背景——被称作“冰映光”的强光。

蒂普——英国的汉尼拔

被英国人称作“蒂普”的麦索尔邦首领蒂普苏丹因为抵制英国在印度的扩张，曾是人们津津乐道的传奇式人物，也几近成为神通广大的形象。在那些专攻历史题材的画家看来，英国同这样一个敌人进行的斗争是绝佳的题材。麦索尔邦同英国进行了四次惨烈的战争。到了18世纪80年代，英国视蒂普为心狠手辣的死敌。在他手中的英军俘虏处境悲惨。在许多人看来，他是与新罗马为敌的现代汉尼拔。1792年，英国人大肆渲染他们对战败的蒂普采取宽大为怀的态度。1799年，他们又为蒂普之死而兴高采烈。伦敦的舞台上常绘有蒂普的肖像和历次麦索尔战争的景象，乃至到了1833年，一位在英国旅行的印度人发现孩子们追着他大喊大叫“蒂普！”（J. M. 麦肯齐 P. J. 马歇尔撰写）

《大卫·贝尔德将军发现蒂普·塞伯苏丹的尸体》

这幅巨幅帆布油画完成于1838年，距人们庆祝画中之事已经40年了。贝尔德在一个黑暗的角落里发现了蒂普的尸体，那儿离监狱的铁栅栏不远。数年前，贝尔德本人曾被蒂普囚禁于该监狱。

新题材，探索新技巧，这使得人们的欣赏品味大为改变，有助于人们同一统天下的18世纪的各种传统决裂。18世纪的各项传统，一言以蔽之，是一种华丽而烦琐的风格，即人们所知的洛可可式或不折不扣地坚持希腊或罗马的各种新古典主义理念。除了偶尔画油画外，这些艺术家抓住机会，迅速生动地对不熟悉的景象进行描绘，使得水彩画这种相对新颖的表现形式显示出巨大的价值，拓展了水彩画的范围。以帝国历史为对象的绘画流派的形成也得益于他们的帮助，这特别体现在返程途中他们用油画记录了许多重大事件（如韦伯创作的库克船长逝于夏威夷的绘画）。直至19世纪，艺术家们一直遵循着在库克航行中形成的模式，继续为探险活动服务。戴维·利文斯通数次横穿非洲，被人视作堪与库克航行比肩的探险壮举。利文斯通首次前往赞比西河途中，同样有一位艺术家随行。此人叫托马斯·贝恩，他描绘了中非的景色及各民族人民的生活。

历史画与帝国的神话

18世纪的绘画界中，不同题材的绘画作品构成了一套严格的等级制

《败将残兵》巴特勒夫人作品

这幅画描绘了 1842 年布鲁登医生返回英军控制的要塞贾拉拉巴德的情景。他所在的军队曾占领阿富汗首都喀布尔，现在他却是唯一的幸存者。该画作于 1879 年，当时在另外一场阿富汗战争及祖鲁战争中，英军损失惨重。这幅画的目的显然是在警告战争要精心谋划，支援要充分，要避免无谓的牺牲。

度，依据的标准是时间的长短和受重视的程度。排在首位的是"历史"画，这类作品多是对神话和圣经中经典事件或情景进行描绘。当时，这类作品的范围已经拓展，英国远古的凯尔特人的形象和事件也包括在内；但到了 18 世纪后期，帝国的各种事件使得历史画成为一种能够关注时局的体裁。

画家开始在帝国经历的重大事件中截取一些片断，他们通过一种制造神话的模式对这些片断进行再创造，加以渲染，使之变得更加形象生动。历史画旧有的主题年代久远，帝国地域幅员辽阔正好弥补这一点。异域风情——风景、建筑、动物——提供了使人产生创作冲动的情境。毕竟，富有传奇色彩的事件能够迅速被纳入英雄神话之中。

艺术家们所描绘的各种事件中，只有少数他们是在现场的，多数情况下不是这样，他们的画作大多是根据已发表的或口头记述以及对史诗般事件重新进行想象。艺术家们很少因不精确而被指责（但如果是细节处理则不在此列），因为观众们（包括那些在事发现场的观众）都乐于在对英雄时刻充满想象力的再现中成为共谋者。

艺术家最早对历史事件做这样处理的绘画作品是《沃尔夫之死》。1759 年，沃尔夫将军战死于亚伯拉罕高地，他为英军占领魁北克而牺牲具有象征意义。1771年，美国艺术家本杰明·韦斯特（后任英国皇家艺术学院院长）创作的以此事件为题材的作品在学院展出时，引起轰动，成为画坛的头条新闻。他因使历史画中的人物穿现代装而广受批评，但这种形式却引起艺术界及大众的无限遐想。其后的历史画家通过让画中的许多人——印度人、非洲人或其他非欧洲人——穿异族服装创造了一种更为迥异的效果。

帝国历史画的惯用技法被人迅速奉为圭臬。形形色色的作品描绘了帝国事业中具有象征意义的诸多时刻，其中大部分被赋予震撼人心的道德色彩：英雄般的壮烈牺牲、宽宏大量的姿态或据称预示着更为文明未来的转折点。历史画家将帝国事业聚焦于英雄般的人物，创造了高度个性化的神话。帝国存在的大部分时间里，这些神话在百姓中流传，引起共鸣。一批又一批艺术家、雕刻家及儿童读物和通俗读物插图画家们反复地采用这些主题。19世纪后半期，历史画成了活人造型的模特。在活人造型中，演员通过哑剧再现那些激动人心的场面。由此，一些场面被奉为圭臬，它

G.M. 乔伊的作品——《1885年1月26日喀土穆戈登将军之死》

艺术家对这一事件进行了纯粹神话般的描绘。几乎可以肯定地说，戈登被杀时的情景远没有这般壮烈。在画中，马赫迪的追随者在向戈登投掷长矛之前被他的凛然正气镇住了。戈登成了帝国最后一个，也是最伟大的神话般的英雄。

们所展现的形象令英国许多平民百姓记忆犹新，这有助于证明帝国统治的合理性。

海战及诸多事件（如纳尔逊在拿破仑战争中阵亡、1857 年印度起义）进一步衍生出许多主题。伴随着这些主题，历史画的传统贯穿着整个 19 世纪。19 世纪晚期，关于帝国历次战役的历史画已几乎成为寻常事物，其部分原因是战争中有艺术家及记者随军同行。描绘战争的作品已不再是真实事件的历史画了。从那以后，这些历史画声称是真实事件的真实反映，不再是高尚道德情操的具体表现。

借助配插图的杂志中的版画，19 世纪的帝国艺术家创作的诸多人物流传更为广泛。创刊于 1842 年的《伦敦新闻画报》、创刊于 1869 年的《图报》及其他配插图的报纸均包含众多的帝国人物。在若干关键年份里（如在 1869 年，南非和阿富汗战事不断，以及 1875−1876 年间威尔士王子访问印度）《伦敦新闻画报》都以特刊的形式加以纪念。至此，对当时历史进行图像记录已成为一种通俗的艺术形式。

英国绘画在印度

统治英属印度的上层人士阔绰大方，品味高雅。他们为英国职业画家提供的赞助数额巨大，令其他殖民地的统治者望尘莫及。此外，他们也向手下那些技艺精湛的业余艺术家提供赞助。因此，英国所存原始资料中的英属印度的图画记录异常丰富。凭借各自的文化背景、个人感受及对自己所属的社会和所处的社会关系的理解，所有的艺术家，无论是职业的还是业余的，都对他们所见之事加以阐释。这样做有助于国内的英国民众想象出帝国如何对印度进行统治。他们以各自的方式描述印度社会，从而表明他们的感受——他们了解这个社会，生活在其间像在家里一样舒适自在，而且他们能够控制它。

肖像画

18 世纪后半期，一批杰出的肖像画家移居印度，他们在各大城市欧洲人居住的社区寻求赞助。为了谋生，他们或为东印度公司的总督及其下属的官员绘制肖像画，或进入印度宫廷为王公及其亲属和宫廷官员作画。他们也由着自己的兴致和爱好作画，画印度人、印度的风景和异国他乡的奇珍异宝。

这些肖像画家在印度成就斐然，其原因多种多样。英国人越来越清楚地认识到自己正在卷入事关次大陆的各种雄心勃勃的计划之中（商业的、军事的、政治的）。他们如果想使公共建筑的样式与国内的相媲美就需要绘画作品。如果法庭上挂有法官和首席大法官的画像，则法庭的威严倍增。许多官员和军官购买自己的画像以纪念自己在印度的时光，还有一些人则希望将自己的画像作为礼物送给朋友和家人。各社团委托绘制主要赞助人的画像，各位显贵的画像则被送入宫廷，或送给大贵族或国内的主要机构。

印度各王公的府第都是创作的丰富源泉，其原因大体相似。这些王公贵族醉心于西方艺术的创新之处——现实主义，透视画法，对色调的处理——但他们像英国人一样想借助巨幅画像来增强自己的气派与重要性。此外，馈赠礼物的习俗逐渐形成，总督和其他主要官员（如英国驻印总督特派代表）借机赠送自己的画像，并经常能收到王公们的回赠。

这样的肖像画并不仅仅是欧洲风格与传统向新环境的拓展延伸。的确，画中人往往被置于格式化的建筑环境之中——背靠典雅的圆柱、宽敞的阳台或悬挂的帷幔，这与欧洲的做法一模一样。但其他一些作品

《帕尔默一家》1786年，弗朗西斯科·雷纳尔绘于加尔各答

英国军官威廉·帕尔默少校与画中那两位穆斯林妇女共同生活。坐在他右边的是他的“原配夫人”，画中的三个孩子是她所生。对后来居住在英属印度的英国人而言，以绘画纪念这样的关系是完全不可接受的。

《舒家·厄德·多拉》1772年，蒂莉·凯特尔作品

舒家·厄德·多拉是印度西部乌得邦的维奇尔。在维奇尔的宫廷中，东西文化品位混杂在一起。英国艺术家为印度人画像，而英国鉴赏家收集印度人的微型画像和手稿。

看起来则是以可以辨认的印度景观为背景。这些景观以当地的草木为特色，象征着被画者的职业（如一位英国军官站在一座印度兵营前），或画当地建筑（既有欧式的，也有印度的）。更为有趣的是，许多英国人有时与他们的印度仆人，或“比比”（意为妾，许多人在印度都金屋藏娇）及他们的孩子一起出现在画像中。这些肖像画使得艺术家有更多的机会详细表现地毯、服饰、珠宝、水烟筒、其他印度工艺品以及园中凉亭等事物之美。借助这些手段，印度肖像画像其他殖民地的风景画一样，拓展了18世纪艺术的范围，提高了人们的欣赏水平。

印度的肖像画也具有政治意义。1774—1785年间，沃伦·黑斯廷斯任总督，关于他的作品大都不拘形式，即画家为他和家人作画时均采用英国乡村稀树草原的群像形式。然而，18世纪末，肖像画家深谙在画雄伟的英国宫廷时要尽力使其与印度宫廷相媲美。莫宁顿爵士，即后来的韦尔斯利侯爵，深信只有宏伟的宫殿和最壮观的样式才可统治印度。他请人画的许多肖像画都试图传达一种被移植到东方的英国宫廷的感觉。在那些画中，沃伦衣着华丽，珠光宝气，俨然一副君王气派。18世纪末期，为总督作画时，君王气派成为标准。那时总督经常由服饰华美、珠翠满身的总督夫人相伴。

自19世纪40年代起，肖像画开始为照片所取代。那时，

位于贝拿勒斯的奥朗则布清真寺

罗伯特·史密斯于1830年左右创作。

帝国的各个殖民地，特别是印度，成了业余艺术家创作的地方。对一些人来说，画素描和画油画仅是一种消遣，其他人则有一种更为直接的职业兴趣。军官必须研究陆地的方位，时不时还要画些地图和素描。税务官、勘测员和工程师也必须要记录土地、人口及工程。罗伯特·史密斯上校是印度工程师中最优秀的艺术家。

在印度只有最资深的英国统治者才独享肖像画，其功能差不多也仅仅是为庆典和政治服务。

印度风景画

印度不仅拓展了英国肖像画的范围，也拓展了英国风景画的范围。当时，一些肖像画家也画风景画，而其他画家到达印度后却专攻风景画。一般说来，这些风景画家不仅画风景，也画印度的建筑、宫殿、城堡、寺庙及城镇景色。在这些画中，人物通常是偶然出现，他们仅是比例的展示者或异域风情的指示者，但绝不是展现个性的人。

18 世纪末，人们依照欧洲风景画的传统手法，尤其是那些“如画的”艺术的传统手法，来创作印度的风景画。“如画的”艺术不强调真实的再现，而是强调创造出实现人们某些期待的错落有致的风景。因此，一幅成功的作品中经常会出现大量的现场写生元素。这样的作品既合乎庄严的作品所需要的那种略微节制的感觉，又合乎画家那种印度人看起来应该像什么的想法。在描绘印度风情的作品中，“如画的”艺术的传统生命力异常强大，一直延续到 19 世纪的最后 25 年。在一些欧洲人看来，画家们笔下的印度含有取自欧洲的异国情调。例如，人们在画印度建筑时，要么将其置于古雅的废墟之中，要么将其（在欧洲人看来）极为不对称的外形转化为各种对称的外形。然而，这些画家醉心于印度的植被、各种建筑的细节及其雕刻以及印度庆典的各个方面。重要的图画书以他们的作品为版画插图，这些书的出版使更多人了解一些印度概况，首先是能了解印度的建筑传统。印度的建筑和雕刻传统有助于人们弄清印度更为遥远的过去的来龙去脉。在 19 世纪的几个旨在发现、绘制及拍摄这些传统的重要项目中，这些绘画成了先行者。19 世纪末，出现了一种据说更为真实的风格。这种强调“看来充满异域风情的”印度风格取代了生动逼真的传统，使得后者在英国画坛最终失去了画印度风景的统治地位。

移民区的艺术

被称作“英联邦自治领”的那些殖民地，地理上虽然相距遥远，但却

印度“如同湖中之月一样被清晰地表现出来”

美国人对“如画的印度”的了解大多源自托马斯·丹尼尔及其侄子的作品。两人曾于1789年前往印度，他们游历了7年，所经之处大多远离英国的直接统治，两人最终带回大约1400幅以建筑或风景为主题的作品。1795–1808年间，丹氏叔侄推出了六卷精美的腐蚀法凹版印刷品，这使得版画产生出水彩画的效果成为现实。这些印刷品广受称赞。在大画家J.M.W.特纳看来，透过这些作品，“印度如同湖中之月一样被清晰地表现出来”。

《戈杜瓦山脉》托马斯·丹尼尔作品

形成了具有惊人相似之处的艺术传统。每个自治领的艺术家都是为创造一种富有特色的全国性视觉语言而奋斗。然而在达到目标之前，他们必须历经若干模仿与实验的阶段。

移民区形成之初，绘画通常是模仿——有时还扩展了英国的绘画模式。在移民区的殖民者看来，异国景色是令人反感的，所以他们以一种人们较为熟悉、与英国几乎一样的形式来描绘殖民地的风景。每个殖民地“画派”（新西兰或许是个例外）起初都是画柔和的风景画——加拿大圣劳伦斯湾的滨海诸省或海岸、澳大利亚东南部的沿海地区、好望角存在已久的农业用地。随后，探险活动与经济变化两种因素的综合作用使得人们尽力描绘那些特点极为鲜明且激动人心的风景。在加拿大，人们描绘雪、一望无际的风景、高高的群山、奔腾的激流——所有这些是欧洲人所知甚少的力量。澳大利亚、新西兰和南非等地的艺术家发现欧洲技法在这些地方全无用处，他们必须另辟蹊径以展示南半球光的强度与效果、极具特点的地质情况、独一无二的植物群与动物群。在澳大利亚，像有草丘陵地、沙漠及岩石等形成强烈反差的颜色一样，桉属植物也向人们提出了具体的艺术问题。新西兰的艺术家在处理与众不同的山形时遇到了困难。在南非，强烈的光效和炫目的色彩给艺术家造成了难题——在地形方面，在好望角内陆的季节性植物群及在看起来一望无际的内陆草原尤为突出。

艺术家们一边努力描绘所居住的殖民地的风土人情，一边试图描绘各殖民地与众不同的社会生活模式及当地的各族人民。这种情况下，各种艺术由枯燥的人类学转向一种浪漫化的传统，最后臻于更为鲜明的现实主义。殖民地艺术在20世纪中叶之前一直以风景和人种主题为中心，这或许不足为奇。为寻求独一无二的民族形式，画家们不大可能选择有关城市或工业的主题，因为这些内容难于同他们的欧洲原型区分开来。虽然所有殖民地的白人居民迅速地高度城市化了，但画家们向外界展现的自然景象依旧是一望无际的空地、千奇百怪的地形、惹人注目的当地人以及在一定程度上不为欧洲人所知的农牧活动。社会现实主义（即对各殖民地有关城市、工业、经济及社会的现实的认识）或者说一种含有更为坚实的政治内容的艺术，直到二战之后才出现。

《在南方的太阳下》1890年　查尔斯·康德尔作品

在这幅画中，澳大利亚风景（光与植物）与众不同的特点由海德尔堡画派的成员创立的印象主义的某种画法展现出来。这幅画是这种表现方式的代表作。

殖民地艺术通常极为保守，它在停滞多年之后才与上一代的欧洲艺术运动相互产生影响。直到19世纪80年代，英国艺术运动对殖民地艺术的影响力才达于鼎盛（虽然加拿大和南非不可避免地从法国和新西兰获得了一些灵感）。接下来的30年中，法国的影响无与伦比，以致诸多年轻艺术家前往巴黎学习。那时艺术家们尽力通过色彩及具有象征意义的形式体现殖民风景画的精华。印象主义、后印象主义及日本绘画艺术的各种技巧在加拿大、澳大利亚、南非均有众多信徒，他们将这些艺术倾向同当地的实际情况相结合。随着这些现代主义运动不断深化，范围更为广泛的欧洲流行风格逐渐占据上风；然而自二战以来，美国的种种风格一直在全世界引起反响。为了创造一种独特的当地艺术，各自治领的艺术家们在20世纪也开始借鉴本国各族人民的传统和特点。

加拿大绘画

加拿大移民的艺术经历最为悠久，那里的法国传统可以追溯到17世

托马斯·贝恩描绘的好望角殖民地风情的一幅作品

贝恩斯于1842年来到好望角，其后遍游南非。其作品记录了形形色色的人物及绚丽多姿的风景。作为战时艺术家，他描绘了好望角东部令人难忘的山景。

纪。18世纪末，英军的摄影师和水彩画家在帝国各地工作，加拿大当然包括在内。他们最初遵循英国的各种传统，并未标新立异。到了19世纪末，许多加拿大赞助人寻找有力度且“典型”的风景画，以便在一定程度上体现宏大的帝国事业和定居者事业。在加拿大，与太平洋铁路公司关系密切的艺术家创作了部分风景画。该公司的总经理威廉·凡霍恩爵士本人即是加拿大艺术的重要赞助人，他也认识到这种画用做广告用途的价值。19世纪末，加拿大艺术深受欧洲影响：1893年间，至少有25名加拿大艺术家在巴黎学习。这些人受巴比桑运动影响，重视寻常的农事；此外，印象主义对他们也有影响。但直至1913年著名的“七人组”于安大略湖聚首，一个真正的全国性的加拿大画派才宣告诞生。在一批守旧者的批评声中，他们于1920年首度举行画展，并于1924年在温布利举行的大英国帝国展览会上展出画作并广受好评。这个小组不遗余力地以粗犷豪放的方式描绘加拿大风景，因而他们有时被称作“阿尔冈昆画派”。在一个高度城市化的国家中，他们坚持风景画的传统，但也将来自印象主义及日本艺术的影响引入了加拿大。在他们的作品中，树木以象征和简朴的方式表现出来，地貌特征也简约到了极点。

澳大利亚绘画

从18世纪90年代起，被判有罪的以及自由的艺术家们将澳大利亚描绘为能使欧洲人深感同情的一片土地。颇具影响力的拉克伦·麦夸里从1810年到1821年任新南威尔士总督。他鼓励建造具有乔治王朝时期风格的建筑，鼓励艺术家们描绘那些具有英国特有的稀疏草原上的较为宏大的房屋。这是一片被人征服的优美的景观，处于一个广袤的、不为人熟知且遥远的大陆的边缘。

19世纪中期，人们在澳大利亚发现了黄金。这一发现刺激了经济，加快了欧洲人移民的速度，也使艺术家们迅速深入从未涉足过的内陆，感受崭新的社会环境，接触颇具个性的殖民地居民——淘金热乡镇中的掘金者和其他居民。相对而言，土著人对欧洲艺术家几乎没有什么吸引力——在风景画中，他们常常成为点缀性人物。然而，到了19世纪末，当人们普遍猜测土著人行将灭绝时，描绘他们的画作被视为是永远消失的一个民族的"历史记录"。

具有讽刺意味的是，那些曾在国外受训的艺术家直到对澳大利亚艺术能够产生影响时才开始追求真正的澳大利亚特色。19世纪80年代末至90年代，一批艺术家在墨尔本郊区创立了海德堡画派。他们引进了印象主义的种种原则，试图以更明快的色调来描绘澳大利亚的强光，以艺术方式处理画桉属植物时采用的技法和色彩；他们还强调普通人生命的尊严。凭借其艺术，这个澳大利亚全国性画派及其受到普遍认可的一种独特而恰当的风景画风格已经成熟。

当澳大利亚艺术开始将其纯乳白色的背景同土著民族艺术的再发现糅合在一起的时候，它也就找到了更为成功的民族性手段。由诸多澳大利亚画家组成的一个新画派（其中最有名的人物当属西德尼·诺兰爵士）开始将欧洲物质生活的各种象征同与之截然相反的澳大利亚风景及当地特色并列起来。当地的各种特色则是通过澳大利亚内陆的各种耀眼的颜色展现出来的。该画派中的一些人还试图将以抵抗为主的殖民地历史展现出来，如诺兰一系列关于内德·凯利传说的绘画作品就表现了这段历史。

《澳大利亚土著居民查里·特纳的头像》（由新南威尔士艺术馆收藏）1890年 汤姆·罗伯茨作品

罗伯茨描绘了诸多景色及在他看来最能反映澳大利亚特点的人们，澳大利亚土著居民也包括在内。

《威卡托的女儿——汉娜和玛丽》 约瑟夫·麦里特作品

麦里特19世纪40年代的作品。它反映了该世纪中叶毛利战争之前他对新西兰毛利人的同情。

新西兰绘画

在新西兰，画家们既从古典的描绘人的体形的方法中汲取灵感，也从处于特定环境中的人们的浪漫想象中汲取灵感，因此，他们完成于19世纪初的画作通过描绘毛利人魁梧的体形而把他们理想化了。这些作品又一次展现了一种浪漫景象，这种景象与毛利人生活的社会和经济现实没有什么关系。

19世纪40年代，随着在新西兰定居的白人日渐增多，许多考察者和探险者创作了不少值得注意的有关新西兰风景的水彩画。这些作品成了他们考察当地经济资源的得力工具，也成了招徕商家和定居者的宣传品；同时，它们还显示了艺术家们对这片土地的痴迷。很快，艺术家们对南岛（新西兰两个主要岛屿之一）西边的迷人景色颇为着迷。1861年，人们在新西兰发现了黄金，像在澳大利亚一样，这使得经济活动与艺术活动飞速发展。与外界不断增加的贸易活动使得更多的艺术家来到这片殖民地，欧洲对新西兰的影响也随之增强。虽然他们的许多作品是意有所指的——将新西兰风景依次比做苏格兰、瑞士、挪威和加利福尼亚——但艺术家们还是尽力为其作品找到一种当地的“感觉”，他们特别强调南半球若隐若现的光效应和光与影的独特的交替方式。至19世纪末，像其他殖民地的艺术家一样，新西兰的艺术家纷纷到欧洲接受培训，其中还有一批杰出的女艺术家。在整个帝国，新西兰是最早赋予女性投票权的国家。

南非绘画

《巴苏陀妇女》康斯坦斯·格里夫斯作品

格里夫斯（1930–1966年）创作了许多“关于当地人的作品”。他自称这样做是为了精确地记录非洲人的外貌。

纵观全部自治领艺术，欧洲人在南非创造的艺术是最保守的，其原因是来自南非白人社会的艺术家们在19世纪大部分时间里仍旧吸收荷兰的各种绘画传统。事实上，直到20世纪，以华丽的阿姆斯特丹风格绘制的作品仍为人们所钟爱。法国印象主义只在20世纪20年代对南非艺术有影响，而现代主义运动对南非艺术的影响只发生在20世纪40年代——两件事情都是发生在印象主义和现实主义分别传入加拿大、澳大利亚和新西兰几十年之后。

此外，20世纪前半期，南非艺术看起来几乎未受经济变革和城市化的影响。像其他殖民地一样，南非艺术的核心是：其一，通过对光线和颜色的独特理解来展示其风景、气象学、植物学和动物学的本质；其二，在假定的传统环境中描绘当地各族人民。祖鲁人被视为黑人军事传统精华的代表，他们看上去威严而尊贵。人们以描绘毛利人的手法来描绘祖鲁人。至于其他非洲人，要么是被忽略，要么是被描绘成长期受苦的仆人和雇农。直至二战以后，一种更逼真更能充分体现城市特点的艺术才刚刚出现。出现这种情况，部分原因是艺术重心从开普省转移到了德兰士瓦省，另一部分原因是艺术家们越来越注意到黑人开始在白人经济中发挥作用。

国际上的认可

虽然欧洲的各种影响仍占据统治地位，但至少从19世纪中叶开始，各自治领的艺术已不仅仅是亦步亦趋地追随欧洲的各种艺术运动。具有极端讽刺意味的是，各自治领民族艺术风格的产生通常是艺术家们接受欧式训练和应用从欧洲学来的基本技巧的结果。

国际上的承认姗姗来迟。19世纪末和20世纪初在欧美及自治领本土举行的画展使得自治领的艺术家们登上世界舞台。但与此同时争论不断，争论的一方是诸多艺术机构，另一方是许多激进的年轻艺术家。争论的主题是国内什么样的形象适于向外界展示。起初，通过上述各种画展，反映帝国秩序的种种形象得以展现；但随着民族情绪日渐高涨，随后展出的画作开始反映自治领民族主义种种独特的表现形式。

1862年在伦敦举行的一个画展上展出了来自白人移民殖民地的一些艺术品，来自帝国各地的大量画作则在1886年在伦敦举办的“殖民地艺术暨印第安艺术展览会”上展出。以加拿大的印第安人、新西兰的毛利人及其他当地各民族为主题的作品在美国举办的三次展览会（1876年在费城，1893年在芝加哥，1901年在布法罗）及其他一些展览会上引起了前所未有的轰动。规模最大的展览会当属1924年举办的温布利大英帝国博览会。在那次博览会上，各自治领的画作都参加了展出。每次开展览会时，保守派与激进派都要就一些画作是否应展出进行激烈的争论。加拿大“七人组”的画作多次展出，广受好评；澳大利亚海德堡派印象主义画家及新西兰的画家大多在欧洲工作。就展出效果而言，两派画家的作品不相上下。各种展览使得各自治领的艺术家相互接触，且被欧洲的批评家们品头论足；后者的观点较之各自治领的批评家的看法往往多是赞许之词。自治领的批评

《十月的苏必利尔湖北岸》"七人组"画派画家阿瑟·利斯梅作品

"七人组"画派的画家们在描绘加拿大风景时采用了印象主义和象征主义的手法。

家们那时仍在追求为维多利亚时代人们所欣赏的华丽的准现实主义。1924年，自治领的绘画艺术已经成熟。

当地传统与西方传统的碰撞

19 世纪大部分时间里，英国舆论一直倾向于贬低非欧洲人的艺术，后者被视为是"原始的"艺术，与在西方逐步发展起来的"进步的"、"先进的"艺术历史格格不入。甚至连令 18 世纪的鉴赏家着迷的中国艺术也一度失宠。1817 年，詹姆斯·米尔在其长久以来被奉为圭臬的《印度史》中宣称，印度人"对透视画法一无所知，结果，他们便无法欣赏那些以透视画法为必要基础画作的精华部分"。著名评论家约翰·罗斯金称，印度人"不能创造出任何高贵的艺术，只能创造出野蛮的奇形怪状的艺术"。

英国舆论倾向于明确区分"艺术"与"技巧"。据此，印度在艺术方面经常被判为有严重缺陷，而英国人却擅长于"技巧"。1851 年，在伦敦举办的“博览会”上，印度的纺织品、陶器及玩具的设计与装潢广受称赞。罗斯金与威廉·莫里斯也表示赞赏，后者称赞印度装潢艺术“有时代感，既美丽，有条理性，又时髦”。如果至少有人认为印度人擅长各种技巧，非洲与太平洋的大多数民族则会被视为既无艺术也无技巧。在人们看来，印度的艺术品缺乏美学价值。人们臆断印度的雕刻人像有宗教含义，因此受基督教徒的推崇。传教士把太平洋地区的人物形象描述为“奇形怪状，令人发笑；粗暴鲁莽，如同野兽；扭曲变形，令人生畏”。人们将这些形象加以收集和展示，仅仅用来描述“原始人”的生活以及用做即将为人所知的人类学的工具。

然而，到了19世纪末，欧洲的鉴赏家开始对非欧洲的艺术予以密切关注。在尼日利亚，人们对贝宁青铜制品的热衷引发人们对非洲雕刻和雕塑的普遍喜爱。1910年，一群艺术家和知识分子在《泰晤士报》上发表了一封公开信，赞扬印度的“民族艺术学派”，因为“它生动有力地阐释了印度人的生活与思想”。一些英国艺术家从非欧洲艺术中汲取灵感进行创作；日本的绘画作品备受推崇，广为模仿。

后印象派画家（如乔治斯·布拉克和帕勃罗·毕加索）对具象派的、整齐匀称且法相庄严的非洲面具着迷，并试图在自己的作品中融合其中的一些特点。非洲的雕刻作品及金属作品在殖民地战争中常被掠夺，随后在西方各博物馆的人种志部出现。对西方艺术而言，其中一些作品已具有某种新含义。

在寻求独特的民族艺术形式的过程中，各自治领的艺术家们开始从当地艺术的主题、用色及精神理念中汲取灵感。20世纪中叶，纵观所有的白人移民殖民地，当地的各种象征同欧洲各种技巧的融合已成为标准。这种融合之所以具有划时代的重要性，部分原因是人们对设计与主题的再度痴迷。在新西兰，人们再度关注毛利人独木舟上的华丽雕刻及装饰得颇为壮观的教堂，如那座完成于1851年地处澳塔基的教堂。这些教堂都是毛利建筑师和艺术家19世纪中叶的作品。20世纪中叶，人们试图将国际各种艺术运动及关于毛利人的主题融入新西兰艺术。上述发展过程中的一部分原封不动地出现在澳大利亚，那里的土著艺术仍旧是一种具有生命力的传统。时至今日，土著画家仍旧根据他们祖先的现代艺术观来装饰岩石；其他艺术家将土著艺术作品移植到各种各样的建筑物上。同样，

《妇女肖像》拉维·瓦马作品

拉宾·泰戈尔作品（约1930年）

从“公司绘画”到印度的民族艺术

18世纪后半期，印度艺术家创作了一些现在人们所熟悉的“公司绘画”。他们在尝试采用西方的透视法和主题的同时，又保留了莫卧儿王朝和当地艺术中某些传统和色彩搭配。每位艺术家都在若干印度城市工作过几十年，为欧洲客户创作了为数众多的作品。这些作品被确认属于较近时代的一个主要画派。在缅甸、锡兰（斯里兰卡）及中国的港口也出现了类似的情形。

在19世纪，印度艺术家越来越想仿效欧洲艺术，特别是西式艺术学校在印度各主要城市成立之后。为使印度的年轻人了解“欧洲的人和物”，数幅欧洲绘画杰作成了他们的启蒙教材。印度的“东方专家”拉维·瓦马来自印度南部，其作品颇受欢迎，被誉为在绘画风格上可与欧洲人相媲美的画家。瓦氏的作品使印度艺术学校的教学得以完善。1906年，拉维逝世，那时许多人开始厌弃他对欧洲画法的盲目依赖。独特的印度艺术的再生被看作是“国货运动”中必不可少的组成部分。国货运动，或称抵制外货运动，成了印度民族主义的一项核心内容。

在印度，创办杂志和艺术期刊的目的旨在讨论什么是恰当的民族艺术。身处印度的英国评论者及英国的热心人早已再次激起了人们对印度手工艺的欣赏。在印度工作的英国艺术史家E. B. 哈维尔敦促印度人重新发现并重新阐释其古代艺术，他还主持加尔各答美术馆的全部西方艺术品的出售事宜。库马拉斯瓦米（僧伽罗人与德国人所生的混血儿）等作家坚持认为，一种非唯物主义与玄妙的图像是东方艺术与众不同的特点。

正当孟买的艺术家倾向于继续追求一种西方现实主义传统时，旁遮普的，特别是孟加拉的艺术家已开始开创新的艺术道路。孟加拉伟大的哲学家兼诗人拉宾·泰戈尔，本身就是位艺术家，他完全摒弃了现实主义。泰戈尔的侄子阿巴宁·泰戈尔是新加尔各答画派的创始人，且影响了整整一代画家。他们回归到印度艺术构思、印度历史及他们所认为的印度精神生活三者的本原。1924年，他们的作品至少有56幅在温布利展出。两次世界大战之间，一种完全成熟的印度民族艺术传统在旁遮普出现。

收藏与帝国：从古玩的私人收藏到艺术博物馆

从很早时候起，英国旅行者就期待将“奇珍异宝”带回国内。从海外获得的各式各样的艺术品均展示在陈列柜中。自17世纪起，印度雕刻的残片开始出现在英国人的收藏中。但直到18世纪末，随着英国开始对印度的数次征服及几次伟大的太平洋航行的完成，人们才大规模地收集非欧洲的物品。罗伯特·克莱夫从印度带回来一个箱子，里面满是披肩、绘画作品、剑及其他奇珍异宝。沃伦·黑斯廷斯收集了一大批莫卧儿王朝的绘画作品和极其珍贵的手稿。

18世纪末，东印度公司建立了一个博物馆。此馆被称作印度博物馆，收藏各类书籍和种种“奇珍异宝”。库克三次航行中的随行人员大规模收集了许多物品。最终这些太平洋的“奇珍异宝”多数进了大英博物馆，一些到了牛津大学，还有一些到了都柏林；不少私人收藏家也得到一些。1808年，大英博物馆开设了“南海”展室，该展室同其他几个陈列室一起“展示特定民族的特定习俗”。其中大部分展品都是汉斯·斯隆爵士在18世纪收藏的，他曾在西印度群岛度过了青少年时期。

19世纪的大部分时间里，收藏印度物品的目的在于实用而不是为了审美；很少有人收集绘画或雕刻作品。1858年，印度博物馆翻新整修，它要“展示印度富饶的资源，使人了解当地居民的生活和习俗、艺术和工业”。该馆的收藏最终分给了南肯星顿博物馆和大英博物馆。两家博物馆自20世纪早期开始展览印度艺术——雕刻和绘画，其方式与展示欧洲艺术的方式如出一辙。

总体上说，太平洋地区以及其他“原始民族”的艺术并未得到同印度艺术一样的待遇：事实上过了很长时间前者才被视为艺术。19世纪末，展示这批物品最为雄心勃勃的尝试却另有一番目的。这个目的就是1884年牛津新成立一家博物馆，收藏阿瑟·皮特·里弗斯的藏品。大约从1851年开始，皮特·里弗斯一直不遗余力地收藏世界各地的艺术品。至于这些物品如何展示，皮特有鲜明的看法：不应按照这些物品的地区来源进行陈设，而应显示他固守的关于各种文化演进的理论。该博物馆的布局使得参观者能够探寻出产生于各简单社会的物品（对皮特来说，澳大利亚土著人是简单社会的伟大代表者，皮特收集了澳大利亚土著人的许多手工艺品）是如何被更“先进的”社会中更复杂的物品所取代。他设计的布局要永远坚持下去，这是他捐献时提出的一个条件。

位于牛津的皮特·里弗斯博物馆内景。

《渔人收网》沃尔特·巴蒂斯作品

这是画家利用当地传统的一个范例。巴蒂斯采用了桑人（布须曼人）绘画作品的颜料、人物及主题。

在加拿大，西北海岸的印第安图腾及伊特雕刻与设计的艺术，已进入主流艺术的行列。

在南非，桑人岩画（“布须曼人”绘画）的伟大传统在两次世界大战之间的岁月中被重新挖掘。不久，非洲的艺术家们开始凭自己的实力获得认可并受到鼓励。19 世纪 50 年代，一大群艺术家在约翰内斯堡崭露头角，并与保利街艺术中心保持密切的联系。他们逐渐形成了一种传统，即“乡镇艺术”。这种艺术将非洲的各种艺术构思及观察世界的方式置于新的环境中。这种环境时常受到城镇的社会现实与经济情况的影响。就这样，非洲人将一些崭新的观点注入欧洲艺术传统，而这些新鲜的观点衍生自非洲艺术悠久深奥的内核。

绘画与民族认同感

如果帝国艺术曾时常表现统治民族的权力，20 世纪民族主义运动则为远离祖国的白人社区，特别是为当地的文化成就树立了新的信心。白人社区的艺术通常被认为是从别处移植而来，且处于二流的地位。在前自治领里，试图融合各种文化的尝试形成了数种文化融合在一起的艺术形式。这些艺术形式为各种风格迥异的文化指明了方向。上述各种文化能够获得各

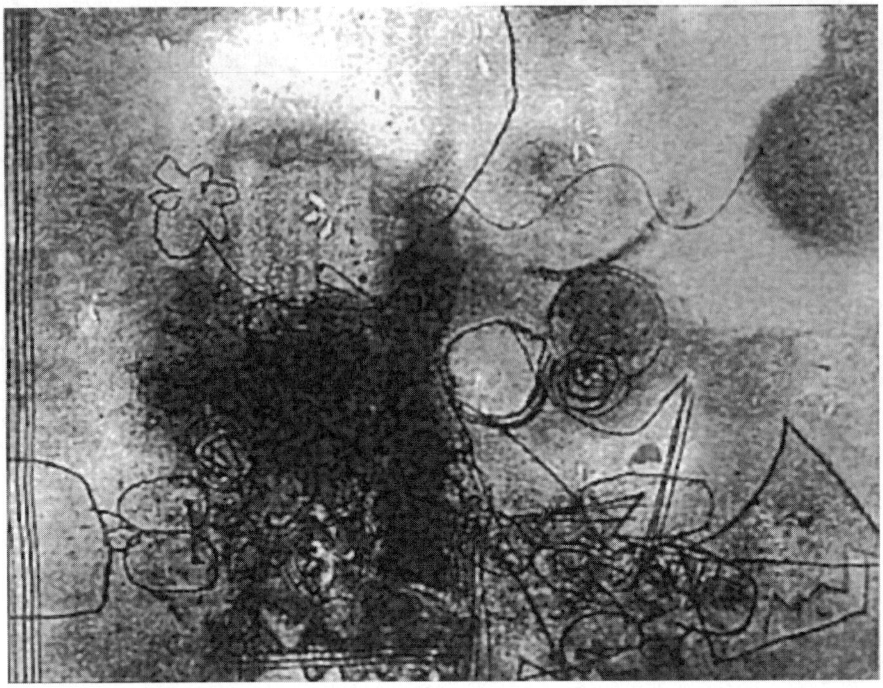

《组合》1970年，路易斯·马克胡贝拉作品

居住在约翰内斯堡周围城镇的一群艺术家深受西方艺术的影响，马克·胡贝拉是他们中的佼佼者。

国的承认，并可避免在澳大利亚被称作“文化上的阿谀奉承”的现象。在印度及非洲，各种艺术的发展都是政治上再度觉醒的重要组成部分，而每一种艺术对其自身的完整性充满信心则是当时社会各种传统的体现。各种民族性的艺术形式的发展贯穿前大英帝国，在这期间，欧洲主流艺术同“人种志”传统之间的分野逐渐消失。除此之外，在许多方面，大英帝国提供了一种人们建立各种联系、解决各种争论的环境。

第三编　帝国经历

第十二章　帝国中的英国

P. J. 马歇尔

英国现有人口中大约4%–5%是外来移民或他们的后裔，这些人来自加勒比海或南亚的前英国殖民地。从这些殖民地向英国大量移民的现象可以追溯到20世纪50年代。即使人们不太相信来自不同国家、具有不同背景的这些移民应该被看作是单一的群体，但与法国、美国的移民相比，他们的数量确实不多。然而，从20世纪50年代开始，那些来自加勒比海或南亚并定居于英国的人被视为一个“难题”。人们经常说这一问题是帝国的遗产。这样的群体在英国的存在和他们在此的遭遇，可以用大不列颠帝国的历史来解释：据说这个帝国正产生适得其反的效果，它所遗留的影响正困扰着当代的英国。

关于帝国历史对当今英国的影响这一问题有过众多的讨论，这仅仅是大量此类问题中的一个。此外，我们以及我们的先辈一直在孜孜探求帝国对英国的诸多影响。因为不同时代的英国人对他们那个时代的英国状况有不同的理解，因而，对此所做出的评价往往不大相同。在充满自信的维多利亚时代中期，人们认为帝国及其价值观均体现了英国人的伟大之处，而

一群来自移民社区的孩子们在伦敦的一所学校里
他们中的大多数来自曾经是英帝国殖民地的国家。

对于那些处于20世纪之交不太自信的一代来说，经过重塑的帝国却使他们看到了英国有可能实现的辉煌。二战以来，英国人普遍认为他们在世界上的地位已明显下降。人们在评价帝国的历史时经常用它来解释英国今日衰败的原因。是不是对帝国的责任使英国人变得故步自封、愚蠢盲目，因而忽视了1914年和20世纪30年代欧洲的战争危险？他们是不是为此在20世纪50年代没有参与欧洲一体化的进程，以致失去了在欧洲的大好机会？是不是英国创设的机构和制度只适合于一个拥有帝国的国家，而不能适应现代世界的发展？是不是英国经济日益依赖于帝国的市场和资源，以至于它们不能和欧洲、北美和日本高度发达的经济一较高下？是不是向殖民地派遣行政官员的需要使得英国教育树立了这样的价值观，那就是不断培养一些没有专业技能和进取精神的精英分子？总而言之，是不是帝国使英国人变得令人难以容忍地自命不凡，而它却在逐渐侵蚀这种自命不凡赖以存在的经济和军事基础？或如较早时期人们普遍声称的那样，帝国提升了英国人的地位，使英国成为一个世界强国？在这些具体问题之上还有更为普遍的问题：总的来说，英帝国究竟对英国人的归属感，对英国的机构制度、经济和社会产生了何种影响？

一种帝国特征?

对许多英国公民来说，英国从18世纪开始具有帝国的特征。1774年，埃德蒙·伯克告诉布里斯托尔的选民，他们的城市只是一个富裕商业国家的一部分，这个国家的利益是多种多样，复杂多变的。他又说：“我们是这个伟大国家的成员，但这个国家本身又是一个伟大帝国的一部分。我们用高尚的道德和物质财富把这个帝国扩展到遥远的东西方。”将近200年后，温斯顿·丘吉尔也说了类似的话：“英国不能被视为是一个与世隔绝的国家。它既是一个世界性帝国和联邦的创始者，也是它们的中心。”

帝国与英国特征

海外帝国，就其渊源来讲是英格兰的。然而，从18世纪中叶起，任何使用“英格兰帝国”或“英格兰的帝国”或与此相似说法的人均被视为不太正常。人们明白无误地使用“不列颠帝国（英帝国）”一词，从此这个词语也就被沿用下来。因为英国的历史包含了许多帝国的成分，不列颠帝国的英国特征既反映了英国本身的发展，又引导了它的发展方向。

18 世纪后期，不列颠与爱尔兰联合王国各民族特征在某种程度上的融合导致一种新型意义的“英国特征”的出现。与此同时，海外帝国发生了重大变化：讲英语的人在加拿大占大多数；澳大利亚的白人殖民地开始出现；印度被征服。这一轮新的扩张浪潮很大程度上是不列颠群岛共同努力的结果，而不是英格兰独有的功劳，这与它在美洲的早期殖民不同。这个帝国成为不列颠帝国而不是英格兰帝国毫无疑问符合联合王国各民族的愿望。但是，帝国不仅仅反映了在英国本土的英国人的特征，并且有助于使英国特征变得清晰并得到发展。

布利姆普上校

从 1927 年到 1950 年，戴维·洛一直在《旗帜晚报》工作。“布利姆普上校”是他笔下一个顽固的托利党党员，又是一个特别传统的帝国主义者。

在某种程度上，帝国促进了英国特征的发展，因为人们进入帝国以及帝国给予他们的报偿明确地显示了作为联合王国的一部分并在它的体制下运作所获得的种种好处。苏格兰人成功参与帝国活动的模式在 18 世纪已经定型并且一直沿用至 20 世纪。在管理印度的行政官员里，苏格兰人占很大一部分，无论这些职位的人选是由东印度公司的董事们提名还是通过激烈的竞争考试来确定。苏格兰的商业企业在印度也非常活跃，就像在澳大利亚、加拿大和热带非洲那样；特别是 19 世纪那些横跨帝国的大型航运公司更是如此。大量的苏格兰人一直在帝国内部迁徙流动。在流入所有移民殖民地的人口中，苏格兰人的比例比苏格兰人在整个联合王国的人口中所占的比例大得多。因此，鼓动公众反对南非战争的企图在苏格兰得不到什么支持也就不足为奇了。相比之下，亲布尔人的反战情绪在爱尔兰却极其高涨。这恰好反映出爱尔兰人的民族主义情绪受到挫伤，然而帝国却没有采取任何措施抚慰他们。不管怎么说，爱尔兰人在 19 世纪大部分时间里相对来说几乎没有从帝国得到任何好处。虽说爱尔兰的新教徒在帝国机构里确实占有一席之地，但是爱尔兰的天主教徒只是在这个世纪的后期才谋得比普通士兵稍高一点的职位。

然而，帝国对英国特征的影响不仅仅是为联合王国的凝聚力提供了一个物质的动力。帝国有助于使英国特征变得明确。在 18 世纪 60 年代和 70 年代初，美洲殖民地和英国官方之间充满仇恨的争议都是关于英国特征的问题。北美殖民地宣称它们拥有“英格兰人根据大宪章和普通法所享有的权利”，部长们和议会为英格兰特征的解释争论不休。在失去北美殖民地之后发展起来的帝国在很大程度上是一个不列颠人的帝国。来自不列颠群岛各地的人民在海外新殖民地的融合最终产生了新的归属感——一种成为独特澳大利亚人、加拿大人和新西兰人的感觉，但这些归属感仍需时日来巩固。与此同时，那些在澳大利亚、加拿大和新西兰的人们仍然强调他们是不列颠人。那些来自于联合王国不同地区的移民的比例非常平衡，以至于任何地区的人们都不能把他们的归属感强加于他人。1915年，一位加拿大历史学家仍然写道：普通的加拿大人把自己既看作加拿大人又看作不列颠人，因为帝国不是英格兰的帝国，英格兰充其量只是帝国内部众多民族中的一支。总的来说，那些定居在帝国各处的人比那些居住在国内的居民和后来又回到英国的移民有更加笼统的英国情结。毫无疑问，那些回流的移民把此种情结带回了国内。

英国特征的多样性

然而，帝国体现的英国特征并没有单一的模式。对大英帝国究竟代表什么的不同解释反映了人们对英国寄予的不同理想。在19世纪下半叶，自认是“帝国主义者”的人对于英国和大英帝国发表了明确的看法。他们认为，社会的基础是等级制度、对上司的服从以及个人勇敢机智的品质。与此同时，他们还提出了对性别关系的看法。他们认为妇女的作用就是支持男人的爱国事业并为帝国繁殖后代。在吉卜林、G.A.亨蒂、莱德·哈格德的小说和其他供孩子阅读的故事中，对帝国的描述把他们钦佩的理想品质人格化：士兵的英勇顽强，行政管理者的恪尽职守，拓荒者的艰苦朴素，妇女们的任劳任怨和俯首帖耳。此类对帝国以及不列颠民族特征的描述曾一度被出版商在学校和公众娱乐场所大肆宣传。

然而，帝国主义者关于民族特征的观点总是受到争议。1901年，马克斯·比尔博姆在其创作的一系列漫画中对帝国主义者想象中的“真正的约翰牛”和“在他的第二个童年里”在南非战争问题上因干蠢事而出丑的约翰牛进行了对照。其中一幅漫画表现了一个喝醉的约翰牛正在庆祝金伯利、莱迪史密斯和马弗京之围被解。20世纪20年代，对英勇果敢的狂热崇拜已经不合时尚，因为这不仅与帝国主义者有联系，而且与军国主义者也有联系，后者因人们对第一次世界大战的大屠杀的憎恨而声名狼藉，在各个层次上，他们都受到批评和讽刺。这些批评和讽刺来自E.M.福斯特的

《印度之行》、诺埃 · 科沃德的《疯狗和英格兰人》以及戴维 · 洛斯的漫画人物布利姆普上校的语录等。但是，对旧式的帝国持怀疑态度并不一定会导致对帝国或对英国的帝国特征的全面否定。小说《印度之行》中的穆尔太太的儿子是一名印度行政官员，他认为英国官员“在那儿并不只是为了更好地表现他们的绅士风度”。她在为儿子的前途苦苦思索、忧心忡忡时，真诚希望大英帝国成为一个“与众不同的机构”并永存于世。

20 世纪 20 年代起盛行的帝国归属感，从本质上说，是维多利亚时代的许多人引以为荣的那种归属感。无论是作为一个国家还是在帝国中发挥作用，英国都支持自由。甚至当自由不得不拒绝给予那些被认为是不合适的人们的时候，英国人自己还是一个自由的民族。与此同时，英国人还对那些未来会获得自由的民族实行人道的托管，尽管这样的未来还很遥远。长期以来，自由的或自认是进步、开明的英国舆论部门在接受帝国归属感时几乎没有任何困难，即使英国人在推动自由方面的自信是建立在对其他欧洲人的轻蔑和对非欧洲人家长式的态度之上的：他们认为这些欧洲人不能在一个帝国中发挥作用，而非欧洲人在能够获得自由前需要英国人的托管。

作为一个整体，英国人在多大程度上接受任何一种形式的帝国归属感一直是个颇受争议的问题。公众对帝国的态度难以揣测。然而，不管在什么时候，几乎没有证据显示公众对帝国存在着公开的敌意。从 18 世纪起，英国民众似乎至少已经初步认识到英国是一个强大的帝国，并且毫不迟疑地接受这种说法。在英国的劳工阶级里，几乎没有人明确地把帝国的臣民看作是他们应该同情的。在各个不同的时期，人们不遗余力地试图把公众对帝国的认可变为对它的积极支持。大规模反对奴隶贸易的签名运动和反奴隶制请愿就是上述努力获得一定成功的明证。参加宗教集会和捐助宗教社团的记录也说明了这一点。19 世纪末，有关帝国的材料广为传播。大多数英国工人那时大概逐渐认识到英国在世界上的地位因帝国的缘故而提高并以此为荣。无疑，为帝国感到自豪的理由多种多样。对一些人来说，这种自豪在于生来自由的英格兰人向全世界传播自由和福音。在该世纪末，大众对传教士团的支持达到了顶峰。另外一些人持有一种更世俗、更带有沙文主义的观点，他们把帝国看作是英国凌驾于其外国对手之上的一种表现。在这两种情形中，以帝国为荣加强了英国的民族归属感。对英国宗教使命的自豪和对英国强大军事力量的骄傲并非一定不相容。哈夫洛克将军——1857 年印度起义的镇压者——和戈登将军都是基督教军事英雄的著名榜样。不管怎么说，那些以征战为荣和那些以传教为荣的人们很可能是认同了英国的帝国归属感的不同形式。

帝国机构?

英国的帝国归属感改变英国机构的程度千差万别，不一而足。

议会

在许多场合里，议会即指帝国议会，但是它在本质上仍然是英国议会。从美国革命起，有人提出了让由殖民地人民直接选出的代表进入位于威斯敏斯特的帝国议会的种种方案，但都被束之高阁；而且没有任何证据表明这是殖民地舆论或英国舆论所希望的。在 18 世纪，相当一部分有殖民地背景的人——比如西印度群岛的种植园主——想方设法要在英国的一些选区当选为代表。虽然改革英国的选举制度使之更能代表英国的舆论大大减少了这些人当选的机会，但并没有把他们全部清除掉：格莱斯顿和迪斯雷利时期，著名的政治人物罗伯特·洛原籍澳大利亚；马克斯·艾特肯即后来的比弗布鲁克勋爵，是加拿大人；1922−1923 年任首相的博纳·劳在加拿大度过了他最初的 12 年；少数印度人也曾当过下议院的议员。但是，假若殖民地的呼声可以经常在议会里听到，那么让英国议会像帝国改革者们在 20 世纪初所主张的那样成为代表整个帝国的议会就没有任何意义了。

议会不具代表性的本质当然并没有阻止它在治理帝国方面经常发挥积极的作用；虽然美国革命之后，英国议会放弃了对殖民地征税的权力，但它仍然是整个帝国的立法者。然而，英国议会很少运用这个权力。殖民地通常在议会法案所规定的宪法框架内发展，但是只要可能，议会往往让地方立法机构去解决当地的问题。

英国政府

对帝国的拥有并没有给英国的治理方式带来重大变化，帝国的治理者必须遵循英国政府的传统，而不是以其他方式来进行管理。殖民部和 19 世纪其他任何一个部一样工作。鉴于它的责任范围，它只是个很小的机构：1900 年，约 20 个职员要尽力处理每年 42620 封来自殖民地的公文急件。

海外殖民地的治理与国内治理所依据的原则完全不同，这是两个相互独立的世界。从许多方面来说，英属印度政府与英国本土的政府形成鲜明的对照。在印度，英国人的统治是专制统治，在各地区拥有自己的政府代表、收税员和执法官；而在英国国内，向议会负责的公务员必须依靠自己任命的或地方上选出的代表去执行他们的政策。在印度，殖民地政府负责修筑公路和铁路，提供灌溉以及建立学校和学院；在英国国内，大多数此类事情则都是由私人发起并完成的。英国舆论以一种既羡慕又担心的复杂心情来看待印度的殖民政府。自 18 世纪起，有人表示担忧，如果英国依靠武力在印度或帝国内的其他任何地方维持一个高度集权的、专制的政府，那么这最终会危及英国自身的自由。例如，理查德 · 科布登在 1858 年忧心忡忡地说：“我们的民族特性正在恶化，印度正在发生的一切有可能危及我们对自由的热爱。当我们在那儿扮演着暴君和屠夫的角色时，在国内我们却没有发现自己已经堕落了，这可能吗？”

尽管科布登的忧虑在其他时候会引起反响，特别是在南非战争期间，但是大多数英国人在任何时候都可能会以一个明确的“不”字来回答科布登的问题。英国人自信地认为他们不会因帝国而堕落；事实上也没有出现因统治东方民族而使他们变成一个独裁的帝国民族，陷入失去对自由的热

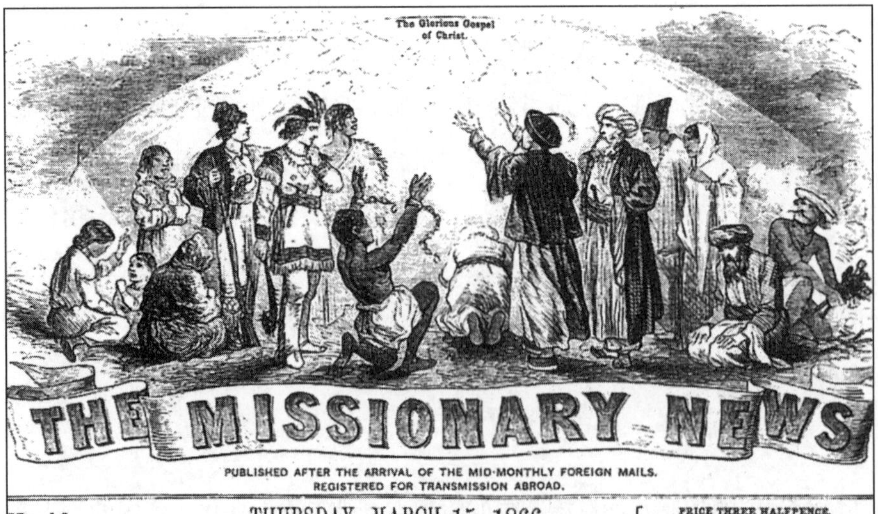

1866 年 3 月 15 日的《传教新闻》

传教杂志和报纸在 19 世纪早期开始出版，发行很广。比如，教会传教协会的《儿童世界》在那个世纪末每年销量达 70 多万份。传教报纸是关于世界各民族信息的主要提供者，尽管它们像这个例子所表示的那样，形式非常陈腐老套。

爱的危机。就像古罗马人那样，英国人不仅保持了他们自己的自由和他们的自由机构，而且就像他们不断夸耀的那样，他们还会把这些东西输出到英国人在海外建立的新社区里。有人认为，由于印度社会的状况和印度人长期以来臣服于“东方专制”，所以对印度实行专制统治是必要的。对印度人和其他非欧洲民族实行专制不但没有使英国人堕落，反而再次肯定了他们的民族特性，这正如他们一厢情愿地认为他们能行使一种完全不同于其他人的独裁统治的专制权力。他们不把自己的统治看作是仅凭个人喜好的暴君统治，而是由法律和平等原则所规范的。建立在那些被认为不适合自由的民族之上的帝国有助于使英国人作为一个自由民族明确他们对归属感的信念，加强他们对自己的独特命运的自信。

沃尔斯利勋爵

加尼特·沃尔斯利从19世纪50年代至80年代曾转战于帝国各地。

罗伯茨

弗雷德里克·罗伯茨从1885年到1893年间是英属印军的总司令，并且指挥了1899—1900年的南非战争。

基切纳勋爵

霍雷肖·赫伯特·基切纳是苏丹的征服者。1898年，他率军攻克恩图曼（苏丹城市），后到南非接替罗伯茨。从1902年至1909年担任英属印军总司令。

军队

200多年来，英国的军队和帝国有着紧密的联系。维多利亚时期的军队基本上用来保卫帝国。狄更斯的小说《寒屋》里有个叫乔治的老兵，他把自己的女儿分别取名“魁北克”和“马耳他”，以纪念他曾经在海外度过的时光。19世纪后期，伟大的指挥官沃尔斯利、罗伯茨和基切纳都是在帝国战争中一举成名的。事实上，也只有在战争中他们才能扬名立万。皇家海军直到20世纪初才把注意力集中在英国的水域，陆军也是那时才开始为欧洲大陆战争做准备。然而，尽管在海外长期服役，英国军队似乎总是与英国保持一致，而不是与他们服役所在的殖民地保持一致，甚至印度军队里的军官也是如此。在英帝国的最后阶段，英国军队对法国军队支持的阿尔及利亚非殖民化运动的抵抗，无人能出其右。

教会

帝国经历对英国的宗教生活非常重要。英国新教教会开始具有一种世界性的，甚至在某种意义上是一种帝国的特征，这有助于加强英国独特的自由独特性的观念。随着英国人大量移民海外，英国的各个教派遍布世界各地。从18世纪后期起，英国的传教团体展开了使异教徒或不信教者皈依基督教的攻势。虽然传教的目标是全世界，但英国的传教士们觉得他们对英国统治下的人们的精神福祉负有特殊的责任。他们认为自己的责任就是给这些人带来自由；英国新教徒是上帝选中的、去全世界传播真正自由的代理人。他们坚持认为天主教在过去的使命是让人们成为迷信的奴隶；异教徒可以通过真诚的皈依摆脱负罪感和偶像崇拜的禁锢获得自由。主教希伯在赞美诗中这样写道：

从格陵兰岛的冰山，
从印度的珊瑚海滩……
他们向我们呼唤，
去把他们那受意识错误禁锢的土地解放。

普通的英国人参加传教活动：他们参加宗教集会，阐释宗教传单，尤其是捐资支持规模宏大的传教活动，并在整个 19 世纪不断加强。1900 年，在英国有 154 个宗教团体；而在前一年，它们募捐 200 万英镑，占国家财政的 2%。

君主

正如教会一样，君主也非常支持帝国。在乔治三世的漫长统治（1760–1820 年）即将结束时，他被看作是英国特征的象征，既是威尔士人和苏格兰人（虽说不一定是爱尔兰人）又是英格兰人的国王。在维多利亚女王统治时期，英国君主成为帝国的统治者。她真正称得上既是居住在移民殖民地的英国人的女王，又是本土英国人的女王。随着君主在英国政治生活中的作用大大削弱，她变成了一个松散地联系英国和这些殖民地的纽带。

英国政府或议会从殖民地事务中抽身后，君主在作为英国最高统治者的同时，仍然扮演着加拿大或澳大利亚国王或女王的角色，并成为英联邦松散联盟的象征。1926 年，《贝尔福宣言》称英联邦为“因各国对英王的共同忠诚而结成的联邦”。1949 年，英联邦的成员国资格被重新定义以便包含共和国时，乔治六世被描述为“（英联邦）各独立成员国之间自由联系之象征，英联邦之元首”。曾经有一段时间，乔治六世以及后来的伊丽莎白二世都能使君主制与亚洲、非洲和加勒比海地区的新兴国家的愿望保持一致，当然那些更早的自治领更是如此。从 1930 年到 1970 年间，君主的作用因英联邦的建立而大大提高了。

君主作为一个以自由和自主联系为基础的帝国的象征而发挥作用，这也强化了人们对帝国看法的差异。1876年，维多利亚女王获得了一个新头衔“印度女皇”——这个变化是用来作为英属印度根基的权力等级象征。印度的王公和贵族作为莫卧儿帝国皇帝统治的继承者将被直接置于英王的统治之下，他们举行仪式并宣誓效忠。盛大的集会和隆重的接见显示了印度王公们对英王的忠诚。

利用君主来突出表现自由和权威的思想，这在后人看来似乎是自相矛盾的。但是当时大多数人并没有看出这个矛盾，对他们来说，这只是反映了帝国的多样性：帝国的一些地区自由的条件已经具备；其他地区还没有，必须在英国人稳固和仁慈的统治之下根据他们的传统进行治理。尽管如此，君主不同形象的同时存在揭示出有关帝国自我认同的最重要的问题：没有单一的自我认同。不同的人把不同的帝国理念与他们自己对英国的看法联系起来。

帝国经济?

在经济上，英国因拥有帝国而受益的程度如何，从18世纪后期到20世纪60年代，不同时代的人们对这个问题可能有不同的答案。第五章使用的划分很有帮助，不妨在这里一用：“重商主义的完结”一直持续到大约1850年左右，这也是英国的工业化时期；从1850年到1932年是“自由贸易时代”，即英国成熟的工业经济时期；“保护主义的回归”是从1932年到1960年。

工业革命

毫无疑问，18世纪后期殖民地贸易相当繁荣。到18世纪70年代，亚、非、美三洲购买英国出口产品的30%，为英国提供50%以上的进口产品。美洲白人是英国产品的重要消费者。从殖民地出口到英国的很大一部分产品——特别是弗吉尼亚的烟草、印度的白布和西印度群岛的糖——后来又出口到了欧洲，英国人已经成为热带产品生产商和欧洲消费者之间的中间人，航运商、商人、经纪人获利匪浅，政府的海关税收大大增加。那些参加征服孟加拉战争的人也大发横财。比如，罗伯特·克莱夫在印度服役期满时已拥有不止40万英镑的财产。

这些新财富从整体上对英国经济有何影响呢？人们有时认为它对工业革命至关重要。那些认为帝国在工业革命中发挥了举足轻重作用的人一般使用两套论据：英国工业需要大量的投资，而大多数投资来自在殖民贸易中获取的利润和对海外财富的掠夺，特别是在印度；英国需要新的市场，帝国正好在限制性的商业体制中提供了市场。

尽管18世纪的帝国积累了大量的财富，但这些财富并没有被全部用在那个时期工业的再投资上：商人和财主（在印度发了大财的英国人）的财富被用在住房、地产和一般高消费生活上。早期工业化从英国国内经济中吸引了大多数资本。然而，18世纪后期的帝国确实提供了一个受保护的市场，这个市场对英国货物不断增长的需求在某种意义上讲鼓励了制造商们投资于新技术，比如，使棉纱和棉布纺织机械化。从这个意义上来说，英国工业建立在奴隶制之上的理论有一定的道理。西印度群岛的奴隶劳动提高了糖产量，这反过来又导致了这些岛国对来自北美的食品供应的需求。美洲人用向西印度群岛出口食品赚来的钱可以购买更多的英国制造品。然而，尽管出口——特别是对美洲的出口——或许为工业增长做出了重大的贡献，但在18世纪后期仍然是国内市场更为重要。直到19世纪中叶，英国经济才完全依赖于出口。

自由贸易时期

在市场封闭和受保护时代，可以在没有竞争的条件下自由进入殖民地对英国的出口产品来说非常重要。在19世纪早期，英国的工业优势使它的产品很容易进入欧洲和北美的市场。当自由贸易开始在19世纪中叶发展时，从理论上讲，整个世界已对英国开放了，但是帝国仍旧提供了真正的经济上的好处。那些说“利用”帝国来提供非常廉价的原料和垄断市场的猜测是站不住脚的：19世纪中叶，在殖民地自由贸易体制下，这是不可能的事。然而，19世纪后期，英国与其殖民地以及欧洲和美国以外地区的贸易比例明显地增加。工业革命发生较早的产业如棉纺织业的产品在上述地区的市场上特别走俏；而与此同时在那些已经完全工业化的国家的市场销售已逐渐萎缩。这个时期，英国大量的投资也开始流向海外，主要集中在英国的主要贸易伙伴，如它的移民殖民地和拉丁美洲。

19世纪后期，帝国给英国带来的短期经济利益有目共睹：它在提供出口市场和资本输出方面发挥了重要的作用。但从长远来看，英国经济在这一时期究竟是获利还是受损则众说纷纭。一种观点认为，拥有帝国使英国

格罗斯特郡利茨沃尔兹的色泽科特

查尔斯·科克里尔爵士曾是加尔各答的银行家。在19世纪早期，他用在印度赚的钱建造了这栋房子。与众不同的是，科克里尔请人将他的房子设计成印度风格。他的建筑师咨询了托马斯·丹尼尔，因为他曾游历印度各地，对印度建筑颇有研究。

经济的弱点变得更加明显。英国没有使它的工业实现现代化，以便在欧洲激烈艰难的市场中对抗德国、美国的竞争，而是依靠在帝国内部或一些国家里没有激烈竞争的市场，因为英国可以向这些国家施加压力获取优惠待遇。投在海外的大量资金本应投资于国内的新兴技术。为维持陆军和海军(的开支)，纳税人在经济上已为帝国付出了昂贵的代价。根据当时的一次调查，英国纳税人为国防缴纳的费用是德国或法国纳税人的两倍半。有些人可能会不同意这样的看法，他们坚持认为对英国的制造商来说，资金集中在像澳大利亚或阿根廷这样快速发展的国家的市场是自然的；而且在国内无法利用的这些投资促进了这些国家的发展，因而刺激了英国的出口。此外，海外投资所得红利可以使英国平衡因贸易逆差而带来的商品贸易赤字。

总的说来，拥有帝国对英国这一时期的经济究竟是有利还是有弊并没有一个明确结论。诚然，对欧洲之外的世界，主要是对帝国承担的沉重义务的确很有可能导致了英国竞争力的下降。但毫无疑问，英国的制造商们将自己的注意力转移到新市场是很自然的，尤其是转移到那些与英国相关联的地区的市场，而不是开发新产品投放到欧洲市场参与竞争。同样理所当然的是，像许多研究证明的那样，英国的投资者愿意把他们的资金投到上述地区，回报并不比投资其他地区明显高多少，然而，这种投资倾向却阻碍了英国经济内部的变革，包括技术创新——从长远来说，技术创新可使英国处于更为有利的竞争地位。

新帝国经济

从20世纪30年代到20世纪50年代，英国与帝国各地区的贸易比重显著增长：到20世纪50年代，英国将近一半以上的进出口贸易都直接与帝国有关。帝国贸易帮助英国度过了“二战”期间和战后的艰难时期，当时其他市场业已崩溃，其他供应来源也已中断。然而，当20世纪50年代后国际贸易复苏时，英国和其大多数帝国贸易伙伴转向了更为宽泛的贸易模式；甚至在英国要求加入欧共体之前，它就和欧洲有了更紧密的商业联系。到20世纪70年代，英国贸易的一半都是以西欧为对象的。

经济上的得失

对帝国的利用并没有使英国人总体上变得富裕；当帝国不复存在之后，他们也没有变得贫穷。从另一方面讲，帝国也不是使英国经济丧失活力的毒品，不是使英国沦落衰败的寄生虫。英国和帝国的经济关系往往反映出英国经济中早已形成的一些趋势，并且使其中某些方面得到强化。新的殖民地市场的建立排除了外国的竞争，鼓励了18世纪的英国制造商扩大生产规模。流向这些市场的产品的数量可能并不足以“导致”一场工业革命，但是至少起到了推动作用。19世纪后期英国成熟的工业经济有其显著的特点：依靠欧洲之外的市场，高水平的海外投资以及依赖航运、银行和投资的“无形”收入。即使没有帝国，英国无疑也会对欧洲和美国的工业化挑战做出反应，在全世界寻求新的机会。但拥有帝国总的看来加强了这些趋势。20世纪中叶，英国可以把帝国作为一个有价值的经济支柱，但它不可能建立起一个持久的帝国经济。19世纪后期，大多数英国人都认为帝国给他们带来种种好处，高额的军费开支是值得的。但到了20世纪60年代，出现了太多关于英国金融资源的不同看法，而且日趋下滑的帝国效益似乎不能证明上述花费的合理性。与帝国不断变化的经济关系，既反映又强化了英国经济总体上的变化趋势——这种情况也反映在英国与帝国长期关系的其他方面。

帝国社会?

在整个英国的帝国历史里，许多英国人曾以一种不安的心态来看待帝国对英国社会的影响。他们一直害怕帝国会扭曲和败坏英国社会。传统上担忧主要来自两个社会阶层：普通民众（有时特指“工人阶级”）和精英阶层。

有关帝国对“人民”的影响的担心由来已久。其中一个从古罗马历史流传到英国的名言便是：人民可能会由于帝国和充斥于社会的奢华而变得野蛮、腐败、堕落。这些忧虑在19世纪末特别突出，其起因是许多人强烈支持帝国战争，如南非战争。马克思主义者认为工人阶级的一部分正从帝国主义中获利，因此变成了政治领域里的一支反动力量。乔治·奥威尔为

乔治·奥威尔

奥威尔从1922年到1927年在缅甸警察部门供职。他的经历为他在1934年写的《缅甸岁月》一书中强烈控诉英国的帝国统治提供了素材。他认为英格兰的财富大部分来自亚洲和非洲。

工人阶级在二战中支持帝国深感遗憾。虽说工人阶级对帝国的接受似乎毫无疑问，但对帝国的接受并为之狂热，很可能只是英国人民族主义的表现。虽然某些工业，比如19世纪晚期的棉纺织业，严重依赖于帝国的市场，但是工人阶级对自身经济利益的考虑和他们关于帝国的看法没有什么联系。

来自帝国的财富的合法性长期以来一直令人怀疑。在印度发财归国的人和西印度群岛的种植园主在18世纪遭人嫉恨；非洲矿主在19世纪末被人辱骂。人们主要担心大量的财富突然被一些肆无忌惮的暴发户所得，这可能会威胁到已建立起来的等级制度，腐化大众生活。大量的来自于帝国的财富，比如说克莱夫或罗兹聚敛的财富，可以被轻易地查明；但是对那些英国历史上巨富的研究表明，殖民地财富不是他们致富的主要原因。

帝国对某部分中产阶级的影响也许有更大的社会意义。在19世纪，印度在英属印军和职业的行政管理部门为英国人提供了大量的就业机会，他们的工作收入丰厚，社会地位也颇高。这么多的机会在其他殖民地则出现的较晚。殖民地的政府机构在19世纪末只有雇员1500人，到20世纪50年代达到约2万人。在整个帝国，行政部门，如法律、医药、工程都必须雇用具有相当专业水准的人。最后，对海外其中也包括（帝国）的巨大投资热潮吸引了中产阶级的存款和富人的资金。

一个数量庞大的“职业中产阶级”、“服务阶层”和“食利者阶级”的存在经常被看作是英国社会独有的特色。一些社会评论家认为这也是很有特色的英国弱点。据说这些人从没有创造财富，而且对英国经济毫无贡献，但是他们却享受着不应有的特权。英国拥有一个职业中产阶级，无论是福还是祸，帝国不能为此承担全部责任。在帝国里求职的人就是那些被吸引到国内的行政部门、各专业部门或武装部队的人。即使在18世纪，这样的人也并不缺少。这些人的数量在19世纪和20世纪增长很快。对那些未来的公务员来说，帝国提供了一系列更多的在国内无法获得的职位，虽然许多有其他选择的人宁愿待在国内。

有人认为，帝国对英国上层阶级和雄心勃勃的中产阶级家庭的教育和发展具有影响。海外大多数位高权重的职位都由起码上过公学，有的甚至上过大学的人担任。众所周知，从1874年到1938年间，被牛津三个学院录取的人中大约五分之一在帝国找到了职位。然而，公学和大学的毕业生似乎控制了帝国的机构，而不是帝国的需要使这些学校进行变革。某些公学校长大肆宣讲他们学校的使命就是为帝国输送人才。然而，严肃的帝国主义者对公学里那些“穿法兰绒的傻瓜”、“浑浑噩噩的白痴”非常不满，也就是对那些所谓为满足帝国需要而培养的人不满。一位批评家承认，学校注重性格和体育教育，培养出了为帝国勤勉工作的人。然而他又说，似乎令人非常遗憾的是在帝国遥远的角落里如何颇有教养地面对种族、宗教和政府等问题，他们没有接受这方面的训练。竞争激烈的东印度公司的聘任考试以及后来的印度文职公务员考试依据的是当时的学术科目，而且有意偏向牛津大学的考生。这样做的前提是帝国需要来自公学和大学里的精英，他们学习的科目中古典学和数学是最难的科目。19 世纪英国出现了一些在帝国具有很强实用性的新学科，如地理学、地质学、人类学和森林学；然而，几乎到了帝国末期，这些学科的学术地位一直很低。

英联邦移民

直到 1961 年，英国对帝国的移民多于帝国对英国的移民。然而，帝国向英国的移民很早就开始了。18 世纪就有一个“美国人”社区出现在伦敦，尽管“美国人”和“英国人”之间的不同很难界定；还有一些黑人在伦敦定居。移民的具体数目已不得而知，但是甚至在 18 世纪，据说移民就为数众多而且散居各地，因为“每个外出的人都见到了一个”。在 20 世纪 50 年代，长期以来小规模的移民传统逐渐被更迅速的移民趋势所替代。

大多数新移民来自加勒比海和南亚的英联邦国家。据估计，1955 年移入英国的 3.5 万人中和 1961 年移入英国的 11.5 万人中，一半以上的人来自西印度群岛。此后，更多的移民来自南亚。既然来自欧洲之外的新移民的流入是战后大多数西欧国家经济增长的结果，那么英国大概也接纳了一些来自帝国或其他国家的移民。战后，劳动力短缺问题在英国的某些经济部门中非常严重，但是帝国的历史显然已大体上决定了实际上来到英国的是哪些人。1952 年，如果不强制实行严格的限制政策的话，西印度群岛的许多人也许已去了美国而不是英国。但是，总的来讲，不管是被灾难所逼——像被乌干达赶出的亚洲人，还是为了寻求改善境遇的机会，来自殖民地或前殖民地的人们因为语言和共同的传统而来到了英国。

这样规模的人口流入迫使英国政府根据《1962 年英联邦移民法案》第一次强行限制帝国内部的人向英国移民。1962 年的法案和后来的法案的主

1948 年 6 月，“帝国迅风”号从牙买加运送 492 人去英国工作。

旨是限制外来移民，以便更快接纳那些已经在英国的人成为社会的完全成员。然而，许多移民社区的人都认为这个目的并没有实现，对他们的接受也是遥遥无期。虽然他们在英国的存在显然是帝国的产物，但是他们已经遭受的敌意是否也反映了帝国历史的影响还是一个有争议的问题。

其他欧洲国家也存在紧张的种族关系。在某些情况下，比如在法国也有长期的、大规模的殖民活动，和在英国一样，成为众矢之的少数民族如北非的移民都来自法国的前殖民地。在德国情况就不同了：它在欧洲以外的殖民活动历史不长而且不深入，少数民族招致了最强烈的敌意，土耳其人在那里根本没有立足之地。这些例子说明非欧洲民族近年来向欧洲移民不仅仅限于英国，种族仇视并不一定取决于帝国的经历，更不会和英国的帝国经历有太大的关系。

此外，英联邦移民所遭受的敌意与其他地区移民英国的人遭受的敌意是非常不同的。恐外症似乎是英国人世界观的一部分，这在任何大规模帝国活动开始之前就早已有之。很多事实表明，英国人在开始他们的帝国霸业的时候，带有一种把非欧洲人和其他欧洲人看作是劣等民族的倾向。很早以前英国人和非欧洲人打交道的天真和纯朴的黄金年代，比如在移民初期与北美土著居民打交道的时代，已一去不复返了。奴隶财产制本来是和英国法律相抵触的，但早在英国人成为大奴隶主之前他们就对非洲人充满恐惧和轻蔑。18 世纪外国的旅游者记下了这样的说法：“饶舌的法国狒狒”，“意大利猿猴”，“野蛮的荷兰人”或“德国猪”。犹太人在 20 世纪初的移民导致了 1905 年《外国移民法案》的出台，其目的和 1962 年《联邦移民法》如出一辙。

帝国经历在一定程度上或许还减弱了对非白人民族的仇视。尽管建立在极端家长制的构想之下，但反对奴隶制和传教活动本意是以承认平等为基础的——“难道我不是人和人的兄弟吗？”但是到 19 世纪后期，对种族等级的观点变得更为露骨。这些观点对大多数欧洲人来说已司空见惯，但是对英国人来说这种观点却因帝国的强大而得到进一步的加强。几乎是不容分说，非欧洲民族就是臣服民族，而且他们的命运控制在英国手里。要承认他们是英国国内平等的英国公民需要和许多英国人的旧世界观决裂。一项关于英国人对第一次来自“新”联邦国家移民的反应的研究表明，对这些人的敌意在那些曾在国外服役过的人身上尤其明显。

然而，随着岁月的流逝，帝国经历留给英国的东西越来越少了。在当代英国，那些强烈支持种族主义观点的人似乎已没有任何的帝国怀旧情结了。事实上，他们必须否定帝国的过去——至少是含蓄地这样做，坚持认为来自少教民族社区的人和英国没有任何历史联系。

即使英国没有帝国的历史，20 世纪 50 年代开始移入英国的新社区要很容易地被接纳是不可能的。实际上帝国的经历可能加重了根深蒂固的仇外情绪，有些英国人不仅仅反对那些被认为是异族的移民，而且反对所有臣服民族的移民。

英联邦移民与 1962 年的《英联邦移民法案》

像自由贸易一样，整个帝国内部人口的自由流动已成为英国人治理帝国的一项强有力原则。1948 年，针对前殖民地提出的权利要求并为规范移民，英国在《英国国籍法案》中宣称它将继续履行允许前殖民地人民自由进入英国的承诺。所有帝国殖民地和英联邦的公民同时也被承认具有英国国籍，这样他们就有权利去英国了。

20 世纪 50 年代，自由进入政策开始被重新考虑。由于实际上被美国拒之门外，又为英国劳动力短缺所吸引，一定数量的西印度群岛的人开始进入英国。到 50 年代后期，印度和巴基斯坦的移民也开始进入英国。从 1955 年起，不断有报纸报道一些接受了大量新移民的地区形势紧张，为此英国政府开始考虑实行限制政策。然而，一心想维持与帝国殖民地及英联邦良好关系的部长们却强烈反对限制。在伦敦，西印度群岛人集中聚居的诺丁希尔地区发生了暴乱，这似乎为该问题的潜在严重性提供了一个明证。1961 年，政府宣布将打算通过一项议案来限制进入英国的移民：第二年该议案成为法律，只有那些获得某些行业工作证的人才可以获准进入。内政大臣 R.A. 巴特勒私下里告诉他的同僚们：

> 该议案的一大优点是它看起来并没有根据种族肤色而进行不同的对待，尽管在实践中所有来自英联邦国家的未来移民将几乎确定地能获准进入。……我们必须承认，尽管该方案表面上只把移民和就业挂钩，而且毫无歧视可言，但他的目的基本是社会性的，它的限制性作用实际上将那些有色人种几乎完全排除在外。

工党反对 1962 年法案，但是到 1964 年大选时又改弦易辙，支持限制政策。这种改变由于该党的一位领导人在保住一个显然很安全的席位时遭到失败而得到加强，因为他的对手利用种族问题来谋取该席位。工党和保守党都赞同用《种族关系法》平衡对移民进行限制的政策，该法的目的是减少对那些已定居英国的移民的歧视。1968 年，工党通过了一项新的移民法案，同时保守党也增加了新的限制。工党制定反种族歧视的措施，保守党对种族歧视却视若无睹。当伊诺克·鲍威尔在 1968 年“挺身而出”，警告说如果允许即使有限制的外来移民，英国必将“玩火自焚”时保守党的领导层声称与他脱离关系。因此，反移民情绪不太容易通过现存的政党找到发泄口，但通过议会机构以外的组织却可以。比如说，成立于 1966 年的“国家阵线”极力主张外来移民应该被遣送回国。

伊诺克·鲍威尔

1968 年 4 月 20 日，鲍威尔在他的演讲中把自己比作罗马参议员，他看见了“泛着鲜血泡沫”的台伯河。

要帝国还是要欧洲?

总体上来讲，拥有帝国似乎加强了帝国出现之前英格兰的早已具有的某些公认的趋势。一个自信独特的民族更加深信他们是上帝的特殊民族。对他们中的大多数人来说，帝国赋予了一个在全世界传播自由基督教真理和进步精神的使命。某些人认为，帝国使他们的种族向其他种族展示其优越性。帝国帮助英国的贸易走向了世界，这种情况持续了很长一段时间。帝国也帮助不列颠民族移民世界各地。

逐渐地，帝国的影响使英国和欧洲变得疏远。然而，英国不可能把自己完全和欧洲隔绝起来。在欧洲发生的事通常总会对英国产生非常重大的影响——最坏的可能就是英国在战争时期会遭到来自欧洲的入侵和征服。因此，英国统治者不得不在欧洲和帝国之间搞平衡。

在本书涉及的大部分时期，英国统治者在帝国与欧洲之间做出抉择并非易事。帝国和欧洲似乎是紧密相连的。帝国为英国提供了在欧洲扮演重要角色的资源和支持。因为帝国的主要危险被认为是来自其他欧洲列强的野心，制定一项成功的对欧政策可以化解这样的危险。

对大多数英国人来说，针对帝国和欧洲不同的要求应采取的解决办法通常是应用他们认可的外交策略对付欧洲，同时在欧洲之外部署大批的军队。在很长一段时间里，这样的安排似乎是可行的；但到了 19 世纪后期，就必须做出艰难的选择。比如，若德国因其雄厚的军事实力而称雄欧洲的话，英国及帝国都要仰其鼻息。为了阻止这类事情的发生，英国与法、俄结成更紧密的同盟，而且最终不得不在 1914–1918 年打一场规模宏大的欧洲战争，以确保法国不被击败。在危机中欧洲的利益被放在首位，实际上并没有什么选择不选择的问题：欧洲之外的英帝国没有遭受任何重大的威胁，而且帝国的资源可以用在欧洲的战争上。

20 世纪 30 年代，第二次世界大战期间以及战后初期，英国必须再度做出选择。在 30 年代，德国、意大利和日本咄咄逼人，对欧洲和全世界构成威胁。英国试图在各条战线上维持自己的军队，但是正如澳大利亚人在 1942 年新加坡大崩溃后才意识到的那样，英国的军队不可避免地主要集中在欧洲。战争的结束和北约的诞生意味着英国要重新对欧洲承担永久性的义务，至少到 1989 年对欧洲的义务总是放在首位，对帝国的义务不得不屈居第二位。举例来说，在 1946 年或 1947 年，任何关于从国内增派部队加

英联邦之于欧洲

是不是英国为了投入欧洲的怀抱而抛弃了帝国呢？英国重返欧洲的同时与殖民帝国及英联邦的联系也变得松散。1961 年，英国政府正式决定申请加入欧共体：在遭到戴高乐总统两次拒绝以后，终于在 1973 年获准加入。1961 年，既是就申请加入欧共体做出关键决策的一年，也是英国内阁决定限制英联邦移民和两个非洲殖民地塞拉利昂和坦噶尼喀获得独立的一年。在前一年，英国首相哈罗德·麦克米伦曾警告南非议会说，一场“变革之风”正在席卷非洲。

1961 年以后，英国人毫无疑问进行了重大政策调整，把重点从帝国转移到了欧洲。然而，这并不是说麦克米伦和他的部长们预见到了这种转变的必要性，或是有深思熟虑的计划要实现这种转变，而是到 1961 年长期的变革迫使他们不情愿地做出抉择。一方面，欧共体的成功无可置疑，越来越多的英国贸易是和欧共体进行的；另一方面，英联邦和殖民地的贸易联系正在减弱。军事上，自 1945 年以后英国一直对欧洲承担义务，英联邦对英国在 1956 年对苏伊士运河的干涉做出的反应表明，严肃认真的英联邦外交和军事同盟是根本不可能的。早在英国决定申请加入欧共体之前，西非的非殖民化运动已经开始，而且到 1961 年势头正猛，如火如荼。

至少在表面上，部长们并没有刻意地为了融入欧洲而试图甩掉英联邦或帝国这个“包袱”，他们相信对英联邦承担义务和加入欧共体是并行不悖的。英联邦国家得到英国的公开保证，英国加入欧共体不会中断它们与英国的贸易关系：因加入欧共体而变得更加强大的英国将在英联邦发挥更加有效的作用。然而，许多英联邦国家领导人对这种保证将信将疑。在 1962 年英联邦首相会议上，英国提出的加入欧共体的条款受到了激烈攻击。恼羞成怒的麦克米伦评论说：“可怜的特德·希思（爱德华·希思，英国加入欧洲共同体谈判的首席谈判代表）只习惯和那些彬彬有礼、见多识广、有点难对付的欧洲人打交道，对英联邦的人的无知、无礼和自满震惊不已。”

无论麦克米伦怎么想，英联邦国家的领导人们有充足的理由对此产生怀疑。英国的谈判代表真诚希望保护英联邦的利益，但他们也不愿意谈判因此而破裂。英国并不想必须在帝国和欧洲之间做出选择，但是如果非得做出选择，那么选择什么是可想而知的。1951 年，丘吉尔曾将英联邦和帝国置于欧洲之上，1952 年麦克米伦甚至曾坚持认为“加入欧洲大陆的联盟……是我们明知在骨子里我们都不会做的事。……英国的发展和它的利益与欧洲大陆无关。”但是，到 1961 年，优先选择权已不可挽回地改变了。

1962 年英联邦首相会议

这张集体照热情友好的气氛与对英国申请加入欧共体的严厉批评形成鲜明的对比。

强英国在印度的统治的问题都不予考虑。即使如此，英国想要扮演世界级角色的雄心很有可能超过军事计划者的现实考虑。1951 年 11 月，丘吉尔告诉他的内阁："我从来没想过英国或英联邦应该以个人或集体的名义成为欧洲联邦不可或缺的一分子。……我们的首要目标就是加强团结统一，巩固英联邦和前英帝国给我们留下的一切。"在后来的 10 年里，英国没有努力要求加入欧洲共同体，对帝国问题的解决不再被人们所重视。对帝国承担的义务并不能单一地解释为什么 20 世纪 50 年代英国对欧洲持谨慎态度。比如与美国的"特殊关系"，也仍然是一个不可忽视的因素。帝国常常加剧了其他考虑。正当英国以一种严肃的态度接近欧洲的时候，许多关于欧共体未来的关键决定在没有英国参加的情况下已经做出。如果英国人认为假如他们更早地加入欧共体，欧共体可能会做出不同的决定，这就有点自欺欺人了。但是因为拖拖拉拉，他们至少使自己丧失了力图对那些决定施压影响的机会。

如果英国人现在被断定是糟糕的欧洲人，这也不能全由帝国承担责任。但是帝国已经使英国人的一种观点变得根深蒂固：他们与众不同，优于其他欧洲人。

无须过多的辩解

移民澳大利亚、加拿大和新西兰为数以百万计的英国人提供了过上更有成就感的生活的良好机会。他们中有些人移居在土著居民聚居区。用他们自己的话来说，他们已深深融入了他们所居住的社会，而且接触了与自己的文化完全不同的文化，由此而受益匪浅。假设那些被无情讽刺的绅士或他们的夫人，甚至是那些整天待在令人发狂的军营里的士兵对新奇的国度和陌生的民族不为所动，这种说法有点贬低他们。然而，尽管帝国幅员辽阔、人口众多，也只不过加强了英国人集体的狭隘性格和自我满足。帝国必须听命于英国人。总体来说，英国的制度和社会并没有因帝国而改变。但也有许多重要的例外，比如教会和君主。但在大多数方面，帝国尽可能被塑造成英国人所期望的那样，而不是与之背道而驰。如果英国人不愿意把他们自己融入欧洲，他们同样不愿意把他们自己融入帝国或联邦。因为联邦式的帝国制度涉及真正的权力分配，所以永远不可能在英国得到支持，更不用说在殖民地了。全世界范围——包括加拿大、澳大利亚和新西兰——的英国人的归属感最终被发现与那些国家里新的民族归属感格格不入。但是，尽管各种亲属网通过移民已经建立起来，几乎没有几个英国人对英国人归属感问题显示出真正的兴趣。英国特征的说法总是限于指英国自己，其他人要么遵从英国，要么被排除在外。在英国，英国特征的概念正在泛化，它甚至可以用于穆斯林、锡克教徒或印度教徒，但是大多数英国人对此并未表现出明显的热情。

英国和帝国错综复杂的关系，必须根据塑造英国的其他方面——甚至常常是更久远的方面——来审视。英国人试图创造的这个帝国反映了英国人已经是一种什么样的人。承认这个事实并不是贬低帝国的重要性。英国的帝国历史经常被等同于维多利亚统治末期那段高度繁荣、相对短暂的帝国全盛时期。这一时期英国好像在异乎寻常地发展，其“影响”也显而易见。这种方式歪曲了英国对帝国承担义务的广度和深度。帝国是英国全体人民几个世纪努力的产物，不是少数人在很短的时间里强加给他们的事物。一个无数人长期参与的帝国事业并未使人觉得异乎寻常，与英国历史的主流毫不相干。帝国对他们非常重要，这毫不令人感到奇怪。他们在海外的所作所为和他们在国内的表现差不多。帝国反映了他们的特征，尽管它也夸大了某些特征。如果帝国要对现在英国的不满负责，那么这也是世世代代英国人的责任。这无须太多的辩解。

《全面归化的可怕后果》(作于1751年)

这幅漫画说明英国人对外来移民的不满由来已久。英国对各种各样的外国人倾注了慷慨之情，然而它自己的孩子却不得不移居海外去找工作。不受欢迎的外来移民包括黑人和穆斯林。

第十三章　澳大利亚

K.S. 英格利斯

维多利亚女王就位 50 周年的纪念庆典刚结束，纪念英国殖民统治澳大利亚 100 周年庆祝活动旋即开始。1888 年 1 月 26 日的悉尼，仍然沉浸在 1887 年帝国节日气氛中的演说家们对未来寄予着美好的希望：到 1988 年，居住在这个南部大陆的 300 万不列颠人将达到 3000 万、5000 万或 1 亿人，他们生活在一个开放而且扩大了的帝国里。新南威尔士这个最早建立的殖民地的总理亨利 · 帕克斯爵士声称，他希望“这种最重要的亲缘关系将使我们与英国世世代代连接在一起”，并憧憬着将来有一天英国式的自由在全世界的每一个地方大行其道。帕克斯在英国统治澳大利亚的历史里生活了

1888 年 1 月 26 日澳大利亚 100 周年纪念国宴请柬。请柬上的图像颂扬了澳大利亚成为英国殖民地的历史，其中有澳大利亚的“发现者”詹姆斯 · 库克船长和新南威尔士第一任总督阿瑟 · 菲利浦的圆形人像图案。它还歌颂了澳大利亚与英国持续不断的联系。维多利亚女王头像两侧是仍然各自为政的澳大利亚殖民地的旗子。

一半时间，是从欧洲到一个新世界成功移民的典型。在百年庆典的这一年，女王（他曾在访问故乡时见过她一次）批准授予他圣迈克和圣乔治勋爵士团大十字爵士，这是为表彰海外的英国人而设立的一种帝国荣誉。

帕克斯在百年纪念活动中表现出来的乐观与他在19世纪中叶的心境形成鲜明的对照。1849年，亨利·帕克斯说的话具有反叛意味。当帝国当局力图恢复向新南威尔士流放囚徒时，他发起并领导了一场声势浩大的抗议活动。他以崇敬的心情称美国革命者是遭虐待的殖民地人民的榜样。此后，再也没有囚犯被运到悉尼，殖民部大臣及时通知塔斯马尼亚的总督说，他也不希望再流放重罪犯去那里。英国不应该迫使殖民地人民采取强烈的对抗立场，以免使得他们对母国的忠诚和热爱荡然无存。

鼓动者早已心知肚明，如果他们大声疾呼并坚持不懈，英国会做出让步。整个帝国的殖民者因美国的独立而永远受益：从此之后，他们总是能够依靠英王的顾问们来消除人们极大的不满，化解任何旨在斩断与英国联系的活动。1850年之后，再也没有听到许多人为澳大利亚每个殖民地获得自治发出的抗议声。在1888年的庆祝活动中，大家都知道如果澳大利亚的政治家能够就建立澳大利亚联邦的条款最终达成一致，女王也会接受建议并为它祝福。1900年她的确这么做了；次年澳大利亚联邦宣告成立，这象征着在她统治之初人们称之为民族主义的一场不大不小的胜利。

在百年纪念时，罗伯特·汤姆森出版了一本书《澳大利亚的民族主义：真诚呼吁澳大利亚的男儿们拥护我们国家所有的州结成联邦实现独立》。汤姆森是一名共产党人。他和一些共和党人被英国举行维多利亚女王就位50周庆典宣扬帝国主义的胜利所激怒。他深信，1788年1月26日（流放的囚犯及所有人的日子）不应是一个被嗤之以鼻的日子，它将在世界历史中占有重要的地位，与罗马建立日、清教徒前辈移民登陆普茅斯日以及巴黎人攻陷巴士底狱日相提并论。他认为，真正的澳大利亚民族主义者需要庆祝别的事件，“在我们澳大利亚自己的历史中，将只有一个更伟大的节日，那就是它宣布独立的纪念日”。汤姆森和他的盟友们羡慕美国在1776年时有一个与之浴血奋战的外来敌人。澳大利亚将怎样才能获得这种经历呢？汤姆森环视世界，把目光落在了中国。他声称，如果面临这个国家首次入侵的威胁，

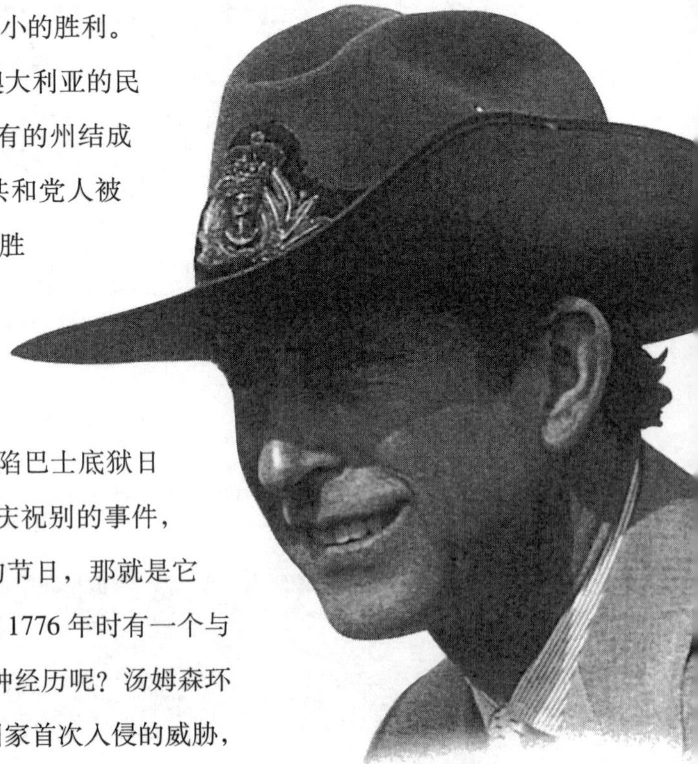

1988年1月26日，在英国殖民澳大利亚200周年的纪念庆典上的查尔斯王子

来自英国的唯一声音是查尔斯王子的讲话，他做了一场简短、柔和、后帝国时代的演说。甚至他本人看上去也像澳大利亚人。数百万人在电视上看到他那正在谢顶的头上戴着一项阔边毡帽，遮挡夏天的太阳。当年澳大利亚的士兵曾戴着这样的帽子为帝国征战。

男人们会铸犁为剑，投笔从戎；妇女们会为他们刺绣战袍，救死扶伤；姑娘们会对她们那不愿从军的心上人不屑一顾。澳大利亚将经受战火的洗礼，成为独立的国家。这是一个至高无上的命令。如果澳大利亚的独立招致衰落的满洲帝国的军队入侵的话，民族主义者将严阵以待。

1988年1月26日悉尼举行英国殖民澳大利亚200周年纪念活动（现称为澳大利亚日）时，澳大利亚的人口并没有达到5000万而仅有1600万，其中很大一部分人不是英格兰人、威尔士人、苏格兰人或爱尔兰人的后裔，而是来自意大利、越南等许多国家。帝国已经成为历史。查尔斯王子出席了这天的盛大庆典，人们驾着破旧的船只模仿第一支船队到达澳大利亚的情景来重温这段历史。另外，还有一支汇集世界各地高桅帆船的船队驶入悉尼港，象征着这个国家的现代多元文化。活动的组织者忐忑不安地等待着看土著人对这些船只和整个活动会做何反应。这个民族的土地在1788年被剥夺，这些人在1888年的庆典时被遗忘，现在他们要求归还过去被剥夺的土地。另外一些抵制或反对纪念活动的人群不到全国总人口的百分之一，构成不了严重的威胁；但如果足够多的土著人要这样做的话，就有力量使这次庆典兴味索然。令人不安的是，墙上已经出现了反对200年纪念活动的标语口号，控诉200年的压迫并宣称白人统治澳大利亚的历史一片黑暗。在这次活动中，几千名土著人闹哄哄地举行了游行示威，但是没有发生骚乱。

独立的澳大利亚？

从1888年到1988年，假如澳大利亚已经获得独立，那么它是何时独立的？P.J.马歇尔在他所做的本书序言中指出，英帝国始于何时一般很难确定，而它实际上的消亡可以说是在20世纪的60年代。然而，在那些后来成为自治领的移民殖民地的历史中，它们建立的日期很容易确定，但是它们终结的年代很难甚或不可能精确地确定。1988年，历史学家W.J.赫得森和马丁·夏普出版了一本题为《澳大利亚独立》的书，专门讨论了这个使澳大利亚人迷惑不解并苦苦追寻的问题。人们惊奇地称这本书是关于澳大利亚独立的第一部书，这不无道理。该书最后一章的标题是：“确切地说，究竟何时？”答案是1931年12月11日，澳大利亚成为一个单一民族的独立国家，一个独立王国。此日正是《威斯敏斯特条约》颁布之时，它结束了英国议会对澳大利亚、新西兰、加拿大、南非和爱尔兰自由邦事务的一切控制。他们认为，这个日期比1942年10月更加意义重大。1942年10月，有关议案在堪培拉获得通过，因为澳大利亚人在1931年以后的任何时候都有权那样做。它比1931年《威斯敏斯特条约》的意义更加深远，尽管普通民众和学术界都认为英国议会通过法案建立澳大利亚联邦在某种程度上是宣布或承认它的独立。

尽管联邦的创立者们倾向于使用表示自治的字眼，如阿尔弗雷德·迪金总理喜欢把他自己和他的同胞称为独立的澳大利亚英国人，但一直到20世纪，澳大利亚的政治家们在谈到脱离英国独立时都出言谨慎，原因是他们担心，母国在儿女们离她而去后会不再觉得有义务保护或帮助他们。与爱尔兰、南非以及加拿大的政府不同，澳大利亚和新西兰没有众多的团体支持民众去强烈要求脱离英国。由于这两个国家位于亚洲南部，所谓远东地区就在他们的北边，因此它们相信对英国一定程度的依赖或许能够得到英国皇家海军对它们的保护；更具体地说，它们想确定英国政府会建设并维护在新加坡的海军基地，并为此支付费用来保护它们的安全，以防英国的盟友日本反目为仇。此外它们认为，只要英国政府承认澳大利亚与英国宪法的联系继续存在，用20世纪20年代澳大利亚总理S.M.布鲁斯的话来说，英国一定会更愿意向澳大利亚提供人力、资金和市场。1926年，布鲁斯和其他参与起草关于帝国关系的贝尔福方案的澳大利亚人，都尽量有意地使用模糊的语言。而根据爱尔兰人、加拿大人、南非人、澳大利亚人、新西兰人或英国人的理解，这种语言可能意味着独立或不独立。这个方案

真棒，小伙子们！加油！

在他们首次共同外出郊游时，英国训练刚刚结成联邦的各澳大利亚殖民地。

使澳大利亚的正式独立又延迟了几年，这是澳大利亚的政治家不愿意看到的。而副检察长罗伯特·加兰爵士对此却大加赞扬："矛盾吗？是的，但是它管用。不可思议吗？不错，但是它很奏效。英国人就是聪明，能够根据实践而不是成文法不声不响地对宪法做些修改。"1931年以后，澳大利亚政府又拖延了10年，直至约翰·柯廷的工党政府正式批准这个方案，使之成为法令。当时之所以这样做是因为律师们建议，它在技术上有助于使战时的法律具有效力。（新西兰人直到1947年才抽出时间考虑这事。）假如1931年12月11日是独立的真正日期，它却一直没有作为一个具有重大意义的日子来庆祝或纪念。1988年1月26日，没有人提及这个法令；此后只有共和党人援引过它，认为"独立的"澳大利亚"王国"是个矛盾。

澳新军团与独立

1988年查尔斯王子在200周年纪念庆典上戴的矿工帽贴切地把残余的君主制与澳新军团的传统——1月26日与4月25日——联系在一起。4月25日那天是澳大利亚士兵1915年登陆加利波利半岛的纪念日，它在澳大利亚的历史上逐渐占有比汤姆森1888年所以为的1月26日更为重要的地位。从1930年开始，城市和乡村进行的宗教活动和游行，阵亡将士纪念碑前举行的悼念仪式以及老战友的重新团聚，所有这些都说明"澳新军团日"比"澳大利亚日"更受欢迎，更能表现民族主义精神。"澳新军团日"纪念这个国家的人民流血牺牲、经受战争的洗礼。澳大利亚人和新西兰人在土耳其加利波利半岛的悬崖峭壁上浴血奋战，表达了他们100多年来的强烈愿望；在某种程度上，它可以说成是"独立宣言"。在纪念这次登陆一周年题为《澳新军团日：一个国家的诞生》的社论中，悉尼的《自由人报》声称："在澳新军团的士兵们使袖手旁观的国家大吃一惊之前……我们的日报经常告诫我们要记住，我们只不过是一个伟大帝国的尾巴的一节。……'澳新军团日'改变了所有这一切。……我们终于成为一个团结一致具有伟大抱负的国家。"这些颂扬澳大利亚武装部队英勇事迹的话来自信奉爱尔兰天主教的澳大利亚。在澳大利亚如在爱尔兰一样，人们主动从军的程度表明，爱尔兰天主教徒比新芬党人更加支持英国在1914年至1918年第一次世界大战中的事业。在加利波利半岛上的土耳人以为澳新军团的士兵只不过是雇佣军，因此向他们撒传单敦促他们开小差。德国卫兵问澳大利战俘

澳新军团日大游行

1919年，墨尔本游行队伍中的妇女方队。此次游行纪念澳大利亚士兵1915年在加利波利登陆。澳大利亚军队所表现的英勇精神以及遭受的重大伤亡使这个地名永远铭刻在澳大利亚人民的心中。

他们究竟为什么要自愿为英国的战争卖命。但是，尽管新芬党人的朋友墨尔本的丹尼尔·曼尼克斯大主教领导的1916–1917年的运动成功地阻止政府通过征兵为澳大利亚武装部队补充兵源，参加该部队的天主教徒还是接近他们在总人口中的种族和信仰的比例，那就是四个人中就有一个。这个比例比帝国或内或外的任何一个移民国家的都要大。

战役的最终失败非但没有降低加利波利在国家神话中的作用，实际上提高了它的地位。诚然，从亚历山大到加利波利海半岛，澳新军团士兵的作战能力有待提高；但是无论如何，这个神话的作用使澳大利亚人确信，来自英自治领的士兵无可指责。正如C.E.蒙塔古在他的战争回忆录中所说，在法国他听说澳大利亚人“嘲笑”英国人的能力：“……他们想清楚地表明，在英国的战争史中，除了扮演我们救星的角色以外，他们不想积极参与。”作为一个神话的基础，加利波利之役虽然没有获胜，但它仍然是完美的。在这个神话中，澳大利亚人对帝国依然保持忠诚，但是已经非常成熟，完全能够在其中充当伙伴的角色。英国政治家谋划了这次战役并由英国军官指挥，而澳新军团的士兵英勇奋战。假如英国人在这次战役中表现得更好一些，4月25日这一天永远不会在澳大利亚和新西兰占有独特的地位。“只有英国人了解自己，他们对英国的了解有多少呢？”无怪乎把帝国的先驱者称为最优秀的英国人的吉卜林在澳大利亚人中口碑甚好。

但是这个神话逐渐消失了。20世纪90年代，整个帝国事业已经被许

多澳大利亚人淡忘。那些自愿参加澳大利亚武装部队的人被视为是替别人充当炮灰。1985 年，一位历史学家写道：“非常具有讽刺意味的是，澳新军团日所纪念的许多英雄业绩是在为另一个国家效劳时取得的。”另外一些年纪大一点的历史学家认为，澳大利亚人在支持帝国及其盟友的事业时也是为了国家的利益。人们对那个问题是投赞成票还是反对票，取决于对德国战争目的的判断。但是对任何想了解英帝国的人来说，只想知道是否有些澳大利亚人推测如果德国获胜他们的生活会更糟，这还远远不够。重要的是，一些关键词语如“帝国”、“民族”、“国家”、“英国的”在当时怎样诠释。《自由人报》的社论作者根本不认为在加利波利的澳大利亚人是在为另外一个国家服务，而认为他们是在为建立自己的国家而战。在加利波利登陆的那一年，南澳大利亚的教师让他们的学生宣誓，誓词的开头是：“我热爱我的国家大英帝国。”1914−1918 年的阵亡将士纪念碑上，我找不到任何铭文说烈士们是既为国家又为帝国而捐躯的。显然，在铭文雕刻者的心目中这两个词的意思没有多大差别，把它们区别开来没有任何意义。建造纪念碑的人仍然是“独立的澳大利亚英国人”。

太平洋战争与独立

1991 年就任总理的保罗 · 基廷赞同这样的观点，那就是在加利波利半岛的澳大利亚人是在为

阵亡将士纪念碑

为纪念在第一次世界大战中阵亡的 6 万名澳大利亚人，澳大利亚建造了 3000 座阵亡将士纪念碑。如图所示，大多数纪念碑就是一名澳大利士兵的雕像。这些纪念碑经常使人回想起第一次世界大战给那一代澳大利亚人造成的创伤。

别人的战争作战，真正意义上的澳大利亚作战传统只能追溯到 1942 年发生的一些事件。其时，澳大利亚士兵抗击入侵邻近的殖民地新几内亚（巴布亚新几内西）的日军，把他们阻止在科科达的小道上。正如一位历史学家几年前所说："只有在第二次世界大战中面对日本人的威胁时，澳大利亚的军人才是真正地为捍卫澳大利亚而战。从国家的意义来说，科科达小道比加利波利更应该成为一个纪念日与感恩日的主要内容。"诚然，与 1915 年不同，1942 年炸弹落在了澳大利亚的土地上，澳大利亚真的有可能遭到入侵。但是我们还应该看到，澳大利亚人在第二次世界大战中自告奋勇地为帝国事业而战，其热忱不亚于他们在第一次世界大战中；在科科达小道上以及其他地方，他们有意识地继承了澳新军团的传统。

正如基廷和其他支持建立共和国的人所说，在颂扬澳大利亚人在太平洋战争中的英勇时，人们往往会"严厉抨击那些抛弃澳大利亚而移民英国的澳大利亚人"。他们声称，英国人知道新加坡的防御工事不够坚固而无法抵抗日军的进攻，但是英国人欺骗澳大利亚人，使他们相信新加坡固若金汤。头脑比较冷静的人指责澳大利亚政治家们一味天真地幻想，为了帝国的巩固，英国会同意承担对这个南半球自治领的防务。虽然 1942 年 2 月新加坡的陷落与 8 个月后《威斯敏斯特条约》的正式批准没有任何联系，但选择这个时间是正确的，具有象征意义。无论澳大利亚人民喜欢与否，澳大利亚联邦现在已独立于英国。

澳大利亚人在新几内亚

1942 年 8 月，日军已经攻占新几内亚的大部分地区。在美国的支援下，5.4 万名澳大利亚士兵经过一次旷日持久殊死搏斗的战役击退了日军。这是澳大利亚首次基本独立进行的战役。

1942年，当日军向南推进时，澳大利亚总理约翰·柯廷发表了他那具有历史意义的宣言，宣布澳大利亚依靠美国："澳大利亚指望美国，在与英国的传统联系或亲缘关系上我们不再感到痛苦。"在堪培拉，在美国国徽上的秃鹰标志下的一块匾牌有力地证明了这种反应："感谢并纪念美国在太平洋战争（1941–1945年）中给予的至关重要的帮助。"1954年，女王伊丽莎白二世为这块匾揭幕，她是访问澳大利亚的第一位在位君主。从仪式开始到结束，英国驻澳高级官员难受地坐在那里。此前他就建议女王不要参加这个仪式，理由是澳美纪念碑是"煽起人们对美国热忱的活动的一部分"。他说的没错，不过更确切点或许应该说它的目的是企图拖住美国不放。随着战争的结束，这种新关系是澳大利亚对外政策的中心。当澳大利亚派遣军队去越南支持美国时，这种关系发展到了登峰造极的地步，同时也造成了灾难性的后果。

朝共和国迈进

女王伊丽莎白二世1954年访问澳大利亚是一个非常受欢迎的举动，因为澳大利亚人惊喜地在他们自己的街道上目睹了那张在邮票和货币上微笑的脸。事后看来，这次访问像是一次标志帝国寿终正寝的盛宴。人们对女王后来的几次访问变得越来越不那么兴奋，其原因有二：一、用19世纪英国作家沃尔特·伯哥特的话来说，这些访问使人们对女王不再感到那么神秘；二、一种新的移民模式使得具有英国血统和情感的人在人口中的比例越来越小。与澳大利亚人对女王的热情的下降同时发生的是，女王统治的不列颠联合王国与澳大利亚之间的贸易在减少：在战后20年里，澳大利亚对不列颠联合王国出口贸易的比例从约40%锐减到20%以下。一系列具有象征意义的变化也说明这种帝国联系的削弱。1948年，英国首相克莱门特·艾德礼在说到英联邦时不再使用"英国的"一词，这使得澳大利亚总理R.G.孟席斯"感到非常不快"。"英国的"一词在澳大利亚人的护照上变得越来越小，最后消失了。此外，从1964年起，这些护照的持有者再也不能随意进入英国，而必须与来自印度、巴基斯坦、西印度群岛的人一起排队等待签证。对许多澳大利亚人来说，这种经历使他们痛苦地认识到伴随他们成长的帝国正在消失。更加糟糕的是，当欧洲人在欧共体中的英国伙伴的陪同下鱼贯而进入英国时，他们还得排队等候，因为这个变化无常

1988 年，土著人在悉尼附近提出土地要求

此类要求是澳大利亚殖民历史的产物，因为从第一批英国人登陆澳大利亚以来，殖民者就拒绝承认土著人拥有对土地的权利。为了吸引人们对他们所受苦难的注意，土著人在他们称为自己的土地上插上旗子。

的古老母国推行了一项反对帝国优先的政策。30 年过后，那种（把澳大利亚人定义为外国人的）排队等候仍然使人耿耿于怀。一位父母是英国人的澳大利亚人对一家报纸说："我注意到，由于是欧共体的成员，英国的传统盟友如德国人和意大利人都能受到优待。"他敦促保罗·基廷建立共和国。

澳大利亚逐渐朝那个方向迈进。例如，1993 年，新公民和联邦部长宣誓的誓词都分别作了修改，删去了对"伊丽莎白二世女王陛下，她的嗣子继承人"效忠的誓言。毫无疑问，这些年所受的磨难正在促使人们对君主制的感情逐渐消失。但是即使没有他们这些代表澳大利亚英国特征的人，三分之二拥有混合种族血统的澳大利亚人也有足够的理由在赞成建立某种共和国的民意调查中占明显的多数。合理的担心与建立什么样的共和国有关，也与改革者期望这个共和国创造奇迹的倾向有关，如说服亚洲人接受更多的澳大利亚出口产品。随着澳大利亚 100 周年纪念日的临近，绝大多数人希望这个 1931 年的"独立王国"成为一个共和国——它仍然实行带有英国烙印的政治制度，在一个跨国公司、超国家的卫星电视和资本流动不止的时代里成为一个不折不扣的独立的民族国家。

假如澳大利亚在20世纪建立共和国，这个国家的英国传统在多大程度上将得到承认尚无法断定。事后对英国人的抨击可能没有以前那么普遍。令民族主义者不舒服的一些事实或许得到或得不到承认，尤其是在种族政策的历史方面。1900年，尽管英国强烈反对，但“白人主宰澳大利亚”的政策（即排挤非欧洲移民的政策）已经根深蒂固。在殖民地实行自治之前的岁月里，移民者对古老的居民还没有帝国官员那么宽容；在英国，伦敦人甚至把他们称之为“土著人”，并认为这些以及其他的移民殖民地的土著人已经得到了他们这些篡夺者的保护。

20世纪90年代，一段重新发现的历史开始对帝国结束后的土著人政策产生了重大的影响。直到1922年，审理土著人土地要求的法庭裁定，根据英国法律，澳大利亚在1788年就已经成为未被任何国家并入辖区的区域（即无主地），因而在闯入者能够获得对它的权利之前无须与那里的游牧居民签订协定。到20世纪80年代晚期，历史学家亨利·雷诺兹指出，19世纪中叶，无主地这一说法才在英属澳大利亚流行开来。此前变化无常的50多年里，英国和澳大利亚的有关当局认为，这些狩猎者和采摘者确实对他们占用的土地拥有所有权。源于英国司法制度的澳大利亚最高法院在雷诺兹发现的证据的影响下于1992年做出裁决，土著人对土地的权利在英国殖民开始就已经存在，而且并未因后来的立法被取消。怎样实施这个裁决比怎么把这个独立的国家变成共和国所碰到的困难更多。19世纪英国总督和文职官员的看法在人们称之为英国殖民统治结束后的澳大利亚具有重大意义。

第十四章　非洲

托因·法洛拉

对英国统治有切身体会的非洲人不得不适应飞速的变化。有些变化来得太快，以至于他们难于理解；另外的许多变化虽说重要，但却因来得较慢而令人难以察觉。就在他们的眼前，土著人的国家原来的边界被重新划定，主权丧失，旧有的统治精英受到沉重的打击，并从此一蹶不振。经历了大英帝国统治的精英分子又是怎样评价大英帝国的呢？19世纪末，当时的有识之士就已有了先见之明。编年史学家，蒂夫人阿基加·塞和约努巴人塞缪尔·约翰逊已经指出，殖民统治行将结束，新兴文明即将到来。20世纪初，随着非洲殖民化成为既定的事实，大多数在殖民统治下受过良好教育的新精英们深受文化交流的影响，认为同化是一种生活方式，并梦想着“进步”——非洲西化以及权力最终向他们移交。但是从1945年之后，这种乐观主义为失望所代替：非洲民族主义者不愿再忍受帝国的压迫和剥削，反殖民主义斗争如火如荼。后来的几代人——殖民统治的幸存者和独立之子——都将大英帝国及其影响作为非洲历史演变和发展进程的一部分。

对变化原因的剖析

尽管非洲历史有自己的连续性，但是如果没有变化，英国的统治就是徒有虚名了。现今，假如对这一段殖民历史一无所知．就不能清楚地了解那些讲英语的非洲国家。英国人的短暂统治以及当地文化的诸多方面得以延续导致了一种巨大的误解和使人误入歧途的结论，即英帝国的影响微乎其微而且时间短暂。这种观点对英国异乎寻常的征服轻描淡写，说它是非洲漫长历史的一个小插曲而已，因而极其严重地低估了它所造成的冲击、恐慌和混乱。但是在今日之非洲，西方的价值观念同伊斯兰教及其传统的价值观相互竞争，而非洲社会最现代化的部门和最具影响力的政治及经济理念都来自西方，这些都是帝国主义的产物。英国人导致的变革具有决定性的影响，使非洲的历史发生了重大的变化。这些变革包括：社会的货币

早期殖民者在布拉瓦约（津巴布韦西南部城市）的临时营地

布拉瓦约是恩得比利人统治者居住的中心。他们的土地于1889年被英属南非塞西尔·罗得公司吞并。第一批移民者于1890年进入这一地区，此地区后来被称作南罗得西亚。恩得比利人在反抗进一步入侵的斗争中失败，他们的土地成为白人移民的殖民地。1930年，在南罗得西亚有5000万英亩的土地被分配给欧洲人，相比之下，非洲人只得到2500万英亩土地。

化，土地的商品化，非洲与世界经济和国际政治一体化，旧的统治精英向知识精英移交权力，常备军队的出现，英语的使用以及西方医学、教育、体育、美学和建筑学的引进。那些贬低英帝国的人们错误地认为殖民时期以前的传统和习俗可以轻而易举地复活，以满足当代的需要。虽说历史事物的适用性不容否认，但到目前为止，还无人建立起一个没有殖民变革特征的历史模型。英国殖民统治在各方面所做的组织协调工作为现代非洲许多国家打下了基础。

除了通过大西洋的奴隶贸易、欧洲人的探险和基督徒的传教活动已经建立的联系之外，非洲人与英国人的接触进一步扩大了非洲与外部世界的相互影响。在许多地方，英国的统治第一次带来了大量的外国人，特别是亚洲人和欧洲人。这些移民推动了当地经济的发展并从中受益。然而，在东非和南部非洲等大批移民定居的地方，或者在英国的殖民统治已经结束而他们仍旧赖着不走的时候，他们的存在就使局势变得紧张。在肯尼亚和南罗得西亚冲突最为紧张和激烈。例如在肯尼亚，惨烈的战争从1952年一直持续到1956年，导致约一万人丧生。

19世纪下半叶，非洲的版图实际上被欧洲列强瓜分了。19世纪末，英国在非洲的势力范围已经清晰明确。虽说法国控制的殖民领土最为广阔，但英国却在西非一些人口最为密集的地区建立了殖民地，其中最重要的当属黄金海岸和尼日利亚。对埃及的占领使英国拥有北非最富庶的资产。在东非、中非和南非，英国获得了大量的殖民地领土：从好望角到尼亚萨湖，从桑给巴尔到埃及，都在英国的殖民统治之下。殖民地自独立以来，其边界甚至名称大都仍然照旧。当然有些地方稍有变化，如英属和法属喀麦隆的合并，坦噶尼喀与桑给巴尔合并组成坦桑尼亚以及黄金海岸和南罗得西亚分别改名为加纳和津巴布韦。这些变化得到绝大多数非洲国家以及诸如非洲统一组织及联合国这样的国际组织的承认。然而殖民地边界将殖民时期以前的数目众多的国家变成了少数几个新国家。正如罗得·索尔兹伯里勋爵在 19 世纪所说，“在地图上那些白种人从未涉足的地方划定边界”这种人为的做法将继续制造难题。一个典型的非洲国家是相互敌对、为统一和稳定而努力寻求达成共识的毗邻地区的集合体。同一种族被分割散布在不同的国家而不能居住在一起，由此引发的种种争端导致了一系列政治问题，包括众所周知的尼日利亚的分离活动和内战，喀麦隆边界的变更，对乌干达境内的侵犯行为以及苏丹旷日持久的战争。

在 19 世纪创建自己的非洲帝国的同时，英国以自身体制为蓝本，强制推行新的管理和行政制度，逐渐取代古老的以长老、酋长、秘密社团以及年龄等级的权力为基础的统治模式。现在许多非洲国家都在争论是否应该保留或废除上述世俗的政府体制，特别是在那些根据伊斯兰教意识形态做出选择的国家，如苏丹，尼日利亚和埃及。由于根植于完全不同的教育和文化环境，讲英语的非洲地区并没有为建立世俗国家提供坚实的基础。现代的世俗国家陷入了困境，因为它们没能给予在其境内各不相同的人平等的待遇，也没有能够建立一种优于宗教认同的新的认同感。行政部门、警察、军队和审判制度全都承袭英国的。作为不负责任的特权机构，它们没有明确的使命，只知道贪污受贿，营私舞弊。在一些情况下，这些新机构设置得不合理；此外，它们的职责也很不明确。正如在尼日利亚发生的事情所证明的那样，军队是所有机构中最声名狼藉的，其领导层只为他们自己着想和负责。军队成为平民社会的最大威胁，也是建立任何切实可行的民主的最可怕的障碍。因此，非洲与英国的殖民历史的联系并未完全断绝。讲英语的非洲地区的特征既不是任何可持续的复兴，也不是向古老传统的回归，而是与英帝国传统的联系。

资本主义也开始成为这些国家的经济思想体系。在殖民统治时期，英国决定着经济发展的方向和速度。这样做的动机很明确：殖民地是制成品的海外销售市场和原料的供应地。此外，每一个殖民地都应自给自足，这样它们就不会需要外界的资金了。英国殖民地经济的基础包括矿产和农业资源的开发、外国公司控制海外贸易以及将殖民地作为英国制成品的销售市场。例如在1956−1957财政年度，英属西非的贸易额总计达5.03亿英镑。

为了实现上述变化，英国必须改变非洲前殖民时期的经济模式以适应英帝国的需要。这包括引进新的货币，建立新的财政机构以及制定新的程序：英镑代替诸如贝壳一类的当地货币；首次建立银行；非洲大陆比以往任何时候都更加货币化。随着新公路、人工海港和铁路的修建，交通运输方面发生的变化最为巨大。这些设施第一次为非洲带来了卡车、小汽车以及火车。公路和铁路引发了现代运输的革命，使得货物的运输和人员的流动变得更为便捷。商品由沿海运往内陆腹地的成本大大降低。如在黄金海岸，从阿克拉到库马西，铁路将运输成本减少至不到原来的1/6。有关方面通过向农民提供有吸引力的价格来引导他们种植经济作物。征税作为一种手段，不仅仅用来增加岁入，而且还用于保证生产：因为农民要用钱来缴税，他们就必须生产并销售其产品。为了给英国产品开辟销售市场，殖民当局采取措施确保殖民地人民喜欢或依赖外国产品。上层社会开始养成使用进口商品的习惯，这进一步推动了英国商品的进口。上层社会许多人以及那些想成为其中一员的人认为，使用英语、穿着英式衣服以及采用英式礼节已成为衡量人们的社会地位的标准。就这样，社会上层人士的言谈举止和偏爱嗜好促进了英国物质文明在非洲的传播。

黄金海岸的可可种植者

可可种植几乎完全是由非洲农民自主发展起来的。19世纪90年代黄金海岸（加纳）的农民开始大面积种植可可。在第一次世界大战结束时，尼日利亚部分地区的农民也在种植可可。事实证明这是一种成功的出口作物。

一些非洲人也得益于新的殖民地经济。由新国家建立的较大的政治机构增加了贸易量。如果出口作物获得了丰收，大规模种植或经销这些作物的人就会生意兴隆。因为进口的机器设备可以在当地制造更多的纺织品，非洲对进口纺织品的依赖越来越小。新的交通运输系统使旅行变得更加容易，人们从中获益匪浅。人们从乡下移居到新的殖民城镇或是正在发展的旧城镇，在那里他们可以享受到医院、学校以及经过改造的道路等新的生活设施。

然而经济上的变化也要付出代价。英国人并没有把殖民地的快速发展当作头等大事；相反地，他们推行一种转移财富的政策，把通过增加非洲商品的出口所积累的货币储备置于自己的控制之下。对少数出口农产品的依赖阻碍了经济的多样化。在有些地区，由于人们转而长期注重出口作物，粮食作物的产量下降。古老的土地保有制度遭到破坏，土地成了买卖的对象，结果许多人流离失所。城乡差别在逐渐扩大。诸如诊疗所、医院、学校和运动场这样的社会设施一直都没能满足人们的需求。

果不其然，非洲人对各种形式的剥削掠夺怨声载道。一位来自黄金海岸、经历了殖民时期的军人，在第二次世界大战中曾为英国人而战。他在20世纪40年代的《阿克拉晨邮报》上发表了一首有趣的诗——一首模仿圣歌第23章的诗，哀叹那个时代的艰辛：

欧洲的商人啊就是我的牧羊人，
而我却饥寒交迫。
他逼迫我在可可农场里劳作，
他把我推入无边的苦海。
那些总经理和奸商使我感到恐惧，
你当着我的债权人的面，故意克扣我的薪水，
你在我的收入里扣税。
我入不敷出，
因此我将在这租来的房子里住上一辈子！

后来的情况有所改善。在19世纪毁灭性的战争和对征服的反抗结束之后，长时期的和平与稳定随之而来。这有利于英国巩固其帝国和谋求自身利益。而讲英语的非洲地区也充分利用了这一时机，在基础设施（如新的公路、铁路、电话以及电报）、教育和社会服务方面取得了一定的发展。当然，所取得的成就并不可观，而且通常带有偶然性，但是它为后殖民时期的发展和改革奠定了基础。

讲英语的非洲地区继承了1945年二战结束后的格局和问题，由于缺乏训练有素的劳动力和资本，加之政治上的不成熟和有限的商业经验以及脆弱的经济，它实现经济腾飞的机会有限；直至今日，它的劳动技术仍很落后。举例来说，大部分农民仍然依赖像锄头和弯刀这样古老的工具，大多数地区没有电话设施，食物、健康的饮用水储存不了许多天。现有的交通设施继续发展，主要用来促进海外贸易。因此，殖民时期由海岸至内陆腹地的老铁路被保留了下来，发展的重点转向修筑通往出口产品生产中心的公路，而不是

1960年，喀土穆的一座清真寺

尽管1898年英国人征服苏丹，推翻其穆斯林政权，但他们的政策很宽容。伊斯兰法律照常实施，政府拨款修建清真寺。在苏丹以及所有其他英属殖民地，英国的做法在无意间帮助了伊斯兰教在这些殖民地的传播。

修筑新的铁路系统。内陆的交通运输系统被忽视，主要原因是政府认为内陆的交通运输系统不能增加岁入和外汇储备，因而相信城市远比农村重要。

像以前一样，非洲国家沿袭了殖民时期的贸易模式，依赖海外市场销售原材料并购买制成品、技术甚至食物。拿非洲统一组织的话来说，这种依赖使非洲的经济“易受外部变化的影响并使整个非洲大陆的利益受到损害”。将财富转移出非洲大陆造成的经济恶果是缺乏向西方金融机构偿还债务和债务利息的大量资金；由外界决定的用原料交换制成品以及非洲出口产品的价格非常低廉且极不稳定。除此之外，非洲领导人也将国库大量的资金占为己有，转存海外，即现在众所周知的瑞士银行中。非洲独立后经济由国家控制。国家的干预越来越试图刺激经济增长，并发展那些被私人投资者忽视的经济部门；同时还向尽可能多的人和地区分配国家资源。国家的干预包括控制所有产品的价格，对重要的进口货物实行配额制，在政府的干预下建立相关产业，确定银行利率，驱逐外国人以及将外国公司国有化等。许多国家坚持资本主义（例如尼日利亚和肯尼亚）；而另一些国家（如坦桑尼亚）却尝试一种截然不同的模式，即社会主义模式。但这两者都没有成功的范例可言。

社会变革对人们生活的许多方面产生了永恒的影响。在英属非洲地区，教育如今被视为接受西方价值观念的途径、获得就业的手段以及跻身“时尚”一代的方法。自帝国结束以来，通过在各个层次上扩充完善教育设施和改革课程使之适应非洲本土文化以及让更多的妇女接受教育，殖民时期的教育传统被发扬光大。但是教育还没有普及。此外，在发展教育的过程中出现了注重数量而忽视质量的现象。例如，像尼日利亚伊巴丹大学和乌干达马凯雷雷大学这样历史悠久的大学，虽然开头不错，但最终还是没有保住好名声：学生纪律涣散，而教师的社会地位也同样每况愈下。

殖民地社会的影响还体现在语言及宗教这两个方面。殖民统治通过学校而使英语得以迅速的推广。英语同样是进口部门和银行机构的工作语言。在新兴的城市地区，英语是许多人们相互之间交流时必须使用的语言。最重要的是，英语是政治和行政管理的语言。殖民地独立后，英语仍然是官方语言。在东非地区，除了斯瓦希里语和索马里语占有突出的地位外，有关使用当地语言的建议不受欢迎，因为有人怀疑部族使用自己语言的目的是要统治其他部族。虽然英语的使用促进了非洲内外的相互交流，但这种语言主要仍为社会上层人士所用，因此就限制了它在社会发展和部族间关系中发挥作用。

伊斯兰教和基督教传入非洲要早于英国人的殖民征服。伊斯兰教自 18 世纪就已在非洲传播；尽管在 1840 年之前并没有多少信徒，但随着欧洲人的渗透，基督教在 19 世纪后已传播到非洲的大部分地区。基督教还随着英帝国的扩张而得以传播；英国人鼓励宗教的多元化，对伊斯兰教并无敌意。现在上述两大宗教的地位都已经非常稳固，而它们之间的竞争也是造成像苏丹和尼日利亚这样的国家不稳定的因素之一。

非洲的人口不断增长——特别是在 1945 年之后，部分原因是营养的改善和医疗条件的进步。当新的商业、矿业和行政中心纷纷出现，向城市迁徙成为一种寻求更高生活水准的途径时，城市化就与英国的殖民统治如影随形，迅速发展。在这些新的中心里，人们享受医疗、体育和娱乐设施。这些设施为社会变革和景观增添了重要的内容。大多数非洲人现在利用上述设施，并把生活在这些城市中视为一种进步；而他们的领导人却继续面临着人口增长和城市化所带来的问题。就这样，那些受益于西方教育和宗教的非洲人已经变成新一代精英分子。他们的价值观念和对未来的看法在许多方面与他们在殖民时期之前的先辈们大相径庭。一夫一妻制、追求更大的物质享受、提高妇女的社会地位及摒弃地方宗教等就是上述价值观念的一部分。

对变化的诠释

有关英属非洲帝国的争论，其核心不是变化这一事实，而是对变化的诠释。右翼批评家认为绝大多数变化对非洲有利，他们声称整个非洲大陆被从未开化的原始野蛮状态中解救出来，并被带入一个先进的文明社会。而左翼批评家则坚持认为所有的变化是极其有害的，并种下了非洲如今不发达的祸根。上述观点或多或少反映了思想方式的差异。那些右翼批评家可以说是英帝国的怀旧者和辩护者，他们的话不足为信，因为他们中的大多数重要人物要么是前殖民地的行政官员，要么就是英国的学者。相对于英国人在遥远的国度里犯下的恶劣暴行，这些人对英国扩张所带来的荣耀更感兴趣。而那些左翼批评家对殖民剥削的受害者有吸引力，但这些批评家总倾向于夸大其词。例如，他们提出这种误导性结论：殖民主义摧毁了当地的纺织业，而对当地仍然存在的习俗（如饮食习惯、仪式、建筑以及语言）却轻描淡写，一笔带过。这些左翼批评家还低估了对英国统治的创造性响应，例如英语与当地语言相融合而形成了克里奥尔语。

肯尼亚马萨伊人

尽管受到殖民主义的压迫，肯尼亚的马萨伊人表面上仍能保持传统的生活方式。虽然他们失去了曾经拥有的大部分土地，但他们仍旧过着牧歌式的田园生活。

就其本质而言，帝国主义是邪恶的。帝国主义就是一群人对另一群人的统治。至少可以说，对于那些被统治的人来说，这是种耻辱。殖民地时期之前存在的国家的主权被终结，它们不能决定发展的速度和模式以及明确自身在国际体系中的地位。绝大多数欧洲人轻视非洲人的聪明才智，认为非洲文化中的诸多方面原始落后，因而不屑一顾，并把他们当作劣等民族来对待。然而也有讲英语的非洲地区值得骄傲的事情。非洲人民反抗外国人的统治，许多地方并没有被全盘西化：许多人保留着他们文化和习俗中最重要的成分。伊斯兰教和“传统”宗教，非洲的音乐、美术、舞蹈、服饰以及建筑在帝国结束之后仍然保留了下来。对变革的适应，古老文化与现代文化的结合（例如在治疗特殊疾病的时候综合运用西医与本土传统医学）以及在生活的各个方面进行的改革创新，是非洲人对英国统治做出的意义重大的回应。民族主义和种族认同感的复兴有助于重新找回并树立被英国的征服所抹杀的人格尊严。除了在南非之外，非洲的种族主义已销声匿迹。所有那些关于不平等的抱怨不能再归咎于英帝国所带来的屈辱和种族主义，而要归因于非洲大陆自身没有能够获得国际社会的尊重。但非洲人民最终获得了独立，恢复了他们丧失已久的主权。

今日之英非关系

虽然帝国已经土崩瓦解，但其成员却仍在英联邦内保持松散的联合，这是帝国死而不僵一个重要的原因。英国历届政府都致力于保持与讲英语的非洲地区的合作，以此来维持国际力量的平衡并保护在前殖民地的经济利益。非洲还没有国家正式成为西方联盟体系的一员，但是西方与肯尼亚的军事合作已经相当密切。除了出于自身的考虑而提供技术和经济援助，英国还通过英联邦同前殖民地国家签订了许多双边的军事、政治和经济协定。然而，英非关系也存在着紧张因素，其原因是英国仍想继续主宰非洲的事物。英国以下三种做法令人痛心：英国对南非白人统治问题态度暧昧；在非洲进行海外军事干涉，特别是将它作为冷战政治的一部分（例如1964

加纳的强节奏爵士乐队

20世纪20年代起，一种融非洲和欧洲乐器为一体的流行音乐开始在黄金海岸发展。强节奏爵士乐队将西方的吉他和非洲的打击乐器结合使用。这支20世纪60年代的乐队组合包括两位著名的音乐家埃里克·艾吉曼和A.B.克伦特斯尔。

年在坦桑尼亚，英国出兵保护朱利叶斯·尼雷尔的政府，镇压举行叛乱的政府军）；以及它对非洲财政和技术有限的援助。有人对英国在英联邦内的领导地位颇为不满，而关于英联邦这个自愿性组织毫无用处的议论也甚嚣尘上。尽管所有讲英语的非洲国家一直在获得英国给予的各种形式的援助，而这些国家并没有心怀感激，因为在它们看来接受援助只不过是收回一部分自己被“盗走的财富”而已，而那些援助简直是杯水车薪，而且都附有政治条件。摆脱英国的控制绝非易事——英国既是最好的朋友又是众所周知的敌人。非洲内部的情况也不容乐观：非洲统一仍然是空中楼阁，而为地区经济一体化进行的努力尚未成功。

希望破灭

事物发生的变化越大，就越容易回到以前的老样子。非洲统治精英们执政时间之长已足以使非洲人民及学者们来评价其功过是非；然而除了失望之外，似乎就再难以得出其他结论。民族主义者们并没有履行他们的承诺，独立时的乐观情绪已经被绝望和沮丧所取代。科瓦姆·恩克鲁玛在20世纪50年代的名言并没有错：“先寻求建立政治王国，然后你们就会拥有其他一切东西。”但后来出现的事情却出人预料：贫穷，干旱，暴力，环境恶化，政治动荡，军事独裁，道德堕落，部族冲突以及战争。殖民时期的民族主义运动昙花一现。那些早年曾充满信心的非洲国家现在却债台高筑，它们的国民遍布世界各地，移民和难民的数量最为庞大。

现在有人在拿非洲人与英帝国的官员来作比较。如果像军人兼殖民地行政官员卢

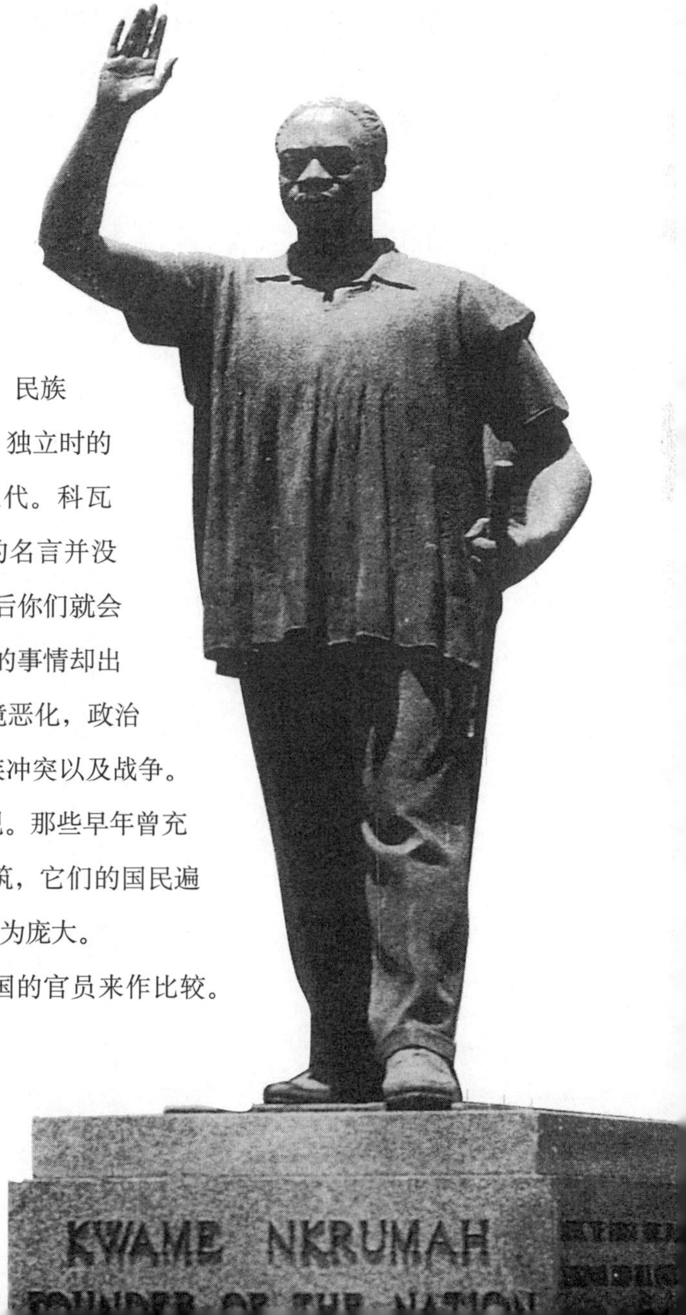

科瓦姆·恩克鲁玛雕像

加德勋爵这样杰出的人物被描述成一名独裁者，那么他的许多非洲继任者与他没有什么两样。但如果我们把像乌干达伊迪·阿明那样的可耻人物也算入其内的话，非洲领导人可能更为糟糕。我们不难注意到英国殖民地区官员的非洲继任者是那样的傲慢、无知，还瞧不起自己的人民。殖民时期的官员专注于自己的公务，虽然这样做是出于利益的驱使；而他们的非洲继任者却没有更高的理想作为动力。如果说殖民时期的非洲无民主可言，那么后来的军人政权则更加残忍、专制和缺乏理性。殖民时期，在部分讲英语的非洲地区，学校管理井井有条，政治秩序稳定。现如今人们将那段时期称为20世纪的黄金时代。即使在那些英国统治得很糟糕、剥削严重的地方，现代人仍在谈论那时他们怀有的希望，即一种在有生之年总会有进步的信念。这与现在人们对现实和未来的绝望形成鲜明的对比。

根除20世纪60年代非洲种种弊病的对策似乎很简单，即纠正英国统治的错误。在20世纪末很少会有人赞同这种做法了，这倒不是因为那些错误已经被纠正——远非如此——而是由于非洲人自己而非英帝国又犯了更多的错误。

第十五章 评英国对印度的统治

塔潘·雷

有关英国对印度的统治的历史著述一直被一种强烈情感所困扰，这种情感常常渗透在表面看似理性的争论中。一味地给英国的统治贴上或好或坏的标签影响了严肃认真的分析。然而如果假定任何历史学家都能试图不带丝毫偏见评价实际发生的事情，那也纯属是想当然了。

正如P. J. 马歇尔在其序言中所指出的那样，英国人对于英帝国的历史并没有一致的观点。而世界各地的历史学家和社会科学家认为，各种形式的帝国主义在道义上是不可接受的，是被臣服的人民痛苦和不幸的根源，是一种没有任何可取之处的历史现象。激进的英国历史学家所持的观点与上述相当负面的评价并不相左。

然而实事求是地讲，在英国占统治地位的学术界和普通大众对英帝国的历史，特别是对英国在印度的统治的看法，绝对不是负面的。现在焦点

地区官员

这幅地区官员为村民执法画是《统治印度的人和保护者》一书中的插图。该书介绍了印度的行政部门，作者为文职官员菲利浦·梅森。这幅画和梅森的书名反映了那些自诩为民众保护人的理想主义文职官员的精神特质。

通常集中在以下几个方面：印度社会的内讧和派系斗争；早在英国人到来之前印度各种问题产生的历史根源；印度贫困独有的特色以及在这个国家的部分地区英帝国政策取得的非常积极的经济成就。因印度的贫困而指责殖民统治者是错误的。简而言之，现在英国的一些学者认为南亚的贫穷、文盲充斥、两败俱伤的内乱以及其他问题都源自本地区，而与英国190年的统治没有什么关系。此外，按照上述观点，英帝国做的好事比那些帝国主义的批评者所愿意承认的要多。

正如P.J. 马歇尔在结束语中所概括的那样，本书其他一些作者也不大赞同对英国在印度的统治或对英帝国进行明确的谴责。首先，他们认为，由于帝国各殖民地的情况千差万别，任何有关帝国主义及其后果的笼统评价都有可能站不住脚。其次，被征服的人民被说成是帝国历史的重要角色，其重要性即使事实上不超过他们的统治者也几乎难分伯仲。依上述分析，被征服者不再是消极被动的受害者，而是包括征服行动在内的相关行动的积极配合者。英帝国统治的利弊在很大程度上取决于他们，而非统治者的所作所为或不作为。在有关日本战争历史的激烈辩论过程中，一位日本历史学家指出，除非国家经历了社会革命或是在战争中惨败，否则是不会过激地重新评价他们过去的历史的。鉴于英国没有上述经历，公众对英帝国历史的看法似乎非常一致：英国君主像日本天皇那样为祖辈的罪行向从前被征服的人民道歉是件不可思议的事情。根据普遍的观点和右翼的历史著作，根本就没有什么为此应该道歉的罪行。

如果说英国的老百姓难以对帝国历史持消极否定的观点，那么那些为争取独立而进行了漫长斗争的前殖民地人民几乎同样难以承认殖民统治带来的种种好处。在独立后的印度，能看到英帝国统治历史中任何优点的严肃思想家和历史学家屈指可数。他们之中最著名的、殖民统治坚定的推崇者尼拉得 · C. 乔杜里甚至曾将19世纪末及20世纪初在印度的英国人形容为“他们那个时代的纳粹分子”。

莫卧儿帝国的大象盔甲

这套17世纪早期的盔甲是罗伯特 · 克莱夫从印度带回的众多稀世珍宝之一。克莱夫是孟加拉的征服者，其子爱德华曾任马德拉斯（1798–1803年）的总督。

统治的经历

英国的征服从18世纪60年代在孟加拉开始，19世纪中叶，征服实际上已经完成。今天的印度、巴基斯坦和孟加拉国当年要么直接处于英国的统治之下，要么由向英国俯首称臣的王公治理。这种由征服而建立的统治秩序一直持续到 1947 年。

征服与“安抚”

当英国东印度公司于 18 世纪中叶企图首先在印度东部和南部争取获得政治权力时，曾经对南亚次大陆的绝大部分地区进行过统治的莫卧儿王朝已经形同虚设。几个地方性政权为争夺霸权而混战，它们中的一些仍然正式宣誓效忠莫卧儿皇帝，甚至还向他朝贡称臣。东印度公司介入它们的冲突，以保卫和捞取更多的商贸利益。

对印度帝国的征服并非像有的人所声称的那样没有经过深思熟虑，而是如一位英国历史学家所说，是为了满足东印度公司工作人员共同的以及个人的贪欲。希莱尔·贝洛克向一个孩子建议道：“你应该一直抓紧保姆，以防出现什么糟糕的事情。”对英国在印度的统治，有人提出了类似的主张，这很可能是对的。但是东印度公司在孟加拉和印度南部的最初征服经历是骇人听闻的。对英国人尤其是对他们的勇气和军事技艺充满崇敬之情的当代历史学家古拉姆·侯赛因描绘了他的同胞在东印度公司的奴役下的悲惨处境。东印度公司的雇员沉溺于肆无忌惮的劫掠，这种有计划有步骤的大肆抢夺至少是造成 1770 年饥荒的一个重要原因。尽管人们有理由怀疑饥荒使孟加拉三分之一的人口活活饿死这种说法的准确性，但是饥荒对当地经济造成毁灭性的打击不容置疑。在南部，迈索尔邦的统治者海达尔·阿里发动的战争使英国人控制的地区出现了类似的后果。从这些省份以及向东印度公司俯首称臣的印度“同盟者”收缴的税款为英国的军事机器提供了资金，殖民者得以占领更多的领土，巩固大英帝国。

这个帝国险些在 1857 年声势浩大的起义（有人不准确地称之为反叛）中被摧毁。起义的原因复杂而且多种多样，它反映了印度北部和中部人口中许多阶层不断积累的愤怒，其中包括被剥夺得一无所有的王公、心怀不满的士兵以及被东印度公司大量招募从军而苦不堪言的农民。犯下残暴罪行的起义者被以同样残暴的方式镇压下去了。在印度的英国人大声疾呼，要求进行更血腥的报复。此次起义埋下了种族仇恨的祸根，统治者与被统治者之间充斥着这种仇恨的关系。

起义的领导人在使英帝国统治历史妖魔化的过程中扮演了重要的角色。值得注意的是，无论是过去还是现在，印度人对他们看法和英国人大相径庭。像詹西邦主和孔瓦·辛格这样的领导人，在民间故事中成了受人崇敬的英雄。民族主义的观点已经把这次起义提升到了第一次独立战争的地位。这种在看法上的巨大差异正是统治者与其臣民之间关系的鲜明写照。

英国强权下的世界和平

当1858年印度处于不列颠王国政府的直接统治之下时，再也没有任何人能对英国的权威提出挑战。在莫卧儿王朝的衰亡时期以及总共约160年的征服时代中，使次大陆许多地区动荡不安的旷日持久的战争终于结束。盗匪活动作为战争和无政府状态的副产品很快被镇压下去。整个次大陆历史上第一次由一个中央集权政府和平地统治着，英国人把这看作是给予印度的最伟大的礼物。

和平当然要比战争和毫无法纪的无政府状态好，但是并非所有人都能以相同的方式理解和平的益处。1857年的起义发生于征服战争结束35年之后，显然，许多印度人并不满意英国人带来的和平。整个18和19世纪，占人口绝大部分的农民和部族在印度的许多地区反复发动起义。这些起义的直接原因多种多样，但最重要的根源在于英国人在征服印度和巩固其统治的过程中使大批的人流离失所，无家可归。因绝望而不得不造反的人们包括以下几种人：在劫掠时期被迫放弃耕种的农民、被剥夺了祖祖辈辈对森林资源自由使用权的部族、被由新的土地保有制度造就的地主勒索高额地租和收回土地的佃农，以及无法偿还放贷者（他们得益于新的合同法）的债务或者被迫接受非常苛刻的条款为种植园主种植木蓝的耕种者。

对法律和秩序强制力量的运用几乎总是有利于社会中的压迫者。新的法律制度对穷苦人来说无法理解，而且代价高昂，毫无用处。在英国人到来之前，民事纠纷的解决采取村委会仲裁的方式。这种仲裁肯定有利于享有特权的一方，但运气差一点的一方并不会因此而被弄得倾家荡产。在法律面前人人平等的新思想意味着婆罗门现在都有可能被绞死，但是这种公正的胜利对被高利贷者和地主夺走土地的农民来说没有丝毫安慰可言。土地保有制度的复杂性以及难于理解的法律使耕地务农的人们在灾难性的法律诉讼中陷入困境。还有许多证据表明人们对掠夺成性的警察怕得要死。

1855年的桑塔尔人起义

桑塔尔人是居住在孟加拉西部山林中的部族。同生活在远离印度主流社会的民族一样，他们也反抗殖民统治的压迫，其抵抗斗争引发了印度农村断断续续的暴力活动。桑塔尔人反对征税，抵抗来自平原殖民者和贸易商的入侵。如图所示，面对英属印军的枪炮，桑塔尔人手中只有弓箭。

一个村庄被洗劫后，村民们第一件要做的事是不让警察知道，以免警察再去劫掠村民的家。次大陆各地的民歌都记载了各式各样的痛苦历史。没有一个人为英国强权下到来的和平感到高兴。

还有与穷困阶层遭受同样不幸的人。在过去，虔诚而博学多才的印度教信徒或穆斯林可以得到免税土地的赏赐。在英国的统治下，他们的后代如果不能证明那些赏赐是有真凭实据的话，这些人的土地就会被剥夺，生活难以为继。大量曾经在被英国征服的旧政权中供职的官员，特别是穆斯林，现在穷困潦倒。在东印度公司统治的早期，印度人曾经被任命为政府部门的高级官员，但从18世纪80年代后期起这种做法就完全停止了：一种新的偏见成为官方教条不可或缺的一部分，即印度人不诚实和靠不住。尽管如此，殖民官僚系统中较低的职务还得由印度人来担任。这一事实现在被人用来证明这样的论点：被征服的民众在政府工作和决策中发挥着积极的作用。中层印度官员的回忆录使人们相信他们几乎没有一点实权，同时他们对自己的事业和机会受到的限制充满愤恨。根据国际标准，在印度的英国官员的薪俸是最高的，而且他们时不时摆出一副不可一世的派头，这些都使人们的怨恨加深。

当然，也有一部分人在英国的统治下对自己的前途满怀信心，这就是为什么在进入20世纪后这些人对英国统治的热情仍然不减的原因之一。印度的王公和大地主由于自身的财产与特权丝毫没有受到触动，所以从来没有丧失过这种热情。新兴的专业阶层和那些接受西方教育的人也一直对英国的仁政深信不疑。但是从19世纪20年代起，他们开始对英国统治的许多方面提出批评。这些人的批评不仅仅是针对关于他们自身利益的问题；在19世纪印度知识分子的文章中，印度农民凄惨悲苦的境遇是一个经久不衰的主题。

英国殖民统治的影响

印度与大英帝国其他殖民地的不同之处在于，它是殖民统治的一个大试验场，而且殖民统治在这里留下了持久的影响：一个人口众多的地区长期被一个强大和装备精良的政权统治着。

发展还是不发展？

当人们读到欧洲人有关近代初期印度和其他主要亚洲文明的描述时，用当代的话来说，他们好像在阅读欠发达地区的人对第一世界的描述。甚至在18世纪的中期，克莱夫将孟加拉的一个省城莫西达巴得与伦敦作比较，认为在某些方面前者要比后者好。

有关印度在殖民统治之下的经济历史的现有资料是很不准确的。我们对19世纪最后几十年印度人口、生产、预期寿命的发展趋势仍然知之甚少。然而有些事情却很清楚：人口在缓慢增长，但在1921年之前每年甚至从未超过1%；从1921年起，由于传染病得到控制，死亡率降低，人口年增长率上升到1.3%；农业资料是不可靠的，尽管在旁遮普邦和印度南部的部分地区生产力有所提高，但印度其他地区的生产情况令人沮丧。20世纪，印度某些地区的农业生产停滞不前或实际上下降，以致1947年总体上平均每人所拥有的粮食较之1900年要少得多。土地保有期的不稳定、高昂的借贷成本以及对灌溉的最小投入都是农业生产停滞不前的原因。铁路和国内国际农作物市场的发展鼓励农产品的生产实行专业化，刺激了经济作物（包括像优质稻米和小麦等高价值的粮食作物）的种植。结果，价值较低的粮食的生产下降，如糙米、大麦、小米等，而这些正是绝大部分人口的主要食物来源。过去从未进口过粮食的印度此时却要依赖进口，而且粮食人均拥有量在20世纪70年代之前一直呈下降趋势。

难怪在英国的殖民统治结束后成立的这个新国家属于世界上最贫穷国家。据估计，在1947年，印度约有48%–53%的农村人口生活在贫困线以下，换句话说，约有一半的人口缺少维持人体需要的最低数量的食品。印度人的平均预期寿命是25岁；约88%的人口是文盲，而妇女中的文盲比率则更高。绝大多数农村人口要么无地，要么对所耕种的土地没有稳定的保有权。尽管一些有能力种植高产值作物的农民获得了成功，而且在新独立的国家里将继续兴旺发达，但这些农民只占农村人口中很小的一部分。拥有大量土地的大地主也是如此，他们靠租赁收入生活，根本不能促进农业生产。

当然，在殖民时代之前，也有大量的穷人，但将印度20世纪的贫穷视为过去贫穷的延续是错误的。近代的不发达是一种恶性循环的产物，即低收入——低储蓄——低投资。1600年，农业要养活的人口相对较少且增长极慢（据估计次大陆当时拥有约1亿人口，20世纪90年代的人口数量为10亿）。贫困并不意味着将要饿死。毫无疑问，自古以来饥荒就是印度人生活的一部分。在过去，这些灾难都是由作物歉收引起的。而19世纪，人们曾经期望在现代运输系统的帮助下向缺粮地区运送粮食。但直到1899年因饥荒而死亡的人数仍然居高不下，因为绝大多数的人即便在有粮可买的情况下也没有购买粮食的能力。

手工织布图

这幅1792年创作的图画表现了孟加拉织工生产棉布制品的情景。其产品由东印度公司出口到世界各地。19世纪上半叶，由于英国机织布的竞争，印度的手工纺织业丧失了出口市场和部分国内市场。

到1947年，印度仍未形成一个工业基础来消除农村的贫困。在英国统治的绝大部分时间里，印度人可能比征服前更依赖于农业。在工业化以前的世界里，印度制造的产品，如纺织品，是国际贸易的主要商品。而生意兴隆的商人阶层将他们的贸易扩展到了从东非至菲律宾，北达莫斯科和圣得堡的广阔地区。印度在19世纪初期丧失了制成品的出口贸易，并且在历史上第一次成为英国制成品的纯进口国和主要农产品的供应国。农业获得的有限发展并没有对制成品生产的下降有所补偿，而这种下降是由以下因素造成的：出口市场和因英国征服而被废黜的统治者的宫廷及军队的需求的丧失以及从英国进口的机器制成品的竞争。19世纪晚期发展起来的现代工业相对来说仍不重要。世界各地所有开始工业化的国家都依赖于国家的优惠政策。在印度，赋予英国出口商优惠的条件和自由放任的信条使印度工业在20世纪20年代中期才得到政府迫于印度人民的持续压力而给予的保护及鼓励。

抽验原棉（1872年）

在加尔各答的这种原棉仓库表明，在19世纪印度已经从棉布的出口国变为向其他棉布生产国出口原棉的主要国家。

到英国结束统治时，印度已经形成了一个小规模的工业部门，包括采矿、轻工业消费品制造以及主要的钢铁工业。为之服务的是印度的基础设施，特别是一个不比其他殖民地国家逊色的铁路网。但是印度的铁路系统在很大程度上是以满足进出口贸易的需要为目的的，在印度的大部分村庄甚至没有可供终年使用的土路。现代灌溉颇具规模，尤其是在旁遮普省和辛达省，但是只有6%的耕地从中受益。

也许在独立时印度经济的一个优势是它拥有一批朝气蓬勃的企业家，他们大部分来自具有悠久商贸传统的社会集团和阶层。这些企业家在殖民统治下最大限度地利用了有限的机会。尽管技术教育的设施非常有限而且几乎没有对高等技能的需求，印度的大学和海外教育仍然造就了大量受过专业训练的人员。后来，他们所拥有的专业技能对国家的发展非常重要。

在英国移交权力时，南亚是个典型的不发达地区。该地区人口众多且不断增长，农业产量停滞不前；工业规模很小，基础设施严重不足。就人均而言，印度商业和现代工业几乎都处于国际最低水平。极低的人均收入，低储蓄以及由此造成的低投入，构成了一个恶性循环。这不是16和17世纪工业化以前充满活力的经济发展的必然结果，而是殖民地经济关系运作的反映。这并不是说在英国征服的前夕印度已经处于一场工业革命的边缘以及殖民主义使这场革命胎死腹中，但是由殖民关系导致的经济变革的本质排除了实现工业化的可能性；同时它所形成的瓶颈后来证明是实现工业化的严重障碍。

政治认同感与冲突

1947 年英国人离开印度时，他们将权力移交给两个——如果算上缅甸的话是三个——国家继承。当然，其中的一个国家巴基斯坦后来一分为二。印度、巴基斯坦和孟加拉国都采用了威斯敏斯特式的议会制政体；而巴基斯坦与孟加拉国几次陷入军事独裁统治。由英国人创立的包括司法制度在内的行政体系，尽管为了适应经济和社会发展以及人口的显著增长而进行了扩充和调整，仍在非殖民化时代以后被保留了下来。尽管遇到许多挑战和阻碍，议会制民主与法制可以说已经成为南亚英国前殖民地的政治文化不可或缺的组成部分。

从表面上看，上述事实表明起源于西方、特别是英国的意识形态取得了胜利。然而，这不是由英国统治所推动的平稳、连续发展的最终结果。英国人创立的代议制机构不是有意识地为印度独立做准备，而是试图诱使少数印度人与政府合作，并以此来遏制对政府的反对，同时减少它的费用。在英国人统治的最后 10 年里，经选举产生的省政府已掌握了一些实权。除此之外，统治印度的英国官僚只听命于省的行政长官和印度总督，并不对这个国家中的任何一个代议制机构负责。选举权非常有限的立法机构的权利在 1919 年只被赋予 2% 的人口；1937 年获得这种权利的人为 10%–13%。印度和巴基斯坦政府实行了成人选举权制度，并接受了经选举产生的政府须向同样由选举产生的立法机构负责的原则。这是一个重大突破，而不是渐进演变的合乎逻辑的结果。虽然上述做法毫无疑问存在许多严重的缺陷，但它仍是一种由寡头政治和独裁统治向代议制民主的转变。

这几个后继国家还继承了殖民统治的行政组织及其各种传统。这些管理机构及殖民统治传统并不特别适合独立后的社会和经济发展。代价异常高昂的审判制度以及众所周知的警察不受法律约束的腐败依然使印度的穷苦大众不堪重负。

新的政治认同感在英国政治和行政架构内发展起来并导致了敌对和冲突。这是英国统治遗留下来的具有深远影响的问题。以上所述仅仅是英国统治有意制造的一些东西，它们在本质上是殖民政府活动及其与印度当地

P.T. 拉詹爵士

拉詹曾在牛津大学学习，后来成为一名律师。1930－1937 年在马德拉斯地方政府中任部长。在英国殖民统治的最后几年中，在英国实行总体控制的框架里，英属印度在很大的程度上是由印度人担任的部长们主政。

社会相互作用的副产品。

英国统治的主要目标是要保护和扩大英国在印度的利益，这是使许多临时和不断变化的政策保持连续性的一个重要因素。有些理论常常以这些政策为例证明对帝国主义的动机和后果进行概括是不可能的。只要不与占统治地位的目的相冲突，印度人的幸福安康常常是件需要考虑的重要事情，特别是对那些理想主义的决策者更是如此。此外，被征服人民的满意对于稳定的政府来说也是必不可少的。然而历史记载表明，从长远的观点来看，英国的利益与有利于印度的政策频频发生冲突。

当在印度的英国人达到数千人而当地人口数量增至数亿时，合作和印度人的默许是实行殖民地统治的关键。这种政治合作必须付出代价——让印度人分享一些资源以及下放部分权力。精英集团为这些利益展开竞争，他们所依靠的部分是那些已经存在于当地社会的团体和联盟，部分是由统治者划定的“选区”。这些统治者将印度社会视为由不同利益集团、社区和民族拼凑而成的大杂烩。

当人们通过与西方思想及英国人的势力的相互作用，以新的方式开始审视自己的时候，社会认同感具有了一种新的政治意义。在英国统治之前的历史中，我们没有见过有关印度国家的设想或者任何遍布整个次大陆的印度社会的整体意识。当国家地位的观念和政治权利的观念渗透到精英集团的思想意识中时，做一名印度人，或是印度教教徒，或是孟加拉人，便具有了全新的意义。当新的统治者在地方机构和立法机构中分配席位，或根据社区和（在某些情况下）社会阶层分配教育资金时，社区和社会阶层便成了政治竞争的焦点。社会差别和教义上的分歧过去很少导致国内冲突，而现在却成了竞争和政治对抗的原因。英国人认为印度教教徒和穆斯林是两个相互敌对的集团，这一并不符合事实的观点成为英国人分配权力和资源的重要依据；印度教教徒与穆斯林的对立以及印度最终的分裂只是最终结果。虽然英国的政策制定者实际上并没有对冲突火上浇油，但却很乐意对此加以利用。例如，虽然对民族主义运动代表所有的印度人这一主张持反对意见的穆斯林领导人受到了英国人的青睐并被视为潜在的盟友，但在最后时刻英国人却拼命地想阻止印度的分裂，因为他们认为分裂对英国的全球战略利益构成威胁。

印度的民族主义——由次大陆各不相同的民族组成一个国家——思想当然也是英国对印度进行统治的结果。统治者没有鼓励上述思想，而他们的宣传家们则对一个存在着千差万别的民族可以组成一个国家的思想嗤之以鼻。然而殖民地精英集团的出现却为泛印度民族主义运动奠定了基础。就他们的期望和挫折，共同使用的语言，共同的设想，以及在一个政府的领导下实现统一而言，这些统治精英们在许多方面同根同源。

在印度的英国人明目张胆的种族歧视行为严重地影响到政府机构，有力地推动了民族主义感情的发展壮大。所有的印度人，不论其社会地位如何，都有过被当作劣等种族来对待的经历。非白种人实际上从未被任命为高级官员。英国人强烈反对使自己服从印度法官权威的建议。总督寇松勋

加尔各答大屠杀

1946年8月，加尔各答发生暴乱，这就是众所周知的“加尔各答大屠杀”，约四千人丧生。印度教教徒与穆斯林的众多暴力冲突导致了英国统治的结束和印巴分治。

爵曾说在印度的英国人杀人可以逍遥法外，因为没有任何一个白人陪审团会裁定杀死当地人的白人有罪。直到 1930 年，英国官员才在一份秘密的军队备忘录中被告诫不要踢印度人。印度名人们的人生经历中充满了遭受种族凌辱的事件；遭受压迫奴役的共同经历激发了共同建国的信念。

经过独立运动，建立印度国家的理想在 1947 年成为现实。新的印度民族主义运动受到在英国实行而在印度被拒绝的代议制民主的理念的鼓舞，同时它也受到社会平等理念的激励。但是独立斗争的迫切需要限制了 1947 年之后实施这些理念的范围。由于意识到国家极端的贫困以及社会不公的普遍存在（这些都是殖民政府原封未动遗留下来的问题），民族主义者采取了一些措施来减轻人民的痛苦和不幸。但因为民族主义者要寻求社会所有阶层的支持，而穷人与特权阶层的利益又发生冲突，因此一般的趋势是避免冲突和维持现状。例如，无地者和收益分成佃农的境遇没有丝毫改善；而对土地拥有一些权利并渐渐成为民族主义运动强大基础的乡绅阶层却在独立中受益匪浅：他们的主要敌人大地主与印度王公一样丧失了土地。

动员、支持并维护一个由多种民族成分和相互冲突的利益集团构成的组织的努力为建立一个独特的民族国家奠定了基础，但其种族的多样性是史无前例的。与苏联不同，这个民族国家的诞生得到了各地区人民的积极赞同，并且已经毫无异议、基本上完整无缺地存在了五十多年。将王公的邦国，即受英国保护的独裁者统治的印度五分之二的领土纳入普通大众支持的民主体制，使印度 1947 年比在殖民统治时期具有更大的优势。

英国殖民统治在文化上的影响

西式教育在引进初期受到了殖民地新精英阶层热情的欢迎，他们想更好地掌握在新政权下作为事业关键的英语，而且为引进工作做出了很大的贡献。这些精英还想学习西方的科技和人文学科，相信这些东西将会推动社会的进步。英国的政策制定者，如托马斯·麦考利，鄙视东方文化，想造就出一个除了外表之外完全西方化的阶层。对说统治者语言的公务员的需求当然是个要考虑的因素，而作为西式教育主要传播者的传教士则希望使印度基督教化。

西式教育的长期影响与倡导者们所期望的大相径庭。这种教育好比一种催化剂——导致了与简单采用西方文化产品完全不同的过程。印度没有被基督教化；正相反，印度人开始对理性的追求动摇了他们对自身传统的信念，也对接受基督教的教义产生了不利影响。新的高等教育机构培养的人才仍然热爱西方文明的某些特征。但是，自由民主和平等的理念较之在英国不成文宪法中被奉为神圣的君主立宪制有更大的吸引力，其影响力更大，以至于教育官员曾一度认真考虑过将英国人争取民权斗争的历史排除在印度学校和大学的课程之外。

文化碰撞的一个重要的结果就是独具特色的印度民族主义运动的诞生。这种运动强调印度各个不同民族共同拥有的文化传统和信念，认为印度文明拥有独一无二的同化力量，这种力量已经创造了由各式各样甚至常常对立的成分组成的统一文化，为建立未来的印度国家奠定了基础。虽然被动员起来支持独立运动的广大人民比较好地理解了文化共存和统一的寓意，但新的政治文化也存有潜在的分歧。从根本上说，它是接受西式教育的城市阶层的文化，其核心是西方自由的人文主义的民主理念，而这些对于普通的印度百姓来讲毫无意义。其中的一些理念是通过甘地自觉的印度生活方式和民族主义运动领导人及其追随者的超凡魅力来传播的。这些人都遭到了当局的迫害。但正如现在许多历史学家指出的那样，人民大众以自己特有的方式诠释民族主义的寓意，完全不同于中产阶级对它的理解。近代的领导人希望根深蒂固的观念和信仰可以通过挥动理性、科学技术的魔杖来改变，这未免天真了些。总的来说，印度民族主义运动的领导人坚持政教分离的观点，认为国家在宗教问题上应保持中立和一视同仁。印度的人民大众却并不同意这一观点，对他们来说宗教和政治通常是密不可分的。

西式教育的确造就出一批知识分子，从某些方面来说，他们在心理上与欧洲及美国的现代文明的发展相适应。既然他们构成了民族主义运动的领导层，因此说他们失去了印度民族的特征是明显错误的。西方思想的引入导致了文学和艺术创作的繁荣，其成就不论以任何标准衡量都是巨大的。这些创造性成果的大部分都体现出新的民族意识。能够使用一门世界性的语言是印度受过良好教育的阶层的一笔巨大财富。由于继承了英国殖民统治的语言英语，印度得以成为世界上拥有数量最多、训练有素的科技人员的第二大国。然而事实是在接受英式教育大约 180 年后，只有不到 2% 的印度人懂英语。这个比率在 1947 年更低，那时在整个次大陆只有 17 所大学和 200 所学院；而如今仅印度联邦就有 140 所大学和 2000 所学院。由这种文化对立造成的巨大裂痕仍然无法弥合。麦考利认为西方文化将为人民大众所接受，但事实并非如此。精英阶层的思维方式对于平民百姓来说仍然难于理解。也许正是这一事实，而不是许多人讨论的印度种族的多样性，构成了对一个民族国家稳定的真正威胁。

殖民历史和南亚次大陆的未来

英国殖民统治的残余影响在现今次大陆的生活中仍然存在。尽管人们力图不用英语，特别是在孟加拉国，但英语仍然是学术交流中的主要语言；而在印度，英语实际上还是官方语言。更为重要的是，那些代表精英阶层切身利益和国家政策重视的信念和观点，可以回溯到在帝国当局的支持下与西方思想进行的具有催化作用的接触。平民百姓与特权阶层的巨大差别的部分原因就是这种西方“影响”。殖民历史遗留的影响是否在不久的将来荡然无存，这很难预料。殖民历史遗留下来的一个完全负面的问题，即印度教信徒与穆斯林之间的对立似乎注定要继续存在下去，而这种对立已经变成国家层面上的印巴冲突以及孟加拉国对印度的恐惧症。从积极的一面来看，产生于殖民时代的对民主、经济发展和社会公平的渴望——虽说这些东西不完全是英国殖民统治的恩赐——现在是次大陆人民生活不可或缺的一部分。怀疑和推测其实现的可能性是不明智的。

1905 年，孟买杰姆斯特吉·吉博医院的医生

杰姆斯特吉·吉博医院是一家设施完备的医院。在那里，印度医生的职业水准可与他们的欧洲同行相媲美。这家医院是为救助孟买的穷苦人而建立的，但它拥有的 296 张床位很难满足该城大量贫民的需求。印度医生与他们潜在的患者之间的差别的确非常大。

结束语　对帝国的回顾

P. J. 马歇尔

对帝国的历史究竟应该怎样评价？对一些人来说，这个问题不难回答。帝国或帝国主义就其本质而言是邪恶的事物，不能得到宽恕。托伊因 · 法洛拉写道：“帝国主义有悖常情，是一群人对另一群人的统治。”既然帝国的基础是剥夺人们自治和决定自己命运的权利，因此它是完全不能容许的。这就是问题的关键所在。

殖民地人民的命运的确是掌握在别人手中。此外，帝国政权谋求的利益最终总是如愿以偿。这当然是一种有悖常情的情形。然而，在 20 世纪之前，世界上任何地方的政权很少对它们所统治的人民的愿望负责。例如，亚洲许多大国被广大异族统治，统治者在种族上完全异于他们的广大臣民。因此，在谈论任何过去的统治制度时，有关它的起源或意图的问题最终似乎没有它怎样影响处于它治下的人民这一问题那么重要。英国统治是否改善了其治下人民的生活？抑或他们遭受的贫困超出了物质方面，并包括社会解体、文化贫瘠以及归属感的丧失？经历帝国统治的人发生过什么事？类似问题几乎不可避免地逐渐变成帝国结束后给获得独立的未来数代人留下了什么遗产的争论。大英帝国给它的继承者究竟遗留下了什么呢？

评判标准

要评价大英帝国如何影响其治下人们的生活，必须首先明确评判的标准。被统治者的利益是什么？长期以来有人认为，世界上所有的民族都有大致相同的抱负。他们希望成为民族国家的公民和“现代”社会的成员，拥有自由世俗的价值观和民主的政府，其经济以工业化和技术革新为基础。假如英国的殖民统治为民族国家在这些方面打下了基础，那么它或许要受到赞扬；假如它被判定阻碍了这些特征的发展，那么它应受谴责。从这个意义上来说，“现代”民族国家实际上正是大多数殖民地的民族主义者所需要的而且至少是那些新国家的第一代领导人力图要创立的。但是甘地却是个非常明显的例外。

然而，现代这一概念以及它被附加的东西，看起来更加令人怀疑。常常有人认为，非洲的现代民族国家是陌生的外国模式的引进版，它对这些国家的人民来说是个灾难。亚洲和非洲的很多人把自由或世俗的价值观看作是西方国家所强加，与他们自己的文化格格不入。对许多国家来说，工业化的适当性似乎很值得怀疑。简而言之，评判被统治者利益的标准并非完全是不言而喻的，也并非是永恒不变的。然而，某些标准仍然需要一定的共识。几乎没有人否认富裕要比贫穷好，教育有百益而无一害，一个对其臣民负责的政府和法治比独裁统治更可取。根据大英帝国创造这些条件的能力来评判它，是没有道理的。

替代帝国的其他选择

关于过去"如果……将会怎么样？"的问题只能用最具推测性和试探性的方式来回答，但是如果不考虑大英帝国的替代性选择，对它的历史的任何评价都是不太真实的。那些谴责大英帝国的人有必要想一想，没有它，世界会像个什么样子。有一个民族避免了帝国统治并依靠自己的努力实现了大多数普遍的现代目标，这个明显的例子就是日本。从17世纪30年代的"闭关锁国"到19世纪50年代被迫"开放门户"之间，日本同欧洲国家几乎没有直接接触。然而，在与外界隔绝的这个时期里，日本本国的统治者在推动社会和经济发展的同时，能够广泛地借鉴西方的经验而不失去对自己事务的控制，并在19世纪末使日本成为一个现代国家。

虽然这种独立自主指导变革的模式给人以深刻的印象，但是它很可能不容易适用于亚洲的其他地区或非洲。长期与外界隔绝而又能够抵制入侵并吸收和利用入侵者的长处，这种情况的确异乎寻常。20世纪前，没有证据表明其他国家在发展一种现代国家和工业经济赖以兴起的经济、社会和政治基础。这些国家也很难摆脱欧洲人的统治。除了日本以外，只有世界上最遥远的内陆地区才能做到这一点。大多数非欧洲国家（如中国、伊朗或土耳其），要么独立自主性在欧洲人的压力下受到严重的损害，要么被并入一个殖民帝国。那些没有被英国人占领的国家很可能屈服于俄国人、法国人或德国人，而且西班牙、葡萄牙以及荷兰的旧殖民体系也在进行扩张，比利时、意大利和美国正在成为新的殖民大国。19世纪后半期，如果不受英国人的统治就很有可能被另一个欧洲大国所统治。

大英帝国和其他帝国

从表面上来看，殖民地比较史是个有趣的话题。尤其是对英国人来说，这种历史与他们的民族自尊心有很大的关系。许多英国人认为，他们在海外建立移民殖民地以及统治非欧洲民族的历史比其他任何大国在这方面的历史要好得多。其他欧洲国家压迫他们的海外公民，逼迫他们反叛。英国人在美国独立这一不幸事件发生后学会培育自由之纽带，这种纽带演变成一个独一无二的组织——英联邦。在热带地区，西班牙和葡萄牙的帝国政权腐败无能；荷兰人是赤裸裸的唯利是图者；德国人和俄国人残暴好战；法国人是盛气凌人的大国沙文主义者，把他们自己的文化价值观强加于别人；而英国人的统治则宽宏大量，关心被统治者的利益。其他的人力图抵抗民族主义的压力，却遭到失败：荷兰人在印度尼西亚以及法国人在阿尔及利亚就是例证。英国人却与殖民地的民族主义者建立了伙伴关系，并体面和友善地脱离了帝国。

"毒蛇缠身"

1906年登载于《笨拙》杂志的这幅卡通画反映了英国人对比利时国王利奥波德二世的政府给刚果人造成种种痛苦的强烈反感。利奥波德二世把刚果当作他自己的领地进行统治。外国殖民统治的种种恶行在英国似乎是声名狼藉，众人皆知，刚果的情况就是个例子。

这些人们普遍坚持的看法的根据又如何呢？由于在其他大国的帝国里没有可与最重要的英国殖民事业相比较的东西，因而对照其他国家的历史来评价大英帝国历史的任何尝试变得困难重重。像北美13个殖民地的英裔美国人一样，西班牙和葡萄牙的海外社区在19世纪初期摆脱了宗主国的统治。因此19世纪的英国移民殖民地和20世纪的联邦自治领在任何现代的欧洲帝国里没有相类似的事物。英属印度帝国与众不同，幅员辽阔，资源丰富，人口众多，没有哪一个欧洲殖民地可与之相提并论。

即使可以进行直接比较，但是不同类型的欧洲殖民统治的相同之处很可能比他们的差异更加突出。18世纪的奴隶制度别无二致：欧洲的奴隶制度可能比其他国家的奴隶制度更人道的说法没有根据。人们对19世纪后期和20世纪的非洲帝国做了许多有价值的对比性研究，这些帝国也有不少基本的相同之处。当然，行政管理技术和风格各有不同，教育制度或城镇布局也是如此。然而，这些差异的实际影响几乎只有城市化的精英们才能感受到。广大非洲人民的生活大同小异，无论他们的统治者是英国人、法国人、德国人、比利时人、葡萄牙人或西班牙人。重要的是他们是居住在由移民者或商业企业统治的殖民地里，还是居住在非洲酋长基本上自行其是的地方。

从被统治者的角度来看，各欧洲国家的帝国在本质上没有什么区别，无论做哪个帝国的公民都没有什么特别的好处。这些相同之处的原因显而易见。西欧社会有许多共同之处，它们的帝国制度的基本利益相同。此外，无论统治者是谁，殖民地的统治方式很大程度上受到被统治者的影响。英属印度的基础是印度帝国；非洲殖民地的基础是非洲人民。除了本书其他各章的大部分作者以外，尽管当地人的参与程度以及殖民时期和前殖民时期制度的连续性，对托因·法洛拉和塔潘·雷肖德胡里来说没有那么明显，被统治者与统治者一道共同创建帝国的论点在本书的每个章节都得到了阐释。

英国人的独特之处

如果说欧洲国家各帝国之间的一般相同点意味着有关英国人的乐善好施和其他人的剥削行为的陈腐之见没有多少根据，英国在世界各地的殖民统治仍然具有与众不同的特点。英国人设计的法律制度具有普通法的传统，至少在理论上尊重政府的责任和个人的权利，尽管白人的权利通常要比非白人的权利牢固得多。直至美国传教会的兴起，在海外的新传教士几乎全是英国人。国内的新教组织为英帝国统治扮演一种良心的角色，它们在反奴隶制的年代里非常有力量；新教组织后来逐渐衰弱，但是仍然活跃到帝国的结束。没有一个欧洲国家可与之相提并论。虽然很难解释，1945 年后英国政府不愿意被卷入重要的殖民战争是无可非议的。在欧洲大陆，法国将军戴高乐上台后，也不愿意卷入类似的殖民战争。

是不是英国人比其他欧洲人更具“种族主义”倾向？虽然所有的欧洲人都信奉“种族”等级并根据这种信念实行种族歧视政策，但英国人具有一种特别明显的种族等级观念，与此相适应的是非常严格的政策。英国种族主义表现在本书的许多地方。英国移民殖民地对非白人移民怀有很深的敌意。划分清楚的边界线把“土著人”排除在殖民城镇的英国人居住区之外。就商业机会分配而言，正如戴维·费尔德豪斯所说：“总的来说……帝国实行种族主义。”南非的种族隔离制度是所有种族隔离制度中最僵化的一种，其根源可以追溯到英国统治时期。英国人从来不愿意宽容异族通婚，他们很少对混血人群与白人一视同仁，而异族通婚在其他一些帝国较为常见。

帝国的多样性

根据物质享受、教育水平以及政府的政治责任这些大致的标准来看，那些曾经为大英帝国一分子的国家之间现在存在着很大的差别。除南非外，有人习惯性认为曾经是移民殖民地的国家将在各个方面获得极大的成功。远东的城邦新加坡和香港在经济和教育方面取得了杰出的成就，并在这两方面领先于英国。另一方面，前大英帝国的一些地区现在仍是世界上最贫穷的国家，遭受内战、军事统治和其他形式的独裁之苦。

虽然独立后的岁月里所发生的事情可能完全归咎于殖民历史，但是前殖民地国家目前在政治和经济发展程度方面存在的巨大差异准确地反映了大英帝国存在的巨大多样性。帝国的各地区和各民族迥然不同，为此英国统治采取非常不同的形式，具有不同的意义。因此，笼统地评价大英帝国的历史基本上是徒劳之举。它的成败得失必须与特定时代特定地区相联系。它们取决于英国在那个地区存在的性质以及那个地区的人民对这种存在是如何做出反应的。大英帝国的历史就是统治者与被统治者之间纷繁复杂的相互作用。对帝国的任何评判必须考虑到英国人力图实施统治的各种方式以及这些方式面对的各种反应。

不同的统治模式

在帝国的不同地区，英国统治可能采取不同形式，这是本书每一章得出的结论。A.J. 斯托克韦尔指出，找到帝国政府中一成不变的做法并了解英国人在这方面究竟留下了什么样的遗产是何等困难，更不用说对英国统治进行评价。当然英国人对英国殖民地的机构和组织要承担某种义务，但是殖民地实际发生的事情却很不一样。某些地区很早就获得了自治，而其他地区几乎在殖民统治结束时才实行自治。在某些情况下，英国人力图保留他们所认为的“传统的”统治者，并通过这些人实行间接统治。在其他地区，他们让这些人靠边站，亲自直接治理当地的人民大众。甚至在同一个地区，英国的政策本身就体现着矛盾的因素：一方面，英国人非常希望把殖民地发展成更强大、更团结、更稳定的地区；另一方面，他们始终倾

总督欢迎仪式

一位非洲艺术家记录了一位英国高级官员到达东非海岸一港口的情景。正如该图所示，英国在东非海岸的统治是以几艘军舰和非洲士兵为基础的。

向于把殖民地各民族视为不同种族、部落和种姓的混合物，并对他们加以区别对待。因此，那些统治前英国殖民地的人继承的政治遗产迥然不同就不足为奇了。在新国家的领土内，一些民族经过一段很长时间而形成了一种持久的民族认同感；在其他国家里，各种不同的社区没有什么民族团结的意识。在一些殖民地里，代议政体和大众参与政治有很深的渊源；在其他殖民地里，绝大多数人独立时才第一次行使投票权。一些新国家继承了相当强大的国家机构。在南亚，在这些机构工作的本国人已占很高的比例。在东非和中非殖民地，基本的政府机构几乎一直由英国官员管理到殖民统治结束。

戴维·华尔德豪斯确认了帝国经济管理中某些基本一致性的东西：至少到20世纪中叶，各殖民地不得不利用自己的资源自力更生平衡预算；鼓励稳定的货币和汇率；不鼓励保护性关税。但是他也指出许多不同的具体做法：在一些热带殖民地，农业以欧洲人的种植为主；而在其他殖民地.农业则以小规模的自耕农生产为主。一些新独立的国家继承了比较先进的基础设施，如港口设施、铁路或灌溉系统；还有些新独立的国家则继承的非常少。根据非洲的标准，肯尼亚是个富裕的殖民地，殖民时期就建有一条单线铁路，但是到了1958年该殖民地只有2%的道路是渣土路。在独立前夕，一些殖民地多种经济成分并存，其中或许包括一些制造行业；其他殖民地依赖单一作物出口创汇。较小的西印度群岛和贫穷的非洲地区甚至连这些也缺乏。

非系统性的英国化

安德鲁·波特描述了“无条理的”、“自发的”和“无意的”英国人在传播英国文化时是怎样扮演“有目的”的传播者这一角色的。尽管英国人对他们的价值观深信不疑，但他们从来没有系统性地使其殖民地英国化。即使他们曾系统地做过，但是在有些社会里传播新的文化影响显然受到限制，因为在这些社会里广大群众生活贫穷，殖民政府缺乏用于教育的投资。不用说全民学习英语了，大多数亚洲或非洲国家只有在独立以后才开始尝试解决广大群众的读书写字问题。

托马斯 .R. 梅特卡夫发现，尽管英国建筑形式被广泛模仿和利用，但英国殖民地城市没有单一的模式。不同类型的城镇由不同的动因发展而来：贸易城镇，政府所在地的城镇，有守备部队驻防的城镇，矿山城镇以及山间驻地城镇。英国人不是武断的城镇规划者，除了像新德里这样少见的例外，当地的人们通常可自由选择在他们愿意的地方修建房子。在 19 世纪的大部分时期里，英国国内城市政府的功能通常受到一些限制；英国殖民当局也不力图管理城市生活的许多方面。

对权力的限制

无论英国人可能力图做或不做什么，在殖民地实际发生的事情在很大程度上取决于那些被英国人统治的人们。持这种观点并不是说武力和高压统治在英帝国的实践中不重要，而是承认 A.J. 斯托克韦尔所描述的使用武力有一定的限度。英国人确定边界，建立帝国机构，生活在这些边界内的居民无论这些边界的划分从种族的角度来看是多么武断，也只能别无选择地适应这些机构。这种前殖民时期边界线的持久性是殖民权力在这个意义上功效的产物。然而，在殖民地边界内，英国人的权力常常是消极的而不是积极的。它可能阻止人们做一些事，但不会逼迫他们去做别的事。英国人会摧毁抵抗他们的邦国，镇压反叛。他们会剥夺上层人士的特权，如

种姓、部落或阶级？在英国人统治之下的印度和非洲发生的社会变革

1853年，卡尔·马克思写道："英国不得不完成双重使命：一个是摧毁性的，即消灭亚洲的旧社会；另一个是重建，即为在亚洲建立西方社会打下物质基础。"这样的期望在帝国时代非常普遍：被人们视为"传统的"亚洲和非洲社会将在世界上最"现代的"国家——英国的统治之下发生根本性的变革。现代社会的基础是阶级，而阶级的划分主要是根据人的财富：随着人们变得富有，他们的社会地位将相应地得到提高。有人认为，传统社会是等级森严的，一成不变的。信奉印度教的印度被认为创造了世界上最刻板的等级制度：印度教徒出生的种姓决定了他们一生所处的社会地位。前非洲殖民地社会据说也是划分成不同部落，实际上不允许在社会地位方面发生任何变动。

殖民统治将很有可能打破印度和非洲多年来人们的社会地位一成不变的局面。获取财富的新机会使人们变得富有，一个以阶级为基础的新社会即将诞生。马克思预见："因铁路系统而产生的现代工业将终结代代相传的劳动分工。印度的种姓制度就是建立在这种劳动分工的基础之上的，是印度发展和强盛的决定性障碍。"

乍看起来，这些期望似乎没有实现。在印度，种姓制度还很活跃；现代非洲许多地方的部落也是如此。但是如果根据种姓制度和部落仍未寿终正寝而臆断在英国的殖民统治之下印度和非洲社会没有发生变化则是大错特错了。其实现代形式的种姓制度和部落并不仅仅是过去的种姓制度和部落的延续，它们实际上是殖民时期的产物，反映了当时发生的变革。

当然，英国人不是种姓制度的发明者，但在一个显然不容改变的种姓制度里，把印度人分成三六九等的做法实际上在英国的殖民统治之下得到了加强。英国人所认可的印度法律是由高贵之士，即祭司或种姓的最高等级留传给他们的。这些高贵之士对法律的解释体现了对种姓等级制度的看法。在实施他们的解释时，英国人很可能赋予它前所未有的约束力。

人们所说的现代非洲部落制度在很大程度上也归因于殖民时期。殖民统治使部落具有了更明确的定义。人口普查根据部落对人进行分类：在某殖民地，"保留地"里的土地也是按照部落进行分配的。非但不像城镇那样消解部落，一些城市移民群体往往在与其他群体竞争工作、住房，以及在组织具有部落基础的政党而竞争最终权力时也强调他们的部落身份。

殖民地印度和非洲的阶级情况又如何呢？当然人们有可能辨别印度和非洲的劳动阶级和中产阶级。在商贸人士以及城镇中的职业人士中，中产阶级的发展尤为显著，而城市的贫民可以被视为劳动阶级。农村也发生了类似变化。在农村，殖民政策通常鼓励个人拥有土地，导致产生了拥有自己土地的殷实农场主组成的中产阶级以及为农场主打工的无地阶级。

到殖民统治结束时，许多人既与那些具有类似种姓或部落背景的相认同，又与那些似乎与他们具有相同的社会地位的人相认同。因此，非洲和印度社会可以说是部落和种姓社会，又是不同阶级的社会。然而，如果把一整套范畴视为传统的延续而把另一整套范畴视为现代发展的产物，则可能使人误入歧途。从某种意义上说，二者都是现代的。殖民统治改变了人们，但是它没有以源自西方或英国的模式的简单方式来改变他们。

乔莫·肯雅塔与一位将军在一起

独立后肯尼亚军队的军官继续身穿英国制服，而肯雅塔总统在公众场合穿着他认为适合现代肯尼亚人的非洲服装。

1896年迫使黄金海岸（加纳）阿散蒂王国的国王流亡；废黜印度王公，并把他们的邦国并入英属印度。英国人会行使刑法禁止被视为野蛮的习俗，如禁止烧死寡妇或杀害婴儿。在自由贸易和交通费用比较低廉的情况下，英国的进口产品可以消除一些与之竞争的产品，如印度的手工织布。交通的改善使疾病蔓延，世界范围的战争导致高死亡率。另一方面，英国人可以决定谁将代替在他们统治下失势的旧特权阶层。但他们改变人们的信念或社会习俗的权力是有限的。他们也不会自动地推动经济的发展。直到英国人统治的很晚时期，他们没能在非洲或亚洲预防疾病，或极大降低死亡率。事实是否真的如此？假如真是这样，那它在很大程度上是被英国人统治的民族造成的。

对帝国各种不同的反应

大英帝国的统治限制了选择，但是也创造了机会，被英国人统治的人民对此以非常不同的方式做出了反应。

政治上的统一

A.J. 斯托克韦尔描述了在英国人的统治下人们有机会获得一定的权力。像所有帝国一样，大英帝国的管理需要“合作”（在这里，这个词的含义应该是中性的，没有人们通常予以它的贬义）。简言之，英国人如果不向被统治者分权就无法统治任何殖民地。各种机会存在着，如在那些成立了责任制政府的移民殖民地，英国人有可能遭到排挤而丧失几乎所有的有效控制权；或者为他们在亚洲或非洲的行政机构配备官员，使这些官员代表他们对地方施加影响。由于英国人的基本原则通常是建立在谁适合或不适合分享权力的种族主义假定的基础之上，这些原则就决定了他们对要提供的东西有所侧重；但是地方上的倡议仍有许多空间利用这一点。因此，在实践中，权力在英国人与其臣民之间如何划分，在各殖民地都不一样；不过各殖民地的政权从来不是完全由英国人控制的。

经济上的反应

英国人提供的经济礼物包括投资、市场、技术，还有金融服务，如银行业务和保险。正如戴维·费尔德豪斯强调指出，这些礼物当然不是白送的。在20世纪中期《殖民地发展与福利法案》通过之前，根本不存在诸如现代援助计划之类的东西。能够偿还贷款利息或购买技术和服务的殖民地社区才能享受这些好处。在帝国内部，某些商业集团——当然并不是所有的这些集团都一定是白人的——能够利用英国人提供的东西并兴旺发达起来。19世纪，孟买的帕西人、马亚半岛沿海和香港的中国商人以及西非港口的某些非洲贸易家族生意都很兴隆。20世纪20年代和30年代经济萧条和价格暴跌之前，移民殖民地的许多白人农场主以及印度和西非的一些自耕农生产者生活得都不错。对广大的穷人来说，帝国几乎没有提供什么帮助，它迫使人们流动寻找工作，其中大多数人在矿山、城市或种植园从事繁重的体力劳动；而且至少到20世纪，帝国甚至都不能保护它的印度臣民，使得大批的人死于饥荒。在塔潘·雷肖德胡里看来，帝国对广大印度人民造成的后果的确是百害而无一利。

在香港的劳斯莱斯汽车及其得意扬扬的车主

19世纪中叶以来，在殖民体系内，成功的中国商人积极进取，获得了丰厚的回报。

文化上的反应

据安德鲁·波特所说："教育和观念的推广由殖民的民族希望接受的东西所决定。"他指出，恰恰与英国人的期望相反，帝国提供的体系不仅用来传播基督教和英语，而且在这个体系内除了基督教和英语外其他宗教和语言也能传播。不能强迫人们皈依基督教或学英语，他们是否这样做取决于社会的性质。一般说来，帝国各地的伊斯兰教信徒至少开始便过于自信，对英国文化不那么感兴趣。人们的反应也取决于经济情况。贫穷不是皈依基督教的障碍，但是学英语需要对另一种语言具备读写能力。穷人通常都是目不识丁，而英国人又没有能力使他们接受教育。

在英国人的大力帮助下，殖民地城市的居民营造他们自己的环境，建立他们自己的机构，逐渐赋予源于帝国目的的事物他们自己的特征。托马斯.R. 梅特卡夫主张的主题是转变，甚至在帝国结束之前殖民地城市向民族城市转变。这就说，这些城市不再反映世界范围的大英帝国的特征，而是呈现出他们所在的新兴民族国家的特征。

约翰.M. 麦肯齐又一次揭示了多样性的主题，在这个方面是艺术反应的多样性。澳大拉西亚、加拿大和南非白人社会的艺术起初受到英国模式极大的影响，但是到了19世纪末，与众不同的民族流派已经形成。当地的艺术传统在非欧洲人的社区里延续下来，为以后数代非洲和印度艺术家以及一些寻求新的表现自我方式的欧洲艺术家提供灵感。因此，帝国的艺术史像帝国其他许多方面一样，是观念交流和传统融合的历史。

对帝国的评价

英国人在各殖民地的积极行动以及殖民地各民族对此的反应都各不相同，因而产生了非常不同的效果。因此，要对大英帝国的历史做出明确的整体评价几乎是不可能的。鉴于过去对帝国历史的阐释经常用来服务于一些非常有争议的目的，在做出评价时持谨慎态度毫无疑问是大有裨益的。然而，大英帝国历史涉及的问题不仅对当时的英国以及被英国统治的民族具有非常重要的意义，而且与当代世界仍然密切相关。英国人处理这些问题的历史招致了人们吹毛求疵的评价，尽管这些评价对帝国的不同时期可能有所不同。

维多利亚时代的帝国

在整个 19 世纪，英国在欧洲以外的地区发动了多次战争。例如，在 19 世纪 50 年代，英国人在新西兰和好望角征战；英军入侵伊朗和中国；在中国，英法联军焚烧北京的（圆明园）；英军对缅甸人发动攻击，并不得不在惨烈的战斗中投入大量的兵力，以镇压孟加拉印度士兵的反叛；重新征服印度北部大部分地区。尽管维多利亚时代的帝国强横又肆无忌惮，过分自信，然而却拥有其后来继任者缺乏的创造力。

英国领先于欧洲其他国家意味着在 19 世纪的大部分时间里与英国的联系很有可能带来真正的补偿，尽管这种联系是武力和杀戮强加的。英国是移民、资本、各种技术和专门知识的源泉，没有哪一个国家能与之匹敌；英国还是绝大多制造产品的最廉价的供应者和各种食品以及原材料最大的市场。英国人是一种文化和一整套价值观自豪的监护人，其他许多人发现这些东西的确很有吸引力。

19 世纪，大批的英国移民改变了澳大利亚、新西兰和加拿大，使当地的民族付出了高昂的代价。印度当然不是在同一时期被改变，但是在像加尔各答和孟买这样的城市的一些小群体里，出现了帝国文化和印度文化明显的融合。在19世纪的后半期，在港口城市的外边，铁路给一部分农村人口带来了机会，新的学校和学院扩大了教育。现代历史学家没有把反奴隶制运动描绘成简单的善良反对邪恶的运动，他们认识到这一运动的动机不明确。废奴主义者没想为加勒比海地区的黑人创造新的机会，更不用说为西非的黑人了。即使如此，废奴运动说明广大英国公众和一部分政治领导人的积极参与以及对非欧洲人民的关心。在英国历史上后来是否还有这么高的参与程度，值得怀疑。

20世纪的大英帝国

假如还有其他选择的话，19世纪选择大英帝国而不是其他帝国总的说来或许并非是一件不幸的事。然而，到该世纪末，大胆的创造性逐渐为谨慎小心所代替。20世纪，大英帝国的吸引力开始变弱；其他选择更具诱惑力，包括独立的前景。

英国人使他们的帝国卷入了两次世界大战。参战的许多人为此显然感到自豪，并且把他们自己与英国的事业密切地联系起来。两次世界大战推动了政治和经济的变革，这些变革削弱了英国对帝国的控制。然而，战争不仅给大部分自愿战斗人员而且也给大量非战斗人员造成了极大的痛苦。在19世纪最后的25年里，英国人在瓜分非洲的过程中不遗余力，但在鼓励那里的政治或经济发展方面却无所作为，这种状况一直持续到第二次世界大战。1910年在南非，英国人授予由几乎完全是白人选民选举的新联合政府实际上全权管理其内部事务，不再力图在白人和黑人的关系中扮演重要角色。帝国在中东的新冒险使得英国人深陷巴勒斯坦而不能自拔，因而在其他地方无所建树。由于面临经济衰退和民族主义的挑战，英国人在两次大战之间的年代里一般被迫采取守势。然而，正如K.S.英格利斯所说，通过使用像“蓄意制造的语言模糊性”这样的策略，英国成功地博得了自治领不同类型的民族主义的好感，甚至在反对印度民族主义时采取比较巧妙的拖延战术以争取时间。

第二次世界大战及其后果本可以促使英国的帝国创造力复兴，但是已经为时太晚。尽管英联邦充满了理想主义色彩，但不能保证英国人的选择比别人现在提供的所有其他选择更具竞争力。当英国人用计谋摆脱帝国时，他们以前的臣服者并不总是那么幸运，如在旁遮普约25万人被杀。尽

1963年1月12日，帝国对肯尼亚的统治在内罗毕宣告结束

这样的仪式在不同的殖民地接二连三地举行：在英国政要和新国家领导人的面前，英国国旗被降下，新国家的国旗被升起。

管如此，他们开始转向另外一种选择，首先进入欧洲。

人们有时认为，第三世界现在面临的困难表明英国人本应该延长他们的统治。然而，也有人认为，英国在印度完全移交权力实际上本应该在20世纪30年代进行，而不是拖延到20世纪50年代或更晚。此说很有道理。1947年，无论用何种形式，英国再也没有能力治理印度。虽然英国人在非洲的殖民统治的最后时期比过去更加有目的地推动经济的发展，提供医疗服务和教育，但这并不是说英国政府或英国选民准备动用可能对非洲问题产生重大影响的资源。英国殖民官员也不可能长久地保持他们的权威，他们无法在第二次世界大战后正在出现的政治条件下用他们认为合适的办法解决问题。总之，很难把帝国的结束视为早夭。一个曾经由众多帝国塑造的世界已经发展成熟，甚至使这些帝国中最大的一个成为历史陈迹。

参考指南

1783 年以来的大英帝国版图

本表所列地区或由英国统治，或在本书涉及的这个时期里由英国对它们行使主要的支配权。每个地区的命名在英国统治时期已为人们所熟知。诸如“受保护国”、“责任政府”一类词语已在 152 页至 153 页（英文原著）解释过。除了两种例外，所有地区获得独立的日期都一一列出：带※的地区在 1995 年仍然是英国的附属地；标有△的旧自治领当然是完全独立的国家，但是它们获得独立的时间很难确定。

亚丁　这个港口于 1839 年被东印度公司从阿拉伯人手中夺得，并由该公司统治到 1858 年。同年，它被移交给王国政府，成为英属印度的一部分。1936 年，亚丁成为一个单独的殖民地。英国与阿拉伯人酋长签订协定，规定从 1873 年起，内陆地区处于英国的保护之下并成立亚丁保护地。1963 年，亚丁加入南阿拉伯联邦，后者于 1967 年独立，为南也门。

※ 安圭拉岛　1650 年来自圣克里斯托弗岛的居民殖民于此，1663 年该岛被置于王国政府的统治之下。1882−1967 年，它与圣克里斯托弗组成联合政府。1967 年，它宣布退出与圣克里斯托弗岛的联合。1969 年，英国恢复对该岛的直接统治。

安提瓜　1632 年，来自圣克里斯托弗岛的居民殖民于此。1663 年，该岛被置于王国政府的统治之下。1981 年，安提瓜独立，国名为安提瓜和巴布达。

※ 阿森松岛　1815 年，该岛首次被皇家海军占领，其时拿破仑被囚禁在圣赫勒拿岛。1922 年，它在行政上由圣赫勒拿岛管辖。

△澳大利亚　1901 年，新南威尔士、昆士兰、南澳大利亚、塔斯马尼亚、维多利亚和西澳大利亚合并，成立澳大利亚联邦。

巴哈马群岛　从 1629 年起，就有人在该群岛殖民。1717 年始，由王国政府统治。巴哈马于 1973 年独立。

巴林　巴林的埃米尔 1882 年与英国签订保护条约。1971 年，巴林宣布完全独立。

巴巴多斯　1625 年，有人在这个荒无人烟的岛屿殖民。1663 年，该岛由王国政府直接统治。它于 1966 年独立。

巴苏陀兰　1868 年，这个由非洲人统治的地区被英国吞并。1871 年，巴苏陀兰转属好望角殖民地，但在 1884 年重新由英国人保护。它于 1966 年独立，国名莱索托。

贝吉纳　1884 年，一支英国远征军被派往该地区。1885 年，它被宣布成为英国的保护地。1895

年，贝吉纳的一部分转属好望角殖民地，但是其余部分仍由英国人保护，直至1966年独立，国名为博茨瓦纳。

※ **百慕大群岛** 1609年，有人对该群岛提出主权要求，1612年伦敦的一家公司在此殖民。1684年，百慕大岛由王国政府统治。

不丹 1864年在与英国人的一次战争后，不丹的边境地区被占领。1911年，不丹统治者与英国签订条约，保证它的内部统治，而英国人控制它的外交政策。随着印度独立，这种关系于1947年结束。

※ **英属南极领地** 1819年起，有人对这里的岛屿提出主权要求。1908年和1917年，对南极大陆部分地区提出的主权要求得到解决。1959年的《南极条约》制定了南极活动的规则。

英属哥伦比亚 1846年，与美国签订条约以后，英国分别于1849年和1858年在温哥华岛和大陆上建立了殖民地。1866年，这两个殖民地合并。1871年，英属哥伦比亚成为加拿大自治领的一部分。

英属圭亚那 荷兰的三块属地——伯比斯、德梅拉拉和埃塞奎博分别于1796年和1803年被占领，并于1814年并入英国的版图。1831年，这3个地区合并组成一个殖民地。该殖民地于1966年独立，国名为圭亚那。

英属洪都拉斯 约从1636年起，英国的洋苏木砍伐者就在沿岸的一些地点定居。西班牙与英国对这一地区展开争夺，直至1786年。1862–1884年，这块居留地由牙买加管辖。1884年，它成为单独的殖民地。它于1981年独立，国名为伯利兹。

※ **英属印度洋领地** 1965年，这个曾经为毛里求斯和塞舌尔群岛的附属地的群岛由英国直接统治。1976年，除查戈斯群岛外，它所有的岛屿独立时都归还给塞舌尔。英国仍然占有查戈斯群岛主要是为了防御目的。

英属卡夫拉里亚 经过与科萨人（“卡菲尔人”）在好望角殖民地边境的战争后，该殖民地于1847年成立。1866年，它并入好望角殖民地。

英属新几内亚 这个保护地建立于1884年，目的是抢在德国人之前对该地行使主权。1906年，它转属澳大利亚并重新命名为巴布亚。

英属索马里兰 1884年，这个沿海地区由亚丁保护。1897年它的边界划定，1905年成立单独的殖民地。1940–1941年它被意大利人占领。1960年独立，成为索马里的一部分。

※ **英属维尔京群岛** 从1666年起就有人在此殖民，1713年由王国政府统治。

文莱 1888年文莱苏丹处于英国人的保护之下。1942–1945年，他的领土被日本人占领。1983年，他成为一个独立国家的统治者。

缅甸 在分别始于1824年、1852年和1885年的三次战争中，英国人占领了缅甸国王的领土。英属缅甸行政上属于印度的一部分，直至1937年。1937年，一个单独的政府成立，从1942年到1945年，日本人占领缅甸。1948年，缅甸独立。

△**加拿大** 1867年成立的东西加拿大联邦与新不伦瑞克和新斯舍合并为加拿大自治领。英属哥伦比亚、爱德华王子岛和西北地区分别于1871年、1873年和1870年加入加拿大。1949年，纽芬兰岛加入联邦。

东加拿大 1760年英国人占领法属加拿大，该地区于1763年成为英属魁北克殖民地。1791年，魁北克分成两个单独的殖民地：上加拿大和下加拿大。1840年，下加拿大重新命名为东加拿大；它在1867年成立的联邦中是魁北克省的核心。

西加拿大 1791年魁北克殖民地一分为二（参见上一条目），西加拿大就是原来的上加拿大。1840年，上加拿大重新命名为西加拿大；它在1867年成立的联邦中是安大略省的核心。

布雷顿角岛 1758年，英国人从法国人手中夺取该岛。从1763年到1784年，它是新斯科舍的一部分。同年，它成为一个单独的殖民地。1820年，它重新并入新斯科舍。

好望角殖民地 英国人分别于1795年和1806年夺取荷兰人在好望角的几个殖民地。1814年，它们被英国吞并。1872年，好望角殖民地成立责任政府，并于1910年成为南非联邦的一部分。

※ **开曼群岛** 1670年，西班牙割让该群岛。它在行政上隶属于牙买加，直至1959年成为一个单独的殖民地。

锡兰 1796年，东印度公司从荷兰人手中夺取它的沿海地区，1802年转为王国政府统治。1815年，康提国王被废黜，整个岛屿由英国人统治。1948年锡兰获得独立，1972年采用斯里兰卡为国名。

库克群岛 1888年该群岛被吞并，并于1901年转属新西兰。

塞浦路斯 1878年，根据与土耳其签订的条约，该岛由英国统治。1914年它成为殖民地，1960年获得独立。

※ **南乔治亚群岛和南桑德韦奇群岛附属地** 英国对这两个群岛的主权要求追溯到1775年的詹姆斯·库克。英国分别于1908年和1917年对当时所称的马尔维纳斯群岛附属地施行统治，直至1962年。

多米尼加 1761年英国人从法国人手中夺得该岛，1763年英国将其吞并。从1778年到1783年，法国人重新占领该岛。多米尼加于1978年独立。

埃及 埃及名义上曾是土耳其的一个省，但实际上是独立之国。1882年，埃及被英国征服并占领。1914—1922年，它是英国的受保护国。1922年，它获得独立，但对英国要履行很强的条约义务。英国对运河区的占领一直延续到1954年。

爱尔兰 直至1922年，整个爱尔兰是不列颠联合王国的一个组成部分。1922年，爱尔兰南部的26个郡成立具有自治领地位的爱尔兰自由国。1948年爱尔兰脱离英联邦，成为爱尔兰共和国。

埃利斯群岛 1892年该群岛与吉尔伯特群岛一起受英国保护。从1916年起直至获得独立，埃利斯群岛是吉尔伯特和埃利斯群岛殖民地的一部分，1978年独立后成立图瓦卢国。

※ **马尔维纳斯群岛** 1765年，英国的第一次占领受到西班牙的异议。1774年英国人撤出，但是于1833年返回。1841年英国在此建立殖民统治。1982年，该群岛由阿根廷短暂占领。

斐济 从1835年起，传教士和殖民者在群岛上定居。1874年，应斐济酋长们的邀请，王国政府兼并该群岛。斐济于1970年独立。

冈比亚 从1661年起，贸易商在它的一些要塞定居。1821年由王国政府统治，行政上隶属于塞拉利昂。1888年，冈比亚成为一个单独的殖民地。1894年，其内陆地区作为被保护地并入王国。冈比亚于1965年获得独立。

※ **直布罗陀** 1704年，这个要塞被英国人从西班牙人手中夺得并占领；1713年，英国对它的占有通过条约得到确认。

吉尔伯特群岛 1892年，该群岛与埃利斯群岛一道成为被保护地。从1916年起，它是吉尔伯特和埃利斯群岛殖民地的一部分；1979年获得独立，改名为基里巴斯。

黄金海岸 从1631年起，贸易商在它的一些要塞定居。从1821年到1874年，这些要塞处于王国政府的统治之下，行政上隶属于塞拉利昂。从1828年到1843年曾由商人控制。从1830年起成立保护地，其面积向内陆延伸。1874年建立黄金海岸殖民地；领土面积进一步扩大，直至它的边界于1904年被确定。1919年，德属多哥的一部分并入。黄金海岸于1957年独立，国名为加纳。

格林纳达 1762年，英国人从法国人手中夺得该岛，第二年由英国吞并。从1779年到1783年，法国人重新占领它。格林纳达于1974年独立。

赫尔戈兰 1807年英国人从丹麦人手中夺得该岛；1890年赫尔戈兰割让给德国。

※ **香港** 1842年，中国割让该岛；1860年更多的领土被兼并，其中包括大陆的新界；从1898年起，租借期为99年。

印度 1609年起，东印度公司在印度沿海建立首批移民点。从1757年起，领土扩张的步伐加快，导致英国的统治在征服印度的一些邦以及使其他邦沦为英国人从属的同盟者地位后迅速扩大。这些邦要服从英国至高无上的权力。1858年，王国政府统治代替东印度公司统治。从1876年起，英国的君主被授予印度女皇或印度皇帝的称号。1947年，分治的英属印度独立，成为两个国家——印度和巴基斯坦。1972年孟加拉脱离巴基斯坦。

爱奥尼亚群岛 1809年英国人把法国人赶出了这个在1797年前曾经是威尼斯领地的群岛，并于1814年将其吞并。1864年，该群岛割让给希腊。

伊拉克 在第一次世界大战中，这个前土耳其的美索布达米亚省被英国人占领；1920年，成为英国的委任统治地。1922年，伊拉克与英国签订条约实行自治，但要履行条约规定的义务。1932年，伊拉克正式独立。1941－1945年，英国重新占领伊拉克。

牙买加 1655年，该岛从西班牙人手中夺得，1962年获得独立。

肯尼亚 1886年，英国与德国瓜分东非，肯尼亚是英国所得的一份。1888年，它被并入帝国东非公司。1895年，王国政府治下的英属东非保护地代替该公司的统治。1920年，它成为肯尼亚殖民地，1963年，获得独立。

科威特 从1899年起，这个阿拉伯酋长国与英国签订一系列保护条约。1961年，科威特获得完全独立。

拉布安 该岛被文莱苏丹割让，1846年被并吞，1848年成为殖民地。1890年，它被并入北婆罗洲。

马六甲 1795年，英国人从荷兰人手中夺得这个殖民地，并一直对它实施占领至1816年。1824年，荷兰人把它割让给东印度公司。1826年，它成为海峡殖民地的一部分。

马来亚 1874—1930年，英国人与马来统治者签订一系列保护条约。1896年，马来半岛的一些州联合成立马来联邦。1942—1945年，马来亚被日本人占领。1948年，除新加坡外，所有的马来州与海峡殖民地合并成立一个新联邦，这就是马来亚1957年获得独立的基础。1963年，马来亚与新加坡（1965年退出）、北婆罗洲和沙捞越一起成立马来西亚国。

马尔代夫群岛 1887年，该群岛被宣布为英国的被保护地。1965年，它宣布独立。

马耳他 1798年，法国人占领这个属于圣约翰骑士会的岛屿。1800年，英国人赶走法国人并于1814年并吞马耳他。1964年，该岛获得独立。

毛里求斯 1810年，该岛从法国人手中夺得，1814年，被英国并吞。毛里求斯于1968年获得独立。

蒙特塞拉特 1632年，有人在该岛殖民。1663年，它由王国政府统治。法国人曾分别于1664—1968年和1782—1984年统治该岛。

纳塔尔 1843年被并吞，随后成为英国殖民地。1893年，纳塔尔成立责任政府。1879年，祖鲁战争结束。1897年，处在英国统治之下的祖鲁兰转属纳塔尔。1910年，纳塔尔成为南非联邦的一部分。

尼泊尔 1814—1816年，这个位于喜马拉雅山脉的王国与英国进行了一场战争。战争期间，首批为数不少的廓尔喀人被招募参加英属印军。从1816年起，英国在尼泊尔宫廷派驻特别代表。1947年，英国在印度的统治结束，尼泊尔获得完全独立。

尼维斯 1628年，来自圣克里斯托弗的人们在此殖民，1663年，该岛由王国政府统治。1882年，它与圣克里斯托弗联合组成一个单独的政府。

新布伦瑞克 原是新斯科舍的一部分，1784年成为一个单独的殖民地。1854年，新布伦瑞克成立责任政府，1867年，成为加拿大联邦的一部分。

纽芬兰 从15世纪后期起，英国人的船只很可能就在纽芬兰的大浅滩附近捕鱼。1583年，该岛被汉弗莱·吉尔伯特爵士并吞，1713年，由王国政府统治。1855年，纽芬兰成立责任政府，但是在1934年又恢复殖民统治，1949年加入加拿大联邦。

新赫布里底群岛 19世纪时，法国和英国的种植园主和传教士在此殖民。1906年，法英联合行政机构成立。1980年，新赫布里底获得独立，国名为瓦努阿图。

新南威尔士 1770年，詹姆斯·库克要求对澳大利亚这个东部沿海开发区提出主权。1788年，首次囚犯殖民在此开始。1855年，新南威士成立责任政府。1901年，加入澳大利亚联邦。

△**新西兰** 詹姆斯·库克分别于1769年和1770年对北岛和南岛沿海地区提出主权要求。1840年，根据与毛利人签订的条约，英国人在此建立统治。1856年，新西兰成立责任政府。

尼日利亚 1851年，英国在拉各斯建立领事馆，1861年，拉各斯被并吞。1885年，尼日尔三角洲周围地区成立尼日尔地区被保护地。1886年，改由沿岸的皇家尼日尔公司统治。1892–1898年，英国并吞了更多土地。1900年，王国政府代替皇家尼日尔公司进行统治。1914年，南北尼日利亚联合。1919年，德属喀麦隆的一部分并入。1960年，尼日利亚获得独立。

北婆罗洲 1881年，文莱苏丹把这个地区割让给北婆罗洲公司。1906年，北婆罗洲由王国政府统治。1942–1945年，它被日本人占领。1963年，改名沙巴，成为马来西亚的一部分。

北罗得西亚 原北赞比西亚，1891年划归英属南非公司。1924年，王国政府代替该公司实行统治。1953年，北罗得西亚与尼亚萨兰和南罗得西亚成立中非联邦。1964年，它获得独立，国名为赞比亚。

新斯科舍 1621年，法国把新斯科舍割让给英国，但于1632年又把它收回。1713年，根据《乌得勒支条约》，它又被交回给英国；1763年，更多的领土并入其中。1846年，新斯科舍成立责任政府；1867年，加入加拿大联邦。

尼亚萨兰 从1875年起，传教团在这里建立定居点。1891年，中非保护地宣布在这个地区建立。从1907年起，它被称为尼亚萨兰。1953年，尼亚萨兰与南北罗得西亚一道成立中非联邦；1964年获得独立，国名为马拉维。

奥兰治自由邦 19世纪30年代，来自好望角的南非白人（布尔人）的集体移民建立这个邦。1848–1854年，它被英国并吞。此后，奥兰治自由邦实际上是独立的，1900年，在南非战争中被征服占领。1907年，成立责任政府。1910年，成为南非联邦的一部分。

巴勒斯坦 1918年，英国征服巴勒斯坦，土耳其对它的统治结束。1920年，英国获准对它实行委任统治。1948年，英国放弃委任统治，犹太人与阿拉伯人的战争接着爆发。以色列国在炮火硝烟中诞生。

槟屿 1786年，东印度公司建立的殖民地。1826年，成为海峡殖民地的一部分。

※ **皮特克思岛** 1790年，英国军舰本特号发生哗变，一些哗变水手逃往该岛，首次在此定居开发。1838年，王国政府对皮特克恩实施统治。

爱德华王子岛 1760年，英国人从法国人手中夺得该岛（当时叫圣约翰岛）。1763年，它被英国并吞，成为魁北克的一部分。1769年，成为一个单独的殖民地，1873年，加入加拿大联邦。

卡塔尔 从1916年起，卡塔尔的统治者与英国签订一系列保护条约。1971年获得独立。

昆士兰 1824年，莫尔顿湾建立的第一个殖民地。1859年，昆士兰脱离南威尔士，成立责任政府。1901年，它成为澳大利亚联邦的一部分。

罗得西亚 从1890年到1893年，英国人从非洲部族的手中夺取南罗得西亚地区并由英属南非公司在此殖民。随着该公司的消亡，1923 年，南罗得西亚殖民地成立责任政府，由王国政府统治。1953－1964 年，它与北罗得西亚和尼亚萨兰一起组成中非联邦。1965 年，它的政府单方面宣布独立，国名为罗得西亚。1980 年，罗得西亚改名为津巴布韦，成为国际上承认的独立国家。

鲁珀茨兰和西北地区 哈得逊湾公司声称对加拿大北部地区大部分拥有主权。该公司从 1670 年起就在沿海的贸易站从事贸易。1774 年起，哈得逊湾公司和西北公司在内陆建立贸易站。1869 年，哈得逊湾公司把土地的所有权让给王国政府。1870 年，这些地区转属加拿大自治领，同年在以前称为红河殖民地的地区建立了单独的马尼托巴省。

圣克里斯托弗（圣基茨） 1623 年，圣克里斯托弗成为英国人在加勒比海地区殖民地的第一个岛。1663 年，它由王国政府统治。1782－1783 年，它被法国人占领。1882 年，尼维斯岛与圣克里斯托弗组成联合政府。1983 年，圣克里斯托弗和尼维斯获得独立。

※ **圣赫勒拿岛** 该岛于 1651 年被并吞。1661 年，东印度公司在此殖民。1834 年，它由王国政府统治。

圣卢西亚 该岛于 1778 年从法国人手中夺得，但是 1783 年又归还给法国人。它分别于 1796 年和 1803 年再次被英国人占领。1814 年，英国永久并吞该岛。1979 年，圣卢西亚获得独立。

圣文森特岛 该岛于 1762 年被占领，次年被并吞。1779－1783 年，法国人占领该岛。1979 年，圣文森特岛和格林纳达群岛获得独立。

沙捞越 1841 年，文莱苏丹任命詹姆斯·布鲁克为沙捞越总督。1861 年和 1905 年，更多的领土并入王国。1942－1945 年，日本人占领沙捞越。1946 年，布鲁克家族的统治由王国政府取代。1963 年，沙捞越成为马来西亚的一部分。

塞舌尔群岛 该群岛于 1794 年从法国人手中夺得。1811－1888 年，成为单独的殖民地，在行政上隶属于毛里求斯。1976 年，塞舌尔获得独立。

塞拉利昂 它是一家公司于 1787 年主要为获得自由的奴隶而建立的殖民地。1807 年，该殖民地由王国政府接管。1896 年，内陆地区作为被保护地并入王国。塞拉利昂于 1961 年获得独立。

锡金 1890 年，一名英国政治官员被任命监督锡金王国政府。1918 年，在英国的继续保护之下，锡金统治者恢复自治。1947 年，印度独立，保护取消。

新加坡 1819 年，该岛成为殖民地。1826 年，成为海峡殖民地的一部分。1963 年加入马来西亚。1965 年，脱离马来亚西亚成为独立的国家。

所罗门群岛 1893－1900 年，该群岛成为英国的被保护地。1942－1945 年，它被日本占领。1978 年，获得独立。

△**南非** 1910 年，好望角殖民地、纳塔尔、奥兰治自由邦和德兰士瓦组成南非联邦。

南澳大利亚 1834 年，英国议会通过法案建立新的殖民地。1836 年，第一批英国殖民者到达该地。1855 年，南澳大利亚成立责任政府。1901 年，加入澳大利亚联邦。

西南非洲　1878年，沃尔维斯湾港被宣布为英国领地。1884年，被并入好望角殖民地，这时德国人在其周围地区开始建立殖民地。1915年，德国殖民地被英国占领，并于1919年成为南非委任统治地。1990年获得独立，国名为纳米比亚。

海峡殖民地　1826年，马六甲、槟榔屿和新加坡组成联合政府，由东印度公司统治。从1858年起，它由印度政府管辖。1867年，成为单独的殖民地。1948年，马六甲和槟榔屿成为马来亚联邦的一部分，新加坡仍然为一单独殖民地。

苏丹　19世纪80年代，马赫迪起义推翻了埃及对苏丹的统治。1898年，英国以埃及的名义重新占领苏丹，并对它实行英埃共同统治。苏丹于1956年获得独立。

斯威士兰　1890年，英国与德兰士瓦对斯威士兰的统治者实行联合保护。1906年，英国单独对斯威士兰实行保护。1968年，斯威士兰获得独立。

坦噶尼喀　第一次世界大战期间，英国占德属东非。1919年，坦噶尼喀成为英国的托管地。1961年，它获得独立。1964年，与桑给巴尔联合成立坦桑尼亚国。

塔斯马尼亚　1803年，欧洲在该岛开始殖民，时称范迪门兰。1825年，脱离新南威尔士建立单独的殖民地。1856年，它建立责任政府。1901年，加入澳大利亚联邦。

多巴哥　1762年，该岛被英帝国占领，次年被并吞。1781年，法国人占领了它，直至1783年签订和约。1793年，英国人重新占领多巴哥，并于1814年把它并入大英帝国的版图。1888年，它与特立尼达组成联合政府。

汤加　1879年，汤加统治者与英国签署友好条约；1900年，接受英国的保护。1970年，汤加获得独立。

外约旦　1918年，英国人征服并占领曾为土耳其一省的一部分；1920年，获得对它的委任统治权。1921年，外约旦与巴勒斯坦分离。1923年，与英国签订同盟条约，成为半独立的埃米尔国。1946年，获得独立，国名为约旦。

德兰士瓦（南非共和国）　19世纪30年代，南非白人（布尔人）经过长途跋涉离开好望角，建立了自己的国家。1877－1881年，英国对它实行并吞，并于1900年把它占领。1906年，成立责任政府，1910年，加入南非联邦。

特立尼达　1797年，该岛从西班牙人手中夺得。1814年被并吞。1888年，它与多巴哥成立联合政府。1962年，特立尼达与多巴哥获得独立。

△特立斯坦达库尼亚群岛　1816年，该岛首次被皇家海军占领，以防范囚禁在圣赫勒拿岛上的拿破仑。从1938年起，它成为殖民地，由圣赫勒拿岛管辖。

特鲁西尔酋长国（阿拉伯联合酋长国）　从1887年起，英国与阿拉伯统治者签订一系列保护条约。1971年，阿拉伯联合酋长国获得独立。

※特克斯和凯克斯群岛　1678年就有人在该群岛殖民。1766年，被王国政府并吞，此后群岛由

牙买加和巴哈马管辖。1973 年，成为单独的殖民地。

乌干达 1888 年，帝国的英属东非公司获得分配给英国的东非一部分。1890 年，该公司与布干达王国签订条约。1894 年，随着公司的消亡，布干达成为王国政府的保护地；1896 年，又有其他几个地区成为英国的保护地。1905 年，乌干达殖民地诞生。1962 年，乌干达获得独立

维多利亚 1834 年，来自塔斯马尼亚的人在菲利浦港殖民。1851 年，维多利亚成立单独的殖民地并于 1855 年组成责任政府。1901 年，维多利亚加入澳大利亚联邦。

威海卫 1898 年，英国向中国租借该港；1930 年归还中国。

西澳大利亚 1826 年，有人首次在此殖民。1829 年，斯旺里弗殖民地建立。1890 年，西澳大利亚成立责任政府。1901 年，加入澳大利亚联邦。

桑给巴尔 1841 年，该岛首次建立英国领事馆。1890 年，英国宣布桑给巴尔为它的保护地。1963 年，桑给巴尔独立，次年成为坦桑尼亚的一部分。